猴面包树

P E T E R

A C K R O Y D

DICKENS 狄更斯传

[英] 彼得·阿克罗伊德 著 黄晓丽 译

中央编译出版社
CCTP Central Compilation & Translation Press

目录

序言 006

第一章 降生岁月 018
第二章 罗切斯特 038
第三章 卡姆登镇 068
第四章 鞋油坊的淬炼 086
第五章 威灵顿学校 094
第六章 初恋之苦 110
第七章 《博兹札记》 125
第八章 《匹克威克外传》 143
第九章 《奥列弗·特威斯特》 161
第十章 玛丽之逝 183

第十一章 《尼古拉斯·尼克贝尔》 212
第十二章 《老古玩店》 243
第十三章 《游美札记》 271
第十四章 《圣诞颂歌》 289
第十五章 意大利之旅 326
第十六章 圣诞新篇《蟋蟀》 345
第十七章 《董贝父子》 369
第十八章 巴黎之魅 384
第十九章 《大卫·科波菲尔》 414
第二十章 《家常话》创刊 426

第二十一章 病痛离别 442
第二十二章 《荒凉山庄》 460
第二十三章 《艰难时世》 482
第二十四章 盖茨山庄 499
第二十五章 《小杜丽》 518
第二十六章 爱伦·特南 534
第二十七章 分居之乱 554
第二十八章 《一年到头》 573
第二十九章 《双城记》 591
第三十章 扑朔迷离的私情 614

第三十一章 《我们共同的朋友》 637
第三十二章 公共朗诵会巡演 667
第三十三章 美国巡回朗诵会 685
第三十四章 时间与死亡 699
第三十五章 辞世之年 725

后记 746
致谢 752

序言

……如有一人拥有洞悉一切之眸，那一看便知，在无比深邃处，是黑暗、宿命、静默和可悲，如同隐匿在灿烂的艳阳之下，是死亡本身的诸多元素。

——托马斯·卡莱尔（Thomas Carlyle）[1]谈查尔斯·狄更斯

谨记，你被告知之事由三部分组成：口述者塑造的，倾听者重塑的，再加上故事中逝去之人所隐瞒的。

——弗拉基米尔·纳博科夫（Vladimir Nabokov）[2]
《塞巴斯蒂安·奈特的真实生活》（*The Real Life of Sebastian Knight*）[3]

伊波利特·基里略维奇（Ippolit Kirillovitch）[4]选择了所有急切需要表达的演说家所青睐的历史性叙事形式，因为受这种形式的规约，他们可以略微克制下自己那华丽而又聒噪的辞藻。

——费奥多尔·陀思妥耶夫斯基（Fyodor Dostoevsky）[5]
《卡拉马佐夫兄弟》（*The Brothers Karamazov*）[6]

查尔斯·狄更斯（Charles Dickens）已撒手人寰。他躺在盖茨山庄（Gad's Hill Place）一张狭窄的绿色沙发之上——虽然沙发略显逼仄，但对当时已经消瘦无比的他来说也已足够了。年幼时的狄更斯第一次看到这个地方时，身旁的父亲就指向这个地方，让他以此处为目标而奋斗，狄更斯也如父亲所愿长眠于此；父亲对狄更斯的一生影响之大，以至于40年后，他斥资把它买了下来。而如今的他已撒手尘世。按照惯例，在逝者入殓下葬之前，要拉上百叶窗和窗帘，将遗体掩在黑暗之中；然而在盖茨山庄的餐厅里，四周窗帘皆被拉开，6月的阳光挥洒了进来，映照在房间四周的镜子上，熠熠生辉。守在狄更斯身边的家人深知他对光明的喜爱，这是他生命中不可或缺的东西；他们亦深知（即使那一年是1870年），维多利亚时代末期那垂垂暮色一般的沉闷，丝毫未能染指他。

在死亡的静寂中，记录着他人生历程的沟壑和皱纹皆消失殆尽了。他绝不至垂垂老矣——享年58岁。然而，那张写满岁月沧桑的脸上，却已有了未老先衰的迹象；据传，他习惯以“尖酸讽刺”的表情示人。但现在一切都成过眼云烟，他的女儿凯蒂眼见他不复一丝生气，看着他的脸上再次浮现出那“美丽而悲怆”的神色。这是狄翁曾在其小说中数次描述过的“久违的”表情。他在《雾都孤儿》（*Oliver Twist*）[7]中描摹过这种神情：那张了无生气的脸上，又重现了“……被遗忘已久的酣睡婴儿的表情”，在同一部小说中，他曾将“尸体那僵硬的脸庞和孩子平静的睡颜”相比。在刻画汉普雷老爷（Master Humphrey）[8]去世的场景之时，也有类似的表达：“与年轻人有着奇特而又说不清道不明的联系。”这样的神色，他曾在威廉·杜丽（William Dorrit）[9]逝去时记录过，也曾在巴黎塞纳河畔的太平间[10]陈列展出的尸体脸上见到过。死亡和新生之间的这种联系一直萦绕在他心中；沉睡、安眠、死亡、新生、天真、遗忘，这些词形成一个闭环，把他带回了最开始的地方。就在此处，盖茨山庄里，邻近他幼时生活过的城镇，在这个他父亲曾带他参观过的房子里；就在此处，轮回成了闭环。

遗容面具也已经制好。狄翁一直都极其厌恶面具。他幼时就曾被面具吓得魂不附体，以至在他生平的创作中曾抱怨过无数次：“猛然见到一个戴着面具的人是多么恐怖……躲在角落里，伪装成一具尸体！”面具是查尔斯·狄更斯特有的与恐惧相关的象征；他怕死者只是假死，怕他们会突然暴起，舞爪张牙地扑过来。他害怕死者，害怕一切没有生命的东西，害怕他们会死而复生，向他索取性命，将他拖入死亡的黑暗之中；这是一个极其孤独的孩子和极其孤独的男人所特有的恐惧。但是谁能说其中没有对最终寂灭的期待呢？如今面具已成，他也躺进了橡木棺内。这个木制的栖身之所随后铺满了猩红的天竺葵，这是查尔斯·狄更斯最钟情的花朵。遗体上缀满鲜花的最终景象，呼应了他曾说过的一句话：“要灿烂，要辉煌，要明媚无比！”这也是他人生的真实写照。狄翁一直深爱缤纷的色彩，他也以艳丽的装束而闻名，尤其是在其年少时。家人在他棺材上方的墙上挂了一幅狄翁年轻时的肖像。毫无疑问，这幅画出自丹尼尔·麦克利斯（Daniel Maclise）[11]之手，画中呈现的是1839年狄更斯在桌前抬起头来的一个瞬间，他的双眼闪烁着光芒，似乎在期待着那即将到来的荣光。他的妻妹乔治娜·霍加斯（Georgina Hogarth）从他的头上剪了一绺头发。家人按照他的遗嘱，射杀了他的马。查尔斯·狄更斯便如此这般与世长辞了。

在那个通信便捷的时代，狄更斯逝世的消息须臾传遍各地。亨利·沃兹沃斯·朗费罗（Henry Wadsworth Longfellow）[12]在彼岸的美国曾写道：“从未有一位作家的逝世能让大家都为之悼念，毫不夸张地说，整个国家都沉浸在悲痛之中。”当然，在这样一个国度，世人如此哀痛也不算意外，毕竟读者们在《老古玩店》（*Old Curiosity Shop*）[13]新章问世时，都能纷纷哭号着问：“小内尔（Little Nell）[14]死了吗！？”卡莱尔写道：“实乃天地间一桩噩耗，一位天才就此泯灭……”这些发生于狄翁逝去的场景，都体现出他具有非凡地位的一面。正如

《每日新闻》在6月10日即狄翁身故的第二天所报道的:“狄更斯是最能代表这个时代的小说家，这一点不容置喙。其在小说中描摹的当代生活，淋漓尽致地展现了19世纪的生活面貌，比后人在同期史料记载中所能读到的还要清晰明了。”

然而，倘若说狄更斯是这个时代的编年史者，那他亦是超脱整个时代的存在；从某种意义上来说，他一直是一位孤独的观察者，一位观察当代社会风俗习惯的人，如同人类学家观察某个原始部落的习俗一般。如今，他已躺在棺木之中，他的遗嘱便是最好的证明。“……谨记，我的葬礼不必靡费、张扬，务须严格保密，绝不公开……吊唁者无须戴围巾、披斗篷、打黑色蝴蝶结、系长帽带或做其他此类令人反感的荒谬打扮……我恳请我的朋友们别为我建任何纪念碑，做纪念品或所谓犒赏。我把我对祖国的怀念，寄托在我出版的作品上。”这意味着他希望自己能安静地在盖茨山庄附近，即他童年常去的地方入土为安。于是，罗切斯特大教堂(Rochester Cathedral)为他准备了一块墓地。

然而，狄更斯的家人向所谓国家利益妥协，最终同意将他安葬在威斯敏斯特大教堂(Westminster Abbey)，当然，葬礼完全不对外。他曾经说过："……越是伟大的人，仪式于他就越微不足道。"简单至上，这确实是他的重要品质。于是，就在6月14日，一个星期二的早晨，他的遗体被从盖茨山庄运到了海厄姆站（Higham Station），并从那里乘专列到了查令十字街（Charing Cross）。一列由三辆马车组成的车队（带着棺木）沿着白厅前进，当他们从拱门驶入迪恩广场（Dean's Yard）时，教堂的钟声响起。随后，亲友们步入威斯敏斯特大教堂，查尔斯·狄更斯将长眠于此的诗人之角（Poets'Corner）[15]。他的左邻右舍分别是莎士比亚和弥尔顿的半身像。简短的仪式后，风琴奏响了死亡进行曲。罗切斯特，这座可以算是他人生真正开始的城市，也是他最后一部小说的取景之地，当他最终入土之时，这里的教堂为他敲响了丧钟。位于威斯敏斯特大教堂的狄更斯坟墓对外开放了两天。第一天结束时，仍有一千多人在外等着吊唁。在那两天里，人们成群结队从狄翁墓前走过，许多人把花束放到他的棺木上——"后来，"他的儿子说，"在其中发现了几捆用碎布捆着的粗野花束。"

在这些从树篱和田野里摘下的大大小小的花束中，我们可以看到查尔斯·狄更斯的影响力和感召力。连劳作的男男女女也为狄更斯的去世悲恸不已；

他们觉得狄翁十分了解自己，而随着他的逝去，自己好像也失去了些什么。人们常说，19世纪伟大的俄国小说家以他们的热情、虔诚和无尽的柔情俘获了俄国人民的灵魂；我们难道不能说狄更斯也抓住了英国人的灵魂吗？他既有忧郁的沉思，也有公认的幽默感，既有才情，也勇敢无畏，既愤世嫉俗，也有恻隐之心，既有辛辣讽刺的特点，又兼具羞怯无措的特质。从查尔斯·狄更斯轻松快乐又焦虑忧心地在这尘世间奔走的脚步中，我们难道不能窥探到整个国家的概貌吗？他是一个如此自信却又如此自我怀疑、如此充满活力却又如此焦灼的人，他所展示的当代英国社会的民众特点，比同期任何作家都更透彻全面。事实上，这可以说是他独特的天赋。作为一个普通人，他尖刻敏锐，精力充沛，却又容易忧郁，亦容易焦虑；作为一位作家，他亦具有同样的矛盾性，既如此关注物质世界，又如此迷恋超自然的幻象。这种矛盾特质在他的作品中随处可见。对于19世纪的俄国小说家而言，物质和精神在某种意义上是相互融合的；而在19世纪的法国小说家所创作的世界中，超验主义无迹可寻，举目皆是尘世。但是，在查尔斯·狄更斯的作品中，真实与虚幻、物质与精神、具象与想象、世俗与超验之间存在着一种不稳定的关系，且仅存于创作的文字的力量中，即查尔斯·狄更斯的力量。

对所有维多利亚时代的人来说，狄更斯之死昭示了一个惊天的巨变；在19世纪的最后几十年里，英国人见证了旧秩序的最终瓦解和新秩序的艰难开端。有时，当我们凝视着狄更斯，或是那些悼念他的人时，我们之间那岁月筑成的屏障瞬间褪去。原来，就如同那些来教堂悼念他的人一样，我们正在凝视着自己。当他下葬时，用玫瑰和其他花朵铺满他的坟墓时，他们也在亲手埋葬一个时代——那个时代随着狄更斯的离去而落幕。他是那个时代最耀眼的存在，最广为人知的代表；比已故的帕麦斯顿（Palmerston）[16]更有代表性，比格莱斯顿（Gladstone）[17]更加深入人心（在即将到来的时代里，格莱斯顿掀起了惊涛骇浪），比女王本人更不朽，她不像狄更斯那样体悟过19世纪的兴衰演变。他不止眼见；他曾切身感受，他曾亲身经历，他亦曾在小说中着墨镌刻。如此，纵观历史，他可算是其所处时代诸多特点的集大成者。在接下来的篇幅里，我们将看到他所特有的天赋是如何本能地，几乎悄然无觉地，将其人生变成那个时代的象征，并创造出含有戏剧性的事件来。但当我们竭力靠近这位巨匠，眼睛一瞬不瞬地观察他的起居坐卧、他的宏篇巨作，我们对他的生平是更加确定无误，抑或是产生疑惑?

因为狄更斯在尘世的方方面面都透着一股悲伤之感，一种内敛的、敦默寡言的悲伤，几乎可以看作一种冷酷和冷漠，就像在他作品中可以窥见的那种似曾相识的悲伤和冷酷一般。或可用他一直为之着迷的海景意象来解读：表面的海水明亮湍急，波涛澎湃，整个巨大的自然界如同一面玻璃墙体，又像是泡沫，或是波浪，又或是彩虹。这片水面上经常会出现暴风骤雨的壮丽景象——狄更斯似乎就生活在风暴之中。然而，即使是在风平浪静的时候，仍然有帆船行驶的痕迹，蒸汽船划过海面的水流；始终生气勃勃，忙忙碌碌。但我们若是不断下潜，在太阳照射的、热闹而又繁忙的世界之下，会有些什么呢？如果我们潜得更深，到深不可测的海底去，那么我们又会看到他的哪一面？会看到沉入海底的遗失之物，已经被消磨耗损，以至于无法辨认？又或是黑暗和沉默，闪着奇怪磷光的影像？这就是卡莱尔想要表达的东西吗？一个光芒万丈中隐含着死亡特质的人?

而这就是对历史的超越，在这么多作家中，我们正是从狄更斯身上才了解到：精神，是在细节中充分得以体现的。倘若真如大卫·科波菲尔所言，“……人生由琐事构成”，那么我们能从“琐事”中看到狄更斯宏篇巨作的所有要素吗？——我们能从中看到他所处时代的真实面貌吗？因为这就是挑战，要使传记传扬真知。要在一天、一刻、一个稍纵即逝的形象或动作中找到他的创作之源，同时在这些细节中描摹一整个动荡时代的轮廓。

1 托马斯·卡莱尔（1795年12月4日—1881年2月5日），苏格兰哲学家，评论家、讽刺作家、历史学家、教师。

2 弗拉基米尔·纳博科夫为20世纪公认的杰出小说家和文体家，俄裔美籍作家。

3 《塞巴斯蒂安·奈特的真实生活》为弗拉基米尔·纳博科夫的作品。

4 伊波利特·基里略维奇为《卡拉马佐夫兄弟》一书中的角色，是一位副检察官。

017

5 费奥多尔·陀思妥耶夫斯基为俄国著名小说家，《罪与罚》《被侮辱与被损害的人》的作者。

6 《卡拉马佐夫兄弟》为俄国作家陀思妥耶夫斯基创作的长篇小说。

7 《雾都孤儿》为英国作家狄更斯于1838年出版的长篇写实小说。

8 汉普雷老爷为狄更斯小说《汉普雷老爷的钟》中的人物。

9 威廉·杜丽为狄更斯小说《小杜丽》中的人物，因负债而成为马夏尔西监狱服役最长的囚犯之一。虽然他从不承认自己的失败，但内心深处却对由于自己的遭遇而给孩子们带来低下的社会地位而深感愧疚。

10 巴黎塞纳河畔的太平间为专门用于溺亡者或无名死者身份辨认的场所。19世纪的巴黎有很多来此参观死亡的观众。人们排起长龙，只为一睹死亡者的尊容，当时报纸杂志的旅游指南将它命名为“最不可错过的景点之一”。

11 丹尼尔·麦克利斯（1806—1870）为爱尔兰历史画家、文学和肖像画家、插画家，他的大部分时间都在英国伦敦工作，代表作品有《骑士精神》等。

12 亨利·沃兹沃斯·朗费罗（1807—1882）为美国著名诗人、翻译家，他在英格兰的声誉与丁尼生并驾齐驱。人们将他的半身像安放在威斯敏斯特教堂里的“诗人之角”，在美国作家中他是第一个获此殊荣的人。

13 《老古玩店》为查尔斯·狄更斯于1840年至1841年间发表的长篇小说。

14 小内尔为查尔斯·狄更斯的作品《老古玩店》中的人物。

15 诗人之角为英国威斯敏斯特教堂内著名文学家的坟墓。

16 帕麦斯顿，全名为亨利·约翰·坦普尔·帕麦斯顿（1784—1865），英国前首相。英格兰第二帝国时期最著名的帝国主义者，奉行内部保守、对外扩张政策。

17 格莱斯顿，全名为威廉·尤尔特·格莱斯顿（1809—1898），英国政治家，曾作为自由党人四次出任英国首相（1868—1874、1880—1885、1886以及1892—1894）。

第一章　降生岁月

查尔斯·狄更斯生于1812年2月7日。1812年是胜利之年，亦是多舛之年[1]。在朴次茅斯（Portsmouth）郊外一个叫作新城（New Town）或者迈尔·安德街（Mile End）的地方，伴随着第一声啼哭，狄更斯降生于二楼的一间小卧室。他的父亲约翰·狄更斯（John Dickens）在当地的海军军需处供职。据传，在查尔斯出生前夕，他的母亲伊丽莎白（Elizabeth）还去参加了当地的一场舞会，但那天晚上尚无任何舞会的确切记载，所以这很可能是随这位伟大作家的出生和成长而来的众多讹言之一。狄更斯出生于一个周五，和他笔下年轻的主角大卫·科波菲尔（David Copperfield）是同一天。从此以后，星期五在他的作品中就具有了某种象征意味。他是否像他年轻的男主人公一样，恰巧生于潮涨时分的午夜前夕，都已不可考，但他和他的笔下人物一直都有着这种不解之缘。他曾在一个纪念莎士比亚诞辰的演讲中说道："我们欢聚于此，庆祝沙翁笔下那些鲜活角色的诞生，他们将超越现世那些徒有其表的男男女女，永存于世……"说罢，他想到的应该是哈姆雷特（Hamlet）[2]和李尔（Lear）[3]、麦克白（Macbeth）[4]和普洛斯佩罗（Prospero）[5]。但是，在朴次茅斯那间狭小的卧室里，在一位外科医生和一位产褥护士的见证下，就在2月的这一天，下述人物也向光而生！他们是伪君子佩克斯尼夫（Pecksniff）[6]和守财奴斯克鲁奇（Scrooge）[7]、纯真善良的奥利弗·特威斯特（Oliver Twist）[8]和酗酒悍妇赛里·甘普（Sairey Gamp）[9]、塞缪尔·匹克威克（Samuel pickwick）[10]和尼古拉斯·尼克尔贝（Nichloas Nickleby）[11]、皮普（Pip）[12]和大卫·科波菲尔[13]、哈维珊（Miss Havishan）[14]小姐和小内尔、机灵鬼道奇（Artful Dodger）[15]和瓦克福德·士括尔斯（Wackford Squeers）[16]、功利主义者汤玛斯·葛莱恩（Thomas Gradgrind）[17]和小杜丽（Little Dorrit）[18]，敢作敢为的悉尼·卡顿（Sydney Carton）[19]和望子成龙的保罗·董贝（Paul Dombey）[20]、老顽童费金（Fagin）[21]和身陷疑云的埃德温·德鲁德（Edwin Drood）[22]、卑鄙小人乌里亚·希普（Uriah Heep）[23]和爱慕虚荣的威尔金斯·米考伯（Wilkins Micawber）[24]、恶人奎尔普（Quilp）[25]和幽默睿智的山姆·韦勒（Sam Weller）[26]、好心人巴纳比·拉吉（Barnaby Rudge）[27]和杀人犯比尔·赛克斯（Bill Sikes）[28]，小蒂姆（Tiny Time）[29]和汤米·特拉德斯（Tommy Traddles）[30]。很难确切地说出查尔斯·狄更斯到底创造了多少角色，应该有两千多个吧——而这两千多个由他一手创造的人物也同莎翁笔下的角色一样，并未因作家的辞世而逝去，反而永垂不朽。因此，无论狄更斯人生中的主人公到底是他本人，抑或担任这一角色的其实另有其人，本书都力求对其一生做一番巨细无遗的展示。

事实上，早有一个男人在狄更斯的人生中打上了烙印。当地报纸上刊登了这样一则启事：“本周五·狄更斯先生一家于迈尔·安德街的排屋（Terrace）喜得贵子。”三周后，约翰·狄更斯携夫人（他们的儿子后来对她进行了辛辣的讥讽）穿过小巷和田野，来到圣玛丽金斯顿教堂（the Church of St Mary's Kingston）。就是在这里，他们的儿子被施洗并取名为查尔斯·约翰·赫法姆·狄更斯（Charles John Huffam Dickens）。而克里斯托弗·赫法姆（Christopher Huffam），作为约翰·狄更斯的好友兼他儿子的教父，在这个故事中扮演了一个不可或缺的角色。随后，狄更斯夫妇又回到了自己的家中——虽然不像约翰·狄更斯在报纸上大肆宣扬过的那般优雅古朴，但也算是体面了。他们住在远离喧嚣的朴次茅斯城郊。这是一个收入虽不丰厚，但也确确实实算是中产阶级的住所。有一点十分奇怪，尽管查尔斯·狄更斯在他的作品中对其童年岁月充满了怀念，但他却从未对自己的出生地显露出多少柔情。“只能说我确实不怎么在意这所房子。”他曾写道，事实上，他曾旧地重游，却发现那里早已无迹可寻。

查尔斯·狄更斯不是家中的第一个孩子——就在18个月前，约翰和伊丽莎白·狄更斯（Elizabeth Dickens）的长女弗朗西斯·伊丽莎白（Frances Elizabeth）出生了，大家都亲切地唤她范妮（Fanny）。还有一个仆人也和他们住在一起，所以这个房子对他们一家来说稍显拥挤。如果婴儿有记忆的话，那么对于尚在襁褓的狄更斯来说，基本上就是很多人在小房间里不时走动，女声和抽泣声在小房子里不住回荡。而在他的作品中常常出现的对面容、双手、腿部等身体部位的描写，是否能被视为小狄更斯对世界最初的感知？我们自然无法追溯作家那么久远的记忆，或许正如大卫·科波菲尔脑海中的第一幕场景一样："……我的母亲秀发飘飘，身姿曼妙。"后来，狄更斯矢口否认了一个孩子对母亲会有什么"神性、本能的"爱，但他自己（对母亲）那无法自抑却又与生俱来的眷念，却往往与他对外宣称的观点并不一致。毕竟，在小说《大卫·科波菲尔》中，大卫也将自己与一个嗷嗷待哺的婴儿相提并论。就像在《汉普雷老爷的钟》（*Master Humphrey's Clock*）的开场中，旁白是这样描述的："我就这样安然依偎在她胸前，在她忙活时哭啼不止，心中便已莫名感到欢喜。"

那狄更斯的其他家庭成员呢？查尔斯·狄更斯似乎不太了解自己的祖父母，而对祖父母之前的长辈更是知之甚少。但毫无疑问的是，他们总是默默地站在他的身边。他的家族渊源仍是未解之谜。斯塔福德郡的巴宾顿有个狄更斯家族，从1437年到1656年一直是丘吉尔庄园的贵族，一位当代传记作家记录道："据传作者狄更斯先生是这个家族的后裔。"当然，在这种语境之中，"据传"也就是"流言蜚语"或"凭空猜测"的代名词罢了。另有一支历史悠久的约翰·狄更斯和威廉·狄更斯（分别与狄更斯的父亲和祖父同名）家族，他们最初定居在德比郡，但却常常出现在与17、18世纪的伦敦有关的记录中：若要追溯狄更斯一家的起源，或许在伦敦人中寻找更为合适。想来狄更斯笔下的城市形象，定是和他本身一样底蕴深厚，和他的家族一样源远流长吧？

狄翁的父辈、祖父辈两代的信息更丰富些。他母亲的外家姓巴罗，巴罗家族源于布里斯托尔。这个家族史上似乎出过牧师，但更值得一提的是，还出过乐器制造师。他的外祖父母都从事过这个职业，他外祖父也曾是一名音乐教师——尽管他后来做了一些不太体面的事情，给外孙带来了不好的影响[31]。然而，对他影响最大的家人都来自他父亲一方。狄更斯的祖父母都是仆人，这一事实直到他离世之后才被公开。威廉·狄更斯是克鲁家族的仆役长或是男管家，克鲁家族的房产遍及伦敦（市区）和乡下；现存的所有证据都表明这位威廉·狄更斯十分勤俭、称职，若没有一流的管理能力，他绝无可能谋得这样的职位，更何况他还享有正直清廉的好名声。他的孙儿也继承了他的优良品质，甚至更胜一筹。

当然，狄更斯也从祖母身上继承了某些特质，这是他唯一真正有过接触的祖辈。祖母是克鲁家的管家，而狄更斯在自己的小说中总是流露出对这些尽职尽责的老夫人的偏爱。她年纪轻轻就嫁了人；婚前，她是格罗夫纳广场里某位布兰德福德夫人的女仆，曾有小道消息称，她来自通恩[32]村附近一个名叫克拉维力的小村庄，并曾在通恩城堡做过管家。在这些言辞闪烁的消息中，人们唯一感兴趣的地方在于，大家通常认为客死异乡的小内尔是在通恩的教堂里得到了解脱；如果这是真的，那么狄更斯笔下这位羸弱多病的女主角就是在作者祖母待过的地方归于尘土，这是多么神奇的一次朝圣之旅！1781年婚后，她加入克鲁家族，最终升任女管家，并一直工作到75岁。她值得信赖，能力卓尔不凡。但更重要的是，她伶牙俐齿，是一位远近闻名的故事大王。一个在克鲁家族长大的孩子后来回忆道："从那时起，就再也没有遇到过任何一个人拥有她那样惊人的天赋，能即兴编故事来逗大家开心。"

狄更斯的祖父在他出生前就已经离世；12岁时祖母也过世了；他的伯父去世时膝下无子：因此狄更斯的家族成员确实不多，和他后来既颂扬又批判的维多利亚式的大家庭截然不同。然而，这种家庭的形象却一直萦绕在他心头。实际上，绝大部分狄翁的小说都涉及家庭生活，尤其是家庭关系的恶化及其带来的不满足感。他认为这是各种社会乱象的源头，但他小说的结局却倾向于让某个理想化的家庭经受住世事变迁。在狄更斯的小说中，这般理想化的家庭成为社会生活和宗教生活的双重意象。因此，通过他那魔法一般的才华，他将个人对更有序、更稳定生活的渴望转化为一种积极的社会力量。所以，了解到他几乎毁了自己的家庭，而且他永远都将被自己亲人的失败和软弱所困扰这一事实，是否也会让您惊讶呢？我们必须从他的至亲身上寻找这些不受控制的、互相矛盾的情感根源——没人比他的双亲（约翰和伊丽莎白·狄更斯）同他更亲近的了。从他们身上，我们能看到狄更斯时而坚强、时而软弱的性格特质，他与父母间令人困惑的关系，追本溯源，孕育了他与这对夫妻相处的技巧。他后来通过（熟练应用）这一技巧，接纳了他们。

他的母亲伊丽莎白·狄更斯生下他时才23岁，还是个相当年轻的姑娘，所以把她之后做的事情都归咎到这个更早的时期是非常不明智的。更不明智的做法是把陈腐刻板的尼克尔贝太太[33]的形象当作狄更斯眼中自己母亲的形象，并且以此来指责她。狄翁与母亲的关系是他生活中不可或缺的一部分，然而他们之间的这种关系却复杂无比，既基于愧疚、嫌弃，又伴随着一腔无望的爱。事实上，他小说中塑造的所有母亲形象都是母亲的替身。他不太想把她看得太透，也不想离她太近。然而，那些他人的表述，或是查尔斯·狄更斯自己不经意间的只言片语，给了我们稍稍了解这位天才的母亲的机会。“毫无疑问，所有杰出的人物背后都有一位杰出的母亲，他们尊重母亲，并视她们为一辈子的朋友。”——这些话是从总被别人占便宜，还有点儿愚钝的泰特比先生[34]嘴里说出来的。一位早期传记作家如是写道：“据说，她的作家儿子在晚年与她极为相似。她是一个开朗的人，喜欢参加年轻人的娱乐活动，尤其是跳舞。他自己也喜欢跳舞，但他不喜欢看自己母亲跳；相传，他对母亲的行为很是不喜。”这里我们还可以窥见这段母子关系中奇怪的魔力——儿子所轻视的那些母亲身上隐含的东西，却正是他自己的秉性（特点），就像他在小说中把母亲视为陌生人，却没有意识到其实自己也在看着自己的脸。

至于查尔斯的父亲约翰·狄更斯，也有很多被众人所熟知的信息，有些已经被证实，有些却是杜撰的。约翰跟随着母亲，辗转于克鲁的各个家庭中长大，父亲在他出生前几个月就故去了。大家都说，查尔斯·狄更斯笔下的孤儿取材于他小时候的悲惨经历，但他父亲的半孤儿身份不也是他创作时的灵感来源吗？约翰有一个哥哥叫威廉，比他大3岁，威廉似乎继承了父母的责任感和清廉节俭，而约翰显然缺乏这些优秀的特质。威廉去世时是牛津街一家咖啡馆的店主，这不是一个特别体面的职业，狄更斯家族似乎从未提及过（这件事情）。但从现有的证据来看，他似乎是母亲最喜欢的儿子；相反，约翰却是她口中“那个懒惰的家伙……经常在家里闲晃”，“她一直在念叨他的懒惰和一无是处”。当然，她在遗嘱中没有给他留下任何具体的内容，而是说他已经在不同的场合，从她那里获得了金额不等的钱财；换句话说，他的生活方式在很早之前就定型了，在之后的日子里，他一而再再而三在狄更斯身上吸血，比向自己的母亲要的还多。

约翰·狄更斯在克鲁家和他的母亲一直待到大约20岁或21岁。无疑，那时他的性格几乎已经完全定型了。也许是受克鲁勋爵的影响，1807年他在萨默塞特郡议院谋了一份差事，成了皇家海军军需处的临时职员；在这里，他遇到了另一位新职员，伊丽莎白的哥哥托马斯·巴罗。两年后，他被调到了一个更固定的岗位——军需处助理办事员，并在随后的几年里稳步晋升，但在获得这个令人欢欣的工作保障之前，他开始认真追求同事的妹妹了。到了1808年，他被调到了朴次茅斯，一个更为重要的职位，这就意味着他在追求伊丽莎白·巴罗（Elizabeth Barrow）时需要两地奔波，往返通勤，因为伊丽莎白仍住在伦敦。1809年6月13日，他们在河岸街圣母教堂（St Mary-Le-Strand）[35]举行了婚礼，然后回到朴次茅斯，回到了他们在迈尔·安德街的新家。次年弗朗西斯出生，两年后查尔斯出生。

那么，孩子的爸爸早些年在干吗呢？他是一名小管账员，但这项工作并不像现在这个词所暗示的那样，是那种充满官僚气息的工作。他和其他人一起负责发放港口的海军工人和船上船员的工资，这意味着发工资的时候必须亲自把钱交到他们手上；有时如果身边围满了人，很可能会产生分歧，甚至会引发争斗。他总是穿着得体，既彬彬有礼，又和蔼可亲。他长得很帅气——人们普遍认为他比自己的孩子长得俊朗——身材也不错，尽管后来有点发福。据当时在海军军需处工作的人说，他是“……一个十分幽默、健谈、活泼、讨人喜欢的人”。这似乎是大家对他的普遍印象。“一个相处聊天都让人愉快的朋友”，“最和蔼可亲、最有礼貌……性情和蔼（的人）”，“……肚子里装着各种各样的奇闻逸事，是个真正有幽默感的人”，“非常有礼貌，有风度”，“……最快乐的男人”。他称自己是个乐观主义者，还曾把自己比作“一个软木塞，一旦入水就会再次浮到水面，永无沉没之日”。奇怪的是，他的儿子在其最早的一篇文章中，把这样的人描绘成“一个粗心的、一无是处的、快乐的人，如同软木塞一样漂浮在水面上，让世界把他当成曲棍球一样暴击……最后总是能重新浮出水面，随波逐流，欢快地跳动”。他可能时常心情不错，但脾气却暴躁无比；据传，有一次在儿子话剧表演的时候，请他看着后台，不允许别人到幕后来，结果他一进演员休息室，就冲到玻璃前对着里面自己的倒影挥拳，还弄伤了指关节。他总是入不敷出，总是挥霍无度，总是四处借债。这样的目光短浅和鲁莽粗率，配上他彬彬有礼、和蔼可亲的性格，也表明他在本质上是一个幼稚乃至冷漠的人。他空虚，不成熟，并拒绝直面真实的自我。当然，这样的问题也会出现在其他人身上：我们之所以注意到这一点，是因为他的儿子注意到了并记录了下来。狄更斯曾抱怨道："他到底还需要多久才能成为一个成熟的男人？"我们在狄更斯的小说中经常能看见稚龄孩童照顾成年人的描写，而如此这般依赖孩子的成年人不仅仅是幼稚，简直是糟糕至极。

事实上，查尔斯·狄更斯与父亲的关系最为复杂；不是小多丽特对她被囚禁的父亲的那种"既仰慕又为之羞愧难堪"的感觉，而是更为激烈、更不容易理解的一种情感。在狄翁的晚年生活中，约翰·狄更斯时时成为噩梦的化身，永远影响着他。但在那之前很久，父亲的形象就以某种鬼魅怪异并捉摸不定的方式困扰着他，成为他生命中不可承受之重。他甚至在自己发表的第一篇文章中也提到了父亲。约翰·狄更斯似乎喜欢把这样一段逸事挂在嘴边：他护送谢里丹的妻子乘坐长途汽车前往伦敦，还讲了他亲了谢里丹的手。谢里丹在1807年至1812年间担任部队的军需官（paymaster）——在狄更斯发表的第一篇文章里，我们能看到一个自言自语的“小傻子”，他一直在“努力争取一个听众能来听一听谢里丹的故事”。

但他对父亲的态度不是通过模仿或嘲讽就能解释清楚的，其中还有其他感觉在作怪。若说他钦佩自己的父亲，那他同时也鄙视父亲，然而他也了解自己身上存在父亲的影子，因此在极度苦楚的时候，他的自艾自怜就化成对自己生身之父的恻隐之情。他不断指责父亲的贪得无厌和忘恩负义，但在父亲过世后，他一直念叨的话就变成了“我可怜的父亲”。

狄更斯一家并没有在迈尔·安德街住多久，他出生5个月之后，就举家搬到了霍克街（Hawk Street），这是狄更斯童年不计其数的搬迁经历中的第一次，即使他年纪尚幼，也在某种意义上受到了影响。这条街就在港口旁边——对于约翰·狄更斯来说，步行不到3分钟就可以到达海军军需处办公室。这条街现在已经不复存在（尽管街名和那个军需处办公室仍然保留着），但在当时，它是一条公认的体面又气派的大道，两旁遍布分间出租的门市，大楼里设有很多高级职员办公室。在《董贝父子》[36]中，狄更斯生动地刻画了一位皮普钦太太（Mrs. Pipchin），一个寄宿公寓管理员，尤其对她的装扮津津乐道，就像“这位可敬的老太太穿着……黑色的斜纹布（bombazeen）外套，把整个接待室都衬得乌漆墨黑”。狄更斯自己回忆说，他写完之后，他的姐姐范妮惊呼道：“天哪！怎么会这样？你写的不就是我们的公寓管理员吗，可你当时才不到两岁呀！”此段究竟是对这位女士的真实描写，又或仅仅是对婴儿时期残留印象的再加工，是在评估狄更斯非凡想象力的过程中经常出现的难题之一。18个月后，他们又搬家了，这次搬到了朴次茅斯新扩建的南海区，即维希街39号。这里的租金比之前的房子贵了一倍，这也侧面证实了记载中提到的事实，约翰·狄更斯当时在职场上混得不错（他还订阅了坎贝尔的《海军上将的生活》，这至少证明了他对自己的职业怀有归属感，甚至称得上热爱）。伊丽莎白·狄更斯的姐姐玛丽·艾伦（Mary Allen）——孩子们称她为范妮姨妈——也加入了这个家庭，毫无疑问，她也负担了一部分上涨的租金。

一家人在那幢新租的房子里过了新年，很显然，46年之后狄更斯对这个新年仍然记忆犹新。他在自己创办的杂志《家常话》上发表了一篇文章，里面曾提到：“回忆起遥远的童年，我还能清晰地记起被母亲抱着走下楼梯时，因为害怕陡峭的楼梯而紧紧抓住她的感觉。”这种描述带有一丝真实的色彩，如同脑海中挥之不去的那种紧张记忆，这种焦灼的感觉在他瞥见一楼的庆祝活动时已扑面而来：“……一长排女士和男士都靠墙而坐，手里举着像奶油杯一样带柄的小玻璃杯，齐齐一饮而尽……没人高谈阔论，没人移动身体，没人变换姿势，也没有任何形式的表演。所有人都靠墙坐成一排——特别像我最初想象中天堂里的好人。我看过一本祈祷书，里面有一幅拙劣插图，画的是他们个个都微微向后仰头，同时将酒杯一饮而尽了。”这是一个非同寻常的意象，他曾说只要一提起新年派对，脑海里就充斥着这个画面。然而这个回忆中的场景，一排异常安静的人靠在墙上齐齐仰头，还重现了一个已然湮灭无踪、消逝无存的时代——当查尔斯·狄更斯回顾曾经的岁月时，这个时代已不再为其所有，它也同样不属于我们。

3个月后，维希街上又有一个新生命呱呱坠地；3月28日，狄更斯家新添一名男婴，受洗并被取名叫阿尔弗雷德·艾伦·狄更斯。那些声称了解婴幼儿心理的人可能会说，当时的狄更斯只是一名两岁多的孩童，家中新添男丁可能会激起他的焦虑不满——如他在另一个语境里所说，自己成了“母亲心中的陌生之人”。他是否再也得不到他所渴望的溺爱？他是否会因此觉得被母亲抛弃了呢？这都很难一概而论：母亲厌弃孩子这一想法无论是在他的小说还是在他对往事的追述中无疑都是一条很重要的线索。6个月之后，阿尔弗雷德夭折，死于脑积水，不知何故，被埋在威得利村一个偏僻村庄的教堂墓地里。如果年幼的查尔斯对这个夺位之人怀有憎恨，甚至偷偷盼着他死掉的话，那可真是如愿以偿了！而之后他的负罪感又该会有多强烈啊。“负罪自责”，就是这个词。若是仔细观察狄更斯成年之后一一找出所有证明他确实在无形中承受着一种非理性负罪感的证据，并从他的小说中挑出所有夭折了的婴儿的形象，之后如果再说婴儿时期的这6个月没有对这位小说家产生终身的影响的话，那的确很难让人信服。

第二年的1月份，这家人又搬家了。朴次茅斯政府在战争结束后缩减规模，约翰·狄更斯又被召回到萨默塞特郡议院。于是，查尔斯·狄更斯有生以来第一次来到伦敦。关于这段旅程，他除了对离开波特西时的满地积雪有一些印象，别的什么都不记得了。当时的首都虽然算不上水深火热，但也是物资匮乏——约翰·狄更斯回到城里后收入反而减少了，主要是因为他拿不到外派津贴了。他们租下了诺福克街10号的房子（现在的克里夫兰街22号），就在托特纳姆街的拐角处。那幢房子现在还在，现在的一楼是一家三明治店，但在当时是一家杂货店。杂货店老板，也就是他们的房东，名叫约翰·多德，后来也成了约翰·狄更斯众多债主之一，而且狄更斯的父亲很有可能是从这个时期才开始负债的。他们在这里住了两年——有范妮姨妈，也许还有一个仆人，虽然没有关于他们在这一时期的明确记载，但毫无疑问，这段经历对狄更斯产生了影响，因为这一时期家中又添了一个孩子——莱提西娅·玛丽·狄更斯，生于1816年4月。但是，小狄更斯在三四岁时渐渐开始对这个世界充满好奇并有了进一步的了解。当时的世界不再满是原野，而是街道纵横。当然，托特纳姆法院路（Tottenham Court Road）旁边是一些农村地区——卡姆登镇（Camden Town）的田地就在附近，但城市的现实冲击感还是很新鲜的。后来，狄更斯在伦敦街道上散步时曾流下热泪，虽说一个幼童在当时恐怕难以意识到周遭的苦楚磨难，但要是非不相信伦敦各种不可思议的秘辛和疾苦以某种方式刺痛、打动了小狄更斯的心扉，那也是非常愚蠢的。而在狄更斯小说中频频出现的哭泣呐喊是什么？——从奄奄一息的孩子口中喊出的是："妈妈！……请把我埋在田间——只要不是这可怕的街道，哪儿都可以……是它们害了我。"

1817年1月，他们举家搬回了"田间旷野"——希尔内斯（Sheerness），这是约翰·狄更斯的下一个工作地点，算得上一个与世隔绝的港口，而经常乔迁的狄更斯一家在这里的生活更是鲜为人知。他们一家应该是在希尔内斯剧院旁边租了一间小房子。19世纪中叶的一位编年史家在谈到约翰·狄更斯时曾说，他“晚上常常坐在这间屋子里，不仅能听到舞台上的演出，还会和舞台上的表演一起合唱《天佑吾王》[37]和《不列颠尼亚统治这片汹涌的海洋》[38]”。歌曲和戏剧在狄更斯的童年扮演了极其重要的角色。而当约翰·狄更斯坐在客厅里满腔热情地演唱爱国主义歌曲，热切地倾听着这家木质剧院里传来的声音时，我们也许能首次感受到那个遗忘已久的世界。在这个世界里，有一些与航海相关的歌曲，滑稽歌曲和滑稽戏是当时最受欢迎的娱乐形式。查尔斯·狄更斯就在这个世界中慢慢长大。

安稳了4个月后，在1817年4月初，他们又从沿海的希尔内斯搬到了人口更稠密的港口——查塔姆（Chatham）。查塔姆曾被称作“世界上最邪恶的地方”，和以教堂闻名的罗切斯特镇毗邻且在地理意义上难分彼此。就在这里，我们第一次清楚地看到查尔斯·狄更斯的灵魂属地；在这里，我们开始清楚地领略狄更斯的童年，并能从中追溯到那些他婴儿时期和成年阶段、他幼时的想象和之后的小说之间的联系。这是他最有归属感的港湾。垂暮之年，他又回归了这个主题。他的第一部和最后一部小说都以罗切斯特为背景。查塔姆，曾被他描述为“是个在浑浊河水中由白垩、吊桥和无桅船交织而成的梦境”，后来也成了他想象世界中重要的风景之一。

1 指1812年英美战争。

2 哈姆雷特为英国著名剧作家威廉·莎士比亚《哈姆雷特》中的人物。

3 李尔为英国著名剧作家威廉·莎士比亚《李尔王》中的人物。

4 麦克白为英国著名剧作家威廉·莎士比亚《麦克白》中的人物。

5 普洛斯佩罗为英国著名剧作家威廉·莎士比亚《暴风雨》中的人物。

6 佩克斯尼夫为1894年出版的《马丁·翟述伟》(*Martin Chuzzlewit*)中的人物。此人是一个无可救药的伪君子，平时嘴上总是挂着正直、友善的道德哲学，实际上却是一个无比虚伪的两面派。

7 斯克鲁奇为查尔斯·狄更斯的圣诞系列小作品(《圣诞颂歌》)中的人物。此人是一个自私透顶的吝啬鬼，连乞丐都不愿意向他讨钱。

8 奥利弗·特威斯特为查尔斯·狄更斯的作品《雾都孤儿》(也译作《奥利弗·特威斯特》)中的人物。

9 塞里·甘普为查尔斯·狄更斯的作品《马丁·翟述伟》中的人物。

10 塞缪尔·匹克威克为查尔斯·狄更斯的作品《匹克威克外传》中的人物。

11 尼古拉斯·尼克尔贝为查尔斯·狄更斯的作品《尼古拉斯·尼克尔贝》中的人物。

12 皮普为查尔斯·狄更斯的作品《远大前程》中的人物。

13 大卫·科波菲尔为查尔斯·狄更斯的作品《大卫·科波菲尔》中的人物。

14 哈维珊为查尔斯·狄更斯的作品《远大前程》中的人物。

15 机灵鬼，本名阿特弗·道奇，为查尔斯·狄更斯的作品《雾都孤儿》中的人物。

16 瓦克福德·士括尔斯为查尔斯·狄更斯的作品《尼古拉斯·尼克尔贝》中的人物。

17 汤玛斯·葛莱恩为查尔斯·狄更斯的作品《艰难时世》中的人物。

18 小杜丽为查尔斯·狄更斯的作品《小杜丽》中的人物。

19 悉尼·卡顿为查尔斯·狄更斯的作品《双城记》中的人物。

20 保罗·董贝为查尔斯·狄更斯的作品《董贝父子》中的人物。

21 费金为查尔斯·狄更斯的作品《雾都孤儿》中的人物。

22 埃德温·德鲁德为查尔斯·狄更斯的作品《埃德温·德鲁德之谜》中的人物。

23 乌里亚·希普为查尔斯·狄更斯的作品《大卫·科波菲尔》中的人物。

24 威尔金斯·米考伯为查尔斯·狄更斯的作品《大卫·科波菲尔》中的人物。

25 奎尔普，全名丹尼尔·奎尔普，为查尔斯·狄更斯的作品《老古玩店》中的人物。

26 山姆·韦勒为查尔斯·狄更斯的作品《匹克威克外传》中的人物。

27 巴纳比·拉吉为查尔斯·狄更斯的作品《巴纳比·拉吉》中的人物。

28 比尔·赛克斯为查尔斯·狄更斯的作品《雾都孤儿》中的人物。

29 小蒂姆为查尔斯·狄更斯的作品《圣诞颂歌》中的人物。

30 汤米·特拉德斯为查尔斯·狄更斯的作品《大卫·科波菲尔》中的人物。

31 狄更斯的外祖父在他出生的前两年因为偷盗被捕，后逃到欧洲，再也没有回来。

32 通恩，Tong，一个英格兰西部Shropshire的下属直辖地，有著名的哥特式乡间宅院通恩城堡。

33 尼克尔贝太太为小说《尼古拉斯·尼克贝尔》中的人物。

34 泰特比先生为小说《着魔的人》（*The Haunted Man and the Ghost's Bargain*）中的人物。

35 圣玛丽·勒斯特兰德教堂，即河岸街圣母教堂，是一座英国圣公会教堂，位于伦敦西敏市河岸街东端道路中心。

36 《董贝父子》，狄更斯创作的长篇小说，发表于1848年。小说描写了董贝父子公司的盛衰史。

37 《天佑吾王》（*God Save the King*），这首歌曾经被包括澳大利亚、加拿大和牙买加等国在内的大部分英联邦成员国作为国歌。现在，这些国家中国歌的地位已经被《前进，美丽的澳大利亚》《哦！加拿大》和《牙买加，我们热爱的家园》等所代替，而《天佑吾王》作为皇室颂歌继续使用。

38 《不列颠尼亚统治这片汹涌的海洋》（*Britannia Rules the Waves*），英国皇家海军军歌，本身歌名为“*Rule, Britannia*”，文中“Britannia rule（s）the waves”是其中的一句歌词。

第二章　罗切斯特

他们搬到了建于山顶的欧德南斯排屋——狄更斯后来曾提到此处，说这是整个教区[1]“空气最清新又最宜人的地方”。房子虽然绝对算不上宽敞，但住得还算舒服；约翰·狄更斯似乎一直都对新房子情有独钟，这条街上的房子都是新建的。他们的住处是一幢那个时代典型的建筑：狭窄的门厅，饭厅在二楼，客厅在三楼，三楼还留了一间卧室给孩子的父母住，再上一层楼梯是两间阁楼房，一间仆人住，一间孩子住——查尔斯·狄更斯的童年似乎有一半时间都待在这样的小屋子里。他的小说里也频频提及阁楼房、发霉的屋子、客厅、逼仄的厨房、套间卧室，狄更斯的创作想象力在他年幼时沉浸熟知的逼仄空间里发挥得淋漓尽致，而这些就是证明。此时，欧德南斯街上的这幢房子里住着三个孩子、两个保姆、范妮姨妈和狄更斯夫妇——一幢仅供六人住的房子里足足挤了大大小小八个人。

毫无疑问，查塔姆是一个军港镇，小狄更斯从自己那间小阁楼的窗户眺望出去，越过一片秣草地，便能看到远处的海港和码头；他或许还能看到在远处群山和果园映衬下高耸的帆船桅杆和影影绰绰的船厂烟囱。再远一些是查塔姆铁路线，那里布满了坑洼、壕沟、吊桥、地下通道和防空洞，自成一套体系，驻扎在查塔姆的士兵就在那里进行模拟实战演习，或是现在我们说的“军事演习”。狄更斯后来曾描写道，这些铁路线“表面上长满了萋萋野草，眼下看着清白无辜，骨子里却很有点彪悍粗暴”。这里有神秘的“昏暗墓穴”，门口挡着栅栏，还散发出一股“寒气逼人的泥腥味儿”。那种地下坟墓般的气味在他的这段童年时光里有着十分特殊的意义——之后在其他地方，比如罗切斯特和查塔姆两地他都闻到过，这种气味似乎纠缠了他一辈子。欧德南斯街所在的那座山直通皮特堡垒，是梅德韦镇周边众多防御工事之一；狄更斯家房前的小院外，街道一直向山下延伸到旧城区，连着更远处的河边。房子前面就是一块田地，小狄更斯过去常常在那里同姐姐和保姆玩耍；多年后（狄翁）再次回到这里时，为了给连接伦敦和查塔姆的铁路线让路，这块地早已不复存在。狄更斯童年消磨时光的古老城郊，在他成年后已经渐渐远去，消失在时光深处，同样的情况比比皆是，由此可见一斑。

狄更斯一家在这里住了四年。这一时期关于他的最早文字记录曾评价他是“一个活泼开朗的孩子，善良、友好、坦率，不像大多数孩子那样有时爱吵架拌嘴”。这几年无疑是他童年最快乐的时光。后来回忆起这里，他曾这样描绘：“一捆捆玉米（躺）……在金灿灿的田地里……堆砌出一幅平和、丰收的景象”；然而查塔姆却根本配不上如此美好的描绘。这里动荡荒芜、肮脏不堪，拿破仑战争刚刚结束时，驻扎此地的水手和士兵常常在这儿厮混，渐渐形成了一种挥霍奢靡的生活方式，出现了伤兵残员、普遍的不满情绪和一个专制的政府。这里因为“无法无天且污秽不堪”而出名。在这儿，唯一能在数量上与众多腌臜难闻的酒馆相抗衡的就只有那些同样秽气难闻的的妓院。能肯定的一点是，这些都被小狄更斯看在眼里；至于他能理解多少，就是另外一回事了。但在所谓“维多利亚时期”道德约束应运而生之前，他对这种混乱不堪的画面和恶劣的气味完全习以为常，压根儿就没有他之后表现出来的那种一本正经或是道德上的极端拘谨——这种拘谨的态度让人有种错觉，以为小时候的见闻让他恐惧厌恶，给他留下了童年阴影。然而恰恰相反，有证据表明“低俗生活”在某种意义上甚至能一直让他兴奋激动，而匹克威克先生[2]关于梅德韦镇（毫无疑问，这个地方特指查塔姆镇）的评价明显带着狄更斯标志性的热情洋溢：“街道上一幅生气勃勃的欢乐景象，这主要归功于军队的交际宴饮。看着这些英勇的士兵酒足饭饱后踉踉跄跄地走在大街上，对仁慈的人来说可真是个大乐子；尤其是想到那时候（我们）一边跟在这些人屁股后面，一边取笑他们，那就更可乐了。这给男孩子们提供了一种廉价而单纯的快乐。”

不知不觉中，查塔姆和罗切斯特融合到了一起，而罗切斯特显然比查塔姆要“正派”得多。这是一座古老的集镇，拥有自己的城堡、教堂和市政厅。一搬进这个地区，约翰·狄更斯就订阅了《罗切斯特历史》。就像他之前订阅《海军上将的生活》一样，他急于成为新环境中的一分子，急于融入当地的生活，甚至可以说是急于攀附周遭更高级的东西来提升自己的地位。而他的儿子在罗切斯特的生活经历却完全不同，这里有条狭窄的商业街，遇到有集市的日子就会格外拥挤嘈杂。然而在狄更斯之后的描写中，这条街道却成了“那条静谧的商业大街”，它的山形墙、古董钟表、雕刻精美绝伦的木制脸孔和“庄严肃穆的”红色砖房，桩桩件件都成了旧时光的标志。确实，在《匹克威克外传》的前几章里，罗切斯特和它周遭地区成了闹剧上演的舞台，然而即使这些消遣娱乐件件令人激动兴奋、活力充沛——尤其在狄更斯年轻、高涨的精神带动下，更是热闹无比，但大教堂和荒废了的城堡仍然（给周围）投下一层阴暗的气氛。“皱着眉头的墙壁，”阿尔弗雷德·金格尔[3]说道，“——摇摇欲坠的拱门——漆黑无比的角落——岌岌可危的楼梯——还有老旧的教堂——泥土的味道——被朝圣者的脚磨平了的古老台阶……”这段文字出自狄更斯的处女作。而在绝笔之作《埃德温·德鲁德之谜》[4]中，狄更斯也用了同样的措辞描写那座古城：“一个单调乏味、寂静无声的城市，自始至终到处都弥漫着泥土的味道。”当格鲁吉亚斯先生透过巨大的西式大门往教堂里偷窥时，禁不住喃喃自语道：“我的老天爷……这简直就像在窥视旧时光的喉咙。”他的开始就是他的结束。但在他跌宕的一生中，狄更斯始终坚信罗切斯特有“一种普遍存在的庄严、神秘、败落和静穆感”，因而也视其为对自己风雨飘摇一生的写照：“与生命的坚忍、人生所能达到的高度、生活的艰辛和漫长相比，我的人生简直就是一个简短又渺小的笑话。”年纪、尘埃、死亡、时光，这些是无数次出现在他脑海中的有关罗切斯特的意象，如果我们再一次从狄更斯的成年时期回溯他的童年，并断定这低沉悲哀的曲调正是贯穿他整个童年的主旋律，这样的结论是否会过于夸张？

当然，这次（回到狄更斯童年的）旅程还伴着其他的旋律，还有别的声音盘旋萦绕在他周围，其中最能唤起他美好回忆的莫过于“潮水的飞溅声和拍打声”了。狄更斯是在水边——海边、潮水边、河边——长大的，毫无疑问，他的想象世界中充满了水声。年纪还很小的时候，他就已经对大海和有关大海的许多事情如数家珍了。比方说，有时候他会和姐姐范妮一起，跟着父亲乘一艘破旧不堪、名叫“查塔姆号”的海军军需船远航，经由梅德韦河来到希尔内斯。河里到处都是轮船、纵帆船、游艇和快艇：他也许曾在这儿瞥见过那两艘囚犯船——“欧利阿勒斯号”和“加拿大号”，还有那艘医务船“赫拉克勒斯号”[5]（“大力神号”）。在造船厂里，他瞧见了一堵堵若隐若现的木墙，如果没有想象力，根本就看不出来那是一艘艘船只的船体；也正是在这个造船厂里，他听到了打桩声、水闸开启声、铁匠和木匠干活儿的声音、磨坊和桅杆房里传来的声音、做船橹和绳索的声音，到处都弥漫着“木材刨花和松节油混在一起的干净气味”。正是在查塔姆造船厂里，他感受到“红砖砌成的办公室和屋子看起来充满庄严肃穆之感，沉着古板，佯装毫不介意，不值一提，也避免炫耀，这种故作正经（假正经）的调调，除了英国，我在其他地方从来没见过”。然而即使在他年幼的时候，他的时代也在悄悄发生变化；帆船时代正在慢慢走向尾声，而多佛和加来之间已经挤满了汽船。

儿时的他第一次燃起了对海军的热爱，这种炙热的情感在他的小说中随处可见，无论是海难中水手的英勇冒险，还是卡特尔船长[6]饱经风霜的面容。因此，我们常常能看到狄更斯在小说中频繁使用，有时甚至是误用许多和航海有关的术语。他还总是将水手和干净整洁联系在一起，就好像对他来说，船上的生活是一个他一直向往的安全、隐秘且精心安置的井井有条的世界。在他的绝笔之作中，他的想象力最为珍爱（他所选取）的也都是和水有关的元素——汹涌滔天的潮水，潺潺的河水，无边无际的大海，甚至还有月亮在水中的倒影。年幼的狄更斯认为这“是一条通往天堂的路，好人的灵魂踩着它去觐见上帝……”还有那些“志存高远，迎风破浪”的船只，他不止一次地在发表的文章中引用坎贝尔的《英格兰水手歌》：

当我驶在
那浩瀚的大海
狂风巨浪永不停歇……

更有甚者，狄更斯一生都喜欢阅读关于航海游历的故事。当然，我们其实不应该在解读了狄更斯的童年之后说：这是一切的起源（这是他创作才华的由来）。因为孩子并不需要去理解自己的所见所闻，童年早期（生活）的氛围会潜移默化渗透到作者今后的创作中，而作者自己却意识不到它们来自何处。

众所周知，狄更斯是一个善于观察的孩子。他还特别聪明，这一点同样不言而明。母亲是他的启蒙老师。他自己回忆道，母亲每天都给他上课，而且教得很好（她用拉丁文给他上课，从这件事我们可以得出两个结论：第一，她饱读诗书，比传说中要知书达理得多；第二，尽管后来儿子责备她，但要是说她没好好照顾他，那就是不讲道理了）。“我隐隐约约有印象,”一次他告诉好友约翰·福斯特,“她教我认识字母表;我看着识字课本上粗粗胖胖的黑色字母,它们如此新奇,又有着令人费解的形状。字母O和S跟往常一样,总是一副善良自如、从容自在的好脾性。”说不定我们还能得出这样的结论:年幼的狄更斯第一次打开想象世界的大门,第一次接触让他魂牵梦系的文字世界,都要归功于他的母亲。就算当时他只是向着文学迈出了第一步,我们也可以清楚地看到文字本身让他感到满足,他在文字中能找到内心的平静安宁。正是诸如此类的一系列理由让他曾经声称“我大约在6岁左右做了第一个作家梦……”,这一说法简直让人惊掉了下巴,不过他随后就改口说是8岁了。

1818年,他和姐姐范妮上了罗马巷里一家老太太办的家庭小学。这种教育方式陈腐过时,但是却从15世纪开始一直存在着,直到19世纪。它们之所以坚挺不死仅仅是因为人们认为教小孩子异常简单,大概找个家里有几本小故事书、能识文断字的老太太就行,还划算得很。不可否认,有些家庭小学还是不错的,但查尔斯·狄更斯对它们都深恶痛绝,很可能是因为他自己经历过,所以对这种家庭小学就抱着这种仇视的态度。成年之后,他曾说他上的那个家庭小学“在一间染坊上面”,但在一次演讲中他又提到人生中的那个阶段。当时他的情感好像更为真实，那时“在一位老太太的管教之下，在我眼里，那位老太太是拿桦树条来统治世界的”；也是在她的帮助下，我们能够觉察到小狄更斯在文字中发现和感受到的那种力量。“现在我再也不会看到一排又粗又大又显眼的黑色罗马大写字体了，但这幅画面总是浮现在我眼前。”尤其是同学的着装，也时常浮现在他眼前：一顶棕色海狸毛童帽、一条黑色连衣裙，外穿一条围裙。那间染坊让人联想到的也只有刺鼻的臭味。不错，这些就是一个孩子能感知到的东西，而且很可能今后还能回想起来。

这一时期，他和比自己略微年长的姐姐范妮一起上课。我们能知道范妮是一个聪明伶俐、很有天赋的孩子。后来，人们说她“个性果断”，“天生轻松乐观，十分喜欢社交”。据说，她独当一面的能力“很不一般——还活力充沛，干劲十足”。因此，在某些方面她和弟弟有些相像；与弟妹们不同，在性情方面，这姐弟俩似乎都刻意不想和父母一样。不过姐弟两人之间说到底还是有点儿差异的，据说“她一丁点儿都不浪漫”。

所以儿时的这几年，他和姐姐一起去上学，跟着母亲课上，并且开始阅读。最早陪伴他的是“画册”。正如他之后所说：“……画册：里面说的都是短弯刀、拖鞋、包头巾、侏儒、巨人、魔鬼和精灵，还有蓝胡子、豆茎、有钱人、山洞、森林、瓦伦丁和奥森[7]：都那么新鲜，又那么真实。”之后，他还回想起自己曾经爱不释手的几本画册：像是《杰克与巨人》，还有《小红帽》。“那是我的初恋”，他这般评价后者。毫无疑问，《小红帽》也是其他孩子的初恋。甚至，婴儿房里的童谣和故事可以让我们窥见过去两三百年里这个国家生活中真正意义上的人类延续性。据说，往上回溯几代，无论男女，大多数人的童年都差不多。这种说法或真或假——19世纪早期的生活已经无法还原，所以这种说法既不能被证实又不能被反驳。事实上，当时的社会风气在虚构世界里仍然保存完好。这无疑是狄更斯作品的影响力依旧如此强大的原因——它扎根于人们或多或少共有的文化根基之中。

这段狄更斯分享的过往里还有其他一些令人顿悟的时刻，充满属于狄更斯的特性。他会记得某个特别的场景或是画面，而且无缘无故地，他一直都再没忘记过。斯基普顿夫人的那幅“风格浮夸”的彩色版画，《谁杀了知更鸟》[8]长篇故事里牛拉钟绳的画面，该隐谋杀弟弟时照在他身上的一缕阳光，皑皑白雪中的俄国农奴……所有这些画面都在他脑海里重现。但并不是所有这些记忆都和死亡或贫苦有关，在后来的一篇文章里他还引用了一本名叫《花花公子的舞会》或《城市上流生活》的画册里的句子。

然而，他不单单热爱读书，和所有好孩子一样，多数时候他还是一个好听众，（喜欢听）儿童故事、童谣，还有睡前故事。不过这些故事究竟是保姆讲的还是他母亲讲的，现在早已无从考证。当时还有两个女佣和狄更斯一家一起住在欧德南斯街的排屋里，一个叫玛丽·维勒，一个叫简·邦妮。但在后来的一些文章里，他还描写了一个叫梅西的女佣和另一个叫萨莉·弗兰德斯的女佣。显然，这些人里面有“一个面色蜡黄的女人，目光呆滞无神，鹰钩鼻，穿一件绿色长裙，擅长讲一个让人毛骨悚然的故事”：房东把房客做成了肉馅饼。狄更斯还说，“我一直很笃定”，这个讲故事的人不仅“像食尸鬼一样，以把我吓得魂飞魄散为乐”，还经常说自己亲戚朋友的坏话。还有一个保姆会跟他讲凶手船长的故事和一只会说话的老鼠受到诅咒的故事——这只老鼠会大叫：“哦，别让老鼠进囚犯的坟地！”上一句话和狄更斯小说里的哥特元素绝对有着千丝万缕的联系；但就因为这个，他小说里那种完全不带感情色彩的事实，我们还是谨慎对待为妙。

早年的时光转瞬即逝，除了狄更斯家的孩子越生越多，约翰·狄更斯养家糊口日渐无能为力之外，也没有什么值得一提的。1819年8月，就在家里又添丁之前（这次是个女儿）大概三周，约翰·狄更斯向一个名叫詹姆斯·米尔本（James Milbourne）的人借了200英镑的巨款，终身还款，每年偿还26英镑。1820年3月，依照先例他涨了薪水，但还是没能还钱，最终他的大舅子——当初在他的软磨硬泡下会签下欠条的托马斯·巴罗——被迫帮他还清了债务。这也是后来伊丽莎白娘家人对她丈夫态度冷漠的一部分原因，而这种被称为“契约”的欠条后来在狄更斯的童年里极其突出。1820年8月，家里又添了一个孩子——这次是儿子，名叫弗雷德里克，他在出生后的几年里都被这个大名鼎鼎的哥哥嫌弃。所以，从这个时候开始，查尔斯·狄更斯让笔下的家庭所遭受的一切灾难和不幸就已经现出端倪：中产阶级家庭、债务、官司的威胁，所有的一切都透着一种紧张压抑甚至焦虑的感觉，而小狄更斯对这种感觉再熟悉不过了。

但约翰·狄更斯并没有山穷水尽，他性格中的一大特点就是在困境之中仍然追求逆风翻盘，所以他于1820年3月在《泰晤士报》上报道了一起发生在查塔姆的火灾。这件事虽然没能让他流芳百世，至少也让他混进了组织救济灾民的教区会议委员会。但若要说他儿子后来对新闻行业和大火都很感兴趣这件事儿和约翰·狄更斯的行为举止有什么关系，就未免太过牵强了，但不容置疑，父亲还是在他生命中留下了印记。狄更斯在查塔姆生活的这些年里认识的一个朋友——J.H.司铎奎勒——在一篇回忆录里提到了这件事，带着点儿时同伴互相调侃的意味，他把狄更斯叫作“查理·逃课”，说他和小狄更斯过去常常一起在罗切斯特大桥上无所事事地闲逛，或者沿路走向一幢叫作盖茨山庄的房子。这似乎是狄更斯最喜欢的一段旅程，而且他往那里去无疑带着点个人目的，因为这就是那幢父亲曾经指给他看的房子。后来狄更斯只要一经过那幢房子就把这个事讲给他的朋友听，并且至少用文字形式描述了两次。所以，我们终于能肯定以下叙述的真实性了：“……和父亲从查塔姆出来，一看到它，”福斯特曾写道，“他就充满艳羡地仰头望着它；父亲告诉他，只要他努力，长大成人后他也有希望住在这里，或者住在和这一样的房子里。”于是，36年后他买下了这幢房子。狄更斯的童年深深地影响了他后来的种种嗜好和痴迷的东西，任何不相信这一点的人都无法自圆其说，因为毫无疑问，只有一个极其在乎父亲称赞的人才会穷尽30年的人生来赢得它。或许盖茨山庄只是他父亲随手挑的一幢房子，一个近在眼前的威望和财富的象征罢了，但它一直萦绕在狄更斯的脑海中，挥之不去。还有一件有趣的事情，那时年幼的他经常会步行到这幢位于罗切斯特镇外的房子旁。他想一遍又一遍地看着这幢房子，幻想自己未来生活在这里的样子。他还那么小，就想拥有一幢上档次的房子了；他还那么小，就想着要逃离自己现实生活中那个拥挤逼仄的家了。

他童年这段时期还有一些可以考据到的别的事情，只是没那么引人注目罢了。这些事情（和其他那些风光的逸事）背后都是一样的道理，与其相信狄更斯自传或小说中细致入微的再现，还不如相信他不经意间的胡言乱语。因此，我们可以相信他经过查塔姆时，曾指着一堵墙，惊呼“我记得……我可怜的母亲，上帝保佑她，把我放在那堵墙的墙沿上好让我挥舞着帽子给乘车经过的乔治四世（George IV）[9]——当时的摄政王——欢呼”；我们可以相信他关于“那只风筝像个想象中的朋友一样拽我的手”的记忆片段。我们甚至可以相信他真的“因为告诉一位女客人桌上那件包着大理石纹纸的装饰物不是大理石做的”而吃了一记耳光，因为这和我们之后见证的事实是一致的，那就是小狄更斯非常相信字面的意思。由此，我们当然也可以相信这段获得了他姐姐证实的小插曲：不记得出于什么原因，也不清楚是什么时候的事。“……我们偷偷摸摸地领着一个有一条木腿的人，一个我们很熟悉的人——进了一个煤窑，我们（连拉带拽地）把他弄到煤堆那儿，想把他藏在某个隔墙后面，这时，他的木腿却被卡在了碎煤块里……”在这个军港，有许多装木腿的人（你也许会说，这是一种职业危害），而且这则逸事有着“地下室”和仆人之间的阴谋诡计所具备的所有特点。事实上，狄更斯好像有一点迷恋木制的假腿——他的小说里一再出现这个概念，而这个一条木腿插在小煤堆里的情景在《我们共同的朋友》里也得以再次上演，就是塞拉斯·魏格“那条不听话的腿插进骨灰里有一半深”的名场面。童年的场景就这样在小说中再现，一些烟消云散的画面得以重现。

但是，如果要按这种方式来讨论他的童年，那么决定其最终命运的最重要因素，除了他喜爱独自阅读这件事之外，也许还有英国19世纪早期的一个特色：那就是他童年时期对戏剧、对童话剧的热爱。有时候，亲戚们会带他去伦敦，主要目的毋庸置疑就是去看戏。他记得很清楚，有一次他被带去看格里马尔迪（Joseph Grimaldi）[10]的演出，“据说我表现得非常早熟，还鼓掌向他致敬”。约翰·福斯特也在他的传记里写过这样几笔：“我总听他提起，他第一次去剧院是兰默特带他去的，那时他年纪还非常小。”兰默特是狄更斯家的一位朋友——他的继父最后娶了“范妮姨妈”—— 这里所说的剧院是罗切斯特的皇家剧院，坐落在新街上。这条新街通往查塔姆并将两个镇联结起来。罗切斯特的皇家剧院至今仍然屹立未倒，很难看出这又小又窄的剧院是小狄更斯锻造想象力的熔炉。然而事实证明它就是。“这家又脏又破却十分亲切的乡村小剧院”——查尔斯·狄更斯如此称呼——散发着木屑、橘子皮和煤油的味道，他一生都对这种味道念念不忘。就是在这里，他看了《理查三世》和《麦克白》，李洛（Lillo）[11]的《伦敦商人》，或《乔治·巴恩维尔的历史》以及罗（Rowe）[12]的《简·肖》；在这里，世界变成了滑稽的闹剧和煽情的情节剧。在他对童年剧院之旅的所有描述中，我们都能清清楚楚地感觉到他那如饥似渴、目不转睛的灼热目光。他什么都没有错过；那个被关在深深地牢里的滑稽男人“顶着仓促做成的红色假发”，唱了首关于一条羊腿的滑稽歌曲，（剧院里）绿色幕布上的破洞，“理查三世”躺在一张对他来说太小的沙发上装睡，扮演巫婆和邓肯王的演员总是不停地穿梭在台上台下跑龙套，说着愤怒的乡巴佬说的台词（“老爷，先生，举起您的拳头，打呀！”），而且他什么都（愿意）相信。他喜欢拙劣的表演和劣质戏服，喜欢演员的愚蠢荒唐、剧情的乏味陈腐，就如同它们都是真实生活本身的写照。而所有的记叙都再现了一个全神贯注的孩子坐在皇家剧院里那“价钱高昂但却又窄又不舒服、坐垫都已经褪色了，到处都是跳蚤的单层包厢里”的见闻感受。他从未忘记过这幅景象，虽然每次当他离开灯火通明的剧院回到旁边那个阴郁、萧索且一成不变的世界里时，这幅画面都会渐渐暗淡下去。

如果非要说有一种戏剧艺术真正激发了他的灵感，那就是童话剧。“在那个欢乐的世界里，”他曾如是说道，“……丝毫没有任何痛苦或不幸……简而言之，在那里虽然意外时常发生，但每个人都完全不受无常世事的影响。”一个明亮安全的世界，喜剧和悲剧交织，时而惹人捧腹大笑，时而催人声泪俱下，爱情和死亡、哑剧老丑角（傻老头）[13]和哑剧女角[14]、暗场和场景转换、游行和爱国主义歌曲、滑稽舞和对句押韵都混在一起，而且所有台词都是唱出来的而不是说出来的。“没有任何语言可以形容，”狄更斯同时代的一个人曾写道，“这些圣诞童话剧中的活力、欢乐、大胆、疯狂、语无伦次、粗鄙庸俗、华美壮丽、异想天开的诗意和显而易见的残忍。”在《远大前程》中，皮普回忆自己在一次赶集后不得不躺下来，因为“我年幼的感官实在是有些吃不消”。我们可以由此来想象小狄更斯那时的样子——极其兴奋、极其渴望、开心地尖叫，什么都迫不及待地收进眼底，什么都不敢遗漏在记忆之外。长大以后，最能让他开心的事也是模仿小丑的姿态和一举一动。一次，他“在浴缸沿儿上扮童话剧里的小丑”，一不小心跌进了热水里。还有一次，他在火车上向人们展示小丑如何“扑通一声坐下然后把自己像折刀一样对折起来”；他也很擅长即兴创作小丑和老丑角之间的“滑稽顺口溜”。成年狄更斯身上也有同样高昂的兴致，他甚至在垂暮之年还会弯腰去读伦敦童话剧（哑剧）的海报。

也正是凭借这种精神，他在查塔姆之后更为悲惨的童年岁月里搭建并办起了一个玩偶剧场；那是在伦敦的卡姆登镇，剧场配有供裁剪的角色单（黑白的一便士、彩色的两便士），剪下的人物可以先贴在纸板上，再粘到金属丝或者小木棍上；然后这些角色会被放在一个小舞台上，还有背景幕和道具；穿好成套服装，摆好适当姿势，这些小纸片人就开始演戏了。狄更斯就是在这儿上演了《磨坊主和他的手下》和《伊丽莎白》，或《西伯利亚之放逐》；狄更斯自己负责朗诵并表演剧情，他的兄弟们则负责移动这些小纸偶来表演。不过不幸的是，这些纸偶总是要不就起皱要不就脱胶。他从那个时候起就开始创作了，后来他也曾提到自己的第一篇文章《米思娜》是在9岁、10岁的时候写成的。那是一部依据《鬼怪故事》[15]所写的悲剧，剧中有一位谦和聪慧的年轻王子（当然是狄更斯自己），总是在魔鬼或怪物包围下说出一些颇具哲理的话。狄更斯曾说过：“我从小就爱……演戏和演讲。”一个小小的男孩手里捧着书，在一个袖珍剧院里扮演各类角色，这幅画面也是狄更斯和整个世界关系的一个小小缩影。他女儿也曾注意到，狄更斯写小说的时候确实会先在镜子前饱含深情地把句子念出来，然后才写到纸上。当然，最终他还是会把自己的小说大声念给英国和美国的读者听。他从未抛弃自己的天赋。多年以后，他住进了盖茨山庄，他儿子得到了一个礼物，是一个迷你玩偶剧场，结果狄更斯一下子就着迷了——他开始忙前忙后，上演了第一出戏，名叫《暹罗之象》。并且据他儿子回忆，他“废寝忘食地制作暹罗的风景和建筑，那种干劲放在其他任何一个人身上都特别有冲击性，但我很快就发现这对他来说是再平常不过的事情了”。因此，在他的后半生，在他时不时就去看剧的热情里，在他自己的表演才华里，我们能明白舞台绚丽的灯光对他来说不仅象征了童年的记忆，也让他能够一遍遍重温那些记忆。

这种童年经历中有一个部分，狄更斯管它叫作“欢乐”，大意就是消遣娱乐。一群观众分享同一种快乐的理念，同一种友谊和家庭的理念，是狄更斯不由自主地穷尽一生去复兴的理念，正是因为它们都源自他童年早期的记忆。欧德南斯街的年轻保姆玛丽·维勒对这一点印象深刻。“有时候查尔斯会下楼来跟我说：‘来，玛丽，把厨房收拾收拾，咱们来玩个游戏。’”这段回忆的真实性毋庸置疑，而且这是我们第一次从别人口中清楚地听到查尔斯·狄更斯的声音；在他自己的文字中重复响着的这个声音：他在《匹克威克外传》中说“萨米，我给你准备了一个游戏”，又在《圣诞颂歌》[16]的朗诵中说“玛莎，那儿有好大一只鹅”。就这样，成年狄更斯再现了小狄更斯的声音。欧德南斯街上有个名叫乔治·斯乔若希尔的小伙伴，有时会带着他的魔法灯来玩，有时“他们会唱歌、朗诵，还表演一些戏剧片段”。查尔斯自己有一篇“最爱诵读的文章”，是艾萨克·瓦茨的《懒汉的声音》；玛丽·维勒回忆道，“小狄更斯总是念得很有感染力，手舞足蹈，有模有样的”（从这一点我们也能想象出成年后的狄更斯仰着头，手高举在空中，念着自己小说的样子）：

这是懒汉的声音；我听他抱怨道，

你把我叫醒得太早，我还得继续睡觉。

他会朗读经典名著中的片段。毫无疑问，他大多是通过这种方式来了解莎士比亚的。他还喜欢唱歌，有一副“清亮的男高音嗓子”，而且玛丽·维勒记得，“和海洋有关的歌……是他的最爱”。

小狄更斯经常在生日聚会和主显节前夜[17]聚会上一展歌喉。他还自己写过歌，他创作并演唱了一首名为《最迷人的秋波》的滑稽歌曲，从这点也能看出他对喜剧表演的喜爱。此外，他还曾模仿喜剧表演大师查尔斯·马修演绎过一段“一人分饰多角的对白”。顾名思义，就是一个人通过一些惯用短语、滑稽的言谈举止和方言模仿来扮演一个短剧中的所有角色。当然，所有这些元素后来都在他的小说中再次呈现，那个时候他的创作风格已经十分成熟了，而这时狄更斯的模仿天赋很快就会展露无遗；但正是在这些略带稚气的表演之中，他开始调用自己的这种天赋。这是狄更斯童年里最重要的画面之一：一个小男孩，笑容满面、两眼有神，又唱又演，获得阵阵喝彩和掌声。

1821年年初，狄更斯离开了罗马巷的那所家庭小学，转到了苜蓿巷一家规模更大也更有前途的学校——这是由一位叫威廉·贾尔斯的年轻人开办的学校，他才23岁，他父亲是一名浸礼会的牧师，而他自己也是一名非国教教会成员。贾尔斯在查塔姆地区享有盛名，被誉为“一个有教养又爱读书的演说家”。他似乎曾在牛津待过一段时间，在当地的一所学校教书，虽然因为不信奉国教而被禁止在牛津大学里居住，但他很可能还是在牛津上了一些课。他无疑是一个受过良好教育的年轻人，而且看他之后在别的地方开办的学校所写的广告，我们就可以看出他在查塔姆的这所学校的一些性质：“英语系以有效的分析式教学方法为特色，注重书信写作、翻译和论文随笔写作。商务系致力于确保学生字迹美观工整……”狄更斯上学时的教学大纲与此大致相同，只不过增加了从林德利·默里的语法书中摘选出来的课程。《尼古拉斯·尼克尔贝》[18]中的瓦克福德·斯奎尔斯校长曾提到过此书。“是‘我’，‘我’是第一人称单数……”狄更斯自己在这种语法问题上也非常讲究，虽然有时候他激情澎湃的写作风格会让他忽略句法上的细节，但他总是能一眼发现别人的错误并大肆抨击。

狄更斯记得在这所学校里上学时的诸多细节。例如，谈到学校的操场时，他女儿玛米回忆：“他和他的小伙伴们‘在操场上演’过各种各样的英勇奇迹”；他记得自己第一次考试时背诵了《幽默作家大杂烩》中的几段，还自称在场的人听完了都要求他再来一段。多年以后，他在给校长的一封信中如此写道：“……在我迷茫的脑袋瓜里，您的形象十分高大而威严，但一点也不严厉。”如此一来，我们就可以认定狄更斯任何一部小说中荒唐校长的原型肯定都不是贾尔斯了。在这所学校就读的两年里，狄更斯和贾尔斯一家走得很近，威廉的两个弟弟也在这里上学，威廉的妹妹也记得狄更斯是“一个非常英俊的男孩子，有一头淡色的长鬈发”。

贾尔斯一家似乎对狄更斯家下一次举家搬迁有一定的影响：狄更斯一进这所学校上学，他们就搬到了圣玛丽街18号（又被称作“布鲁克”）的一幢房子里，就在威廉父亲供职的浸礼会礼拜堂旁边。这是一幢“门脸刷白了的其貌不扬”的半独立式房子，六个房间，配有标准的前后两个小花园，比欧德南斯街排屋的房子小不了多少。但从宽敞明亮、舒适宜人的郊区搬到一个聚集了地位低下的船坞小职员的地方，这对约翰·狄更斯而言绝对是社会地位下降的表现。当然，这里倒是离船坞更近更方便了。当时也有人把此处描述为一个“有着非凡建筑之美和魅力”的地方——尽管那种魅力有可能是辛酸痛楚。小狄更斯从他楼上的窗户望出去看见的教堂和教堂墓地，他成年之后在《一个孩子的星星梦》中都提到过。然而，狄更斯一家的社会地位是不是从那时就开始下降，而导致最终约翰·狄更斯因为负债而锒铛入狱，这一点就不得而知了。但是，在这个地方的氛围必然是和之前不同了，玛丽·维勒曾回忆道：“在这幢房子里，我再也没有见过（欧德南斯街）排屋里那种天真烂漫的娱乐活动。”

然而，要想猜测狄更斯童年宗教方面的学习情况，倒是没有比这儿更好的地方了。他好像对任何一个宗教门派都知之甚少。关于宗教，他最深刻的记忆应该是圣玛丽街家中的壁炉，上面的瓷砖上画着《圣经》里的场景（也许是出于报复，他把这段记忆留给了《圣诞颂歌》里的斯克鲁奇）。另一个有关童年宗教经历的记忆则更为冗长繁杂，但当然也不是劝人皈依的

（美好）记忆。据他自己所言，小狄更斯有时候会“被拽着头发”去听祷告，或者用他自己的话说，“像一个土豆似的在蒸汽很足的‘传教士蒸锅’和教堂会众的呼吸里，喘不过气来”。或许他是在回忆某次不情不愿地被迫去隔壁浸礼会教堂的行程——也许是在贾尔斯一家对狄更斯家的影响之下，但由于这段描写出自《不赚钱的行者》，这也很有可能是狄更斯凭空想象出来的场景。不过，他倒真是有可能受过一些宗教方面的熏陶；在某封信中，他特别提到“……（这种）极其荒谬的行为让我想到自己童年经历过的同样愚蠢的（基督教教义）问答法”，都是些有关“神的羔羊”之类的问题。

无论如何，就算查尔斯·狄更斯并没有好好了解基督教的美和神秘，他也在别处找到了。正是在圣玛丽街上的这幢小房子里，他第一次意识到自己对书本的热爱、痴迷；也是在这里，他第一次进入文学的殿堂。父亲在他隔壁房间收藏了一整套标准藏书：“这是令人叹为观止的一群人——蓝登[19]、皮克尔[20]、汉弗莱·克林特[21]、汤姆·琼斯[22]、威克菲尔德的牧师[23]、吉尔·布拉斯[24]和鲁滨孙[25]纷纷从那间神圣的小屋里走出来，陪我做伴。他们让我保持想象力，保持对那个时空之外（的事情）的期盼和希冀。他们这群人，还有《一千零一夜》和《鬼怪故事》——并且从未伤害过我……”“我对那个时空之外的希冀”，是住在一幢不起眼的小房子里的小男孩心中挥之不去的渴望和抱负。

除了一个小男孩在一张酒馆桌上又唱又演的景象之外，读书是狄更斯童年的另一个重要画面——画面中一个孤独的孩子全神贯注地看着书，沉醉在自己的想象中，进而创造出一个属于自己的世界。他创造出的世界如此形象生动，甚至取代了他身处的现实世界。《圣诞颂歌》里就有相似的情景：埃比尼泽·斯克鲁奇（在精灵带领下）无助地回到童年，并看到了“小时候的自己，聚精会神地热切地读着书。突然间一个男人出现了，穿着充满异域风情的大衣，那么真实，那么清晰：他站在窗外，腰带上别了一把斧子，手执缰绳，绳子那头牵着一头驮着木头的驴，‘天哪，是阿里巴巴！’斯克鲁奇欣喜若狂地惊呼道……在某个圣诞节，在那个孤独的孩子一个人被丢在这里时，他就这样出现过，那是他人生里的头一遭。这可怜的孩子！”。

同一时期其他人对小狄更斯的印象和这截然不同。威廉·贾尔斯学校里的一位同学记得他“非常友好”，而且“擅长所有男孩子玩的运动，例如板球之类的”。类似的描述也频频发生在成年狄更斯身上，但从本质上说这些描述都导致人们对他产生误解。在他内心隐藏着一个更加安静、更加噤若寒蝉的他，隐藏着一个更加阴暗、更加深沉的性格，几乎从不示人。因此，在他童年半自传性质的描写中，另一个自我从欢乐幽默背后走到大众面前，这也不足为奇；故事里的那个孩子内疚、焦虑、敏感、易怒，充满了担心忧虑却未曾向任何人吐露。

那么，这个看似乐观合群而实际上却自认为柔弱孤独的男孩子到底创造了一个什么样的想象世界呢？人们怕是很难忘记成年后这位小说家书中那总是和童年联系起来的死亡意象。这种联系一部分出于自我怜悯，但或许同样也是因为他想到了早夭的弟弟和妹妹。然而，对狄更斯而言更重要的是，童年总是与突如其来的恐惧和莫名奇妙的害怕相联系，就像斯克鲁奇的血脉中“能察觉到从婴儿时期起就不陌生的恐怖”一样。

毫无疑问，现在说狄更斯是一个敏感的孩子绝对不会有人反对。况且，在查塔姆待的最后几年对他来说也算是刻骨铭心了，就算不是因为家庭的渐渐败落，至少也和家庭问题激增相关。虽说按照惯例他父亲的职位是步步高升的——1821年他成了查塔姆的三等职员，同年12月他又从军需处调到了负责检查海员遗嘱和委托书的部门，但他自己的财政状况却岌岌可危。这年5月，由于他未能向詹姆斯·米尔本支付所借款项的利息，他的大舅子不得不向约翰·狄更斯的债主支付总额达230镑的款项。从这天起，巴罗一家和狄更斯一家的关系开始冷淡疏远起来。同时，狄更斯的家庭本身也开始发生变故。对一个小孩子而言，这是一段极其不安的经历。姨妈玛丽·艾伦于1821年12月嫁给了托马斯·兰默特。这对新婚夫妇带着家中一位女仆简·邦妮搬到了爱尔兰。然而，让狄更斯印象更深刻的是次年——1822年3月，一个宝宝降生了，被取名为阿尔弗雷德·兰默特·狄更斯，来纪念八年前不幸夭折的那个孩子。但是在这个新生命降临之后，另一个生命却逝去了：狄更斯年幼的妹妹哈丽特同年死于天花（《荒凉山庄》中的埃丝特·萨莫森也因此毁容）。妹妹的死或许又一次在他心中激起了害怕和自责：这一点我们无从知晓，不过说来也怪，作家们一生中似乎总会经历弟弟妹妹的早夭。我们无法确定哈丽特究竟是在查塔姆去世还是在伦敦，因为这一年6月约翰·狄更斯正式调回了萨默塞特郡。他上交了圣玛丽街上的这幢房子，并且出售了家中一些动产；一位要娶玛丽·维勒的当地造船商买下了家具中最好的一套椅子。玛丽·维勒离开后，狄更斯家找了查塔姆救济院的一个孤儿做仆人。剩下的家具都通过水路运到了伦敦，而狄更斯一家则乘马车来到了伦敦，他们搬到了卡姆登镇，住进了贝恩街上的一幢新房子里。

不知出于什么原因，查尔斯·狄更斯没和他们一起去。他暂时留在查塔姆，在他的校长威廉·贾尔斯家中待了近三个月。也许是他自己要求留下来完成学业——虽然只有10岁，然而毫无疑问他已经是个顶顶有决心、有抱负的人了，也许是因为他父母了解他敏感多情的性情，希望在完全安定下来之前他能留在原地。

1 Parish，教区，堂区。（英格兰）乡村的行政区域。

2 匹克威克先生为狄更斯小说《匹克威克外传 》中的主要人物，和传统的英国绅士形象很相似。

3 阿尔弗雷德·金格尔为小说《匹克威克外传》里的人物，是一个臭名昭著的骗子兼冒名顶替者。

4 《埃德温·德鲁德之谜》，*The Mystery of Edwin Drood*，1870，是狄更斯未完成的小说。

5 “欧利阿勒斯号”“加拿大号”“赫拉克勒斯号”为狄更斯的小说《远大前程》中出现过的三艘船。

6 卡特尔船长为《董贝父子》中的人物。

7 童话中经常出现的一个个角色，类似于小人书上的内容或人物。

8 《谁杀了知更鸟》：*Who Killed Cock Robin*，英国童谣，有不少推理小说或推理漫画喜欢引用这首童谣。

9 乔治四世，摄政王乔治四世（1762—1830）——“英国第一绅士”，是个著名的“中国控”。

10 格里马尔迪（1778—1837），英国喜剧演员、舞蹈家，以演儿童剧中的白脸小丑闻名。

11 乔治·李洛（1694—1739），英国剧作家，著有《伦敦商人》和《致命的好奇心》等作品。

12 尼古拉斯·罗威（1674—1718），英国诗人、剧作家、杂文家，1715年时曾获“桂冠诗人”的称号。

13 老丑角儿（傻老头）是意大利即兴喜剧中以傻老头形象出现的丑角儿。

14 意大利传统喜剧中的女性角色，也是英国喜剧中的定型角色，通常是傻老头的女儿，并且与丑角哈勒昆（Harlequin）相爱。

15 《鬼怪故事》，是由詹姆斯·里德雷（1736—1765）根据《一千零一夜》所著的故事杂集。

16 《圣诞颂歌》，讲述了一个发生在圣诞节的故事。斯克鲁奇是一个天天和钱柜、账本和发票打交道，只知道攒钱的吝啬鬼。他克扣员工工资，拒绝外甥的问候和祝福，不施舍分文给穷人。然而，在平安夜出现的三个精灵将他带到了过去、现在和未来的某些场景，使他从一个抠门、冷漠的吝啬鬼变成了心中充满爱意、助人为乐的善良老人。

17 主显节前夜，基督教节日，1月5日晚，过去为圣诞节庆祝活动的第12天，即最后一天。

18 《尼古拉斯·尼克尔贝》，又译作《尼古拉斯·尼克贝》，是狄更斯的一部幽默小说和教育小说。它原本以连载的形式出版，为狄更斯第三部小说，发表于1839年。这本长篇小说主要讲述尼古拉斯·尼克贝的生平和事迹。后有林纾译作《滑稽外史》。

19 蓝登为《蓝登传》（*The Adventures of Roderick Random*）一书中的主人公。

20 皮克尔为《皮克尔历险记》（*The Adventures of Peregrine Pickle*）一书中的主人公。

21 汉弗莱·克林特为小说《汉弗莱·克林克历险记》（*Humphrey Clinker*）中的主人公。

22 汤姆·琼斯为《汤姆·琼斯》（*The History of Tom Jones, A Foundling* ）一书中的主人公。

23 威克菲尔德的牧师为《威克菲尔德的牧师》（*The Vicar of Wakefield*）一书中的主人公。

24 吉尔·布拉斯为法国作家勒萨日的代表作（*The Adventure of Gil Blas*）（ *L 'Historic de Gil Blas de Santillane* ）一书中的主人公。

25 鲁滨孙为《鲁滨孙漂流记》（*Adventures of Robinson Crusoe* ）一书的主人公。

第三章　卡姆登镇

伦敦：巨型熔炉，炙热之土，罪恶之城，臃肿之都。1822年初秋，10岁的查尔斯·狄更斯踏上了他的王国的土地。从查塔姆出发，一路向着伦敦，他和家人团聚了，就在卡姆登镇的新家——贝恩街16号，一幢建成不足10年的新房子，所处的那片区域当时也刚刚开发。他住在顶楼的一间小阁楼里，向窗外眺望能看见一个小花园，四周围着围墙。一楼和二楼有两间房，还有一个地下室，在这个略微狭窄的空间挤着住了九个人：狄更斯的父母、他们的五个孩子、从查塔姆济贫院带来的仆人和詹姆斯·兰默特——范妮姨妈新婚丈夫的继子，他在这里借住。当然，这人交付的租金肯定在物质上解了狄更斯一家的燃眉之急，但他对查尔斯·狄更斯生活上的影响简直可以说是灾难性的。

卡姆登是个宁静体面的小镇，一个半乡村的地方，虽然住在路边和空旷田间的住户一直被偷盗问题所困扰，但这里几乎可以算得上"安宁古朴"了。新铺的路上长着野草，想打水就得去狄更斯新家对面的一个水泵那儿。往南就是萨默斯小镇，中间隔着大片的田地；往北是树木繁茂的海格特高地和汉普斯泰德高地；往东往西都是田地和商品供应果菜园，其中有著名的红帽大娘[1]露天茶馆——一处旅游胜地，即便它算不上世外桃源，但至少和大都市里的酒店是大不相同的。现在的尤斯顿火车站，当时是放牧的田地。卡姆登镇和一个名叫肯特镇的小村庄之间有一条路，中间穿过一片空旷的田地，四下漆黑，没有路灯，还特别荒凉偏僻，常有拦路贼出没。事实上，贝恩街是当地为数不多的已建成的街道，当地人仍然主要以割晒干草和捕蟋蟀为生，至少对一个现代人来说，那就是彻彻底底的乡下地方："小时候我觉得它是一个乡下的小村庄，看上去是个绿油油的好地方。"

狄更斯的记忆却有些不同。大约32年之后，他说它毗邻"田地的边界"，但"在当时是一个没人愿意瞥一眼的贫民窟，破旧、肮脏、潮湿……平静而压抑……那些建得毫无章法的房子——最大的也就八间屋——大车路过震动房子的情况极为少见，最大的也就数那种来这里把房客'卖掉还债'的东西拉走的弹簧车了。从路旁经过的再没有比这更重型的交通工具了……我们常常会冲到门口或窗口去看路过的出租车，因为那真的很少见"。他还记得在红帽大娘茶馆里演奏的乐队。"……他们常以'无忧无虑'开场，还总是以一首当地人称之为'我宁要一几尼金币[2]也不要一英镑纸币'的曲子结尾。"他向约翰·福斯特描述自家房子的时候说，它是"一幢又破又小的宅子，带着一个又破又小的后花园，紧挨着一条腌臜的短巷"。事实上，无论是那幢房子还是房子所处的那个区域，都没有狄更斯想象中那么破败不堪：就如同这个孩子因为沉浸在自己的痛苦之中而无视所处之所的真实面貌，还把自己的不幸归咎于他所处的环境。

因为事实上，在这个小男孩的记忆中，卡姆登镇是他第一次受到忽视的地方。他在自传的一个片段里这么描写他父亲："……本来就是个不紧不慢磨磨蹭蹭的性子，加上又囊中羞涩，此时的他似乎已经把送我上学这事儿给忘没影了，也完全忘了自己作为一个父亲对我该尽的义务。所以我沦落到了每天早上先给他擦鞋接着给自己擦鞋的田地；还得在那幢小房子里操持各种家务活儿……还因为家境贫困去跑腿干那些不入流的杂事。"他好像多次向约翰·福斯特提及这一时期。作为第一个给他作传的人，福斯特回忆起他说过的话："在贝恩街那间背阴的小阁楼里，我想到了因为离开查塔姆而失去的一切，只要能让我回到原先任何一所学校，或者在其他任何地方学些什么，叫我拿什么换我都愿意！（如果我还剩下什么可做交换的东西的话）"值得注意的是，狄更斯在这里再一次强调了自己的失学——这个小男孩所有的苦痛都被包含在不能继续求学的事实之中了。未来就这样被剥夺了，年轻的梦想和愿景都付诸东流，心中所有成名的希望和满腹的才学（就算孩子也能有学问）也都失去了意义。对一个有才华有抱负的孩子来说，没有比这样的人间炼狱更让他无法忍受了；他在对贝恩街的描述中回忆起的所有脏和累，所有贫苦的感觉都起源于此。詹姆斯·兰默特给他建了一个玩偶剧院，他自己好像也写了一些小短剧（其中一个写的是服侍他们用膳的一位聋哑老妪）；但这些只不过是一些娱乐消遣罢了，偶然，又转瞬即逝，而且让他想起自己所失去的生活，加上现在看来将要荒废的才华，这一切都变得越发令人感伤了；就如同他的自我意识受到了玷污，然后他的整个小小世界也都被玷污了一样。

在他的安排下，大卫·科波菲尔10岁时就开始在摩德斯通——格林比公司打工了，这时正是他自己来到伦敦的年纪。他作品中有数不胜数的桥段都把伦敦描述成世间所有贫穷和悲凉所在之地，并把所有的安宁和僻静都安放在肯特郡的郊外。但有时候现实似乎比他在小说里着墨渲染的更加糟糕；出版的《大卫·科波菲尔》中有一句用以描写他人生这一时期开始时的话：“此时我陷入无人照管的境地，每每回忆起这段经历我心中都充满了自怜自艾。”但对照他手稿中的修正部分，原话其实是：“此时我陷入了无人照管的可怕境地，每每回忆起这段经历，我都无法抑制内心的万分苦痛。”他对贝恩街上的这幢房子的记忆也在小说里体现得淋漓尽致。它是《圣诞颂歌》中可怜的克拉奇蒂一家庆祝圣诞节的那幢房子，也是《大卫·科波菲尔》中米考伯先生(Mr. Micawber)[3]的居所，在一条“恶臭难闻、凌乱不堪的街”上，还显出一副“残存的高贵派头”；他自己住的那间阁楼也在同一部小说中出现过，那是“……一间逼仄闷热的屋子，满墙都印着同一种装饰图案，在我的小脑袋瓜里就像一个个蓝色的松饼，里面几乎没摆什么家具”。

就是在这里，他陷入“一种与其他同龄男孩子隔绝的孤独状态”。他自己曾经这样描述过：一个人，没有朋友，前途渺茫，生活无依。他有时候会沿着这条窄窄的、铺满石头的贝恩街一直往南走，望着南边的城市，就像在查塔姆时望着远处的大海一样；从这里向海远望，整座城市烟雾弥漫，被包裹在灰蒙蒙的光线之中，就像“一座恢弘壮阔的海市蜃楼”。他也失去了几位至亲：妹妹哈丽特很可能是在这里香消玉殒，而不是在查塔姆；范妮姨妈在这一年秋天于爱尔兰逝去。

然而对他而言，毫无疑问，这座城市在某种程度上是个魔力无限的地方。他曾在《误入歧途》这篇文章里回忆过，他曾在这段时间里被一位不知姓名的“某人”带着去参观圣吉尔斯区，而且不知怎么还同这位成年的同行者走散了。于是，他一个人在伦敦的大街小巷里来回溜达，时时观察周围“宏伟而神秘”的一切；遇见一条小狗，吃了一根香肠，看见了恢宏的伦敦市政厅[4]，还在脑海里把伦敦金融城[5]的每个商人都想象成神话故事里的角色。就算一个人孤零零地迷了路，他仍然“备受鼓舞，因为心中坚信一切都美妙无比”。至于这段记忆的真实性，人们仍有争议，不过他自己说：“确实，我就是这么迷路的。他们总说我是个怪里怪气的孩子，我觉得他们说得在理。”确实，这个小男孩的形象十分真实：好奇无比，满怀愿景。故事里发生的另一件事似乎确有其事。他决定去剧院看看：“每当发现自己引起了别人的注意时，不管是在门外还是后来在剧院里，我都会装出一副在找监护人，找跟自己走散了的那个人的样子，还假装朝那个想象出来的人点头示意并微笑。”这段文字大概是在适时提醒有些小孩，在伦敦街上有可能发生恐怖的事情，却也成功塑造了一个年仅10岁但已经很会演戏的小男孩的形象。

他也没完全放弃自己的才艺——那些在查塔姆生活时培养起来的技能。约翰·狄更斯仍然保持着和克里斯托弗·赫法姆——查尔斯·狄更斯的教父——的友谊，并多次带着儿子到赫法姆在莱姆豪斯[6]的家和商店做客。克里斯托弗·赫法姆和他的兄弟都是船帆制造工，也是船用杂货商。他住在教堂街，就在尼古拉斯·霍克斯穆尔（Nicholas

Hawksmoor）[7]设计的莱姆豪斯大教堂后面。他们做生意的地方在加福德街上，几乎正对着莱姆豪斯小港。就是在这位富足的商人家中，约翰·狄更斯让他年幼的儿子站在餐桌上给大家唱歌。《猫粮贩》是他最喜欢的歌曲之一：

猫粮贩沿街吆喝，带着丁零当啷的手推车和罐头。

查尔斯·狄更斯自己回忆，有一次来听他唱歌的邻居说他简直就是个“神童”。但这个小男孩对此处充满感情还有其他原因。就像他描写大海或者与大海相关的一切事物，他在小说中描写船具商店时总是饱含深情，和写《董贝父子》里所罗门·吉尔斯的那家店一样，而且很可能莱姆豪斯的氛围让这个小男孩想起了查塔姆——他几个月前的居处。他在去见克里斯托弗·赫法姆的路上会经过一片铁匠铺、制绳工棚、桅杆铺、制桨铺、造船铺。所有熟悉的味道、熟悉的景象，所有在不久前暂别的童年熟悉的东西，一下子又重新浮现在他眼前；在赫法姆的砖砌工坊——制作船帆、储藏绳索和铁链的地方——旁边，泰晤士河依然向前流淌着。他是否在这里感受到了来自童年的慰藉？他是否也因为赫法姆家的富足而开始感受到生活上的差距？

毋庸置疑，约翰·狄更斯在一步步走向倾家荡产。他在接到传票之后才补缴了贫民救济税，这笔税本来应该在

1823年4月就上缴。第二年，他似乎就根本没打算上缴铺路和照明的地方税。搬到伦敦后，他再也拿不到各式各样的“外站津贴”了，而且据估算，他年薪减少了约90英镑。这显然不是一个好兆头，但是，单单是每年大约350英镑的薪水，也应该够他支付所有的家庭开销了。可是他的钱似乎一直都不够用，而且原因不明。据说他有可能酗酒，这显然是因为查尔斯·狄更斯多年后不经意的评价—— 一个人可以花钱赊账买面包和肉，（指着一个酒瓶子）“但是却没有权利赊账做这种事情”。不过，其实没有证据证明他是一个酒鬼，大家也很难相信他酗酒。也有传闻说他常偷偷赌博，《老古玩店》里小内尔的爷爷便是证据——狄更斯对他的嗜赌成癖刻画得很成功。但这也许只是一些不必要的猜测。实际上，约翰·狄更斯的的确确总是不计后果地挥霍钱财，他是那种就算自己背着各种责任也照样能及时行乐的人。

狄更斯刚来到贝恩街的时候，就被伦敦的“夜生活”迷得神魂颠倒，让他印象尤为深刻的是七面唇[8]世界：“……在我脑海中，那片地方多么地荒诞，简直是一幅充满邪恶、贫困和卑鄙行径的奇观！”然而此时他离这种生活也不远了。首要的原因是詹姆斯·兰默特。他不跟狄更斯一家一起住了——当然他这一决定和空间不够以及小孩子噪声太大脱不开干系，他的表兄乔治·兰默特来找他去刚买下的一家商行当总经理，就是亨格福德码头30号的沃伦黑鞋油作坊。这个地方专门生产靴用黑鞋油，而且是詹姆斯·兰默特提议让快满12岁的查尔斯也来店里打工，每周有6先令或7先令的薪水。狄更斯自己非常不快地描述了这件事："……我父母欣然替我接受了这份工作，于是某个星期一的早晨，我踏足这家黑鞋油批发商店，开始了自己的商业生涯。"大家普遍认为这一不幸事件发生于1824年2月9日，星期一，就在他12岁生日的后两天。这对他来说也许是——借用《雾都孤儿》里的话来描述——"……某个硬把他推进社会生活里的邪恶阴谋"。但对他父母而言，这应该是个令人愉快的好机会，可以让儿子赚钱来缓解家中的拮据状况。毕竟，在一个善良的亲戚经营的商行里，什么梯子他们儿子都会顺着往上爬啊！

于是在那个有着深远影响的星期一，他从卡姆登镇出发走了3英里路，来到伦敦的河滨马路，又沿着汉普斯泰德街和托特纳姆法院路往前走，穿过通往宽阔的圣吉尔斯广场[9]的高街，又沿着圣马丁巷往前走。然后又穿过河滨马路来到一个脏兮兮的地方——处处是犄角旮旯和脏兮兮的巷子。顺着亨格福德码头来到河边。他的目的地是靠左边的最后一幢房子，就在泰晤士河旁边："……一座摇摇欲坠、破败到不行的老房子，紧邻着河，基本上已经是老鼠的天下了。装着护墙板的房间和木头，腐烂了的地板、楼梯，地窖里挤作一团的大灰老鼠，楼下不绝于耳的吱吱声和混战声，楼梯上不断传来的吱吱乱叫，撕咬扭打声，加上这个地方的尘土和腐烂味儿，都一一清晰地浮现在我眼前，如同我又回到那里一样。”

12岁的狄更斯到了这儿，詹姆斯·兰默特出来招呼他，把他带到二楼的账房里——那里有一个能俯瞰泰晤士河的凹室，他马上就得在那儿干活。鲍勃·费金——在楼下干活的一个男孩，被叫来给狄更斯介绍他的工作内容：他得把黑鞋油瓶准备好以供出售。严格来说不是瓶子，是个有边儿的容器，这道边儿是系绳子用的，有点儿像用陶泥做成的小花罐子。狄更斯的具体工作是“……给一瓶瓶糊状的黑鞋油封口：先盖一层油纸，再盖一层蓝纸，然后用绳子把它们扎起来，再沿着绳子把多余的纸剪干净”。弄完几罗[10]之后，“我会在每个罐子上贴一个印好的标签”。他一天工作10个小时，12点午餐休息，下午有茶歇。

小狄更斯“有着非凡的才能：聪明、急切、脆弱，所以很容易受伤，不论是身体上还是心灵上”。他现在坐在一张工作台前，握着剪刀、绳子和糨糊向窗外望去，下面那条死气沉沉的河流正带着他的希望远去。说他的童年连同陪他度过许多童年时光的阅读和想象世界此时突然结束了，一点也不为过。然而它并没有消失；因为它结束得那么突然，没有像大多数人的童年那样渐渐远去直至消失无痕。反而，它完好地被保存在由狄更斯丰富记忆所制成的琥珀之中。“每每想到这段经历，我整个人都会沉浸在无尽的悲伤和屈辱之中，以至于现在尽管也有名气了，受到大家爱戴了，也很快乐，但我还是会经常在梦里忘记自己已经有娇妻幼子；甚至会忘记自己已经是一个成年男人；反而思绪常常会陷入那段凄凉的时光中。”

那段时间算得上祸不单行，小狄更斯来到沃伦黑鞋油作坊才没几天，约翰·狄更斯就因为欠债被捕了。一个面包店店主詹姆斯·卡尔，煽动大家发起了这次逮捕行动，他就住在卡姆登镇上的贝恩街拐角处。这笔债务有40英镑，数目不小，颇有争议。这不是约翰·狄更斯欠下的仅有的一笔债——他甚至在罗切斯特和伦敦还有未还清的债务，被捕之后他进了一个叫作“负债人拘留所”或“过渡教习所”的地方，即将入狱的债务人可以在入狱之前在这里寻求帮助。这段时间，他年幼的儿子“哭肿了双眼，泪汪汪”地替约翰·狄更斯到处跑腿捎信儿，其中一些不用说是捎给他奶奶和大伯的。但也许因为约翰·狄更斯过去已经要得太多了，又或者这一次他干得实在太出格了，根本没人帮他。2月2日，他因无力偿清债务而以破产负债人的身份被关进马夏尔西监狱中。这种所谓罪行在当时很普遍，之后的几年也是如此。据估计，1837年大约有三四万人因欠债入狱。但破产债务人在当时仍然是准罪犯，在能偿还或有权依据《破产债务人法令》申请释放之前一直都要被关押在监狱里。通常情况下，这种囚犯会被无限期地关在监狱中，而约翰·狄更斯在马上要被带走之前，曾说过“他生命中的太阳永远地落山了”。

马夏尔西监狱和马夏尔西地区，这个他幼年时来到的地方，穷其一生都在狄更斯的脑海中萦绕不去。他自传中的只言片语曾清晰地回忆起那些场景和细节，就好像刚刚发生在前天：他记得父亲起草了一份请愿书，另一个囚犯帮他大声念出来，自己听时“心中带着一丝作家的虚荣，并（神情不算严峻地）凝视着对面墙上的那一排尖钉”；他记得探视父亲时注意到的一个囚犯，那个人睁大了眼睛仔细观察着自己牢房的裂缝和墙面；他记得自己一边坐在沃伦黑鞋油作坊给黑鞋油瓶封盖贴标签熬时间，一边想着监狱和囚犯的特点；他也还记得自己“在幼年那段时间里旷日持久的苦楚不安中”，给监狱里那些衣衫褴褛的不幸之人构思过去的故事。

狄更斯的父母之后从未向儿子提及这一时期。他们缄口不言也许是因为他们和他一样也因此遭受了精神创伤，但这就无法证实了。不过狄更斯所受的创伤是毋庸置疑的。他从未忘记过马夏尔西：高高的围墙，尖尖的钉子竖在墙顶，狱中建筑投下的狰狞阴影，衣衫褴褛、懒洋洋躺成一堆的狱中人——所有画面都一次次在他小说里出现。但监狱是最核心的部分，他有时会将整个世界都描述成一个监狱，所有的人都是囚犯，到处都笼罩着监禁、惩戒、愧疚的阴影。

那几个月的情况一直变幻莫测。而对一个孩子来说，没有比四处辗转、不停更换住处更苦恼的事了。约翰·狄更斯入狱后的几周里，伊丽莎白和孩子们都待在北高尔街。他们变卖了多数财产，于是大家安顿在三两间屋子里，和仅存的几件家具、一些物件挤在一起。她好像在等什么东西或什么人——也许是双方的家人——“突然出现”来解决丈夫的经济问题。但到了4月初，她已经对别人施以援手这件事不再抱有任何希望了，最终带着最年幼的孩子住进了马夏尔西监狱，与约翰·狄更斯做伴。查尔斯则被带到朋友罗伊兰斯太太家借住，在离北高尔街只有几步之遥的小学院街上。

约翰·狄更斯仍然领着军需处的薪水，但入狱后一个月他便提出申请，要领养老金退休；他自然害怕自己的破产会导致免职，于是就（干脆主动提出退休），杜绝被免职的可能性。但他提出申请的依据是自己身体状况不佳。他在申请书中附上体检报告，说他患了“一种泌尿器官慢性传染病”。他在附信中还大言不惭地将它形容成一个“不幸的灾难”。毫无疑问，他确实得了这种令人痛苦的疾病——也死于此病，然而他的（退休）申请似乎因为他生命中出现的一个转折而失效了。4月26日，他母亲去世了，就在她大儿子牛津街上的房子里，享年79岁，尽管遗嘱里母亲没有把约翰·狄更斯立为遗嘱执行人，但这无疑是个“突然出现”的转机。

不过，这件事没有产生任何直接影响。约翰·狄更斯仍然待在监狱里，而他最大的儿子仍然待在小学院街上，每个星期天的白天他都会待在马夏尔西。星期天晚上，他又得回到卡姆登镇一个人待着。关于这些日子，我们唯一能确定的是，查尔斯·狄更斯和往常一样将自己对这件事的情绪深深地隐藏起来，自己一个人挣扎痛苦。不过，他还是爆发了一次。大约3个星期后他曾向父亲抱怨自己太孤独，“可怜巴巴地，流了好多眼泪……这是我第一次对自己的命运表示强烈的抗议，也许比我原本打算的火力更猛了一些”。这个小家伙不同寻常的内敛这个时候肯定会吸引我们的注意力：他心里能藏得住事儿，就像《远大前程》里年幼的皮普一样，纵有万般感受也缄默不语。不过他这一次的情感宣泄很有效，他从小学院街搬了出来，住进了兰特街上的一间出租屋。兰特街是一条逼仄的街道，毫无生气且极其安静，到了能激起“灵魂中一丝淡淡的忧愁”的地步，从这里到马夏尔西监狱只有不到两分钟的路程。狄更斯目前的住处属于一个名叫阿奇伯德·拉赛尔的人，他是破产法庭的一名代理人，对这类交易早已习以为常。狄更斯自己记述道，房东和房东太太后来就被塑造成了《老古玩店》里的嘉兰夫妇。他这次又住在阁楼里，而那“小窗外有一个木料场，景色宜人”。但相比之前住的地方，这对他来说已经算是“一个天堂”了。然而此时的天堂也确实只不过是一个失乐园罢了。就在这间阁楼里，年幼的小男孩在某天夜里又痛哭了一场，一直持续到第二天早上。

因为他的人生已经沦落到如此境地：早上他会在旧伦敦桥——就是那座上面已经盖满了各种各样房子的桥——周围闲逛。从前他在上面闲逛时，总是把自己凭空想象出来的故事讲给那个从查塔姆济贫院来的仆人听。这些故事发生在身边，个个栩栩如生。他闲逛到监狱大门打开，然后和家人一起吃早餐，再动身去黑鞋油作坊。一天的活儿结束之后，他通常会穿过黑衣修士桥，拐到大萨利街后一直往前走，然后再拐进一条小路来到大萨福克街，最后回到马夏尔西，家人一起吃晚饭，9点的时候走回兰特街的住处。

他在这段时间里很可能起过逃跑的念头，逃回威廉·贾尔斯家里，逃回他度过愉快时光的地方，再一次找回那个“博学且受人尊敬”的梦想。或者，至少是“像故事里的主人公一样去别处寻找我的出路……”。当然，这就是他安在大卫·科波菲尔身上的那个梦想：他离开了工作的那间工坊，开始了去往查塔姆——狄更斯曾经生活过的地方——的旅程，去那里找他善良的阿姨。然而，就算他有过这样的梦想，也都很快淡去了。正如他在《大卫·科波菲尔》一书中再次写道的那样：“……我有时会静坐着看那些转瞬即逝的幻想和白日梦，它们仿佛镌刻在我房间的墙上，隐约可见，又会渐渐消失，留下一面空白的墙。”由此可见，他默默承受了许多，但从未向他的工友抱怨过，就连父母也没有。“我从未向哪个大人或孩子倾诉过自己如何落到这个地步，也没有因为自己的现状而流露出一丁点的难过伤心……我对一切都沉默不语，只管干好自己的活儿。”克制情感，保持缄默，是成年狄更斯的性格特征。这个仿佛能在自己小说中抒发世间所有情感的男人，从不想展示真正的自己，也不想表达自己真实的感情，这正是狄更斯最显著的特征。

1 卡姆登镇上的一家酒馆，18世纪晚期出资购置了一座露天茶馆。

2 几尼（guinea），1663年英国发行的一种金币，合21先令。1816年金币本位制后，几尼的法定货币地位被英镑取代，但“几尼”一词仍沿用了很久，表示21先令（相当于十进制的1.05镑）。

3 米考伯先生为《大卫·科波菲尔》中的人物。米考伯夫妇儿女众多，负债累累，被关进债务人监狱。临近监狱前，米考伯要大卫记住他的教训：“如果收入20镑，花19镑19克令1便士，他就高兴；如果花20镑1克令，他就苦恼。”刚说完这番至理名言，米考伯又向大卫借了1克令先买酒喝，立刻就高兴起来。后人将米考伯这种债多不愁、乐天知命的性格概括为“米考伯主义”，“米考伯”也被收进英语词典，意为“没有远虑、幻想走运的乐天派”。

4 伦敦市政厅（Guildhall），伦敦金融城政府所在地，几百年来一直作为市政厅使用，目前此建筑仍然用于举办各类大型庆典活动、宴会等。

5 伦敦金融城（City of London ），伦敦的城中城，是伦敦市33个行政区中最小的。

6 莱姆豪斯，Limehouse，伦敦一个区的名字。

7 尼古拉斯·霍克斯穆尔，被誉为“魔鬼的建筑师”，代表作，风格。

8 七面晷，（Seven Dials ）位于伦敦西部柯芬园的一个著名的七岔路口。路口中心近圆形的广场上有一个柱子，柱子上有六面（而非七面）日晷，原因是原本六条路相交的计划在修筑后期改成七条。“七面晷”也用于指该路口周围的地区。

9 圣吉尔斯广场，这里的广场是指城市中几条街道交会的空旷区域，圣吉尔斯广场中世纪时曾设有绞刑架。

10 罗，数量单位，1罗等于12打。

第四章　鞋油坊的淬炼

很难说约翰·狄更斯究竟会在监狱里被关多久，换句话说，他儿子也不知道自己究竟要在那间黑鞋油作坊里干多久。但是约翰·狄更斯和威廉·杜丽不同，他没打算一直待在牢房里，他一进马夏尔西监狱就积极筹备，要用“破产债务人法令”重获自由，从这一点就能明显看出来他的意图。这意味着法庭宣告他破产后他就能重获自由了，只要他能证明自己并非有意欠债，且所有财产都已经上交，同时他们所有价值超过20英镑的财产物品都将用于偿还债务。

破产法庭受理了他父亲的案子。狄更斯后来在《匹克威克外传》里详细描绘了这个法庭，灯光昏暗、憋闷逼仄，里面“……总是挤满了人。空气中弥漫着混着啤酒和烈酒味道的水汽，蒸腾起来，冲到天花板，又受热凝结，沿着墙像雨水一般滚落：（法庭里面的人身上）那一套套旧衣服，随时（数一数）都比12月份在猎犬沟渠街上卖的所有旧衣服还多；还有（裸露在外面）脏兮兮的皮肤、灰白的胡子……”。这个地方所有的恶臭和噪声都在他的文字里得以重塑，读起来像是他对这段经历的追忆。庭上，他父亲复查了自己的案子。他按规定站在陪审团左侧的一个围栏里，详细说明了自己在罗切斯特和伦敦的债务，并指定了一个人负责处理这些债务的支付事宜（事实上约翰·狄更斯必须在第二年11月筹到一笔相当数目的钱款，第三年11月又需要再筹一笔），案子就此画上了句号。

于是，5月28日，在马夏尔西监狱熬了一年零两个月之后，约翰·狄更斯重获自由了。就算他没有和塞缪尔·匹克威克和威廉·杜丽一样在众人列队欢送下走出监狱大门，可是那种轻松和喜悦的心情肯定还是一样的。一开始，除了范妮之外，狄更斯一家都搬去小学院街上和罗伊兰斯太太一起住了；而且，同一时间，他们还遣走了那个孤儿仆人，这进一步说明在不得不挣扎求生的时候，人们的行为会有多残酷。罗伊兰斯太太的孙女后来解释说，他们“并不是以房客的身份”，“而是以受欢迎的客人的身份”入住的。他们到底在这里住了多久无从得知——再说了，谁会费心去记录破落户流离失所的行踪呢？——不过，他们后来搬到了更北边的汉普斯泰德，具体时间不明，在那里一直待到12月下旬。这年年末，狄更斯一家又搬到萨默斯镇上的约翰逊街29号，这里离他们原来在贝恩街的房子只有几分钟的路程；虽然那个地区之后很快就变得破败不堪，但当时倒是还能称得上“破落的上流”的，到处都住着小店主、小职员。这条街约有30年的历史，俯瞰着那片依然毗邻卡姆登镇的田野。街道很窄，有一种亲亲热热的氛围——用“家庭圈儿”来形容这条街再贴切不过了。要说它一点儿没受邻近城市的影响，那是不可能的。首先，当时这里还没有煤气灯，大概是因为多数住户都太穷了，根本没钱点长明油灯，要不是离城市近，到了晚上整条街就会突然陷入一片漆黑。

第一份退休申请没成功，约翰·狄更斯就继续在萨默塞特府当小职员；他也知道几乎所有同事都听说了自己欠债入狱的事，所以这段时间他过得很不好受。毫无疑问，他马上就又申请退休了，这也说明他对于这一份自己已经干了快19年的活儿不再满意了。但他还是天天从萨默斯镇走到河滨马路去上班。这段路他儿子会陪他一起走，因为儿子也在这一片儿干活。这让人情不自禁地猜测这段时间父子之间的关系如何：父亲不得不继续干那个自己越来越厌恶的工作（而且毫无疑问，他仍然被泌尿器官感染那个病困扰着，这个病在危急时刻会突然加剧）；儿子呢，每天都要去一个自己又恨又怕的地方。

然而对狄更斯而言，这段时间里的经历，在伦敦这个大城市里的经历也并不全都是不愉快的。剧院和“低级戏院”就在不远处，它们几乎真的就在街道的拐角处。他还特意提到过这段时间他经常读的一份报纸——那是一份两便士的周刊《作品集》，自我标榜以传统风格寓教于乐，但本质上就是一个集恐怖故事、神话故事、死刑、灾难（“我们所有人都有被活埋的危险”）、谋杀和伦敦生活题材短剧于一身的大杂烩罢了。狄更斯总是爱读这样的东西，而且在这段特别时期里，在一个非常通俗的文化背景中观察，他的天赋渐渐锻造成型，其实是很自然成熟的事情，而且这个过程还发生在伦敦本身的文化之中。

还有，他在黑鞋油作坊的日子终于熬到了头！1824年年底，约翰·狄更斯又一次申请领固定养老金，从海军军需处退休——据支持该申请的上司说，他给出的是一个“综合性的理由”，里面包括他身患泌尿器官感染，还有依据“破产负债人法令”而获得释放这两条。他的第二次申请获得了批准，在工作了约二十年后，约翰·狄更斯于1825年3月9日从海军岗位上退了下来。他得到了每年145英镑的养老金，但由于他正处于偿还债务的过程中，因此还是很穷；用他儿子之后的话说，还是“硬装体面”。在他最终离职前几个月，他儿子做工的地方变了，因为沃伦黑鞋油作坊从泰晤士河边那间快塌了的货仓搬走了，搬到了柯芬园外的钱多斯街。作坊规模更大了，当然更重要的一点是狄更斯此时也跟鲍勃·费金一样，涂油和绑绳的技艺越来越娴熟了。这两个男孩子坐在一扇窗户前，好在做工时有点光。“……而且我们俩干活干得特别快，窗外的人们都常常会停下脚步来看我们。有时候外面还能围上一小群人。一天，我们正忙着干活，突然看见我父亲进门来，我心想，他怎么能受得了(眼前)这一切。”

事实上，不知什么原因，约翰·狄更斯好像最终还是无法承受这一切，儿子成了他和詹姆斯·兰默特激烈争吵的导火索。几封书信往来之后，查尔斯·狄更斯就从钱多斯街上的作坊解脱了，心里带着一种“非常奇怪的轻松感，怪怪的，就像压抑感一样”。吵架的起因不明。狄更斯自己认为，父亲看到自己儿子在窗户前低头做工的景象促使他采取了行动。不过，这好像不大现实，这可能跟钱有关，也可能跟自尊心有关。又或许，这两者对约翰·狄更斯这样处境的人来说同等重要；他和儿子一样，总是对轻视冷落极其敏感，所以也不难理解为什么他会和雇他儿子做劳力的人吵架了。于是，小狄更斯回家了——正如他所说的，心里很轻松，但毫无疑问也很压抑，因为他的突然离开意味着他不得不开始一种全新的生活。这时候，小狄更斯的母亲却站在了兰默特和自己的丈夫中间，她做了一件让狄更斯永远都无法原谅的事——她平息了两人的争执，而且从钱多斯街回来的时候，“要求我第二天早上回去干活”。约翰·狄更斯拒绝了，这一时刻也许是（他人生中）最重要的一刻，其意义是他为后人拯救了（文学巨匠）狄更斯。他想送儿子去上学，想去寻回那似乎是两人共同拥有的希望和抱负。

小狄更斯到底在沃伦黑鞋油作坊里待了多久，我们并不清楚，而且他自己好像也不确定。“我不知道那持续了多久；

也许有一年，也许一年多，或者不到一年。”现代小说评论家的估计在6个月到一年之间不等。但这件事真正的重点是小家伙不知道自己可能会在那里干多久。在他看来，他也许是被父母彻底抛弃了。在之后的日子里他从未提过这一段人生插曲，一直藏在心底。他告诉了后来为他立传的福斯特，但至于他是否告诉了妻子，还有争议。当然，他从未告诉过自己的孩子们。隐秘和愧疚负罪是狄更斯小说典型的主题，而沉默寡言是形容他人生的一个无比贴切的关键词。

毋庸置疑，这段插曲一直在他脑海中盘旋萦绕。靴用黑鞋油在《匹克威克外传》中出现过之后，在后来的每一部小说中都现身过，包括最后一部《埃德温·德鲁德之谜》。黑鞋油瓶、黑鞋油刷、擦鞋工箱子上的广告，甚至连黑鞋油作坊都在狄更斯的小说中露过面，就像他的小说和私人生活之间的某种秘密交流。他反复提起这段人生插曲，给人感觉是在宣布这是自己的一个力量源泉。

所以，从某种意义上讲，他成年时表现出的想象力和性格，其实是在马夏尔西监狱和沃伦黑鞋油店的这段经历中锻造而成的。当小狄更斯被遗弃在黑鞋油作坊里，看到那些他认为在虐待他并不顾他死活压榨他的成年人，我们不禁会想象，他是不是就会幻想善良的陌生人正不顾一切地找寻他，并想尽办法营救他？在危急时刻，或是人生中

093

无常的时刻，成年狄更斯总是会回想起那段童年时光，以及他在童年时代对现实的恐惧。这就是萦绕在他脑海中的人物形象，是他迁移到小说中的人物形象。不然的话，为什么他笔下的成人世界总是并且每次都无比险恶？——他小说中的世界和古典时期先贤们描述的生活是那么不同！他们也描写死亡和灾难，但从来不会用那样灾难性的低沉压抑的口吻。这种口吻却贯穿于狄更斯的作品中，而且有时候会让读者不禁觉得："要是这种幸福被毁了，或者这次远足被毁了，或是这个小男孩的钱被人偷了，或是这个孩子被绑架了，我可万万承受不了！"但是这（噩梦一样的）结果恰恰就是最终会发生的事情。（狄更斯的）这些小说让我们不自觉地有这样的感觉，那个无依无靠的小男孩仍然而且自始至终都被遗弃在书中世界的某个角落（从未成功逃离！）。他没有自信、饱受虐待、食不果腹、弱不禁风、多愁善感、压抑、自责、年幼、无父无母。当然，在他的文字中也能找到健康的孩子，但就像《老古玩店》里的小学生们一样，他们都只是角色而已。他笔下的孩子们不知为什么都与这个世界脱节，被迫保持一定距离。"我的梦想实现了吗？"这个孩子又一次喊道，语气中充满了热情，也许任何人听到后都会内心为之一震。"没有，那永远都不可能。那怎么可能呢——噢！怎么可能啊！"

第五章　威灵顿学校

查尔斯·狄更斯告别了黑鞋油作坊，也告别了童年性格成型的这段时期。父亲马上就给他在威灵顿寄宿学校报了名。这所学校离他们在约翰逊街上的房子很近，邻里间的声誉也不错，狄更斯在那里读了两年书。据他在就读期间的记录，他跟短短几个月前那个消极悲观、累死累活的“小劳工”完全不同，转变之大简直让人为之一惊；所有同学都觉得他活泼讨喜、精力充沛、健康，而且很明显是“一位绅士的儿子”。可以说狄更斯已经“走出来了”，不再被那些在他心底留下痛苦伤疤的经历所影响。从某种意义上讲，他经历了自我重塑，而且从这个十三四岁的男孩身上已经能够看到成年狄更斯的雏形了。他从之前的状态如此成功地过渡到现在的样子，说明他是一个非常善于适应环境的人，有着极其坚毅的性格，不会被苦难不幸压垮，反而会利用生命中的每一个磨难，并战胜它们（为己所用）。

那所学校就在汉普斯泰德街上，对着一大片养奶牛的农场（从约翰逊街出发，对狄更斯来说最近的路线就是沿着农场走的那条路）。这是一所很传统的学校，一间木头建成的大教室里面坐了两百多个男孩儿，“粗略划分为一个一个年级”，一排排分开坐着；教室外面有一个中等大小的操场，旁边就是这所学校的创办者兼校长的住所。我们能想象到的教室应当是按照学习能力而不是按照年龄划分的，男孩子们在各种絮絮叨叨声、石笔[1]声和羽毛笔写字的声音中死记硬背（通常情况下会派一个年长一些的男孩教年幼一点的孩子）。查尔斯·狄更斯本人对这所学校的印象绝对算不上赞许，他在之后做的一个演讲里曾说过："这位受人'尊敬'的校长是我迄今为止有幸认识的最无知的人，也是有史以来脾气最差的，而他的任务就是拼命从我们身上多榨点儿，再少教我们点儿……"

学校给他的教育似乎并没有多么出色。"毋庸置疑，"狄更斯的一个同辈人写道，"他是一个靠自己成功的人。"这句话正应了约翰·狄更斯对他儿子的评价："可以说是自学成才！"（狄更斯后来很喜欢模仿他父亲的语气说这句话）不过，他在威灵顿寄宿学校里学了拉丁文，学得特别好，有一年还得了拉丁文奖。后来，他送给老师一本《贺拉斯诗集》作为回报。对于狄更斯自称学过拉丁语这件事儿，有些人表示怀疑，但从他的小说本身寻找证据，这点似乎是不容置疑的——多年以后，有人确实看见他在翻阅维吉尔的作品。而且很明显，他也学过小提琴，据一位早期传记作家所言，"在这门技艺上狄更斯就只能止步不前了，于是他不得不中途放弃"。引用他的一个同事的话，就算他是"离开学校之后一直勤奋学习"才掌握英语这门语言的，现在他懂得的东西也已经远远超过基础的英语知识了。让班上同学惊得合不拢嘴的是，狄更斯是全班唯一能拼写"剧院"

这个词的人。这一壮举不仅表明他从小对此类娱乐场所的热爱，更侧面说明他的同学不学无术到了无可救药的地步。

然而，大多数人对于他在这里上学的记忆同他在学习或文学方面的杰出才能无关，大家记住的是他的“活泼好动和精力旺盛”。人人都记得他唱过《猫粮贩》，还把那首歌“所有的低级趣味”都表现得淋漓尽致；这简直让人感动！这个小家伙居然现在还在唱自己穷困潦倒艰难求生时学会的歌。同样，人们也记得他即兴创作的男生之间的“隐语”和“黑话”。他还扮成穷人向老妇人乞讨，然后当着人家的面“突然爆笑起来拔腿就跑”——这简直不可思议，他竟然已经通过模仿自己之前生活的真实写照来逗乐了，不过将自己现实生活中的事儿变成戏剧素材的确是他与生俱来又经久不衰的天赋。大家也对他早期讲的一个笑话记忆犹新——一个朋友说他的裤子穿得太旧太破，都得给它放个假了。

于是，狄更斯说：“啊，对！你说得不错，它的确很久没打盹[2]了。”

他对戏剧还有业余戏剧演出的兴趣，也给人留下了深刻的印象。记录有言，在一位朋友家，他和两个同学“常常在厨房里表演小短剧”。他的一个同辈曾说：“……他非常钟情于表演。我有印象他在丹·托宾家的厨房里排了一个戏……我们编了剧情，每个人有自己的角色；但都得自己编台词。”他摆弄起詹姆斯·兰默特在贝恩街上给他弄的玩偶剧场来依旧得心应手。甚至他还为那个地方虽小却办得红红火火的小剧院写过剧本，其中包括《樱桃与四颗星》和《伊丽莎白》，或者叫《西伯利亚之放逐》。这是一部悲情罗曼史，描述了一个女孩去莫斯科见沙皇的悲伤的冒险经历。狄更斯自己在这个剧里扮演了什么角色我们不清楚，但他所关注的兴趣点显而易见：这些天真的剧情、戏剧性的对话、聒噪的舞台效果，这些贴在小棍子上能前后移动的“纸片人儿”和这些小巧但又极其细致的舞台布景，狄更斯在用自己的想象力回应着整个外部世界，而这些元素牢牢占据了其核心地位。这个剧院并没有激起他对心理探究或社会现实主义之类问题的兴趣，这类问题对狄更斯向来没有吸引力。让他目眩神迷的是光鲜的外表、有张力的故事、鲜明夸张的色彩和纸片角色的曳步挪移。

他在威灵顿寄宿学校里只待了两年，父亲的挥霍无度再一次让他的理想成为泡影。这种说法绝对有迹可循，因为尽管约翰·狄更斯领着军需处的养老金，且很可能这段时间还干着记者的活计，却还是入不敷出，甚至某些欠债还是直接从他的养老金中扣除的。1825年、1826年他都上交了一大笔钱给债主，结果到了1825年10月，他拖欠了相当大数目的一笔债款，于是他给资产管理人写了一封信，解释说：“某件对我至关重要的事即将水落石出，我希望它能让我变得相对富裕一些，我还挺有信心的……”他喋喋不休地讲了很多，而他的儿子非常仔细地借用了这些话，还模仿嘲弄了一番。然而7个月之后，“相对富裕”这事儿再一次与他无缘握手，老狄更斯就赶紧申请按月分期付款还债了。

虽然约翰·狄更斯挥霍浪费、毫无远见，但他还真不是个懒汉。这段时间，他开始干起了新闻记者这个新行当。具体时间不太清楚，很可能是他从萨默塞特府退休之后不久。他受雇于《英国报业》，既是一名国会记者，又是一名海上保险话题撰稿人。此时他已步入不惑之年，还能如此迅速地开始一个全新的职业，确实是很勇敢。如果他同时还着手学习速记（应该有很大可能）的话——这门技艺可是很有难度的，那么他的勤奋专注实在是让人钦佩。当时也在《英国报业》工作的J.P.柯林曾委婉地说，约翰·狄更斯是“一个不怎么聪明的绅士”，但查尔斯·狄更斯说他是“一个一流的格尼速记法速记员，一个顶顶好的记者”。对于后一个角色而言，他已经有过一些实践经验了——之前他曾为《泰晤士报》报道过查塔姆的那场大火，但现在能证明他新闻采写技巧的证据已经不太容易找到了。唯一能够确定出自他的手笔的是那些有关海上保险话题的文章，他曾写了一篇满是溢美之词但也同样十分严谨的文章，吹捧了劳埃德保险公司，说他们的赔偿额度要高于竞争对手。

然而，《英国报业》在1826年10月倒闭了，约翰·狄更斯和报社的关系没能继续维持下去。于是，毫不意外，约翰·狄更斯向劳埃德保险公司——这家他曾在报纸上用笔墨捍卫的公司——申请了一笔赔偿金。作为回应，他们给了他十几尼。但这么小一笔钱根本不能挽救这个家庭，他们不得不再次深陷经济危机之中。几个月后，狄更斯全家都被人从约翰逊街的房子里赶了出来。他们在克拉伦登广场上的多角区——叫这个名字是因为它由五个对角朝里的楼群组成，每幢楼的短巷和花园都在中心汇聚到一点——拐角的地方租了一间房。其实这里比约翰逊街要体面得多，而且像狄更斯全家这样的房客可能并不怎么受待见。大约九个月或者十个月之后，一家人又搬回了约翰逊街，但这个结果是以何种方式实现的，是凭借信用评级当局的债务清偿协议加上半夜突袭实现的，还是通过后来这个区域称作“地方自治”的手段（拿回十分之九的个人财产等）来实现的，这个并不清楚。事实上，这段时期可以被称作查尔斯·狄更斯的“沉寂时期”。在他一去不复返的青春期里，有时候他是饱受冷落和羞辱的——他必然经常遭受冷落和羞辱，而且一个像他这样性格敏感的年轻人，必然因此痛苦不已。

就眼前来看，约翰·狄更斯的财务危机逼得自己儿子从威灵顿寄宿学校退学了。当时他才15岁，却被迫如同他数年后在信中写到的那样“踏入社会”了。两年的学习生涯就此结束，但说来也怪，他要被迫和这种标准的中产阶级教育说再见了，可他并没有表现出怨恨。或许他是真的想要“踏入社会”吧，而且与身处同样尴尬境地的大卫·科波菲尔信念相同：“……与其说生活像别的什么东西，还不如说它是一个不同寻常的童话故事，而我即将开始翻阅。”当然，他似乎从没因为自己没上过大学而感到后悔，要想探寻证据的话，那就是他也不太愿意让自己的孩子上大学——他好像更希望孩子们能早早离开学校去干“正经事儿”或者其他什么能挣钱的行当。

现在查尔斯·狄更斯干的“正经事儿”是法律。他的父母，尤其是他的母亲，一马当先行动了起来。伊丽莎白·狄更斯有个姑妈叫查尔顿太太，在伯纳斯街上办了一所寄宿公寓。查尔顿太太有个房客是一名年轻的律师，名叫爱德华·布莱克默，查尔顿太太向他引见了狄更斯太太。布莱克默后来说了事情的经过：“他母亲强烈希望他能到我的事务所工作，而且这个男孩子的一举一动让人非常有好感，于是我就同意让他来当一名小文员……”布莱克默补充说，狄更斯本人真是“一表人才，又聪敏机警”。于是，1827年5月，查尔斯·狄更斯在埃利斯—布莱克默事务所成了一名小文员，开始了自己的职业生涯。那个律师事务所在霍尔本大楼里，“又破又旧，由三间屋子组成”。他的起薪是一周10先令6便士，最后涨到了15先令。事务所在年底搬到了附近的雷蒙德大楼；在三楼的办公室里，年轻的狄更斯似乎常常往楼下扔樱桃核砸楼下行人的帽子，他主要靠这个来自娱自乐，还在遭到楼下行人控诉时“一脸严肃，并做出一副无辜的样子，最终他们都只好悻悻离开……”

他在埃利斯—布莱克默事务所里似乎“受尽万千宠爱”，原因如下：他很擅长“模仿逗乐”，是那种在任何场合里都能带来许多欢声笑语的人。霍尔本大楼里有个老洗衣女工——就是狄更斯之后在小说里塑造的惟妙惟肖的那种吸鼻烟的邋遢仆人，狄更斯“对她非常感兴趣，经常活灵活现地模仿她的言谈、各种习惯、借口”。他见过她、理解她，甚至说不定还被她所吸引——他后来说是“因为厌恶而吸引”——并亲身再现她。只有聪明绝顶的人才能成为好的模仿者，因为模仿的基础就是理解和共鸣，是为了要取代的性格不得不克制约束自己的性格。就算是在那个阴暗的事务所埋头干活儿的时候，他也还在观察、学习。比方说，就像他之后在《匹克威克外传》里描写的，他观察到每天早上“一个又一个文员急匆匆地从某个入口进入广场，抬头看看大楼上的钟，然后根据自己的上班时间或是加快或是放慢自己的步伐；9点30分上班的人们便突然提速，而10点上班的绅士们则变得和贵族一样悠闲地踱起步来”。

当然，他的许多小说里也有法律这个概念时时出现，尽管有时它的出场方式略显低微。在埃利斯—布莱克默那精美的现金账簿里有维勒、巴德尔太太、科尼、拉齐和纽曼·诺特之类的名字——在之后的作品中，狄更斯都曾通过这样或那样的方式用过这些名字。一位同事说，纽曼·诺特“这个人古里古怪的举止和个人经历是职员们的一大乐子”，而且大家都觉得他是《尼古拉斯·尼克尔贝》里纽曼·诺格斯的原型。很明显，这时期在大法官法院里还有一个小老太太，之后成了弗莱特小姐(Miss Flite)[3]的原型。当然，在做这类推论的时候必须谨慎——毫无疑问，狄更斯曾频繁地借用他见过或认识的人身上某些鲜明的个性，但他几乎不会把自己的所见所闻直接写进小说里。那不是小说家的技艺：狄更斯观察到某种非常鲜明的个性、情绪，或是行为，然后用想象加工、处理、联想、发挥，直到这个“角色”和原型之间只有一丝丝相似之处。他在创作小说时会进入一个文字世界，这个世界有属于自己的秩序、自己的关系网，所以原来的“个体”都会被并入一个更宏大同时也更令人信服的“集体”中。

目前来看，狄更斯将来的日子除了单调沉闷的工作没有别的出路。当然，还是有些可以聊以慰藉的事情的，那就是剧院。用他老板的话说，他“非常喜爱戏剧演出”。多年之后，狄更斯回忆说：“自己每天晚上都会去一家剧院，几乎从不缺席，持续了至少三年：先是细致地研究节目单，然后去考察看哪儿的表演最好……我不停地练习（甚至包括如何走进走出、如何在椅子上坐下这样的小细节）……”他这里描述的是离开埃利斯—布莱克默之后不久的一段日子，尽管年纪还小，他已经是各种戏剧演出的热心常客了。目前还没有确定的一件事是少年狄更斯这段时间是否亲自参与过演出，不过很多证据都表明虽然是个小文员，但是这一时期他有可能真的曾经上过台——至少尝试过。多年之后，他告诉约翰·福斯特，自己曾经在一出现在已经被人们遗忘的话剧里扮演过富莱克西伯这一角色，这部话剧的名字叫《爱情、法律和医术》。乔治·李尔[4]曾记录道：“他跟我们说，在来我们这里之前他曾经经常参加业余戏剧表演。”

在这里，他也许是指在家庭私人聚会上表演，但他在学校里的某个朋友的确说过“大约在14岁时，狄更斯在凯瑟琳街上的小剧院里表演过”。这就是李尔和狄更斯曾经去看波特试演角色的那家小剧院，但是由于扮演像奥赛罗这样的角色需要花上大约15先令，因此即使狄更斯有演主角的野心，尚且年少的他也出不起这么一大笔钱：也许他参演了一两幕，过后就非常开心地抛诸脑后了，所以这方面可以参考求证的资料并不多。

狄更斯在埃利斯—布莱克默事务所待了大约一年半，据说这段时间“他长大了许多”：这话出自乔治·李尔。他还补充道：“我记得他有一套新衣服，是棕色的，上衣剪裁有点像燕尾服，还配了一顶高帽子：他好像一下子就变成一个青年了。”他在1838年11月离开了埃利斯—布莱克默事务所，那之后又在查尔斯·莫洛伊事务所干了一小段时间，还是做类似的工作——他能去那儿就职好像是因为一个叫托马斯·米顿的文员推荐，这个人跟狄更斯很熟。但尽管有米顿做伴，他还是没有在查尔斯·莫洛伊事务所待很久。他上一任老板布莱克默认为，狄更斯没有继续其法律生涯的原因是“工作太单调乏味”，而且狄更斯后来也告诉威尔基·柯林斯，说自己“并不喜欢它”。这看似很有道理，但这件事真正的原因并不仅仅是狄更斯对法律厌倦或感到无聊那么简单。狄更斯曾经是而且一直都是一个胸怀大志的人——他已经受了那么多苦，还不为这些所撼动，像这样的人怎么可能忍受一个“小文员”的生活呢？事实上，还在埃利斯—布莱克默打工的时候，他就打算另谋新职了。他当时在学速记，这是特地为成为下议院记者席一员做准备呢。也许记者看起来并不是什么特别崇高的职业，但在当时可是许多理想职业的敲门砖，此外这也是速记员能干的报酬最高的工作了。于是，他开始努力掌握这门能让一个能力中等的人花3年时间才能学会的技能。狄更斯似乎也花了差不多一样长的时间才学会。他自学了格尼速记法（应该是在他父亲甚至是他叔叔——两人都学过这门课——的劝说之下开始的），他称之为“一门难度极大的技艺”，而且在学习期间，他“每天都会走好几公里去法院练习整整一天”。

学速记其实算得上好处多多，虽然他也许根本没意识到这些好处。速记法中的语音拼写和图形表，让他听字词发音的时候非常仔细；而且，只要他一听出区别，就能非常迅速地记下来，且准确无误。人们常说，他对伦敦东区口音或美音所做的听记有些言过其实，但几乎所有实例都表明，狄更斯能非常精确地记下地方通俗用语之间的不同读音。他也在速记法中学到了从语音到文字转变时真正意义上的“捷”径。这样一来，语言中一些自由随性的东西就能在他的文章里被保留下来。这也是为什么他的小说从来不会因为大声朗读而效果不佳——狄更斯最终还是靠这个技能开始了新的职业，因为声音和说话方式这两个要素是他小说内在的精华。这和文学评论家所发现的他的小说更具文学性这个特点一样，是他从未失去的一项技能：向秘书口授信稿时，他经常会做记速记似的动作。他的一位老同事乔治·多尔比也注意到，狄更斯对别人的话感兴趣时会“以一种几乎无法察觉的动作跟着说话者的话，就好像在用速记法记录一样”。

正因为具备了这些技能，狄更斯就想要从事一个新的职业——当一名自由抄录员。他曾经想跟他父亲和叔叔一样进入议会的新闻记者席，但是可能由于没有空缺或当时缺乏经验，没有成功。于是，他决心在别处积累经验。1829年春天，他18岁，加入了伦敦民事律师公会。其实这并不是一个能实现自己理想抱负的地方，只不过是隐蔽在伦敦市深处的两个四方大院罢了。大门在圣保罗天主教堂南边的奈特莱德街上，房子是由石头和红砖砌成的，除了隐匿在深处的困倦、矮木和土灰色的麻雀，这里什么都没有（虽然现在伦敦民事律师公会早就消弭无存了，但这里还是保留着一些类似的地方）。在这个办公楼里有一系列的法庭，如一个主教法院、一个大主教法院、遗嘱验证法院、代理法院和海事法院，这些法庭都负责审理与基督教会和海军事务相关的案件。狄更斯在之后的小说中曾用这种混乱的法律体系来映射混乱的社会。作为一个青年人，被困在一个显而易见荒唐无比的体系之内，他肯定是对这样的生活知之甚深、习以为常了，无论是生活的错综复杂、毫不确定，还是其中无穷的纷纷扰扰和任何事情都无法办理，答案都存在无限延期的可能性。正如《大卫·科波菲尔》里的斯提福兹[5]所说，这是“……展现给一群精心挑选的观众的小型私人戏剧演出，非常愉快且很有意义”。

最开始的几个月，狄更斯好像受雇于一家代诉人事务所——狄更斯之后在一个短剧里讽刺他们是“看上去非常自命不凡的大人物”，负责记录证据和判决（关于他坐过的凳子还有个传说，似乎这是一个总是和伟人纠缠在一起的重要道具）。之后不久，他就成了一名独立的速记员，他在法院里租了一个记者专用的小隔间，还在贝尔院里和别人合租了一间遗嘱认证办公室。甚至，为了表明自己独立的身份，他还刻了一版名片——“查尔斯·狄更斯先生/速记员/费兹洛伊广场诺福克街10号”；后面的地址是狄更斯一家接下来几年里一系列新地址之一。他们每次搬家好像都是为了逃离债主的追踪。

这份工作艰苦而单调，“并不是一个非常好的活计（不过也不算特别糟糕），”他之后写道，“工作很不稳定，实在让人厌烦……”如此说来，这份工作的不稳定性一直让他记忆犹新。确实，自由速记员的工作很多时候依赖代诉人的惠顾，或者是突然而来的任务。因此，对一个像青年狄更斯一样这么敏感又容易焦虑的人来说，没什么吸引力。我们能想象这样一个年轻人：他已经察觉到自己身上潜在的天赋，但仍然和家人一起过着拮据的生活，每天穿过伦敦市去干那个单调乏味的活计。“……我可以平静下来，平和又有点儿精神不振，”他的小说主人公大卫·科波菲尔说道，“全靠咖啡提神；现在想起来，我当时简直是一加仑一加仑地喝咖啡……”在这些“沉默的日子”里——他充满变故的童年和不甚平静的成年之间的潜伏期（完全可以这么说），狄更斯给人的总体印象是一个雄心勃勃、坚定果决但又不知道该往哪儿使劲儿去实现自己抱负的人。

1 石笔：用于在石板上书写的工具。

2 狄更斯这里用了双关的修辞手法，原文“nap”在英文中有两个意思，一为“打盹，睡午觉”，一为“织物表面起的绒毛”（又旧又有磨损）。

3 弗莱特小姐为《荒凉山庄》里的人物。这位老小姐是贾迪斯案的受益人，爱唠叨，对帮助她的人感恩戴德，有点精神分裂的倾向。她在自己的屋里养了一群鸟，分别给它们取了不同的名字：希望、愉悦、青春、和平、休息、生命、尘土、灰烬、废物、欲望、毁灭、绝望、疯狂、死亡、狡诈、愚蠢。这些名词揭示着弗莱特小姐在贾迪斯案件中的挣扎，但她自己没有勇气走出来。

4 乔治·李尔是狄更斯在埃利斯—布莱克默的同事，下文的波特也是同个事务所的同事。

5 斯提福兹为小说《大卫·科波菲尔》中的人物。富有、聪明，以财产和他的风采、殷勤、才能去博得人们的好感，然后损害他人以满足自己，漂亮的躯壳里充满了自私自利。

第六章　初恋之苦

初恋，这不是什么幼稚的爱慕，也不是对母亲姐妹的亲情，而是一种迷恋。女孩芳名叫玛利亚·彼得奈尔，年长查尔斯·狄更斯15个月。她个子娇小——当时人称“袖珍维纳斯”，有着深色的头发、深色的眼睛，伴着那种成年之后极易褪去的婴儿肥（丰腴之姿）。现有的证据都表明，这姑娘可是调情高手，甚至可能很懂得卖弄风骚。她的“纪念册”里可躺着不止一个仰慕者的诗歌和画作，而这本册子还有幸收录了查尔斯·狄更斯现存的第一篇作品。那是一首有玛利亚·彼得奈尔名字的藏头诗，是这样开头的：

我的生活也许痛苦和辛劳交织，

而且或许同逆境做徒劳的斗争就是我的命运……[1]

狄更斯是如何邂逅这位女士的，我们无从知晓，不过据说可能是通过一位名叫亨利·科勒的年轻银行职员认识的。她父亲是位银行主，似乎住在朗伯德街上的“办公室”旁。他们在1830年春天相遇，狄更斯在第二年写了一组诗，送给彼得奈尔一家，用以纪念这件事情：

参加我们宴会的查尔斯·狄更斯，

是一颗没有心的嫩卷心菜；

并非他无情无心，而是因为正如大家所言，

他在一年之前的那个5月，弄丢了他的心。

“查尔斯·狄更斯”这个名字在当时也是一文不名——（对女孩儿来说，他）只不过是新增的裙下之臣，一个家里的朋友，一个业余的不入流诗人而已。

经年之后，正当狄更斯深陷痛苦窘困之时，玛利亚一封突如其来的信又打开了记忆的闸门，回忆的洪流裹挟着当年某些非常有代表性的细节和场景滚滚涌来：一双蓝色的手套、一件“绛紫色的连衣裙”，“你那常常蹙起的黛眉”。这些互不相关的记忆碎片可以同大卫·科波菲尔对朵拉的回忆一一对比：“两条纤细的胳膊抱着一只黑色的小狗，映衬在一片繁花碧树之下。”这可不是什么普鲁斯特（Marcel Proust）[2]式的回忆，因为其中既不是细致入微的观察，也没有全心全意的感受。狄更斯能在瞬间回忆起一些事物，并将其非常逼真传神地描写并记下来，然后便抛诸脑后，不再牵肠挂肚。但如果他对玛利亚·彼得奈尔的记忆仅仅是她的衣着或某个五官——这真是凤毛麟角，那他对这段往事倒是牵肠挂肚思之欲狂了，还将感情深深埋藏在心底。“……再没有像我这么忠心又痴情的可怜人了……”他在两人后来书信来往的时候还向她倾诉，想知道“……觉得一个人在世上能获得的名誉都是补偿他年少时错失的红颜——就如同我一样”，是否会“太不知感恩了？”狄更斯是一个有着无限怀旧情愫的人，对他来说，所谓真实的，且一直真实的，是一个熬过青春期长大成人且一直雄心勃勃的男孩。这就是为什么这段拼搏的时期，这段远远早于他成名的真正“磨炼锻造”他的时期，让他如此永生难忘。这是一段他将来还会在小说中着墨诠释的时期，一段他愿为之镀上一层乐观的玫瑰色泽的时期。

而且，他的的确确拼搏了。他为了取得（人生中的）进展——为了得到玛利亚·彼得奈尔的爱恋，为了这个世界，也为了自己的工作有所进展——而奋力拼搏。1831年，他还在伦敦民事律师公会当速记员的时候，就成了《议会之镜》的工作人员。他的舅舅约翰·亨利·巴罗，既是这份期刊的编辑，也是老板；鉴于他父亲早就是议会新闻记者了，所以这个小伙子子承父业也在情理之中。期刊创刊于三年前，宗旨明确：报道每周上议院和下议院会议；在这个领域里，它已经很成功了，名声也比它的竞争对手《英国国会议事录》好。一段时间后，查尔斯·狄更斯也承担了该报纸的一些管理和编辑工作，但他还是主要负责定期去议会并通过速记法准确记下全部细节。这份工作薪水不错，但让人筋疲力尽。那段时间，旧议会大厦——此建筑于1834年毁于一场大火——的记者都被赶到旁听席的后几排。那个地方根本听不清楼下议员席上到底发生了什么。除此之外，正如某个议会记者所回忆的那样："那儿漆黑一片：后排席位的光线太暗，连报纸都看不清；而且通风特别差，几乎没人能长时间忍受那种有害健康的空气……"——有必要给大家提个醒，在当时洗澡和洗衣服可不是什么人生头等大事。

这个小伙子当时很可能不只忙于议会报道这一件事儿。德克斯特收集的狄更斯相关资料（现存于大英图书馆）中，有一份审判威廉、毕夏普和梅三人谋杀"某个意大利男孩"的案件报道，发生在1831年2月12日，标题页上称该法庭记录为"速记而成"。虽然没有直接证据表明这是狄更斯记录的，但其对凶手的描写和狄更斯几年后所作的散文风格十分相近："毕夏普步伐沉重地走到被告席，微微驼背；手臂下垂，紧贴身体。他站到被告席上，把一只手搭在面前的桌面上的时候像是松了一口气。在法庭前面，他像是承受着巨大精神痛苦长期劳作的人，无精打采、恍恍惚惚……"这位未署名的速记记者如此描写本案的另一个被告："……他一副此生无望的样子……这种沮丧给人一种（不是勇敢，甚至连自信也称不上）只能说身体上还有点儿耐力的感觉……"

此记录或许出自狄更斯之手，或许不是。关于这一时期我们唯一能确定的是他的速记能力突飞猛进，《议会之镜》的工作也让他在伦敦新闻界声名鹊起。另一份期刊是《真太阳》，1832年3月创刊时肯定也邀请过狄更斯，让他做些临时性的工作；这份工作性质不明，且目前也无法证实，但显而易见且至关重要的是，狄更斯投身政治事件报道之时正值国家命运经历巨大变革之际。然而，无论是在小说里还是在报刊文章中，他却甚少提及此时之事、此类之事；在他着墨描写自己焦虑不安、阻碍重重的生活时，总是对政治忽略不计。但他当时其实并没有忽视政治，在狄更斯去世前五年所作的一次演讲中，他明明白白告诉大家，自己深谙自身所处的这个世界："报纸上每天都吆喝着一种广为认可的体制。这一体制给不幸患有精神疾病的人拴上锁链，让他们睡稻草，不给衣服穿，不给吃喝，让他们饿肚子，用鞭子狠命抽打折磨他们，迫使他们平静下来，还时不时把他们拉出来展览示众，以赚取零星费用，把公立精神病院活生生搞得像一个凶残的动物园。报纸上大量登载毁坏国家机器的文章……还有因争抢食物而频发暴乱、国将不国的消息；报道可憎可怖的阶级仇恨，刊登一些动不动就雇用密探，即使不是搞一些密谋之事让敌对双方暂时停下动作，但也是一些探寻隐私的报道。与此同时，这些报纸还频频提及周边国家的社会状况，而这类报道的一个原则就是挑最荒淫极端的事情加以披露……这样的社会乱象在英国已经永远绝迹了。”这是狄更斯对自己那段成长求学时期最清晰的记忆。在1865年春天做这个演讲时，这些记忆中的事情离他已经非常遥远了，但正如我们到时候就能体悟到的，这些记忆一直都是他想象生活中一个不可或缺的部分。

没错，他需要为自己天马行空的想象世界找到一个宣泄途径。狄更斯一直认真考虑在戏剧方面开疆扩土，连在做议会改革辩论记录的时候、在激进的《真太阳》做普通记者的时候也在推进这个事情。甚至有人认为，他报道议会议程期间也曾现身于附近陶德希尔街上一家名叫威斯敏斯特的小剧院。当然，这也许只是没有证据的猜测罢了。然而，证据确凿的是，1832年三四月间，刚刚20岁的狄更斯给柯芬园的一个叫巴特利的舞台经理先生写了一封信：“告诉他我年轻有抱负，告诉他我对性格和怪癖有着很强的洞察力，并且我与生俱来就能再现所见之人的行为。”

他当时总是特意模仿查尔斯·马修斯的招牌动作，这点需要着重强调一下。马修斯是位喜剧演员，他聪明机智，一跃成为当时的偶像——同时代有人评价他是“优雅的美好典范”，还说“我们热忱地研究他的服装”。

狄更斯一直都对服装的表现力有极大的兴趣，但马修斯如此吸引他还有另一个原因。让我们回忆一下，这位演员真正的才能在于他的机敏和灵巧，通过变换嗓音和服装，他可以“一晚上”扮演“七八个完全不同性格的角色”。对狄更斯来说，同一个人饰演不同角色、变换不同声音的能力是至关重要的。这意味着他深谙这个世界，且会在表演中逃避自我存在。如此多面的表演，在之后的岁月确实成为他卸下自我人格负担的一个好办法——当时有一位美国人便注意到狄更斯“饰演角色时转变嗓音、举止之迅速和传说中的老马修斯不相伯仲”。某报纸随即声称狄更斯的步态、举止和嗓音都和马修斯十分相似——当然它也非常敏锐地指出狄更斯拥有那位喜剧演员所缺乏的一种“热忱”。还有一点值得回顾，马修斯经常扮演那些喋喋不休的女人、古灵精怪的小淘气和英语说得支离破碎的外国人——这些一直都是传统角色，同时也是狄更斯在小说里着墨描写的类型。狄更斯应该也很熟悉马修斯演绎的《毁灭之路》中那段断断续续的长篇独白——这是一部现在众人早已淡忘的戏，出自托马斯·霍克罗夫特（Thomas Holcroft）[3]之手——因为狄翁后来借阿尔弗雷德·金格尔（Alfred Jingle）[4]之口让这段独白得以流芳百世，而阿尔弗雷德·金格尔则是他所创作的第一个真正意义上的喜剧角色。当然，我们不该过多强调这些相似之处，但没有一个伟大的艺术家是在真空之中创作的，而且毋庸置疑，狄更斯最初确实是在查尔斯·马修斯的直接启发之下才开始了探索自己潜在的喜剧天分的道路。

然而，舞台上的表演生涯终归还是不属于他。狄更斯写信联系的那位舞台经理巴特利先生很快就回信了。狄更斯之后告诉福斯特，“我信里肯定有点什么东西打动了剧院的负责人……”“回信如期而至，相约某天在剧院里我可以给他和查尔斯·肯布尔表演一些马修斯演过的节目。”范妮也一起去了，给他弹钢琴伴奏，他俩又重新扮演起小时候各自的角色。那时候，小狄更斯经常给父亲的朋友唱歌表演。可是到了约定的那一天，狄更斯却“卧床不起”，正如他所说，“病得很重，脸上烧得滚烫”。这病可来得太是时候了。他本来也成不了一个伟大的舞台演员；让他演爱情剧的主角，他既不高大，也不魁梧，看上去又瘦又小，真就只适合演仆人、花花公子和各类滑稽角色。他命中注定不属于舞台，所以在通往舞台的命运大门向他开启的那一天，他病倒了。不知为何，冥冥中他自己也好似知道——或者说至少他的身体知道——这不是他想要的生活。伟大的艺术家内在都有一种神秘的力量，这种冥冥之中的力量总是拉着他们向前进，让他们能在不知不觉中克服种种困难，规避人生中的岔路——狄更斯就是这样。不论是称其为意志力还是梦想的力量，不论这是一种自我意识还是对自我的无知，就是这么一种不可抗拒的力量引导着他朝正确的目标前进。他告诉巴特利，自己会在下一季重新申请，然而他并没有这么做。

因为另一件事情，1833年春天也变得格外重要：这个时间是狄更斯和玛利亚·彼得奈尔分手的最后一个时段。说“分手”或许不是很恰当，因为无论从哪种意义上讲，他俩似乎从来都没有在一起过。这是一个很老套的剧情，然而老套并不会让这对头一次经历年少情事的年轻人少一些痛苦，哪怕一点点。一方很热情，一方很矜持；一方因为纯粹的爱而倾心，而另一方则因为神秘吸引而欲罢不能。“剧情”大概如下：狄更斯追求玛利亚·彼得奈尔约有三年之久。他的求爱最初讨得了女孩的好感，后来受到了怠慢，最终遭到断然拒绝；两人的关系缓慢但却在持续恶化，而在关系快要终结的这段时间里，狄更斯会赶在大清早下议院的工作结束之后步行到朗伯德街，只为了向她闺房投去一瞥。两人还通过彼此共同的朋友，例如亨利·科勒之类，来鸿雁传书，都是些秘密信件。但到了1833年3月，两人第一次见面后的第三年，他开始哀叹自己追求无果。虽然双方家长对此事的态度并没有记录在案，但显而易见，彼得奈尔一家人肯定是冷淡且有些对他提不起兴趣的。玛利亚的母亲称他为“狄更先生”[5]，彼得奈尔一家很可能并不喜欢这个年轻人，尽管他抱负远大，而且还成了议会记者，这一点无疑（稍稍）弥补了他父亲曾因负债入狱并于1831年年末又被告上了破产法庭这一事实。不过，狄更斯在信件中曾暗示，他的家人这一时期感觉到一种莫名的“不受欢迎”，并且对不论是真实存在的还是想象中的蔑视尤为敏感。

毫无疑问，他受挫严重、止步不前、灰心丧气且受伤颇深；他一直都害怕被拒绝，而此刻，他生平第一次尝到了被拒绝的滋味。三年对一个年轻人来说真是这辈子里一段很长的时间了，现在这三年的追求到头来成了一场空，（努力也）付诸东流。他掏心挖肺，却也枉费了自己的一片真心。后来他似乎把这段感情当作一次惨痛的经历—— 一件“封锁”在心底的秘密。而且，他曾说这件事直接导致自己“习惯性的心理压抑”，这意味着他永远都不能对别人甚至自己的子女表露真情实感。成年后，他的性格也的确如此，但这绝不是完全正确的——尽管他的小说中也有提及“情感”，然而压抑自己的（私人）情感，没有一个作家会比狄更斯更痛苦。玛利亚·彼得奈尔对他的拒绝，是他可以直接哀叹且感受最清晰的一次情感经历。这件事让他如此痛彻心扉，说明它在某种意义上算是一种回响和重演，重演的是他遭人早年抛弃的那一段经历——童年他被母亲和姐姐抛弃的经历历历在目。被女性拒绝的经历对他情感生活的影响巨大，如此推测绝对有理有据。他非常渴求——实际上是需要——完整的爱，而世上没有人会真正满足他。此外，他似乎也同样渴求爱恋对象对自己的完全认同。他对这种认同的极度渴望使得任何抗拒或拒绝的迹象对他来说都是天大的灾难。

和玛利亚·彼得奈尔的这段无果的感情在另一种意义上限定了狄更斯那几年的生活方式，同时，也因为其中明显的不确定性和困惑而十分突出，即使他的生活已经隐隐找到了真正的方向。当然，他的生活还是危机四伏，家庭问题总是不停地出现，给他带来麻烦。约翰·狄更斯在1831年11月再次宣告破产，而且由于被破产法庭起诉，他的名字还在《伦敦宪报》上现了眼。当然，他还是能继续干自己的新工作。他当时正在为《议会之镜》工作（主要职责之一就是给议员送演讲稿的清样以供校对），还成了《先驱晨报》的议会报道人员。他也和他的儿子一样到大英博物馆去看书——这至少表明，尽管这些年处境艰难，但他仍然没完全放弃自己文学方面的志向。同时，这个已经超负荷运转的家庭又添一员新丁——小奥古斯塔斯，小名叫“摩西”或“博兹”，和《威克菲尔德的牧师》里普林姆罗斯医生的儿子同名。狄更斯的另外两个弟弟——阿尔弗雷德和弗雷德里克，当时在汉普斯泰德上学；但他们只上了两年学（就辍学了），因为约翰·狄更斯的铺张浪费再一次让他的两个孩子无学可上（狄更斯当时似乎负责每天放学去学校接两个弟弟，而且事实上，他余生一直都在照顾这两兄弟）。

所以，他不仅家庭生活动荡不安、爱情之路缥缈虚无，连最终的命运也充满了极大的不确定性。当时他已经接触了三种职业——戏剧表演、法律和新闻——的边缘地带，但他好像也曾非常认真地考虑过移民去西印度群岛，一位家里的亲戚——玛格丽特·哈德菲尔德太太，刚刚从那儿回来。狄更斯的一个表亲后来回忆道，“趁着拜访机会”，“狄更斯正好在考虑选择什么职业，他就非常仔细地向她咨询了去西印度群岛谋求发迹的前景，想要得到一些鼓励，去那里碰碰运气”。

他（当时）创作的所有作品都带着一种恰如其分的随意性。最完整的例子实际上就收藏在玛利亚·彼得奈尔“纪念册”里，就是他偶尔为她写的诗句。它们也不是毫无可取之处——“魔鬼之行”“菜单”“教堂墓地”“寓所出租”这几首诗，让他在诗歌方面的天赋得以表现，也展现了他赚人眼泪和滑稽模仿的能力。这些都是这个年轻作家诗歌中的普遍特征，而且，若不是因为这些附加的光环，或许这些诗句也没什么不同寻常的。

这些事情没有什么需要特别注意或值得读者浪费精力的，除了能表明狄更斯精力旺盛，总是闲不住。他要做的事就是为一个自己不得不帮忙供养的家庭而谋生。1832年，他找到了一份工作，在一个投票站当办事员（他效力的议员查尔斯·泰尼森是他的叔叔，但也许意义更大的是，他是一位改革主义者）。1833年议会休会期间，他曾试图争取一个速记员的职位，准备多干一份工作：他让某个朋友如果“遇到这样的机会”就推荐他。同年晚些时候，他和一个名叫约翰·佩恩·科利尔的人一起吃过晚饭，这个人是《纪事晨报》的职工。用科利尔的话说，他的舅舅约翰·巴罗想帮自己“聪慧的外甥”在那家报社谋一个职位，所以把两人凑到了饭桌前。科利尔多年之后回忆起这事：“……（巴罗的）外甥特别想成为《纪事晨报》的一名议会记者。我问他多大了、为《真太阳》工作之前都干过哪些工作，他的回答都模棱两可；他舅舅只知道他的家境不好，什么活能谋生就干什么……在巴罗的请求之下，我同意和狄更斯见一面，一起吃顿饭。巴罗也曾经提过有他在的场合气氛总是很欢快，而且他很擅长唱滑稽歌曲。”事实证明确实如此，不过狄更斯好像“直到当天很晚并在再三请求之下才愿意一展歌喉”。最终，他唱了《一流的狗粮贩》和他自己创作的《最迷人的秋波》——这两首都是他儿时的歌谣。但这顿晚饭花在其他方面的心思都白费了——科利尔不是没有帮忙的本事，就是不愿意在狄更斯的记者之路上推他一把。直到次年年末，狄更斯才实现了自己的梦想，加入了《纪事晨报》。

1 第1行中的第一个词“我的（My）”和第2行的第一个词“而且（And）”的首字母分别是M和A，即玛利亚（Maria）开头的两个字母，这是一首藏头诗。

2 马塞尔·普鲁斯特，法国小说家、散文家和评论家，穷其一生创作的小说《追忆似水年华》的主题是通过无意识记忆的刺激来重现已逝岁月及其原创力的释放。

3 托马斯·霍克罗夫特，18世纪英国剧作家及翻译家，曾翻译博马舍的剧本《费加洛的婚礼》，并扮演费加洛。

4 阿尔弗雷德·金格尔为《匹克威克外传》中的人物，是一个臭名昭著的骗子兼冒名顶替者（简称金格尔），金格尔多次给主人公匹克威克带来了巨大的麻烦。

5 彼得奈尔夫人将“狄更斯”（Dickens）误称作“狄更”（Dickin），说明她并不看好这个追求自己女儿的年轻人，并且对他的态度很轻慢。

第七章 《博兹札记》

1833年的夏天还是秋天，狄更斯正正经经地开始下笔耕耘自己的写作事业，有可能是因为玛利亚·彼得奈尔拒绝了他，刺激了他，又或许是想要好好利用自己在议会休会期间的空闲时间，再或许只是在这个适当的时候突发奇想要发挥自己的天赋了。他动笔写的是一篇题为《白杨园的晚餐》（它的标题最后定为《明斯先生和他的表弟》）的短篇小说。几经修改，这篇小说的终稿是这样开头的："奥古斯塔斯·明斯先生是一个单身汉，自称四十岁上下——然而他的朋友说他有48岁。"和约翰·狄更斯一样，明斯先生是"萨默塞特郡里的一个小职员"，这篇轻松诙谐的小说讲的是一家人因为急切无比地想获得遗产而经历的不幸遭遇。从这篇小说中，我们能觉察到青年狄更斯自身面临的财务问题，还有他的家庭荣誉感带来的影响。当然，还有很明显的一点，就是在早期作品里，他几乎是不假思索地使用身边的各种素材。不过，这篇小说的总体基调极具戏剧性，甚至到了荒唐可笑的地步，读起来很像一份用以上台演出的剧本。但不管怎么样，故事可真是很有趣。

狄更斯曾经说过，最初给报纸杂志写短篇小说的时候，他一般都用"非常清晰的字迹和一张足够写下所有台词的纸"进行创作；而且，他选择了《月刊》来发表自己的第一篇作品，那是一份并不出名也没有太大发行量的期刊（一个名叫开普敦·霍兰德的人那时刚刚接手这个期刊）。杂志是在福利特街外的约翰逊大楼里刊印出版的，狄更斯带着他的作品，“在一个黄昏时分偷偷摸摸、战战兢兢地（把稿子）投进一间黑漆漆的办公室里一个黑漆漆的信箱里”。当然，那份黑暗并没有持续很久，他下次再去同一个地方买杂志的下一期时，发现上面印着《白杨园的晚餐》。“我沿街走到了威斯敏斯特会堂，然后拐进去待了半个小时，因为太喜悦、太骄傲了，我双眼模糊（泪流满面），都看不清楚大街了，而且这副鬼样子让路人看见了也不太合适。”这份激动的心情和抑制不住的情感更多的是因为作品发表带来的喜悦，而不是后来的或更为世故圆滑的传闻所称：对狄更斯而言，第一次见到自己的作品出版就像是对自己的全新认识，更重要的是，也是对自己未来道路的一种启示。他的眼睛看不清道路，是因为他在脑海中勾勒了一幅比现实中任何事物都要更加广阔壮美的画面——对自己名望的想象。他马上给在情场上得意的亨利·科勒写了封信，自豪无比地告诉对方自己的作品发表的喜讯。“我真是紧张得，”他写道，“手都发抖……”

接下来的几个月里，他又给《月刊》写了八篇小说（顺便提一句，他连一篇文章的稿费都没拿到）。1834年1月，他写了一个故事，讲的是几名戏剧爱好者把戏演砸了（那出戏是他已经在别处嘲弄过的《奥赛罗》）的故事；2月份，他又写了一篇小说，讲的是一个布料商助手用自己的行为举止掩饰他“卑微的”地位。这些札记式的作品中，都体现了狄更斯那尽管有些活泼但很尖刻的风趣感［某些方面有些像简·奥斯汀（Jane Austen）[1]早年的作品］，但情节和幽默点都很荒诞可笑，甚至有些粗俗低级——就像狄更斯后来讽刺的那股伦敦“调调”。这些短篇小说都是关于丢尽脸面、有失体面、太想给人留下好印象而带来的种种危险，还有错误百出的夸张举止；毫无疑问，都是些对一个发下宏愿要有所作为的年轻人来说很重要的主题。事实上，这位年轻人很明显已经有了更加宏伟的志向，这个志向在一个小杂志里是实现不了的。他正在策划一个札记或短篇小说系列，标题定为《堂区》。1833年年底，他就已经在打算自己的“小说计划”了。据说，这个计划里面还有《雾都孤儿》的一席之地。因为大多数的处女作都包含太多的自传性材料，这是一个毋庸置疑的事实，所以很可能狄更斯也想到了类似的主题——一个挣脱湮没无闻和悲惨境遇的枷锁而从其中出来的可怜孩子，充分地反映了他自己童年的经历和想象。

更有甚者，查尔斯·狄更斯不同凡响的风格此时也开始成型——在他1834年发表的短篇小说《布鲁姆斯伯里的洗礼仪式》中，那个愤世嫉俗的老家伙尼科迪默斯·顿普斯身上就有后来斯克鲁奇的影子，而奇特贝尔一家身上则彰显了那些无忧无虑、无药可救、不负责任的家人（狄更斯后来很擅长描写这类人物）的影子。两个月后的另一篇小说里，狄更斯式的幽默再次得以展现。故事里有一封情书："您收到这封信之前，距离很远——恳求体谅——爱得发狂——蜂蜡沉迷。"这句话很像金格尔说话的风格。最终，1834年8月，他又以"博兹"[2]这一笔名发表了一篇非常搞笑的小说。他一下子打造出了一个可以将这些零碎的作品统一起来的身份，同时也给作者蒙上了一层神秘的面纱。毫无疑问，他有足够的理由为自己的作品感到骄傲；这时关于他作品的好评（虽然很简短）也已经出现了，他的作品会在英国和美国再版重印——更确切地说，是盗版——虽然他并不想要这样的赞美。他想要的，一直都是"名气"，而这（个愿望）正要开始实现。此时，他信件中常常出现的一个词是"闪耀"（flare），他总用这个词，在各种语境中都用，用来描述作品发表、派对、争论以及任何其他类型的有多人参加的活动，或者比较激烈的活动。它的真实意思彰显得再明白不过：发光发亮、爆发、最终功成名就。

但他还不算是一个成功的作家，还没到时候，他还得靠给别人打工来维持生计。1833年秋，他还在帮舅舅约翰·巴罗打理《议会之镜》的工作，很快就发现了一个更广阔的发展空间，他便跳槽了。说来也巧，第二年年初，一位名叫约翰·伊斯特霍普爵士的自由派政治家成了《纪事晨报》的新东家。这原本是份非常严肃的日报，属于伦敦地区，但不知怎的就在上一任老板的手上破产了。伊斯特霍普买下它，主要是为了让它作为辉格党和改良主义者的喉舌。一个名叫托马斯·比尔德的人成了这份报纸的一位议会记者，还提议让查尔斯·狄更斯也成为议会记者团的一分子。伊斯特霍普绝不是一个随和的人——给他干活的人称他为“梦想摧毁者”，但最终狄更斯还是成了他手下的一名员工。

重获新生的《纪事晨报》算是份水准较高的报纸。约翰·斯图亚特·米尔认为，它是一个“舆论喉舌，比新闻界之前通常吹捧的任何观念都要超前”。他的意思是，这是第一份将边沁主义理论[3]“引入报纸版面进行讨论”的严肃日报。换言之，《纪事晨报》在自由党阵营中站在更靠向知识分子的那一头，而且更热情。事实上，它也因此提高了声望——发行量在短短几年内从1000份一跃到了6000份。总的说来，报纸的编辑约翰·布莱克好像也信奉边沁主义。约翰·斯图亚特·米尔说，他是“第一个将批判和改革精神带入英国习俗细节之中的记者”。此时的狄更斯当然是一个激进派，但正如我们所看到的那样，他不像布莱克和伊斯特霍普那样，是一名边沁主义者——之后他和布莱克还为实施边沁主义措施的后果《新济贫法》而发生过争论。《新济贫法》是一个为了捍卫该政治理论而制定的济贫体系，不但野蛮残暴而且过于简单化。不过，有一点非常重要，布莱克和其他任何优秀的编辑一样都能慧眼识珠。用狄更斯自己的话说，他不久之后就成了“第一位由衷的且完全赏识我的人”。

然而狄更斯显然也和其他普通记者一样，生活艰难。这份报纸雇了12名议会记者，狄更斯是其中之一，每周薪水只有5几尼。在之后的两年里，他的工作还包括写剧评。在议会休会期间，他还到处奔波，报道选举运动、晚餐、公众集会等。狄更斯旺盛的精力终于找到了一个合适的发泄途径。他曾写下这样的文字：“自己经常在死寂的夜里，乘坐一辆奔驰在荒野之上的驷马驿车，借着提灯昏暗的光线，彻夜不眠地整理速记笔记、对准确性有严格要求的重要公共演讲……以及写在手掌上的速记整理成文字以供印刷……”

这个时期狄更斯可能并没打算发展自己的文学生涯，因为他写信给新学院[4]的管事，表示自己打算“只要条件一成熟，就成为一名律师”。事实上，狄更斯好像在其他时候也考虑过以后用法律谋生的可能性——甚至他还有可能申请过地方治安官的职位，就像他之前的亨利·菲尔丁一样。可能性最大的是，此时的狄更斯只想给自己找一个住处。他想要独立，换句话说，他想要和自己的家人保持一定距离。约翰·狄更斯好像有些难以接受这个事实，因为他曾提到过，“查尔斯刚（在《纪事晨报》）获得一年的雇用期，就决心要离开家”。不过，很快就有证据证明狄更斯这一决定的明智之处，因为就在他写信给新学院的一周之后，他父亲又因为欠债被捕了——这一次是约翰·狄更斯欠钱的几个酒商告发的。正当小伙子开始找到一片天地并准备一展抱负的时候，他旧时的屈辱和痛苦似乎又要重演，而且这一次的情况比以往更糟糕。显然，狄更斯在他父亲的一些债款票据背面也签上了自己的名字，因此他也面临着被捕的可能性。“我还没有进去，”他写信给托马斯·米顿求助，“但这好像是迟早的事，入狱是这场‘家庭悲剧’的终点。”他父亲被押送到了科斯特街4号的斯洛曼债务人临时拘留所。那天上午，狄更斯手头有报社的工作，太忙了，根本无暇顾及这件事，就请米顿替他去看望父亲。到了下午6点，离议会新闻席的晚班开始只有两个小时了，狄更斯才去了科斯特街，并设法给父亲筹了足够的钱，用以避免债务产生的不良后果（这些钱中有一部分来自狄更斯的“法国老板”，但我们没有关于这个人的任何信息——不管怎么说，这表明他当时已经到了被迫接受各式各样工作的地步)。然而，这一时期最有趣的一点并不是父亲老啃少的那种无助凄凉，也不是狄更斯家里的艰难困苦，而是不到两个月，他就在给《月刊》写的一篇小说里把这一经历见报了。《瓦特金·托特先生的一段人生插曲》中就有很长的一段用来描写这位托特先生给关进了“大法官法庭路附近的一间监狱里”，狄更斯非常详细且逼真地描写了这幢建筑和里面的住客：“那里的房间——那种简陋污秽的小房间——被分成了一个个小隔间，就像某些低档餐厅里的公用厅。脏兮兮的地板显然很久没人刷洗过，更别说粉刷或者用布擦了；天花板则让照明用的油灯给熏得乌黑。”虽然这些个人的家庭经历和他写的故事情节没有直接关系，但狄更斯还是把它写进了小说里——要么是因为他作为一个优秀的记者，想要好好利用他亲眼观察到并让他感到悲哀的第一手材料；要么他只是为了妥善地处理这件事以及这件事带来的情绪，为了正视它们，不得不将这段经历用小说的方式记录下来。这就是为什么狄更斯这一时期的札记和小说虽然有时候情节略微廉价烂俗，但他都会详细认真地观察描写，用自己“天性中的热切”来补救。

他的父亲被释放了，这全靠狄更斯用自己工资做担保向朋友借的钱。然而这并没有阻止约翰·狄更斯，他几乎立马给那些朋友依次写信要钱。例如，他告诉托马斯·比尔德自己的家庭快要支离破碎了，家里好几个人都出去租房子住了，而“您卑微的仆人就快随风而逝”了。紧接着他在另一封信中告诉比尔德，说他的儿子阿尔弗雷德“每天都穿着轻便舞鞋……奔波在家和汉普斯泰德之间”。这些信真是有趣——肯定是趣味性大于歉意的——而且他在形容自己人生凄惨状况时那种夸张的语气真是让人忍俊不禁。当然，他也把这一天赋遗传给自己那位赫赫有名的儿子了。

这个时候，（可以这么说）他儿子，逃走了。1834年12月，狄更斯和弟弟弗雷德里克搬进了福尼瓦尔客栈的套间里。他租下当时被称为“四楼阴面”[5]的房间，一年租金35镑，这在当时可不算是小数目了：有三间中等大小的房间，一个地下室，一间杂物室，坐落于一群设计成套间还并不怎么招人喜欢的建筑物之中。这是个挺“好”的地方，但各种迹象都表明这儿其实有点阴森压抑，而且狄更斯在之后的文章中常常提到类似这个地方的孤寂和破败——把它们描述成“忧郁大本营”，还详细描写了打扫卫生和照顾房客的“洗衣女工”让人厌恶的习惯。这样一来，我们几乎可以肯定，狄更斯承认过的自己常有的那种“阴郁想法”，即使在他整个职业前景看似十分光明的时候也仍然萦绕不去。但就像他在这一时期提到过的:“总而言之,相对于失望沮丧,我们有更多的理由感到开心。比如,我就下定决心要尽可能积极地看待世间万物……”要永远记得狄更斯的这一点,乐观的精神永远都能突破重围。

这个时期,他也在积极写作札记,文章偶然还获得了更多受众的关注。1834年的秋天或是冬天,他结识了乔治·贺加斯,这位兄弟当时正要上任《纪事晚报》的编辑——这是《纪事晨报》的衍生季刊,主要面向伦敦周边的农村地区。贺加斯“恳求”这位年轻人给他的新报纸写札记,狄更斯“仁慈”地答应了——不过以非常友好的态度又提了一个要求,就是,他想要《纪事晨报》工资以外的“额外薪酬”。在这一点上两人似乎达成了一致,于是狄更斯拿着每周2几尼的额外薪水开始了一个系列的创作,这一系列的文章后来被称为《伦敦札记》。

不过,乔治·贺加斯对狄更斯人生的重大影响远远不止于此。他是一位乐评人,还是一位新闻记者。他认识沃尔特·斯高特——他的姐姐(或者妹妹)嫁给了斯高特的印刷工詹姆斯·巴伦泰——他还在艾克赛特和哈利法克斯两地担任当地报社的编辑,虽然在两地兼职,但相对而言还是很受人尊敬。1834年初秋,他搬到了伦敦,担任《纪事晨报》的音乐剧和戏剧版编辑，但正如我们所看到的，他很快成了《纪事晚报》的编辑。他住在约克广场18号，那一地区排屋的花园毗邻富汉姆路的南面（富汉姆地区在当时以苗圃和郁金香花园闻名，也许因此就成了无聊的代名词）。他很快就和查尔斯·狄更斯成了朋友，而且显而易见，他非常钦佩这位年轻人在报刊上的偶尔之作。没多久，狄更斯就正式拜访富汉姆地区了。

来做客的狄更斯受到贺加斯一家的热烈欢迎，他也很喜欢他们。贺加斯的长女凯瑟琳在1835年2月的一封信里跟她的表亲说，她参加了狄更斯在福尼瓦尔客栈里举行的生日聚会："……聚会很欢乐，我也玩得特别高兴——狄更斯先生和我也处得越来越熟了。他绅士有礼貌，很讨人喜欢……"这一切都预示着19世纪最有名的一场婚礼即将到来。三个月之后，查尔斯·狄更斯便和凯瑟琳·贺加斯订婚了。她是贺加斯家的长女——她初次见狄更斯的时候19岁，妹妹玛丽·贺加斯14岁，乔治娜只有7岁，但这三个姑娘都在某个方面对狄更斯的生活有着永久性的影响。比方说，虽然玛丽还没到适婚年龄，但毫无疑问她和青年狄更斯之间有着强烈的好感；狄更斯才认识贺加斯一家没多久，她就送他一把水果刀和一个银质墨水池作为礼物，而且之后所有迹象都清清楚楚地表明，她温柔无私的性格给这位年轻人留下了深刻的印象。然而，除此之外鲜有关于她的信息——只知道她似乎拥有“高尚的”品质。此外，因为她年轻时就去世了，所以只能说她正直美好的品格尚未完全成型，只留下一个模糊的影子，狄更斯之后以其为原型创造了他挚爱的“玛丽”。

相比之下，凯瑟琳就是一位更加具体且为人所知的角色了。有很多关于她的描写，但最全面最准确的要数她和查尔斯·狄更斯见面后没几个月的一则：“……一个漂亮的小妇人，丰腴圆润且面容清秀，有一双男人很喜欢的蓝色大眼睛，浓密的眼睫毛。鼻子微微上翻，额头很漂亮，樱桃小口总含着友好的微笑，不过扑闪闪的双眼总是显出一副睡意。”也就是说，她和狄更斯上一个爱慕对象玛利亚·彼得奈尔的“外形”很相似。这种外形上的相似也许进一步证明了狄更斯“娶一个科伦芭茵(Columbine)[6]”的童年愿望。但凯瑟琳好像和玛利亚完全不一样，她不反复无常，也不会卖弄风情——显然，此时正忙于自己新闻事业的狄更斯就不用为这些琐事浪费精力过度紧张了。

《伦敦札记》的写作现在也已经渐入佳境，这是狄更斯为《纪事晚报》创作的。他的写作事业发展不错，甚至都能在这些偶尔创作的报刊文章上体现出来了。他写作的领域在不断地扩大。头几个月，他将“小说”和“札记”严格地分开了，但他的天才所在就是能够调和对立的事物，于是在他正在为《纪事晚报》新写的一个系列——标题为《我们的堂区》，而且无疑和他仍然打算创作的小说有关系——里，他开始用一种新的方式将虚构创作和现实观察结合在一起。小说总是更目空一切，更荒诞可笑，而且借鉴了许多戏剧因素；札记则更平易近人，目的性更强，更偏向于描述这个世界。给人的感觉是，由于早年对舞台的痴迷，狄更斯热情的创造力依然没能发挥到极致，而他迄今未崭露锋芒的观察力却在与日俱增，越来越强。很有趣的一点是，他此时开始间歇性地表达他对社会的愤慨。他已不再是那个热爱讽刺、目空一切的闹剧作者了，他更加关心社会，这在他给《纪事晚报》所写的第一批文章里就开始清晰地显现。例如，在一篇题为《酒馆》的短篇文章中，他将毫无节制和贫困联系起来，而且他一生都坚持这一观点。狄更斯一直都清楚自己努力的方向，正如他后来评价另一个同事那样，他现在正在“为成功拼搏”，而且他也非常清楚在那样的境地里，用他自己的话说，“让公众知道”自己的名字是多么重要。后来（有人诟病）这些札记的创作来源是不够成熟的敏感性，他是否认的，那时他很在意为这些文章正名。毫无疑问，让狄更斯第一次有了些名气的是这些文章，而不是《匹克威克外传》的发表。

同时，狄更斯也在下议院的新闻记者席工作。他疲倦不已，经常熬夜工作到天亮，第二天上午睡到10点或11点。然后他爬起来就给凯瑟琳写信："我一直写到今天凌晨3点（直到8点才开始干报社的工作），整个晚上——如果那个点之后还能称作晚上的话——都因为腹部痉挛而生不如死，我这辈子都没有这么痛过。"所以，他在压力特别大的时候童年时患过的腹侧痛还是会发作（不过，多亏了托马斯·彼得奈尔的哥哥弗朗西斯开的药剂——这位先生当时是一名医学院学生，后来成了狄更斯的家庭医生，腹痛基本上得到了控制）。他现在的工作已经超负荷了。1835年6月，他不再给自己未来岳父大人的报纸写札记，而是开始改为给一份叫作《贝尔在伦敦的生活》的杂志写作。一部分原因是他们给他的价钱更高，另一部分原因是（名字）出现在大都市期刊的头版总比藏在主要面向农村地区的报纸上不起眼的角落里要强得多。此外，他非常崇拜杂志的编辑文森特·道林。他给道林寄了自己那张著名的"名片"，是在道林办公室对面的一家客栈里一时性起写的："查尔斯·狄更斯，掘尸者，寻找供解剖的尸体[7]"。"掘尸者"或盗墓人是偷尸体卖给医学机构以供解剖的人，当时新闻里正在报道。狄更斯从小就在内心深处害怕死人复活，但后来对这个职业非常着迷，着迷到在《双城记》里设计了一个该职业的代表人物。但在这一点上，他更像是仅仅以一个报道者和观察者的身份，并以令人毛骨悚然的方式来嘲笑自己的生活，而不是积极参与其中。

狄更斯一直在职业的需要和对凯瑟琳的职责之间寻找平衡。凯瑟琳有时候似乎也会因为他全身心地关注工作而忽视她感到不安。这种不安是完全有理由的：这简直就是他们婚后生活的样子，在这点上她的想法没错。当然，他为了更接近她，搬到了赛尔沃德排屋的寄宿公寓里，那是一排位于富汉姆路北侧的房子，离贺加斯的房子只有几步之遥。5月份，正值他们订婚之际，他租下了那儿的房子，在那儿待了6个月——这就意味着他要支付这里和福尼瓦尔客栈两处租金。事实上，两人有过一些短暂且无伤大雅的小矛盾，但他们婚约期间的生活还是相当顺利的。他一直都称她为“我的至爱”或“我最亲爱的”“最亲爱的小猪”或只是“小姑娘”，而且也有证据表明他们之间随着订婚后的生活感情升温，更加蜜里调油。

当然，他的工作还是越来越繁重。1836年1月，他又开始为《纪事晨报》写札记。在那几个月里，他也经常写剧评，继续在下议院的新闻记者席里工作（曾有记录表明，丹尼尔·奥康奈尔一篇关于爱尔兰农民困苦生活的演讲让他感动得涕泪交流，无法继续做记录）。他曾报道了在布里斯托为约翰·罗素伯爵举办的一次晚宴，报道了哈特菲尔德宅的一场大火，还参加了一次补缺选举。他总结了一下这场选举，“……钟声鼓响，竞选议员说着话……人们干着架，边喝边叫骂……大声争吵不下”。在这期间，狄更斯和其他议会记者一起躲在一间酒店房间里通宵玩弹珠游戏。他还参加了一个奠基仪式（他之后在《马丁·朱述尔维特》中着力着墨渲染地借用了这一仪式）。当时，他的记者生涯虽然丰富多彩但十分劳累艰辛。但他成功了，这是无可置喙的事实；而且正如常理，他事业上的顺遂似乎让他更自信了，着装风格变得浮夸。“……一个充满活力、帅气、温良的年轻人，”他在议会的一名同事这么形容他，“有一头浓密的棕发，眼睛明亮……穿着上总是倾向于‘花花公子派头’，背心和手指上总是有许多珠宝。”另一个同事也分享了类似的一个趣事：“……他买了一顶新帽子和一件非常漂亮利落的蓝色斗篷，带着黑色天鹅绒的镶边，他还像西班牙人那样把镶边的一角扔过肩膀。”这位同事还回忆起一件事，彰显了狄更斯性格中的欢乐活泼：他们一起经过亨格福德市场，“跟在一个拉煤工后面，那人肩上背着自己肤色红润但满身污垢的孩子；查尔斯·狄更斯买了半便士的樱桃，然后一边走一边把樱桃一颗一颗地递给那个小家伙。查尔斯·狄更斯好像和那个孩子一样开心，尽管他不认识孩子的父亲”。穿过那个市场后，狄更斯便讲起了自己童年困苦的经历，用一种意味深长又莫名滑稽的语气：“我们穿过市场的时候，他告诉我他很熟悉亨格福德市场[8]，特别重读了前个名字。”然而在之后仅仅几个月的时间内，狄更斯的生活就发生了巨变，发生了就算是在童年那异想天开的日子里也不可能预料到的改变。

1 简·奥斯汀（1775年12月16日—1817年7月18日），英国女小说家，主要作品有《傲慢与偏见》《理智与情感》等。

2 《博兹》（*Sketches by Boz*），狄更斯第一部散文集，1836年出版，名叫《博兹札记》，是一部描写伦敦街头巷尾日常生活的特写集。

3 边沁主义理论：边沁，英国功利主义哲学的创立者，经济学家，法学家，出身于律师家庭，对19世纪思想改革有显著影响。边沁既是哲学家，更是法律、司法和政治制度的批评家。其学说的中心是功利主义，包括两个原理，一是功利原理或最大幸福原理，二是自利选择原理。

4 新学院：New Inn是Middle Temple的附属学院，Middle Temple, the Inner Temple, Lincoln's Inn和Gray's Inn是英国伦敦培养律师的四个学院。

5 四楼阴面，（three pair back）就是阴面的阁楼。

6 科伦芭茵，意大利传统戏剧中的女角。

7 Subject这个词在英语中有“待解剖的尸体”的意思，也有“题目、主题”之意，此处是一种双关的手法。

8 亨格福德市场（Hungerford Market），前两个字指hunger，意思是饥饿，这里狄更斯巧妙地用了发音上的一个特点。

第八章　《匹克威克外传》

一位年轻的出版商约翰·麦克柔恩于1835年秋联系狄更斯，想以合集的形式再版他的小说和札记，并准备出价100英镑买下版权。狄更斯立马就抓住了这个机会，因为这意味着他在即将结婚之时能获得一笔相当可观的额外收入。他马上开始策划这个文集。确定标题是一大难题，麦克柔恩自己首先提议取名为《博兹脑中及克鲁克香克刻刀下的泡泡》，但狄更斯认为，从钢版雕刻师手中冒出来泡泡这事有点儿牵强，就起了一个没那么玩世不恭也更加准确的标题：《博兹札记及克鲁克香克版画》。当然，这两个标题中比较重要的名字其实都是第二个。麦克柔恩把插画家乔治·克鲁克香克请来助这位稍有名气的年轻作家一臂之力，简直是一大妙举。封面页上印着他的名字，就算不能为成功打保票，也至少不失为一种避免失败的保值措施，可谓相当有远见了。这位插画家在当时享有“光辉的乔治”的盛名，是位非常出名的漫画家和图书插画家——他在某些方面很难相处，洞察力很强但同样很有主见。他常常咄咄逼人、固执己见，尽管这种独断专行的态度在他饮酒作乐时会被一种醉醺醺的滑稽和欢乐所替代——他爱喝酒而且名声很响。他深色头发，皮肤黝黑，一双突眼，还有一个又大又挺的鼻子，看上去活像从自己的漫画里走出来的人物一样，而且他的确和之后所画的死囚牢房里的费金十分相像。G.K.切斯特顿算得上最优秀的狄更斯评论家，他就曾经说“那幅插画不仅看上去像一幅费金的画像，也像一幅出自费金之手的画”。克鲁克香克管狄更斯叫“查理”，而且尽管一开始两人工作中关系似乎非常友好（克鲁克香克深知自己的地位更高一些），很快这位年轻作家就打算不再一味顺从这个年长的画家了。事实上，正好相反：无比自信甚至有点儿自作主张的狄更斯——这是狄更斯性格的一大特点，从小就是——开始因为自己第一部书中插画的问题不断纠缠克鲁克香克；克鲁克香克还写信给麦克柔恩，把这件事描述成一个很是“令人不愉快的转变”。但很显然对狄更斯而言，掌握自己书稿的控制权至关重要——在第一版《博兹札记》中，他毫无保留地恭维赞扬了克鲁克香克，但之后所有的版本除了提及他的名字之外删除了所有和他有关的文字。后来，他和这位艺术家的关系变得异常紧张（克鲁克香克在19世纪60年代说过，“我和狄更斯先生要是在路的同一侧迎头碰上，要么狄更斯改道，要么我改道”）。初期的这些小冲突导致第一版发行时间推迟了约两个月，这本书直到1836年2月才出版。

这本书面世后取得了巨大成功。狄更斯并没有遵循什么清晰的计划来安排他的小说或报刊文章，事实上，他似乎一直在努力展现自己的多才多艺（在报纸上为该书打的广告里，他在稿子里加上了“多才多艺”一词来形容自己）。但他花了不少工夫为这一更加永久性的出版形式准备材料——他写了一篇关于纽盖特监狱的文章，应该算所有短篇文章里最深刻有力的一篇了，仅仅为了收录到合集当中。其实，他对公众爱好和反响一直有很敏锐的直觉，第一次出书就特意修改了札记以便使其更适合图书的读者群而非报纸的读者群；他删去了无关的不合适的开头和结尾两段，缓和了对社会的一些批判，剔除了因为赶进度而不可避免的粗糙拙劣之处。

然而，还有一个更加重要的提议，一项更加伟大的事业就在不远处等着他了。《博兹札记》于2月8日出版。仅过了两天，一个名叫威廉·豪尔的人去福尼瓦尔客栈的出租房里拜访了狄更斯。狄更斯眼神锐利，一下子就认出来正是此人两年多前曾在约翰逊大楼里卖给他印有自己第一篇小说的《月刊》。威廉·豪尔现在是查普曼与豪尔出版公司的合伙人。这算是一家相对年轻的企业，豪尔负责管理财务，托马斯·查普曼则主管“文学工作”（这种分工在出版商之间十分常见，也许给狄更斯之后创作“斯本罗和乔金思”提供了灵感和素材）。

去年，查普曼与豪尔出版的《诗歌、政治及名人讽刺年鉴》大获成功，那是一本以罗伯特·西摩的讽刺漫画为主要内容的书；目前想要再现之前的辉煌，西摩有一个想法，就是出版一个讲述“好猎手俱乐部”英勇事迹的系列，每月1册，每册1先令；这涉及伦敦东区一群打猎爱好者的不幸遭遇（是当时很常见的喜剧主题，在一定程度上表明人们对城市生活独特性的意识越来越强烈）。不过，西摩的画才是主角；而写字的，或者说“插图图书的文字部分”肯定是配角。该书之前曾向查尔斯·怀特黑德递出过橄榄枝，这是一位刚刚在查普曼与豪尔手下荣升《小说文库》编辑的作家，但他举棋不定；而且似乎正是他推荐了刚刚小有名气的博兹来接这份工作。毫无疑问，出版社在做出任何决定之前都会和西摩商量，但商谈的结果完全有利于博兹。于是，霍尔就来到福尼瓦尔客栈，想和查尔斯·狄更斯合作，报酬是每个印张9几尼，一个月一个半印张（1印张是出版用语中16开纸16页成品的意思）。狄更斯立刻接受了这份工作。那天晚上，他写信给凯瑟琳说，“这份工作可不轻松，但报酬实在太诱人了，让人无法拒绝”。尤其是他们此时正在积极筹备婚礼。接到豪尔工作邀请的一周之后，狄更斯就搬到福尼瓦尔客栈里一间更宽敞的房间里，每年多付15镑租金。他还给新家添置了家具——客厅里配的是黄檀木家具，饭厅里则是红木家具。他正是在这儿开始让他享誉世界的小说创作出来的。

但还有别的问题亟待解决：狄更斯的自制力和决心再一次促使他改变这份新工作的性质。他目前也许还没有透彻地了解自己的独特才能，但凭借一个“专业”作家的直觉，他知道需要避免什么问题。户外运动俱乐部和“伦敦东部地区的打猎爱好者”这样的主题在最近几年已经泛滥成灾、毫无新意了，狄更斯一开始就决定改变此计划，以便给自己争取充分发挥特殊才能的空间。他跟豪尔说：“……如果插图是从文字中自然而然衍生出来的，就妙极了；另外，我想以自己的更自由的方式塑造一系列英国风光和人物，而且无论如何我可能都会这么做。”换言之，他根本从来就没打算仅仅为罗伯特·西摩的插画做陪衬。在所有承接的书稿中，他都坚持必须是自己担任最主要的角色。因为在当时，正如某个同代人所评价的那样，西摩是那个时期“最多样化且最高产的”漫画家，所以狄更斯的态度越发坚定。最终，西摩勉强默许了，于是查普曼和豪尔也就同意了。

终于要开工了。他还需要一个标题和一个主人公。出于对西摩最初设想的尊重，他还是采用了一个城里人俱乐部或小团体的概念，尽管他们和那位画家所设想的“捕猎爱好者”几乎毫无关系，但更重要的是，他需要一个名字。名字对他而言一直都相当重要。在之后的创作生涯中，他只能在想到一个恰当的标题后才能开始一本书的创作，而且他会在一个笔记本里记一长串稀奇古怪的名字来帮助自己寻找灵感。道理很简单，没有名字，这个人物本质上就不能存在也并不存在；他信仰文字的力量，而名字似乎能够让一个角色呼之欲出，这样他才能开始塑造这个角色。他的新书也是如此计划的：他想起了巴斯的一个马车业主的名字，他在《纪事晨报》做记者的时候见过那个人，或是坐过那个人的马车。那个人叫摩西·匹克威克。于是，匹克威克先生就这么诞生了。然后，《匹克威克外传》应运而生。

这期间，查尔斯·狄更斯已经搬进了他的新住处。而下议院正值休会期间，这样他就能空出早上和晚上的时间写作了。他现在得争分夺秒，因为他答应在3月初交出第一期，3月末交出第二期——每一期大约有12000字，比他之前写过的任何文章都要长，但是长度并没有让他为难。1836年2月18日，他静下心来开始写作。

《匹克威克外传》无论是在发行方式还是在叙事小说的吸引力方面都开创了新的形式和风格，是一次彻底的革新。当然，最初是罗伯特·西摩先想出发行1先令月分册的这个主意，而且这种形式本身并不是特别新颖。

当时在轻幽默和诙谐小说创作领域也有类似的远足主题作品，例如乔若克斯先生（Mr. Jorrocks）和句法博士（Dr. Syntax）[1]。在杂志上连载长篇小说的形式（马里亚特和高特发表的大部分作品都是用这种形式）也同样常见，甚至还有以月分册形式发表的小说。它们的区别在于，这种长篇连载的方式只用于《天路历程》之类古老且为人熟知的故事。狄更斯的冒险之举有其新颖之处，那就是用这种方式来推广一个全新的故事，而仅仅几个月的时间，狄更斯当初的计划和设想究竟是什么就一清二楚了。

3月底，首期匹克威克俱乐部遗稿，包括俱乐部成员漫步、遇险、游历、冒险和公正交易的忠实记录出版发行了。杂志由“博兹主编”，绿色封皮，共32页，内含四幅西摩的版画，每份定价1先令。具体的印刷量不详，但可以推测查普曼与豪尔出版社发行了大约400份。工作虽然很艰辛，但最后还是完工了。狄更斯在《小说文库》（*the Literary of Fiction*）上撰写了一则广告，用开玩笑的口吻预告了一部能和吉本的《罗马帝国衰亡史》[2]相提并论的大作。

这工作难度不小，现在得以完成，他不禁心情大好，于是便继续向前冲，继续大步迈进人生中的下一件大事——婚姻之中。这里用“继续大步迈进”一词十分恰当，因为对这位年轻的作家而言，生命中这几个月很是不同寻常，在某种意义上就像是一系列他在前进时必须跨越的障碍。毫无疑问，《博兹札记》的大卖和《匹克威克外传》带来的额外收入预示了好的前景，也促使他决定提前结婚。他和凯瑟琳·贺加斯订婚才不到一年，她尚未成年，狄更斯不得不回到他以前工作过的地方——伦敦民事律师公会——去申请一份结婚特许文件。婚礼于4月2日在贺加斯的教区教堂——切尔西区新建成的圣卢克教堂——内举行。狄更斯送给妻子一个镶着象牙的檀香木针线盒作为结婚礼物。在约克广场用过早餐后，他便带着新娘去肯特郡乔克村的一间小村舍（一幢刷成白色的两层木质小屋）里度蜜月。这里离罗切斯特只有几英里，好像是狄更斯在欧德南斯街的老邻居纽汉姆太太帮忙租的这间房子。狄更斯决定在一个从小就熟悉的地方度蜜月看起来好像很是感情用事，但其实并不是这样：很有可能是因为他当时正忙于应付大量工作，于是选了最省力的方法，让家里一位老邻居老朋友来帮忙租个房子，让自己有地方住。再有，他当时正在写一篇以该地区为背景的小说，住在当地做些实地考察也算是个好主意。

这对刚刚新婚的璧人在乔克村待了不到两周，就搬回福尼瓦尔客栈的新房里。虽然这三间房比狄更斯原来住的套间要大不少，但对凯瑟琳来说还是不够宽敞，毕竟她的娘家是宽宅大院的贺加斯府上。当时狄更斯很快就开始工作了。当月18号，他和罗伯特·西摩第一次见面；狄更斯之前曾写信邀请西摩、查普曼和豪尔到福尼瓦尔客栈，“喝上一杯格罗格酒”（狄更斯的弟弟弗雷德里克和他感情深厚，也参加了这次小聚会）。当然，在同一封信中狄更斯还建议西摩改一幅插图，来维护自己对书稿的所有权和控制权——这件事无疑让西摩心不甘情不愿的，但他还是照做了。没人知道聚会后发生了什么，而这一聚会现在看来之所以如此不同寻常是因为小聚过后仅仅两天，西摩在自己伊斯灵顿花园的凉亭里架起一把枪，扳机上系了一根绳子，然后拉动扳机，任由子弹射穿了他的脑袋。

想当然，对狄更斯和他的出版商来说，西摩的自杀是个完全出乎意料且极不愉快的消息。因为之前的整个出版计划就是基于这位画家名气之上的，现在他的自杀很可能会导致整个计划付诸东流。眼前最着急的问题是第二期马上就要开印了。他们赶紧把这位画家的工作室搜了个底儿朝天，终于找到了三幅版画按时排印，这也成了西摩在《匹克威克外传》中的绝唱。但是关键问题仍然悬而未决：狄更斯度完蜜月之后已经完成了下一期的一半内容，现在西摩不在了，他需要马上统筹安排这一系列小说未来的发展趋势。于是，他立即着手物色合适的画家。

最终狄更斯选了一位和他的作品风格最相符的插画师——哈勃雷特·奈特·布朗。他比狄更斯略微年轻一些，且没有受过学院式的培训，倒是一直跟着一名版画师当学徒。学徒期刚结束没多久，正在犹豫到底是该成为一名画家还是成为一名插画家时，他突然遇到了小说家狄更斯。他之前已经和狄更斯合作过一本小册子了。尽管他在蚀刻版画方面几乎没什么经验，但狄更斯还是选择和他合作，继续为《匹克威克外传》作插画。这个选择也许存在些许个人因素，当然也有一些其他原因：狄更斯和他见过面，无疑，他在这个年轻人身上看到了坚定、锲而不舍、灵活圆通的特点——尤其是灵活圆通这一点，狄更斯很清楚这就是自己所需。布朗是一个安静、谦逊、内敛且极其害羞的人。他讨厌“和别人”外出，而且直到生命的最后一刻他都是个“孑然一身的人”，是一个满足于生活现状并且安安心心过自己日子的人。其实，他在某些方面很像托马斯·比尔德，而狄更斯似乎很喜欢这种性格的人——倒也不一定是因为这种个性和他十分互补，狄更斯自己更活泼、合群，而是因为这种谦逊、腼腆的品质正是他所欣赏并感觉自己最欠缺的。因此，虽然听上去也许有些矛盾，但他和这位画家的友谊在某种程度上填补了他因自己的长处而存在的某种欠缺。所以，他选择了布朗，而后来的事实也证明，再也找不到比布朗更好的插画师了——他不仅马上适应了狄更斯的行事作风、遵从他的各种要求（甚至取了“菲兹”一名来和“博兹”相呼应），还从这位小说家身上学到了许多技能。从某种意义上来说，两个人也算是共同进步、共同成长了。

5月初，狄更斯和约翰·麦克柔恩签订了一项协议，准备着手写一本题为《伦敦锁匠加布里埃尔·瓦尔登》的小说。也许他从开始写札记起心里就一直筹划着这样的一部小说，因为它最终完稿时改名叫《巴纳比·拉奇》。这大概是狄更斯拖得最久的一部小说了，他因此获得了200英镑的稿酬。三个月之后，他答应为托马斯·泰格写一本少儿读物，名字叫《拉洋片的所罗门·贝尔》，又小赚了100英镑。同一个月，他又和另一位出版商理查德·宾利签订了两部小说的合约，每一部都是传统的三大卷。他还同意给一家新办的周报《卡尔顿纪事报》写札记。与所有这些工作同时进行的还有《匹克威克外传》，《纪事晨报》的议会报道和另一册供约翰·麦克柔恩出版的《札记》。换句话说，他在忙着创作自己第一部小说的同时还接了大约5份书稿工作。

他接下这么多工作的原因很多，不过首要的一个就是他需要钱。毫无疑问，他早就计划离开《纪事晨报》了（且终于在11月迈出了这一步），他现在甚至在估量自己数月甚至数年后的资金状况，把离开《纪事晨报》造成的收入减少和那几份按计划接下的小说获得的报酬相互权衡。狄更斯一生都迫切地追求金钱所能带来的安全感：我们应该记得，他塑造的吝啬鬼埃比尼泽·斯克鲁奇的童年在某种程度上有他自己的影子。很显然，他和其他人一样清楚——至少和他的传记作家一样清楚，他对金钱的这种需求是源于某种忧虑不安。他并不吝啬，也不爱金钱本身。他一直都非常慷慨大方，只是年少时在马夏尔西监狱和黑鞋油作坊的经历在他心中燃起了一把焦虑的烈火，只有积累足够的金钱才能平息这股焦虑。

凯瑟琳和她丈夫在夏末住进了乡间的一个小村舍里，毫无疑问，这里面有长期辛劳承受压力的原因，还有受维多利亚早期“换个环境”观念的影响。两人逃到彼得舍姆待了两个月，但在9月24日回伦敦之前，狄更斯会不时地从这个位于乡间的隐居之所突然回去住一下。就在此段时间，在这个居所，他把醉醺醺的匹克威克放在一辆独轮手推车里，还把道孙和福格这两个律所合伙人介绍给了他的读者。

10月份的时候，狄更斯的出版商查普曼和豪尔已经在商量给《匹克威克外传》出续篇的事情了，因为在此期间故事的剧情缓慢向前发展，吸引力也不断增强。狄更斯写作速度很快，然而他的创造力让人放心之处就在于他的书稿完美无暇，无须修改。他一拿起羽毛笔便文思如泉涌，下笔如有神，一边写一边不忘在每页纸顶端标上页码——每页纸上会有两三处细微的删改，看上去像是边写边删的，还有一些字句明显是他写完后再次检查时删掉的。他经常在清晨或深夜写作，也经常在忙完报道任务精疲力竭的时候写作，于是故事里某些地方就会重复。

手稿中有些地方明显可以看出，狄更斯当时一边写着这个场景，脑子里却在构思下一个场景。比如，弗利特河畔的负债人监狱里有一个小插曲，即一个可怜的人“在想象中不停地拼命跑障碍赛马”，于是精神慢慢失常，而这一形象在几期之后便发展成了一个完整的故事。狄更斯的想象力在一马当先跑在前面的同时迸发出了激情的火焰，而他自身的无穷能量和速度又让这把想象之火愈烧愈旺。他从一开始就有着永不停歇的精力。于是，几周之后他小说中故事发生的月份便和那期小说出版的月份重合了。到了10月，他就已经计划好了之后三期故事情节的发展。而在12月那期中，他已经开始展望第二年春天的故事情节了。这份辛苦的工作结束之前，他已经把故事的时间和现实中的时间非常紧密地联系在一起，而且也非常成功地让每一个小故事或小事件成为推动情节发展的一部分。可以说，他几乎在《匹克威克外传》里再现了生活本身的步调。

在某种程度上，创作《匹克威克外传》对查尔斯·狄更斯来说是一种锻炼，锻炼公众反应能力，锻炼对人类的观察力，锻炼喜剧叙述能力。正如他在深入创作时曾在匹克威克先生这一人物身上发现了新的意义和新的生命——很快，匹克威克先生就不再仅仅是一个滑稽角色，而成了仁慈的天性的象征——他也在自己身上发现了新的力量和才能。而且这也是一部年轻人的书，因为它没有结束感。他迄今为止的整个人生都记录在了这本书中。正是在这一层面，《匹克威克外传》不仅成为一种故事叙述方面的锻炼，也成为一种自我定位的训练。这便解释了为什么这本书如此吸引人，因为其中蕴藏着那种天生的、令人欲罢不能的又让人兴奋不已的发现感。故事情节以罗切斯特为背景，和发生在监狱里的情节一样，证明了狄更斯此时所感觉到的那种放大感和解脱感。真正的罗切斯特，真正的公牛客栈，真正的负债人监狱，远远没有像他文字中表述的那么宽敞、那么空旷。在书中，这些地方都如同迷宫一般错综复杂，不仅大得不可估量，还混乱不堪。有时候，狄更斯会因过度劳累而生病——1836年冬，剧烈的头痛和一种他所谓“脸上的风湿病”把他折磨得不轻。这种看似毫无大碍的健康问题，在那个连感冒都会要人命以及医疗技术和手术尚不成熟的年代，可一点儿不被当回事。但就算是在这种重压时期，狄更斯也仍坚持写作，而且他还保持着旺盛的创作力和幽默感。

到了第四期的时候，就是狄更斯引入山姆·韦勒这一角色并且哈博罗特·布朗的插画第一次出现的时候，书开始大卖。他们的书卖到了4万册左右。博兹的身份到了6月才第一次公之于众，同月，威廉·杰登在其极具影响力的《文学公报》中刊登了该小说的一个选段。而且，由于《匹克威克外传》每月发行一期，每个月都有其他刊物提及这个故事，或对它展开评论，它也从中获益不少。不过有时候，这些刊物并不能将其引用的这一材料进行正确归类，一些期刊没有把它归入小说类而是归入新闻报道或“作品杂集”之下。但毫无疑问，这部小说幽默诙谐的感染力——对人性的感召力——在不断获得认可，其读者群也在不断壮大。这也就是为什么在第四期中会首次出现“匹克威克广告栏”，即在正文前有一块区域专门用于打广告，就像报纸上的广告一样。第一版“广告栏”中只有书籍广告，其中包括《日常饮食及养生法通俗专著》《拜伦夫人》《垂钓者的纪念品》，但《匹克威克外传》实在太成功了，到了第九期，广告页数（约36页）反而超过了正文页数（约31页）。广告的范围也从单一的文学方面扩展到包括鹿特丹的玉米、拇指囊肿溶剂、辛普森牌的新型胆病药片、“比丑陋的天然橡胶高明百倍”的男士防水斗篷以及“深受喜爱的”洛伦兹牌马卡发油。

广告种类繁多说明一个重要的事实：《匹克威克外传》已经取得了非同寻常的成功。“……新一期一发行，”当时有人写道，“买不起书的书迷就把脸紧贴着书店的窗户，渴望能好好看一眼书上的版画并仔细读一读每一行能够看见的文字，还常常会大声读给鼓掌叫好的旁观者听……人们对其如此狂热，这本书获得的关注甚至超过了人们对政治的关注。”丹曼男爵常常趁陪审员考虑判决时在法官席上读《匹克威克外传》，而当时非常受欢迎的医生本杰明·布鲁迪爵士常在来往于病人住所之间的马车上阅读此书。1840年，一个正在“欧洲大陆到处旅游”的绅士发现某个金字塔上刻着“匹克威克”几个字；还有一个很有名的故事，是说一个将死之人无法从他的牧师那里寻得心灵上的慰藉，却说："噢，感谢上帝，不管怎么样，《匹克威克外传》10天后就会出版了。"但也许最能证明狄更斯作品成功的证据来自最早给他立传的一位作家笔下。此人在该小说问世期间拜访了一位利物浦的锁匠："我看到他正在读《匹克威克外传》……读给20个人听，听众有男有女、有老有少。"因为他们买不起一期1先令的月刊，所以这书是他们大家从收费的流动图书馆里以每天2分钱的价钱租来的；而且这位传记作家永生都不能忘记这些出身卑微、不识字的人和书中的山姆·韦勒一起大笑的场景，也忘不了他们听到可怜的负债人死在弗利特河畔负债人监狱里时"忍了许久的泪水"夺眶而出的场面。这就是查尔斯·狄更斯的读者群——不仅有法官、医生，还有一文不名的劳动者。凭借着独一无二的天赋，他有了自己独特的风格，既能感染位于社会上层的人们，也能打动处于社会底层的人们。他的作品实实在在赢得了全国上下的喜爱。

1　乔若克斯先生，英国作家罗伯特·斯密斯·瑟提斯所创造的著名喜剧形象；句法博士是作家威廉·库姆和画家托马斯·罗兰森共同创造的一个小说角色。

2　《罗马帝国衰亡史》（*The History of the Decline and Fall of the Roman Empire*）是英国历史学家爱德华·吉本创作的一部历史著作。全书包括罗马帝国后期和整个拜占庭帝国的历史事件。

第九章 《奥列弗·特威斯特》

终于，他成功了！他终于能自己做主自己开条件签合同了，他终于能甩掉老雇主，自己做自己的老板了。1836年11月初，狄更斯和出版商理查德·宾利签了一份合约，同意担任某份新杂志的主编一职，该杂志原本叫《风趣人物作品杂集》，后来更名为《宾利杂录》。“那会不会走向另一个极端了呢？”当时一个饱含智慧的人如是问道。这时狄更斯早已答应给宾利写两部小说，都是三卷本的。这份做宾利新杂志编辑的合约更是拉近了两个人的距离。狄更斯同意做一年的主编，上任后就大刀阔斧地工作起来。这是他第一次承担主编工作，不过他之前在《议会之镜》里做过更技术性的管理工作，而且在那儿待的时间也够长，不至于让主编的职责给吓着了。他立即动笔给许多作家写信，希望他们能向杂志投稿，而其中最有名的大概是道格拉斯·杰罗尔德。杰罗尔德是一名激进派记者，靠着自己的努力拼搏从卑微出身一步步爬到现在的位置，跟狄更斯一样。这人和狄更斯特别容易相处且意气相投，是那种狄更斯一直都偏爱结交的出身工人阶层或中产阶级下层，并且立场坚定的作家。和狄更斯同龄的那一代人都是激进派的代表。19世纪30年代，他们（的思想）渐渐成熟起来，所以他和他的同行或同代人创作的小说、报刊文章有时十分激烈好辩，那么尝试从这一角度来解读（他们的作品）就很重要了。

狄更斯不久前和《博兹札记》的出版商约翰·麦克柔恩商量过，准备写一部叫《加布里埃尔·瓦尔登》的小说，但麦克柔恩直到现在才听说狄更斯和理查德·宾利签了出版两部小说的协议——而且还是在狄更斯先写信询问他能否撤销先前的约定时才听说的。这就很尴尬了，因为麦克柔恩当时正准备出版《博兹札记》的第二辑，他都不知道该怎么干下去了。有几个同事建议他维持和狄更斯之前的协议，但这位出版商本人应该已经猜到了，狄更斯心意已决，他在这方面非常固执任性。正当两个人因为狄更斯取消约定的事情争论不休之时，《博兹札记》第二辑问世了。这一次只出了一卷，一部分原因是狄更斯不断因为一些细枝末节和克鲁克香克争执，更主要的原因还是狄更斯过度劳累，时不时生病，致使他无法提供满足两卷长度的素材。他便把第一辑余下的大部分材料给了麦克柔恩，其中也有一些新近创作的散文——不得不说，这第二辑完全不如前一辑编辑撰写得那么认真，但这仍然能算作研究狄更斯这一时期发展情况的一条重要线索。他和麦克柔恩一直就这个问题纠缠不休，直到经过了相当复杂的谈判——讨论的主要内容是能否将《博兹札记》的版权转让给麦克柔恩作为补偿——才最终得以解决。这样一来，狄更斯就只负责写和理查德·宾利签订的小说协议了。

这些谈判都是狄更斯本人亲自处理的，但此时他人生中出现了一个人，此人在之后的岁月里将帮他分担许多此类事务。1836年年末，狄更斯遇见了约翰·福斯特，他们是在哈里森·安斯沃思家见面的。至于狄更斯是如何结识安斯沃思的，这一点我们并不清楚，不过很有可能是他俩共同的出版商麦克柔恩之前介绍两人认识的。他们两人也成了朋友。可以说，他们两人实力相当。安斯沃思比狄更斯大7岁，直到两年前才因为作品《鲁克伍德》[1]名声大噪。他的名气和狄更斯相当，甚至他之后出版的《杰克·雪柏德》[2]似乎曾一度让狄更斯的《奥利佛·特维斯特》相形见绌了。

要说和狄更斯关系最亲密的，就数福斯特了，且他确实是最有可能以这位天才作家志趣相投好友的身份而流芳百世的。他和狄更斯同岁，两人第一次碰面的时候就已经知道或者至少很快发现他们之间有许多相同之处。福斯特出身也很低微，他父亲是纽卡斯尔的一个屠夫（他还因为对手在背后取笑他是一个“屠夫的儿子”而暴跳如雷），而且据说他母亲是“一个牧牛人的女儿”。但他其实是那种做好准备拼搏向上干出一番事业的年轻人。当然，当时英国所处的历史阶段，社会转型、政治一片混乱，给实现这个抱负增加了很多难度。翻到本书后面大家会看到，福斯特是一个友好大方、不可多得的好朋友。虽然现实中还是有一些人永远都无法理解狄更斯为什么会这么喜欢他。毕竟，福斯特的确是个挺难相处的人。他似乎很在乎自己低微的出身，常常为此不安。因此，他总是动不动就大声咆哮，守着他那种近乎可笑的自尊，还常常摆出一副“我永远没错”的姿态，让人无法忍受。有一次，他竟去纠正19世纪最伟大的演员麦克迪的莎剧表演，这件事影响非常坏。事实上，他给别人——尤其是那些对他不甚了解或不习惯他小缺点的人——留下的印象总是无礼、自负，要不就是脾气暴躁。

福斯特朋友遍天下——19世纪，没有谁像他一样能在社会上、政治圈和文学界认识如此多的大人物——最重要的是，他一直都是狄更斯的好朋友、好哥们。刚认识没几周，福斯特就针对狄更斯眼前杂乱不堪的出版事务帮忙出主意，要说他成了狄更斯的文学经理人、编辑、校稿人和评论家一点也不为过。狄更斯自己好像也很快意识到福斯特特别敏锐且足智多谋，于是总是把他当作一个读者代表。这便是为什么他多次全权委托福斯特修订改动自己手稿的原因。福斯特讨厌造势煽情，狄更斯很有可能默默认可了他朋友的这种情绪，并且有意抑制自己此方面的倾向。当然，两人也经常发生分歧；没有哪两个性情如此迥异的人能避免分歧。他们之间有过冷战，也有过激烈争执，到了狄更斯晚年，福斯特成了上流社会的忠实成员，而狄更斯恰恰在这个时候彻底对上流社会不再抱有幻想。就算两人惺惺相惜，并且感情没有变淡，热情肯定也不如从前了。但他一直都是狄更斯最好的朋友和最忠诚的拥护者；从某种意义上说，或许是因为福斯特从这位作家身上看到了自己所缺乏的天赋和才能，他才将自己生命中大部分的精力和时间都倾注到狄更斯身上。而且，福斯特在狄更斯去世之后曾如是说："……日子还是得过，过日子要解决的问题也还在，但对我来说，生活的快乐已经不复存在了。"所以说，我们对后来发生的事情的认识也反映了我们对之前发生的事情的理解，而在开始的时候我们就预见到了结局。

那时，他们的小圈子里充满了冒险和变化，充满了乐观和变革——不久，其他一些同他们一样自信又有激情的年轻人也加入到狄更斯和福斯特的"小圈子"中，还带着一丝当时那个时代的无礼和粗俗劲儿，因为当时的英国仍然会当众执行绞刑，而身体有残疾或畸形的人在大街上也难免会遭到公然嘲讽，这也算很平常的事情。另一种意义上，这些新朋友都属于同一类型。他们都是某种“不为上流社会接受的粗鄙之人”，大部分都是经历了磨难、通过拼搏和自我牺牲才挣扎出一条成功之路的。比方说，和狄更斯关系最好的人中有一个名叫丹尼尔·麦克利斯的爱尔兰人，只比狄更斯大1岁；他为了能成为一名画家，14岁便辍学了。现在他是个非常成功的画家了——16岁来到伦敦，两年后便获得皇家艺术院最佳历史画金奖。他以其理想化、“传奇性”的油画出名，有时也会创作巨幅作品，然而现在人们大多因为他所画的查尔斯·狄更斯画像而记得他，这也许正是历史具有讽刺意味和不公平的地方吧。当然，和这位年轻的小说家见面的时候，他已经是一位极负盛名的画家了。不过他这个人很矛盾，其复杂的性格非常吸引狄更斯。表面上，即使在最困难的情形下，他都看似安逸自在，甚至有些满不在乎的样子。他算是个很孤独的人吧，种种迹象表明他的情绪波动异常，常在兴奋和抑郁两个极端之间变化。后来他便成了一个体弱多病且喜怒无常的遁世者，就连狄更斯饱含深情的劝说也不能将他从这种与世隔绝的颓废状态中拯救出来。但值得我们注意的是，在当时，他人生的早期阶段，当他还是狄更斯的挚友并和狄更斯频繁互动，参加欢乐、充满活力的活动时，他和这位小说家一样拥有一个光明的未来。

另一位好友名叫威廉·查尔斯·麦克雷迪，年纪要略大一些。他认识狄更斯时已经是当时最有名的莎剧演员，狄更斯初见时就对他无比尊敬，两人相见恨晚。他在某些方面极其戏剧化，有一张表现力极强的脸，一副洪亮的好嗓子，说话铿锵有力。当然，他在表演上非常专业，也符合狄更斯自己秉持的职业精神。正如一个同事所言："他是一位十足的艺术家，非常勤奋认真、诚挚热切。"尽管麦克雷迪一般都是戏剧的中心，多扮演主角，但他似乎更擅长表演那些充满激情的角色，因而他的戏剧表演风格也非常吸引狄更斯。他善于表现悲怆、悔恨的情感，即情节剧中更气势磅礴、感情充沛的部分，没有什么比这一点更能打动狄更斯了。

福斯特、安斯沃思、麦克利斯和麦克雷迪，这些人都是这一时期狄更斯朋友圈里的核心成员（说到这里，就得提一提他更早期的朋友比尔德和米顿了，这两人仍然和他保持着相当亲密的关系）。同时，狄更斯也有一个次要的交友圈，这一切至少很清晰地反映了让狄更斯感到最舒适的是哪类人、哪种社交圈，同时也体现了他的兴趣爱好。这个社交圈子在本质上对社会问题非常激进，其中就有《考察家报》的主编阿尔巴尼·方布兰科。狄更斯通过福斯特认识了他。他和狄更斯的关系不怎么亲近，一方面因为他要年长许多，另一方面是因为他当时是一名主要的“哲学激进分子”——边沁的好友，而且热切投身于法律改革事业。狄更斯和布尔沃—李顿（Bulwer-Lytton）[3]也通过类似的方式成了朋友；“白手起家”的人在狄更斯的朋友圈中很常见，虽然他根本不是那种人，但他第一次见狄更斯时已经因其激进主义而享誉盛名了。另外还有T.N.僖塔尔福德，一个在19世纪早期拥有多种社会身份的代表人物，他认识狄更斯时已经是出庭律师业中的高级律师（一种特殊职位，类似于出庭律师，但只允许在特定几个法庭出庭辩护）、自由党的国会宣读[4]议员和一位成功的剧作家。他比狄更斯年长17岁，而且比这位年轻的朋友保有更多18世纪的遗风：“我记得他努力维持老传统的样子，”当时有人写道，“他走进客厅时嘴里念念叨叨，口齿不清，嘟嘟囔囔的，走得还有些不稳。”他也是兰姆（Charles Lamb）[5]和柯勒律治（Samuel Taylor Coleridge）[6]的朋友（应当谨记，后世称为浪漫主义运动的这场文学思潮在19世纪继续流行并发展至最高点，连狄更斯都可以被看作其忠实的追随者），即使他未必因此被狄更斯划分为钟爱友人，但这一点绝对让狄更斯印象至深。但他有时候十分自负自大、自私自利，不过倒也不是有意为之；很不幸的是，他不会发“r”这个音，而且总是因此遭到狄更斯的模仿和戏谑。

狄更斯和凯瑟琳在这期间仍然住在福尼瓦尔客栈里，但在他对这一时期的简短追述中，说的多是跟凯瑟琳的妹妹玛丽·贺加斯有关的往事，而非凯瑟琳本人。他和她的关系似乎越来越亲密。1837年元旦，他给她购置了一张桌子。他在日记里记下了自己第一个儿子出生的日期，以及对玛丽的进一步描写："1838年1月6日，星期六：去年今日，我和玛丽去霍尔本区逛街，在那儿和周围的街上来来回回溜达，一走就是好几个小时，就是为了给凯特（凯瑟琳）的卧室置办一张小桌子。最后还是回到第一家旧货店买了那张桌子，其实之前我们在这张桌子边徘徊了好几次，我只是不想去问价格而已。晚上，我带她去了布朗普敦，因为两位母亲都和我们一起住，家里没她睡觉的地方。第二天，她又回来帮我收拾家务。整一个月接下来的日子里几乎天天都来。我再也不会像在那三层楼高的套间里时那么开心了——即使我名利双收了也不会。如果我能付得起的话，我就会租下那个套间，然后让它一直空着。"这一忧郁的口吻和之后发生的事情有千丝万缕的联系，但从中我们很容易瞥见这一时期狄更斯家庭生活的基本情况：玛丽经常拜访这对年轻夫妇，还很受欢迎，家中处处彰显一片欢乐气氛，而这种欢乐氛围将一去不复返，再也无法回头。

171 生下头胎之后，凯瑟琳便患上了某种产后失调症，这一早期症状之后演变为一种神经性疾病，且经常发作。玛丽·贺加斯写信给堂亲说了姐姐的近况：“……非常遗憾地告诉你，第一周过后，我最亲爱的凯特恢复得并没有我们预期的那么顺利。我们以为她身体要恢复了的时候，却发现她不能给孩子喂奶，所以她不得不把亲生骨肉交给陌生人带，虽然她极其不情愿，你肯定也猜到了。可怜的凯特！这对她来说真是痛苦万分……而且看她这么遭罪我心里也很不好受。我很肯定，我之前从没有为任何人或任何事这么伤心过……她每次见到自己的孩子时就会突然大声哭泣，嘴里还不停地说孩子长大以后肯定不会和自己亲近了，因为她现在不能照顾他。”因此，凯瑟琳当时患有严重的抑郁症，听上去像是一般性神经焦虑的恶化。

既然凯瑟琳的病情没有好转，狄更斯便决定搬到空气更健康怡人的肯特郡，虽然这会给当时异常忙碌的他增加很多麻烦，这样看来狄更斯是一个尽心尽职、通情达理的丈夫。在玛丽的陪伴下，他们回到了乔克村，孩子也跟着他们一起去了。不久之后，孩子接受了洗礼仪式且取名为查尔斯·库利福德·博兹·狄更斯，名字里面的“博兹”很明显是一个错误，都是因为约翰·狄更斯在洗礼盘旁边大声喊了这个名字（顺便提一句，狄更斯父亲出场时并不总是这么和蔼可亲的：即使他儿子的职业生涯还处在起步阶段，就算在这种时候，他还试图向出版商查普曼和豪尔“借”钱——“请千万别忘了你们的利益和我儿子的利益联系得有多紧密”）。

狄更斯根本没办法在乔克村休养，他们在那里住了两个月，这期间他一直都忙于之前应许的工作。他现在是一位名副其实的主编，而且据他自己估算，为了给《宾利杂录》寻找值得发表的文章，他在一个月里读了约60或80份手稿。但那只是他主编工作的一小部分，除此之外，他还得校对、修改和删减文章。他不仅要分配每位供稿作者的酬劳，每月还要忙于创作自己的文章。还有一件事，那就是他当时正和乔治·克鲁克香克紧密合作，他是该杂志的官方插画师，地位非常重要；尽管最近因为《博兹札记》起了些争执，但两人的合作关系还算比较融洽。他们合作的大体模式就是，狄更斯提出建议说明哪些文章需要插画，然后交给克鲁克香克决定具体选哪一段或哪一个场景进行配图。很明显，狄更斯特别享受这份工作。他曾把主编比作舞台经理，然后他就把自己管理业余舞台表演的手段全都用到了这份编辑工作上。毕竟在这两个领域里，他都想成为向千军万马发号施令的人，把最核心的位置留给自己。

此外，他当时每月还需要写一期《匹克威克外传》，而这个时候他的工作压力和野心抱负都太大了，导致他不得不赶着截稿日期拼命写，有时甚至要到正式出版前几天才能把小说里某个片段完成。他如此匆忙的原因主要是又无缝衔接开始了另一部连载小说的创作。1837年1月，这份新杂志的第一期刊登的是他自己的小品文《特伦堡先生的公共生活》。2月份，作为上一篇的延续，他发表了一篇题为《奥利弗·特威斯特》的小品文。第一篇的背景设在“泥雾镇”，这是查塔姆的化名。这篇文章非常有趣，是一篇讽刺文章，旨在抨击州政愚蠢无能，寓意是“目空一切的狂妄不是令人尊重的好品德”。第二篇以《奥利弗·特威斯特》为题，故事发生在“泥雾镇”的一家济贫院里。其实，此时的狄更斯为家庭问题所困扰，因工作过度而疲惫，还忍受着各种病痛的折磨，所以他没有意识到手中正在创作的这部小说日后会成为自己的代表作。原来他脑袋里只有一系列文章的想法（也许可以叫作《泥雾镇编年史》），但他刚一开始动笔，就自己“突然有了奇思妙想”。因为他已经创造了奥利弗这一人物——这个在济贫院里出生长大并敢于为自己争取更多福利的孩子，他立刻感觉到可以从中挖掘的创作潜力，原先那个小品文系列的想法便不再提起，放弃了。

关于《奥利弗·特威斯特》(或译作《雾都孤儿》)一书的由来尚存在一些争议，争议主要是乔治·克鲁克香克造成的。他在多年之后(甚至在狄更斯去世之后)坚持声称是自己想出小奥利弗这一形象及其悲惨遭遇的。但这几乎是不可能的——狄更斯一般不会静静地接受别人的意见——但若说克鲁克香克曾提建议，写一个霍加斯(William Hogarth)[7]式的可怜男孩在贫穷和不幸中的“成长经历”，这倒也是有可能的。无论如何，克鲁克香克和狄更斯在关注的事物方面有许多共同之处：他们都对伦敦这座城市着迷，尤其是它污秽阴暗的一面；都对监狱和刑罚着迷。比方说，克鲁克香克早在让费金住进纽盖特“死刑犯牢房”之前就已经画出了牢房大概的样子。但这丝毫不能证明《奥利弗·特威斯特》的任何问题，最多只能说明这位作家和插画家非常适合一起讲述伦敦“社会底层人物”的长篇冒险故事。

有一点非常清楚，那就是狄更斯一想到这个“奇思妙想”——忍饥挨饿又备受欺凌的孩子，就让他脑海中的创作火花迸发了。从根本上讲，这甚至可能就是他从事写作事业以来一直打算着手创作的那部“计划中的小说”。另外，据说《奥利弗·特威斯特》算是第一部以一个小孩为主人公的英语小说，所以这也许是一个开天辟地的创新。不过在当时并没有引起广泛注意，主要是因为讲述类的“孤儿故事”在当时太过常见，狄更斯自己就常常阅读这种自传故事，故事会突出表现童年时期的穷困不幸，就连塞缪尔·约翰逊所著《理查德·萨维奇的生活》中也有很长一段文字专门描写幼儿时期的悲惨遭遇。此外，当时还有一个古老但仍非常受欢迎的“流浪汉文学”传统，这些作品在一定程度上翔实记载了走失或遗弃儿童。在这方面，《奥利弗·特威斯特》的主题算不上新颖。但这一主题倒是直接唤起了狄更斯的自我意识和对往事的感慨，进而不断将自己脑海中的一切想法和素材注入其中。在草稿中，奥利弗出生在“泥雾镇”或者说查塔姆，也就是狄更斯自己的童年故乡。看到这个在堂区里打转的男孩，他那孤身“游历”的身影一下子就引发了狄更斯一连串对童年的情感和联想。奥利弗·特威斯特落入费金的贼窝，看起来像是残忍地重演了一遍黑鞋油作坊里小狄更斯和鲍勃·费金的友谊。奥利弗为赢得体面和尊重而努力奋斗，他从一个脏兮兮的小毛孩慢慢成长为一个体面优雅的人。正是以这种方式，狄更斯好像变相地重新过了一遍自己的童年，重新经历了一遍那时混乱无比的现实情况，重新体会了一遍自己不安的逃跑幻想。沃伦黑鞋油作坊的生活、恶臭难闻的伦敦街道、迷路孩子那种彻彻底底的绝望充斥着整个故事，而这个故事也成了狄更斯童年的回响。在《匹克威克外传》3月的那一期中，托尼·维勒提到了“沃伦黑鞋油店”；在《奥利弗·特威斯特》4月的那一刊中，声名狼藉的教区执事也提到了一个“黑鞋油瓶”。在创作过程中，所有（和童年有关的）联想又重新回到狄更斯的脑海中。

然而，他童年的经历并没有一成不变地被他变成自己的小说，这就是为什么他是一名艺术家而不是一位传记作家。这也是为什么我们意识到他在同时创作《匹克威克外传》和《奥利弗·特威斯特》两部小说这一点上至关重要。事实上，在描写这个可怜男孩游历故事的最初几章时，他正在创作《匹克威克外传》中几个最滑稽搞笑的片段：前者的开篇全是苦难和惨遭遗弃的情节，而后者则描写了鲍勃·索亚的不幸遭遇和丁格利·戴尔庄园里的滑冰聚会。其实狄更斯不久就采用了先写《奥利弗·特威斯特》后写《匹克威克外传》这样的写作节奏，而《匹克威克外传》似乎也因此有了一个更加轻松活泼的形式，就好像他曾在这个喜剧故事里注入的悲悯因素现在都转移到这个每月在《宾利杂录》上连载的小说中似的。然而我们也不能过度地把两部小说联系起来，因为它们并不是同一文学类型。首先，《奥利弗·特威斯特》篇幅较短，每一节大约9000字，而《匹克威克外传》每节有18000~19000字。此外，以每月一册的形式发行小说和每月在杂志上刊登连载小说是截然不同的两件事，遵循的惯例规则各不相同。《奥利弗·特威斯特》（虽然一般都被安排在《宾利杂录》的篇首）是和其他小说并列发行的，所以它的读者总是带着习惯性的预判态度来阅读这个故事。《宾利杂录》这种月刊里面的连载小说通常都是历险故事，是奇遇类或疑案类的作品，而且在很大程度上依赖于抛出悬念和情节设计这种形式上的手法来维持作品基本的调调。从这种意义上说，狄更斯并没有让读者失望。它完全符合本身写作类型的要求，即使它超越了这种文学类型，我们也绝对可以从狄更斯对常见素材的巧妙利用中窥见其无与伦比的创作才华。

对狄更斯而言，写作完全是一种本能，毫不夸张地说，他简直是走到哪儿就编到哪儿。奥利弗这个名字是他在一辆公交车上不经意间从售票员口中听到的；他在库灵教堂遇见过一个穷人的葬礼（狄更斯心里这个位于湿地上的教堂总是和死亡密不可分），然后就把它写进小说里；他听说哈顿街有个叫雷因先生的治安官，就把他写成《奥利弗·特威斯特》中的方先生，写之前还去见过他；他曾经打听过那些济贫院中的孩子“寄养出去”（成年人将他们带回自己家抚养并因此获得一定补助或报酬）后的死因，又在自己的作品中使用了这些素材。一开始，他在篇幅长度方面遇到了一些问题——第一期篇幅太短了，但仅仅几周时间他就下笔如有神了。这真是一个前所未有的盛况：《匹克威克外传》和《奥利弗·特威斯特》这两部类型迥异的连载小说同时发行。从前令人感到钦佩，现在依然令人感到钦佩的是，这两个故事的行文都十分连贯、流畅、自然；故事情节本身就诙谐幽默，狄更斯永不枯竭的构思和灵感在这方面有同样的功劳，因为仅从他的构思中我们就能听到人类创造力的欢声笑语，而且狄更斯自己也乐在其中；从没有一位作家像他这么年轻就能如此驾轻就熟地使用语言，使用语言中凝结的智慧，游刃有余地挥舞着这个武器——这个他唯一拥有过的武器。

毫无疑问，狄更斯经常需要从乔克村赶回伦敦——因为要处理有关编辑事务，他不得不常常往返于家和市区之间——于是当务之急是要找一幢大一点儿的房子。儿子出生了，这也意味着他和凯瑟琳不得不从福尼瓦尔客栈的套间里搬出来了。并且，此时狄更斯的名气不断高涨，搬家似乎也是情理之中的事情。他出价竞租了一幢房子，但没竞过人家，于是他就暂时租下诺顿上街30号的出租房。可能是因为他需要一个安静的地方潜心工作，家人们都搬回了福尼瓦尔客栈。事实上，他当时非常忙碌，尽管他也能抽出点儿时间和玛丽·贺加斯一起在伦敦各地寻找供出租的房产，但他还是雇用了房地产中介替自己处理相关事宜。最终，在不经意间，他遇到了这幢十分中意的房子——1837年3月18日他开了价，准备租下道提街48号的房子，每年支付80英镑租金，两周后他便搬了进去。这是一栋18世纪建造的房子，十分舒适宜居，前后各有一个门道和门房，挨着一条私人道路。他向理查德·宾利借了一笔钱，用以支付搬家费用。这幢房子当时在狄更斯心目中是一幢“顶顶好的一流府邸，随之也附带了巨大的责任”。这幢房子的确比狄更斯之前住过的所有房子都要宽敞——四层楼，12个房间。为了料理这幢比较宏大的建筑，狄更斯还雇了一个厨子、一个女佣、一个奶妈，后来又雇了随身侍从亨利。这就是这位年轻作家目前的生活。他的书房位于二楼阴面，可以俯瞰整个花园。三楼有两间卧室，玛丽·贺加斯似乎常常在其中一间过夜。一楼是饭厅和会客厅。客厅在狄更斯书房的隔壁，一家人常常在这里围坐。如今要重现这幢房子当年的样貌确实比较困难，不过有一点十分清楚，那就是它有很浓的狄更斯式的格调：房子内部的木制结构都被刷成了粉色，屋里添置了一个带纹理的大理石壁炉，书房里摆着一整套新购置的“经典小说”，地板上铺着花朵图案点缀的鲜艳地毯（他很怕火，对这事还颇有些神经过敏，所以搬进来后做的第一件事就是在太阳火灾保险公司给所有物品都上了保险）。屋内配置的家具都是摄政时期和威廉四世时期的风格，狄更斯一直都更喜欢这种风格，而不是比较素淡的维多利亚中期装饰风格。他喜爱高贵典雅，但也钟爱鲜艳明快，两者对他来说同样重要：这就是为什么他要在居住的每幢房子里都装上许多镜子。那个年代室内都是靠蜡烛和油灯照明，因此用镜子来反射光线就十分重要。不过有些评论家稍微刻薄一些，认为狄更斯对镜子的喜爱多是爱美虚荣的表现。

他还有重新摆放安置所有家具的习惯。在道提街的房子里，这个习惯也保留着。他有个特点无人能及，就是能在脑海中想象出他住过的每个房间里每件家具的确切位置。他需要一切东西都整齐有序，这对他来说极其重要。他还有一个神经质的习惯，就是只有把桌椅分毫不差地摆放到正确的位置，才能静下心坐下来开始一天的工作。他无法忍受任何东西放错位置，就算是住在饭店或出租房里，也会先根据自己心中的室内平面图重新摆放家具。即使是这样琐碎的事情，他也要在身边的每样事物上留下自己个性的印记，因为在一个没有自己风格的环境里，他会呼吸困难。说到这里顺便提一句，狄更斯一直有一个很迷信的习惯，总是把自己的床转到南北方向——这个习惯他坚持了一辈子。据他一个朋友说，这是因为他说自己在其他任何朝向的床上都无法入睡；他甚至还用接地电流和正负电的论点来支持自己的抵触心理。这也许只是一种荒唐奇怪的想法，但对他来说足够了。他总是按照脑海中瞬间产生的念头行事，神经质且随心所欲，自我克制对他来说是不可能的事。

他还在道提街上设宴招待朋友（当然还有他的父母），宴请规模宏大，似乎有人认为就算他当时红极一时，是一个年轻有为的作家，这样花钱也相当挥霍无度了。几位朋友回忆起这一时期，各个都认为狄更斯的家庭生活相当幸福美满，这是他从童年起就从未享受过的——他膝下有子，他弟弟弗雷德里克和他小姨子常常来家中做客，一个大家庭的必备因素都在这里了。尽管狄更斯多年之后坚持声称从一开始就感到和妻子在情感上很疏远，但那时的家庭生活还是很快乐的，这一点毫无疑问。至少凯瑟琳本人当时并没有这样的疑虑——“哦，亲爱的玛丽，”她写信给自己的表妹，“要是你能来我家做客，我该多开心啊，这样我就能介绍你认识查尔斯了，我真为他感到骄傲。虽然他现在名扬天下，但他那颗充满柔情的心却只钟情于我。”看上去，随着狄更斯社会地位的慢慢提升，这种平静快乐的家庭生活应该会永远继续下去。他现在已经获得了人们的“认可和赞许”，加入了嘉里克文学俱乐部。5月3日，他还在皇家文学基金会的周年庆典上发表了平生第一次公开演讲，当有人提议为“狄更斯先生的健康和本世纪写作新星”举杯祝酒时，场上响起了“经久不息的欢呼”。然而四天后，一件事突如其来，改变了现有的一切。

1 《鲁克伍德》(*Rookwood*)，哈里森·安斯沃思的代表作，英国著名的侦探小说，纽盖特小说或者旧贝利小说代表作。纽盖特的小说家用真实案例情节作为小说的基础。“纽盖特小说”一般是历史叙事传统和哥特式叙事的结合，经常强调罪犯的功绩，在当时引起了相当大的争议，遭到批评。威廉·哈里森·安斯沃思将小说《鲁克伍德》中的罪犯描绘成一个迷人的歹徒。

2 《杰克·雪柏德》(*Jack Sheppard*)，哈里森·安斯沃思的作品，讲述的故事与英国强盗、破门盗窃者、小偷杰克·雪柏德有关。

3 布尔沃—李顿，英国政治家、诗人、剧作家、小说家，代表作有《佩勒姆》。

4 国会宣读，这里宣读是指议案在议会上的宣读，是议案成为法律之前必须经过的一个阶段。

5 兰姆，英国散文家、剧作家、诗人。代表作有《莎士比亚戏剧故事集》《伊利亚随笔》《英国戏剧诗样本》。

6 柯勒律治，英国湖畔派诗人、浪漫主义作家，代表作有《文学传记》《古舟子咏》《忽必烈汗》。

7 威廉·霍加斯，英国现实主义画家，其作品常常讽刺和嘲笑当时的政治和风俗，这种风格被称为“霍加斯风格”。

第十章 玛丽之逝

1837年5月7日，玛丽·贺加斯香消玉殒，年仅17岁。前一天晚上，她刚和狄更斯、凯瑟琳夫妻一起去圣詹姆斯剧场看了一场狄更斯写的闹剧，名叫《她是他的妻子吗？》。他们大概凌晨1点左右一起回到道提街的住处。玛丽回到自己房间后，还没来得及宽衣就寝，就惨叫一声晕倒在地（后来经医生诊断，她患有某种心脏病，心脏衰竭了）。玛丽的母亲贺加斯太太接到消息就赶来了，却因悲伤过度而不省人事；玛丽躺在那间小小的里屋，凯瑟琳和狄更斯一直在旁边守着她，但是她一点起色都没有。第二天下午3点，她在狄更斯怀中撒手人寰。又或者更确切地说，她的心跳呼吸其实早就停了，只是狄更斯完全没有意识到罢了。他们叫来一个殡仪员将她收敛入棺——经年之后，他在一篇文章中回忆道“殡仪员那一记让人毛骨悚然的敲门声，真是永生难忘”。这口棺材静静地停在那间小卧室里，俯瞰着道提街48号的花园，六天后她才下葬。贺加斯太太晕倒之后就变得歇斯底里，大家不得不拦着她，不让她靠近玛丽停棺的那间屋子。让人吃惊的是，凯瑟琳却显得非常平静坚强，对狄更斯来说几乎有些平静过头了。当然，目前的情形下，她不坚强也不行。因为这件事对她丈夫影响如此之大，简直到了反常的程度。这是他有生以来因为失去而尝到的最痛彻心扉的感觉，他那么悲痛欲绝，亲生父母和骨肉逝去对他的影响怕是都不及现在的一半。从他这种几乎到了歇斯底里的悲痛之中，我们能感觉到这个男人性格中古怪的地方。他从玛丽·贺加斯头上剪下一缕秀发，放在一个特意准备好的盒子里面；又取下她的戒指，戴在了自己手上。这些都还算比较自然的反应，怪就怪在，他还保留了她所有的衣服，两年之后他还会时不时地拿出来仔细端详。“它们会在自己的秘密之地慢慢腐朽。”他这么说道。在她逝去之后的9个月里，他天天晚上梦见她——他把这些夜间出现的幻影叫作玛丽的“倩影幻象”——还反复诉说死后要和她合葬的心愿。留着一个17岁女孩儿的衣物，还想要同她合葬在一起，这种骇人的情愫就算在19世纪早期那癫狂的年代里也实属罕见。

玛丽成了狄更斯心目中完美女性的化身。“年轻、美丽、善良”，他在她的墓碑上铭刻下这几个词。后来，他也用同样的词语形容过罗斯·梅莉（Rose Maylie）[1]、小内尔（Little Nell）[2]和弗洛伦斯·董贝（Florence Dombey）[3]。他曾在一封悼念信中说道：“旁人想象不出她们两姐妹之间的感情有多深……”在小说中，他总是会将姐妹间的关系理想化，就好像在那种幸福快乐的情谊中有着某种神圣的联系。他构建出的虚幻世界中当然不乏这样善良纯洁的少女形象。“她完美无瑕。”他曾如是说。女孩的这一形象总是带着一种神秘的半宗教色彩，要说狄更斯宗教方面的倾向是因为玛丽的离世才渐渐产生的，绝对不算言过其实。据悉他开始定期去附近大克罗姆街上的弃儿医院教堂，而且他还曾提到自己在玛丽刚去世后就去了一次教堂。很有可能就是这一时期他感觉有必要从宗教中寻求希望、寻求安慰。“尤其是”，一想到“有一天能和她在一片无忧乐土上再次相聚，永不分离”，他就欣慰莫名；谈到狄更斯的基督教信仰，就不能忽视产生这种信仰的个人因素——他的痛苦和他寻求的宽慰。所以，在提及他对记忆这一概念所赋予的宗教时，我们也不能忽视其中的个人因素。她甫一离世，他就开始追忆起两人生活中的交集往事。他曾说过：“我能回忆起那些快乐的日子里我们说过的每一句话、做过的每一件事。”对他来说，记忆力和幻想以及想象力互相结合，最终成了一种神赐的能力，可以将在世之人和已故之人联系起来，可以将人间和天堂联系起来。它成了一种让现实充满神赐恩典的方法。而且毫无疑问，玛丽的离世唤醒了他天性中这些东西，它们曾因狄更斯对名利的渴望而被掩盖。年纪轻轻的狄更斯又早早被生活上了沉重的一课——他才25岁，但从某种意义上说，早些体验这种刻骨铭心、这种撕心裂肺、这种能左右作家想象力的经历，于他而言也是幸事一件。

但他这时还不能静下心写作——这是他人生第一次也是最后一次未能按时交稿，他推迟了应当在当月完成的那两节《匹克威克外传》和《奥利弗·特威斯特》，和凯瑟琳去乡下静养了一段时间，去的是汉普斯泰德的柯林农场。还有件不同寻常的怪事，他不久后（在小说中）把谋杀了南希（Nancy）[4]的比尔·赛克斯（Bill Sikes）[5]也弄到了差不多同一个地方。他们在这里待了两周，不过最后一个星期狄更斯每天都会回道提街。夫妻俩显然需要静养，因为尽管凯瑟琳在玛丽去世时显得很平静，她其实还流产了——不过，这可能不仅是因为她自己悲痛伤心，也是对丈夫情绪如此失控的一种反应。很明显，现在她时时忧心死亡这件事，她想让襁褓中的儿子查尔斯尽快接受洗礼，还写信给表亲请求她接替玛丽当孩子的教母。她在信中写道："我们从这个伤心的经历中学到的……是生活的无常。"

6月初的时候，他们回了道提街，狄更斯马上开始创作延期的那章《奥利弗·特威斯特》。大家都将眼睛睁到最大，明察秋毫，试图确定狄更斯何时决定将这部连载小说改成明确的小说形式，而非仅仅传统意义上堂区男孩的"游历"故事——也就是说，他是何时放弃原先的线性叙事方式而采用一种环形叙事结构，重新拾起之前任其散落在地、尚未了结的故事线。小说中的另一个变化却没引起那么普遍的注意：玛丽·贺加斯刚刚去世的这段时间以及之后的日子里，他渐渐失去了前几章中表现出来的针砭时弊的兴趣，于是叙事中曾一度被抑制的诗情画意开始突显，曾经某种程度上算得上文笔犀利尖酸的讽刺小品文系列现在变成了一个更浪漫、更神秘的故事。或许我们不应该认为这种转变完全缘于玛丽的去世，但她的确以某种更为直接的方式出现在他的小说里。这就是为什么他在此时塑造了17岁少女萝丝·梅莱的形象："……那么温顺娴静，纯洁美丽，仿佛不属于尘世……"这也是她生了重病、奄奄一息的时候却奇迹般康复的原因。他用自己的纸和笔让玛丽·贺加斯起死回生，痛失所爱又失而复得在狄更斯笔下逐渐展开的故事中成了核心主题。

但这并不意味着这些章节或段落完全是由狄更斯痛失玛丽·贺加斯的经历所决定的——整个故事的吸引力来源于一个更深、更隐秘的地方，甚至比近期发生的最令他痛彻心扉的事情还要深，还要隐秘。应当说，狄更斯想象力中的某些部分因此而加强或因此觉醒了。这就是为什么此时的《奥利弗·特威斯特》中常常有一种对睡眠、遗忘以及"只有从刚刚发生的痛苦中解脱出来才拥有的"深度睡眠的渴望。书中有许多情节，描写奥利弗徘徊在半梦

189 半醒之间，他在这种游弋于真假梦醒之间的状态下体验了狄更斯称之为“幻象”的经历。在这些幻觉里，“现实和想象以一种十分奇异的方式交织混杂在一起，几乎分不清”。狄更斯自己是否就是在这种状态下看见了玛丽的“幻象”？当然，这和小说本身的类型也很贴合。

一种与之前内容截然不同的诗意现在蕴含在小说之中，如耳语一般，细细吟唱，不断重复，如同深沉的副歌。将浪漫主义时期的语言引入记叙文领域是狄更斯的一大创举。他是第一个真正拥有先贤们——浪漫主义的伟大诗人们——那种“感同身受的想象力”的小说家。这种想象力，让他能领会并构建出一个完整的世界。所以如果感觉到他世界观中有不一致又令人费解的地方，这时候，我们应该想一想亨利·泰勒爵士对自己同时代的浪漫主义诗人的评价：“对他们来说，感觉比自我更容易，文思枯竭的时候脑海中总能浮现出一个画面。”这一评价用来形容这位小说家或许也是恰当的，但单单说他是从浪漫主义诗人那里继承了这种神赐的想象力，还远远不够。甚至在《奥利弗·特威斯特》中也能发现另一种诗意，一种存在于某些哥特式小说中的美。在狄更斯笔下，这种诗意变成了一种伦敦式的诗意，一种阴郁孤独的美；没过几年，布尔沃李顿就如此形容，“包围着我们的无边无垠、阴郁隐秘的诗意——现代文明和日常生活的诗意……步入仙境的人必须面对这种幻象”。

当然，并不是说我们能用逻辑分析的方式详细阐释查尔斯·狄更斯的每一个情绪或每一种感情。我们观察到的是各种各样互相排斥冲撞、互相融合协作的欲望和反应、本能和记忆，那是许多强劲无比的冲力，无论何时我们都只能恰如其分地赋予其中少数以相应的情感之名。毫无疑问，对那些认识他的人来说，《奥利弗·特威斯特》中所呈现的那个查尔斯·狄更斯如此陌生，很难认出来。的确，他在柯林农场暂住一段时间后就返回伦敦继续工作生活了，因为对那些和他有交集的人来说，好像根本没发生过什么特别的事。他之前已经在《宾利杂录》里插了一则公告，解释了为什么《奥利弗·特威斯特》没有照常出版；然后在下一期《匹克威克外传》中解释了6月刊没能发行的原因是“一桩极其令人悲痛的家庭悲剧”。现在，他又重新回归工作，回到他惯常的活动中了。他和麦克雷迪一起拜访了寇得巴斯监狱（位于克勒肯维尔区，可以步行从道提街的住处去那里），之后还和喜剧演员哈利共进晚餐。“那天晚上我们兴致高昂。”麦克雷迪在日记中写道。又一天晚上，他和麦克雷迪、福斯特一起在塔尔福德的房子里聚餐；他还参加了妹妹莱提西娅和亨利·奥斯丁（奥斯丁是一位建筑师和工程师。狄

191 更斯助他一臂之力，让他成了卫生改革的积极倡导者）的婚礼。他参加了一次在格林威治举行的文学基金会晚宴。他甚至策划了一部喜剧，还和麦克雷迪商量了一下这个计划。7月的一周，他和妻子还有哈勃雷特·布朗一起去法国和比利时旅行。在这个人生阶段，他似乎对其他国家并不特别感兴趣；从某种意义上说，他所有的精力都用来理解和征服自己的国家了。只有确信自己在英国的地位足够牢固的时候，他才感到需要离开此处。

8月底，狄更斯和家人南下布罗德斯泰斯，随行带着玛丽的母亲贺加斯太太——她当时还没有完全从女儿4个月前的突然离世中缓过来。9月初，（在拒绝了为《宾利杂录》创作新一期《奥利弗·特威斯特》之后）狄更斯在这里重新开始《匹克威克外传》的写作。到现在为止，这部小说已经写了很久，于是倒数第二期中出现了某种迹象，就算不能说是疲劳感，也至少表明他的创作兴趣已经转移到了别处。从一定程度上来讲，他对匹克威克先生有点厌烦了，而且新小说的创作已经提上日程了——显然，他心里一直惦记着拖了很久的《伦敦锁匠加布里埃尔·瓦尔登》或《巴纳比·拉奇》。此外，他也准备在三四个月内着手写《尼古拉斯·尼克尔贝》。于是，他像之前一样仿效当代戏剧的手法，试图以戏剧形式来给《匹克威克外传》写一个圆满的大结局。

他又引入了一些角色，例如鲍勃·索亚、《伊顿斯维尔公报》的波特先生、红鼻子牧师斯蒂金斯先生、臭名昭著的胖男孩等角色，还设计了其他几个角色——例如金格儿和乔伯·特罗特，道孙先生和福格先生——的最后一次露面。不过这本书以“流芳百世的匹克威克”开场，也以其收尾，而狄更斯当年创造出这个角色的时候还是个住在福尼瓦尔客栈出租房里为生计四处奔波的小记者。狄更斯，这位当时最著名的作者，在道提街的书房里写下了这么一段话：“……忠诚的山姆始终如一地侍候着他，他和主人之间有一种互相依恋的关系，牢固无比，至死不渝。”但显然，死亡并没有降临，因为匹克威克先生的确“流芳百世”了——他的故事将永存人间，因为它充满了让人无法抗拒的能量和真诚、富有创造力的幽默感，狄更斯在创作这部小说的过程中也一直很享受这种能量和幽默感。

狄更斯完成《匹克威克外传》之后，忽然发现自己闲下来了，鉴于不工作对他来说就是浪费时间，所以他立刻开始利用自己的空档。毫无疑问，他心里还是惦记着那两部小说——1838年4月起，《尼古拉斯·尼克尔贝》会以月刊的形式由查普曼和豪尔出版，而宾利将在同年秋天出版《巴纳比·拉奇》。但对这两个计划，狄更斯哪个都没做好准备，原因之一是当时查普曼与豪尔已经开始以月刊形式发行《博兹札记》，而狄更斯不想让自己的作品在市面上泛滥，所以一番劝说之下，他答应编辑著名小丑乔·格里马尔迪写回忆录并撰写一本题为《年轻绅士札记》的短篇小册子来打发空闲时间。后一本书我们不必浪费太多时间，这是一套机智辛辣、精彩纷呈的滑稽小品文集。和往常一样，狄更斯用19世纪早期比较普遍的方式挖掘俗世之人的特点，把他们变成各种各样的“典型人物”。《约瑟夫·格里马尔迪回忆录》则是另一回事儿。最开始时狄更斯很不情愿，因为将格里马尔迪（之前已经校订过一遍）的文字整理并润色成书是件非常烦琐的事儿，要不是宾利最后提高了编辑工作的酬劳，他根本就不能答应。这本书计划在童话剧季准时出版，于是狄更斯的解决方法就是把已经删节过的文章再加以删减，然后将结果口述给他父亲，父亲就是专门为此事从道提街赶过来的。

1838年年初，这几周他反复考虑了创作下一部小说的可能性（他已经答应查普曼和豪尔春天交出第一期的稿子）。这天，他决定和哈勃雷特·布朗一起去约克郡，但可不是去“游览”——他心里已经有了明确的计划，就是根据计划安排的这次行程。小时候他就隐约听说过约克郡那些声名狼藉的学校，而且对某个故事印象尤为深刻：“一个男孩回家的时候身上的疱化了脓，这是因为他在约克郡的导师、哲学家和朋友”——其实就是那里的校长——“用一把沾满墨水的小刀把这个疱给划开了。”他对这些学校充满了“好奇”，而这些学校大都只是弃婴、私生子或孤儿的回收站罢了。学校打出的广告上通常都有“无假期”这样的字眼，令人毛骨悚然、不寒而栗，因为这意味着那些孩子是无期限地被关在那的。据当时传闻推测，那里的条件大都恶劣至极，让人难以想象。显然，《奥利弗·特威斯特》成功地影射了时事，这让狄更斯备受鼓舞，因此他决定将针砭时弊的矛头瞄准一个新目标；一想到可怜的孩子有可能真的被囚禁在肮脏破败的环境里，还被成年人虐待，狄更斯的想象力就如同洪水般喷涌而出。于是，他童年读过的故事以及儿时的记忆或是幻想，让他生出了一部新小说的灵感，这种（想象力和多种力量）互相促进的过程就开始了。他“决心摧毁”约克郡的那些学校。有了这个念头还不够，他还捏造了一个情节，假装自己有个朋友，是位丧偶的母亲，想把自己的孩子送进这样一家机构里。本来是想偷偷地去，组织一次“瞒天过海”的行动，谁想到律所的一个同事托马斯·米顿认识一位在北部一带从业的律师，还给狄更斯写了一封介绍信，于是狄更斯就化名哈勃雷特·布朗了。很显然，他不想让自己新物色的调查对象或受害者发现自己是《奥利弗·特威斯特》的作者，也不想让人知道自己在蓄力准备抨击济贫院。1月底，他北上来到约克郡，想调查调查这些可怜学生的生活环境（他带上了他的插画师，这样插画师就能亲眼看看当地的景和人了）。他们只在约克郡待了两天，但是在这两天里，狄更斯掌握了一切对他有用的信息，因为他有一种能力，能像整理其他一切事物一样将自己脑海中的影像整理得十分有条理（他曾把自己的大脑比作许多鸽笼式文件架，还把它比作对细微的印象也十分敏感的底片）。

星期二早晨，他们搭乘一辆慢速的长途马车出发北上，可笑的是，这车居然叫“快车号”。车子在早上8点从斯诺希尔（Snow Hill）的萨拉森人头客栈（Saracen's Head）[6]出发；他们先是在格兰瑟姆（Grantham）过了一夜，然后又乘坐皇家格拉斯哥邮车（The Royal Glasgow Mail）到格雷塔桥村（Great Bridge），最后终于抵达鲍维斯（Bowes）——一个旷野之上的小村庄，位于格雷塔河（River Greta）附近。

狄更斯就是在这里见了威廉·肖先生（William Shaw），参观了他的学校。之后，狄更斯在日记中写道：“我们今天同肖校长见了面，他学校里有好几个孩子曾经因为校方的严重过失失明了……请大家在报纸上留意此事。”当然，狄更斯此行的目的并不是见肖。当地媒体报道，他当时应该是见了一名对学校有意见的助教（或教师），从这位教师处获悉肖的失职行为。肖校长本人显然不太愿意交流，狄更斯的真实身份好像还是暴露了，而且肖似乎也不是特别欢迎这位小说家来调查他的学校。不过狄更斯已经看到了所有他需要看到的东西——这所学校还有它的所有者，方方面面，巨细无遗；也可能他自始至终对于怎么表达这个主题心中都有计划，只不过在找一些细节而已，在给自己的构思找个有当地色彩的地点和名字。他在鲍维斯四处漫步，最后到了当地的教堂墓地，发现里面有许多死去学生的坟墓；在过去24年里，这个地方大约有34个年轻的“求学之人”在这种烂透了的学校里丧命，年纪从8岁到18岁不等。其中一块墓碑让狄更斯如遭雷击，印象极深，上面刻着：“威尔特郡特罗布里治镇约翰·泰勒之子乔治·艾什顿·泰勒埋骨于此，于1822年4月13日在威廉·肖先生的学校中意外身亡，年仅19岁。年轻的看客们啊，人终有一死，但死后恶人必遭天谴！”狄更斯是在一个阴郁的冬日下午读到这段碑文的，身处皑皑白雪之中。当年的晚些时候，他告诉一位朋友，“我觉得是他的灵魂当场把斯迈克这个人物形象映射到我脑中的”。

狄更斯想立刻动笔，同时和《奥利弗·特威斯特》还有《宾利杂录》的创作一起进行。但是，如何解决好另一部小说的问题，他还是焦虑，根本没办法安心工作，因为他早就答应理查德·宾利《巴纳比·拉奇》的交稿时间不会迟于10月。可以想象，他一个字都没写，而且在当时的情况之下也不可能写，于是他就写信给宾利，建议《巴纳比·拉奇》能不能等《奥利佛·特维斯特》完结之后，也以每月一期的形式刊登在《宾利杂录》上——这样就为《尼古拉斯·尼克尔贝》的创作争取了时间，也扫清了障碍。或者，应该给出此书的全名:《尼古拉斯·尼克尔贝的生活和历险，包括尼古拉斯家族祸福兴衰和整个发展历程的忠实记录。“博兹”编》。宾利同意了这一请求，于是狄更斯就能暂时把《巴纳比·拉奇》放在一边，着手写这部以约克郡为背景的小说了。不过，他一开始写的时候也是写写停停，状态很不稳定。有一点值得我们注意的是，他的字迹在这部小说的创作期间发生了改变，他放弃了过去在学校里养成的书写风格，现在的笔迹有自己鲜明的特色——潦草却清晰。事实上，按时间顺序观察他每个时期的签名，我们就能发现一个有规律的模式：先收缩后扩展——最早期他信件上的签名都是标准的教科书字体，之后慢慢地往里回缩，字都非常紧凑地挤在一起；这种字迹风格在1837年到达顶峰，之后的字便开始舒展开来，渐渐形成了后来更为繁复的签名。此外，1836年开始，他不再把签名里的花体涡卷放在“查尔斯”下面，而是改写在“狄更斯”下面。大约从1837年1月底开始，他会在信纸顶端写下此信件的完整日期，好似象征着他已经有了一种全新自我意识，就是给自己生活做编年纪事。毋庸置疑，在写《尼古拉斯·尼克尔贝》期间改变字迹的这种表现，意味着他终于开始意识到自己著名小说家的身份了。

所有现存资料都表明，度过了开头时断时续的创作瓶颈期之后，他这部新小说就写得非常流畅且迅速了。狄更斯当时的创作十分清晰流畅，鲜少删除或补充，这点从《尼古拉斯·尼克尔贝》尚存的手稿中可见一斑。由于小说的开头介绍了尼克尔贝家族，紧接着便是“联合都市改良热松饼与脆饼烤制并准时供应公司”的开办情节，狄更斯在这部分显然是要重温《匹克威克外传》创作时的灵感——独具匠心、随心所欲，甚至有点流浪汉那样的冒险精神。可是，如果是以即兴这种方式来创作这个故事，那狄更斯之前为什么要花那么多力气去调查约克郡学校的状况，还明确指出要把那些素材用在这部小说中呢？那是因为狄更斯此时对于自己职业生涯的雄心壮志在起决定作用，他想要让它超越之前的两部小说，想要通过将前两部小说的精华加以结合来实现这个抱负。他知道《奥利弗·特威斯特》哀婉动人的感染力和《匹克威克外传》令人喷饭的喜剧效果同样成功，而且正如他之后所说的，他也意识到当时“自己的前途还不见得能一帆风顺”，所以针砭时事的小说家和滑稽幽默的小说家这两个头衔他一个都不想丢。因此，他给《尼古拉斯·尼克尔贝》设计了一个庞大的故事情节，能让他充分发挥自己天赋中这两方面的才华；而且这项工作简直就是为他量身定做的，除了最初的一些迟疑犹豫，之后他创作起来得心应手，如有天助。2月初的最后一周他开始认真创作，3月9日他就完成了第一期；许多主要角色你方唱罢我登场，其中包括拉尔夫·尼克尔贝夫妇（Ralph Nickleby and Mrs Nickleby）和这个不幸家庭的其他成员，如纽曼·诺格斯（Newman Noggs）和难以用语言形容的斯奎尔斯先生（Mr Squeers）。毫无疑问，狄更斯很清楚自己的发展方向——他在讨论自己小说发展进程的时候总爱用这个比喻，但他并不急着到达终点，在这期间他也非常愿意把过去所有行之有效的艺术手法都再用个遍。他对整个故事有一个总体概念，但真正写作的时候他就随机应变、即兴而为了。所以，在第一期最后一章里，他让小尼克尔贝（Young Nickleby）来到斯诺希尔，不仅他和布朗之前北上去过那里，《奥利弗·特威斯特》里的费金几周之前也在那里待过：所以，狄更斯那天马行空的想象世界从地理角度上看其实也没多大。第一期甫一完成，他就松了口气，兴高采烈地叫上福斯特去骑马（他们两个这段时间常常骑着马出去游玩，但后来由于身体不允许，就改成了散步）。写完一期《尼古拉斯·尼克尔贝》后，他几乎马上就开始创作下一期的《奥利弗·特威斯特》。最后他找到了一个得心应手的写作节奏，即每个月先写《奥利弗·特威斯特》，再写《尼古拉斯·尼克尔贝》，后者通常都只比出版日期早那么个两三天。

狄更斯在《尼古拉斯·尼克尔贝》收尾的时候告诉朋友们，这本书“对他来说就是一部近两年生活的日记：一页页的稿子为他保存了创作中的经历和情感的记忆”。这也许就是狄更斯自己对创作的一种理解，发现自己的小说让自己想起创作环境——例如撰写某些章节时的心境和当时遇到的困难、写作的地点等。但这也提出了一个难题，相对于他的其他小说而言，《尼古拉斯·尼克尔贝》这部作品尤其饱受困扰。那么狄更斯究竟为了何种原因将小说中的角色以“真”人为原型呢？如果以“真”人“真”事做原型，他又做到了何种程度呢？斯奎尔斯和“宠儿学堂”[7]就是一个明显的例子，因为对这两者的描写引来许多约克郡地区学校校长的威胁，尤其是威廉·肖本人的威胁，要告他诽谤，不过他最终应该还是意识到了起诉这位大名鼎鼎的“博兹”是多么愚蠢的事情。很多学术类的文章也仔细研究了狄更斯对那所约克郡学校的描述，想弄清楚有多少是真实的，又有多少是虚构的，最后的结论也许大家都能猜到：他时而夸大其词，时而轻描淡写，时而如实记录。毋庸置疑，他在小说中有夸张的部分，因为斯奎尔斯和他夫人外貌的描写很明显延续了霍加斯式的怪诞风格。此外，他还有可能夸大了这位校长在道德上腐化堕落的程度，因为《尼古拉斯·尼克尔贝》出版之后，许多人站出来替威廉·肖辩护——大意就是鉴于他所处的时代以及所从事的职业，他绝不可能是个十恶不赦的人。但故事中也有一部分是完全写实的，特别是约克郡的校长们（事实上肖本人还是伦敦人）在公共刊物上刊登的荒谬广告。肖的广告上就明晃晃地写着“悉心传授年轻学员英语、拉丁语、希腊语……普通算术及十进制算术；记账、测量法、调查法、天文、地理和航海术……无额外费用（医药费除外）。除非家长要求，均无假期”。如果仔细翻看尚存的鲍威斯学校练习簿就能明显发现，其实他的学生真正精通的也就是书写和机械地抄写各种教科书罢了。回头看看，狄更斯能编出自己那一版荒谬的广告，其中包括“筑城防御术，另有古典文学中所有其余分支”，肯定是被肖校长在特别科目里写的“航海术”的荒谬之举启发的。而且，一定是肖版广告中充满不祥预兆的最后一句引发了狄更斯写下“无额外费用，无假期，无与伦比的伙食”这样的词。因此，狄更斯创作前的观察和随后的写作之间确实存在着一种明显的联系，就像他在小说中用了去英国北部旅行途中发生的事情这样的素材一样。但也有大量证据表明，狄更斯在描写约克郡学校里学生的惨状时，其实进行了弱化处理；出于妥帖得体或可信度的原因，他故意忽略了威廉・肖那种人所能干出的极端暴行。比方说，他查阅肖在1832年被起诉时的文件，肯定会看到某个在那里失明的学生对鲍威斯学校真实情形的描述："他们的晚饭是温牛奶、水和面包，这叫作茶点……通常5个男孩挤在一张床上……星期天锅里的浮渣是他们的茶点，里面还有寄生虫……除了他以外学校里还有18个男孩，其中两个完全失明了。11月，他眼睛越来越严重，于是就被送进一间与世隔绝的隐秘房间，里面还有9个像他一样失明的男孩……男孩子快失明的时候，本宁医生就会来学校。他只是看一看孩子们的眼睛，然后就把它们合上了，既不给他们吃药也不给他们滴眼药水，什么都没干，而且生病期间伙食没有任何变化，更不用说没病的时候了！"

公众对事实和虚构的小说之间产生混淆，是因为狄更斯那绝妙想象力使角色的真实性在读者心中烙下了深刻印记，最能体现这点的是下面这个例子：一位年轻女子在书店橱窗里看到一幅插画后，就冲回家大叫："知道不？！尼古拉斯把斯奎尔斯给揍扁了！"我们可能会笑话这种容易受骗的读者，但这其实和大多数观众对电视肥皂剧的反应没什么区别，对于他们来说，虚构世界的人物及其活动都和现实世界里一样真实。不过两者最显著的影响略有不同，因为在阅读狄更斯小说时读者完全混淆不清的是真实世界和虚构世界之间的区别。当然，这可能也会带来好的结果。据说当时狄更斯对穷人和其他社会底层人民的描写促使更多人去了解和关心现实中那些生活在萨弗朗希尔街（Saffron Hill）和费尔德巷（Field Lane）附近的人。但回过头去看，这种说法未必真实。社会改革和社会分析的运动是维多利亚早期社会思潮的一大组成部分，狄更斯的小说体现了这种精神，但说他创立了这种时代精神，那倒未必。我们应当将狄更斯的作品和当时的社会运动看成一种相辅相成的关系，虽然都是同一种精神和信仰的体现，但二者明显截然不同。不过，当时有另一种更为恰当的普遍观念，那就是狄更斯对中产阶级和中下层阶级饱含感情的描写，将这些阶层更加形象生动地展现在他们自己面前，因而也让他们的存在变得更自信、更自觉、更完美。正如当时一个稍显复杂的描述所说，狄更斯就是有这种能力来“描写对人们及其周围事物特质的感想，而且要是没有这样摆在明面上的提醒，这些特性也许永远都不会引起人们的注意”。狄更斯为那些已经生活在其中的人打开了理解看清自己所在世界的大门。所以，当某个警察局长说年轻的小偷常常玩投硬币之类的游戏，还喜欢读《奥利弗·特威斯特》之类的书时，也就不足为奇了。对读者而言，像米考伯先生、甘泼太太和斯迈克这样的角色非常真实，人们会模仿他们说的话，并用“佩克斯尼夫式的”或“甘泼”这样的词语来形容某些特定类型的人，而且这样的形容从这种意义上说还十分贴切。当时还有流行“匹克威克俱乐部”，每个成员都有一个《匹克威克外传》中角色的名字。罗切斯特大教堂的司事似乎很喜欢别人叫他“托普先生”，也就是《埃德温·德鲁德之谜》[8]里教堂总司事的名字；一个男孩在狄更斯的间接帮助下，上了贫民儿童免费学校，于是他的同学都管他叫作“斯迈克”。

就连狄更斯本人，有时候竟然也故意用狄更斯式的风格说话办事。比方说，有一次他带美国朋友参观罗切斯特和查塔姆，竟然定了一辆匹克威克风格的旧式马车。更重要、更需要强调的一点是，他小说中的人物在他自己眼中同在读者心中一样是真实存在的。在给他办公室经理的一封短信中他曾写道：“斯克鲁奇发现鲍勃·克拉奇蒂假期过得很愉快，自己也很高兴……”还在干业余剧场经理这个活儿的时候，他的演员们总是叫他“克朗穆斯先生”。换言之，狄更斯很享受自己笔下角色的突出特质和癖好；一旦创造出来，他们就会像想象中的伙伴一样继续生活在他的脑海里，而他自己也非常乐于在合适的场合把他们介绍给别人。也许更重要的是，他对自己的角色和幼年读到的角色“一视同仁”。他曾说过，自己在创作《圣诞颂歌》的时候，小蒂姆和鲍勃·克拉奇蒂“总是扯他的大衣袖子，就像在迫不及待地叫他回到书桌前继续创作关于他们生活的故事”。更有意思的是，他一个朋友回忆说，“他还说过，他头脑里的孩子们一旦脱离他来到现实生活中，时不时就会出其不意地出现，直直地看着他们父亲的脸。我们一起走路的时候，他会突然扯我的胳膊然后悄声说，‘我们躲着彭波契克先生一点儿，他正要从对面过来跟我们打招呼呢’。或是，‘米考伯先生过来了；我们拐到这条巷子里去，别让他瞧见我们’。他似乎总是很享受自己创作的喜剧角色带来的欢声笑语，而且匹克威克先生倒霉出糗的事总是能给他无穷的乐趣”。

我们需要着重强调“喜剧的”这个形容词。他随时随地都能发现好玩儿有趣的事情，他笔下的《尼古拉斯·尼克尔贝》常常成为剖析对象，因而说它首先是一部喜剧小说，而且主要基调也确实是一部喜剧小说应该并不为过，说狄更斯本人——拥有制造千种情绪能力的小说家——首先是一位喜剧作家，而且主要是英语世界中最伟大的喜剧作家应该也不为过。这就是为什么《匹克威克外传》刚刚完成，他就一边忙着动笔写奥利弗·特威斯特的历险故事，它的基调更严肃阴沉，一边又要在《尼古拉斯·尼克尔贝》中如法炮制《匹克威克外传》中的所有幽默的原因，而《尼古拉斯·尼克尔贝》可以算得上狄更斯笔下最滑稽的小说，甚至可以说是英语世界里最幽默滑稽的小说。

当然，我们还不得不提斯奎尔斯家那种荒谬至极的幽默感："……这就是有钱！"斯奎尔斯一边给遭遗弃的孩子倒掺水的稀牛奶和水，一边高声嚷嚷着。之后马上对爱妻赞美不停，大拍其马屁，同时他又叨叨："有个男孩——狼吞虎咽的，然后就吐了；他们就是那副德行——上周还长了个脓疱。看着她用小刀给他挑脓疱的样子！我的老天！……这是多么伟大的一个女人啊！"当然，还有从狄更斯想象世界里被创造出来的曼塔里尼一家，形象饱满、独一无二。那位曼塔里尼先生永远都在试着用最讨人欢喜的情话来抵抗他有钱老婆的暴脾气。

但这部小说里最让人喜爱的喜剧角色当数尼克尔贝太太，这个总是记不得自己说过什么、唠唠叨叨的老太太。"出租马车，阁下，真是太招人厌了，坐这种车还不如一直走路呢，虽然我感觉只要车上有一扇破窗户，马车夫这活就不应该干了，但他们还是那么马虎，几乎每辆车上都有破窗户。我以前坐了一次出租马车，我的个老天爷，结果脸肿了六个星期——我觉得那是辆出租马车，”尼克尔贝太太回想道，“不过我也不是很确定那算不算一辆普通四轮马车；不管怎么样我知道那是一辆深绿色的，有一串长长的数字，第一个数是0最后一个是9——不对，开头是9，最后是0，没错。当然，如果去印花税局大厅打听一下，那里的人马上就能知道那是一辆出租马车还是普通马车——不管怎么样，反正那辆车上有扇窗破了，而且我的脸肿了足足六个星期……”她就这样叽叽喳喳讲个不停，而这是查尔斯·狄更斯小说中第一个絮叨的女性角色，也可能是最好的一个例子。

他自己的生活里也时时刻刻有着高昂的情绪和夸张的喜剧性，这些特质可不是仅仅存在于他的小说中。要说他的朋友和同代人对他有什么印象，那一定就是这种幽默感；有人评价说，“他有一种无可比拟的幽默感”，而且有人还能想起他和一个朋友在一次晚宴上“放声大笑”，想起有几次他真的笑出了眼泪，想起他的机智聪敏、活力无限，想起他在讲滑稽故事时的热情，想起他创作喜剧情节时“不可思议的滑稽眼神”，也能想起他使劲憋笑时嘴角抽动的样子。

狄更斯的儿子说，在自己认识的所有人当中，查尔斯·狄更斯能最快发现任何事情荒唐可笑的一面。不合时宜的庄严肃穆尤其让他感到搞笑。有一次，一艘蒸汽轮船在波涛汹涌的大海上航行，船上还举行着礼拜仪式的时候，他不得不半途离开，因为他忍不住要大笑出来了。大概这会让人想起汉普斯泰德那个在琼斯先生学校里上学的男孩，想起他那毫不克制且时而有些歇斯底里的笑声；那个孩子在教堂做礼拜时突然大笑起来，还抱怨说自己的土豆要坏掉了。某次，他和克鲁克香克一起参加葬礼，也有不得不拼命抑制狂笑的情况。葬礼总是会引得狄更斯大笑，而且他自己也讲过，他听到克鲁克香克在葬礼上讲了一些充满哲理的题外话就笑着“哭了起来”；殡仪员给克鲁克香克穿上黑色外套，戴上长长的黑色帽带时，“我当时就想我应该早点离开的”。在不少类似的情形下，狄更斯都差点控制不住自己，他的笑声常常能缓解压力和恐慌，但这也是一种具有毁灭性的强大影响力，总是在挑战并压倒一切社会习俗。

除了在讲故事的时候时而稀奇古怪时而令人毛骨悚然的看家本领之外，狄更斯最伟大的才能就是他精妙绝伦的模仿能力，有时候是肢体上的模仿。一次，他告诉几位朋友，他在一艘船上看到一个人为了治晕船，把一张牛皮纸切成一条一条的，好把它们贴在自己胸口上，而他讲这个故事的时候还惟妙惟肖地模仿了那个男人用剪刀剪纸

209 时“下巴不由自主的动作”。他还特别喜欢模仿动物的动作，例如关在笼里的狮子（他有时候觉得自己也是被关在笼子里的）。某次他还“生动至极地模仿了一只红胸知更鸟在准备向一条蠕动的受害者飞冲过去之前朝一边歪斜脑袋的样子”。当然，他最喜欢模仿的还是他的好朋友们。“他总是乐于再现，”狄更斯去世后，他的一位密友回忆道，（他喜欢模仿）“已故的朋友、在世的朋友，他们的特点、怪癖，等等。”他模仿过福斯特、霍德和西迪尼·史密斯，他也模仿过萨缪尔·罗杰斯的口水缓缓流下嘴角的样子，还有麦克雷迪在表演中表现的荒谬乏味的时候。他的这个天赋在他的写作中也能见到端倪。一次威廉·柯林斯（William Collins）[9]病得太重，无法完成一个系列小说，于是狄更斯就主动提议帮他写，而且表示会“文笔跟你一样，保证没有人能看出啥区别来”。从某种意义上讲，这真是一个挺伤人的提议。

当然，他也会模仿自己。他喜欢讲自己出糗的故事，还不止一次模仿讽刺自己过度使用自身风格的情形。他曾提到过《大卫·科波菲尔》里一个异常感人的片段：大卫母亲去世的时候，“请准备好一块干净的手帕来读《大卫·科波菲尔》第三章的结尾；‘平和质朴，但非常自然感人’——不宜夜间阅读”。对他来说，这就是不考虑上下文引用广告的一大有趣之处——“任何家庭居家必备”，他会这样引用广告词。我们仿佛看到了某个正经严肃一会儿就受不了的人，就连在伦敦最残破的贫民窟里发生的悲惨情节里通常也会有些东西让他觉得“搞笑到让人忍俊不禁的程度”。不论是变成他的荒唐笑料还是讽刺对象，什么都逃不出他的幽默感。虽然我们应当清楚地看到狄更斯作为一名社会改革家甚至宣传家所做的工作（如果这些活动为人们所忽视，他会受惊的，因为他在其中投入了特别多精力），但也请不要忘记这一事实——他那放浪形骸、无拘无束有时候甚至有些严厉刺耳的笑声，是他对周遭世界直接甚至本能的反应。我们也能看到，他在逗乐了大家之后会变得沉默寡言，再次陷入沉思中，在他头脑中那个小世界里，与他源源不断的幽默感密不可分的是他的愁思，一直低沉地吟诵着，从不间断。这一章即将结束，在和狄更斯说拜拜之前，再让我们看看他带着这种心情和朋友们说再见的画面的情形：“正

211 当我们因为他的俏皮话哄堂大笑时，他突然跳了起来，抓住我的手，然后说了声再见。”

1 罗斯·梅莉，《奥利弗·特威斯特》（《雾都孤儿》）中好心的主人梅丽女士的养女，主角奥利弗的姨妈，善良美丽。

2 小内尔，狄更斯《老古玩店》（*Old Curiosity Shop*）中角色。“年轻，美丽和善良”，却突然因病去世。

3 弗洛伦丝·董贝，《董贝父子》中的角色，董贝先生的女儿。

4 南希，狄更斯小说《奥利弗·特威斯特》（《雾都孤儿》）中的人物。是扒手帮忠实成员之一。她与Oliver twist有着相似的命运，在当时社会环境中过着悲惨的生活，内心矛盾，在善与恶之间挣扎。

5 比尔·塞克斯，《奥利弗·特威斯特》（《雾都孤儿》）中的一个流氓，是南希的男友，活活打死了南希。

6 萨拉森人头客栈，Saracen's Head。Saracen还可以译成撒拉逊。萨拉森人是指中世纪信奉伊斯兰教的阿拉伯人，勇悍善战；他们的头像常被用作旅店招牌，负责守卫大门，同我国日常贴的门神相似。

7 宠儿学堂（Dotheboys Hall），可以从字面把这个学堂的名字理解为多行不义的坑人子弟学堂。

8 《埃德温·德鲁德之谜》（*The Mystery of Edwin Drood*），是狄更斯未完成的小说，由英国广播公司改编，并于1972年出版。小说讲述了一个关于财富、权力和复仇的故事。

9 威廉·柯林斯，1824—1889，英国小说家，以侦探小说《白衣女人》和《月亮宝石》闻名于世。

第十一章 《尼古拉斯·尼克贝尔》

213

查尔斯·狄更斯一边忙着创作《奥利弗·特威斯特》和《尼古拉斯·尼克尔贝》，一边照旧过日子，就和刚功成名就的那几年一样：上午写作，下午骑马，有时候一个人，有时和福斯特做伴，下午5点钟吃晚饭，然后再写一阵子，或是去剧院看戏，或是一晚上都待在家里。他一直保持着比较规律的生活习惯，年轻的时候也是如此，因为只有这样一套规律的作息才能支撑他进行如此连续不断且耗费精力的创作。另外就是他已经大为成功这个事实。当《尼古拉斯·尼克尔贝》第一期就卖出5万份的时候，这个事实就更加鲜明突出了（整部连载小说发行期间，销量都没有明显低于这个数字）。当然，他也遇到了些问题。1838年3月6日，凯瑟琳生下家中老二玛丽（大家一般都叫她玛米）后身体衰弱，又有产后抑郁的倾向，她生完第一胎的时候就已经遭过一次这样的罪了。狄更斯带她去里士满待了几天，让她养着，好恢复健康。6月份又搬到位于特威肯汉（Twickenham）的艾尔莎帕克别墅4号待了一整个夏天。那里宁静安逸，是很好的乡间休养之地，适合狄更斯喜爱的长途骑马活动，也适合做各种夏日运动——打弹珠、板羽球、投铁环、跳障碍物。他照旧常常邀请朋友来聚会同住（狄更斯总是喜欢让自己身边围着一群人，造出一个比直系亲属更庞大的大家庭）；他们会一起在泰晤士河上泛舟，或是远足去汉普顿宫游览。他当时还忙着写那两部小说，并且在宾利的帮助下完成了所有《宾利杂录》的日常编辑工作——有时候狄更斯对这事烦得不行。他还得定期赶去道提街，不仅仅是因为工作：当时正值新任女王加冕典礼（因而也是严格意义上维多利亚时期的开端，就发生在狄更斯声名鹊起之后几年之内），他参加了在海德公园里举行的庆祝活动，之后还在《观察者报》上写了一篇与此相关的文章。

这段功成名就的日子里，他还去了其他几个地方。有一段时间据说他病倒了，这时候他本应在赶写小说分册书稿的。事后他告诉某位朋友，事实上他坐着一艘汽船来到法国布伦，在一家旅馆里租了间屋子，在那种“无人打扰的环境里”安心还他欠下的文稿，然后“在当月分册排印时带着写完的书稿及时赶了回来”。他当时也在考虑来一趟美国之行。此时他身边有两个年幼的孩子和一个生活不太能自理的妻子，所以他还可能在烦恼家庭问题。生活中即使他在努力维系着家庭关系，其实内心也总有一种想要挣脱一切的冲动。目前他最要紧的任务是完成《奥利弗·特威斯特》。3月的时候，他还“耐心地坐在家中等着尚未到来的奥利弗·特威斯特（的灵感）”，没过几天就“笔耕不辍”起来。

为了潜心写作，他9月的时候去了怀特岛——先是住在阿伦海湾，而后又住到了文特诺。如此一来，他思路流畅，没受到什么打扰，从7月到9月底一共12周，写完了八章。他一回到伦敦，就又开始着手《尼古拉斯·尼克尔贝》的创作，结果还是把注意力给了《奥利佛·特维斯特》的最后几章。他谎称自己“不在城里”，几乎谁也没见，也没写任何信件。这段时间，他常常晚饭后写作，一直写到深夜，不过晚年的他对这件事深恶痛绝。但是，他告诉宾利说，“我写这些章节的时候更谨慎了，我的思考能力前所未有地强大”，他指的就是这段时间写就的这几章。这的确是最深刻、最有感染力的几个情节。他先是结束了南希的生命——“昨天晚上我把写好的稿子拿给凯特看，她整个人的状态都莫可名状”，然后继续苦心设计赛克斯的出逃、犯罪团伙对他的追杀、他最后的死亡、费金如何受到审判和刑罚等情节。与此同时，想当然地，他也让奥利弗这位堂区男孩最后过上了富足美满的日子。他在三周的时间里写完了最后六章，和以往一样，他讨厌在创造出这些栩栩如生的角色后和他们说再见；他已经成了他们世界中的一分子，他们是他生命中不可或缺的一部分了。在小说的最后，他写道：“和书中某几个人物相处了良久，我真是依依不舍，想和他们再多待一会儿……”但他不能了，书已经完成，还会在《宾利杂录》上连载几个月，但3卷本印刷版即将发表。借用一句他自己的话，他最终还是完成了“这个非同凡响的故事”。

小说出版当天，他不能待在伦敦，这已经成了他的一个念想，很是迷信，所以他一写完《奥利弗·特威斯特》就离开了伦敦。但这次可不仅仅是因为什么迷信观念，同时也是为尚未完工的《尼古拉斯·尼克尔贝》再多“争取”几个情节：他和哈勃雷特·布朗一起出发去英格兰中部和北威尔士旅行。第一目的地是曼彻斯特，因为狄更斯早就安排好了要去参观几家纺织厂。他的目的明确——想把它们融到小说的情节中，并再次巩固自己作为英国批判时政领域最具影响力小说家的地位。艾什力勋爵一直在为缓解英国童工的困境四处奔忙，他的努力深深地打动了狄更斯。在这些日子里，他全力支持“十小时运动”，即要求限制童工工作时间的运动。现在他决定去亲眼看看工厂中工人的生存状况，并“尽自己所能给这些不幸的人以最大的帮助”。于是，《奥利弗·特威斯特》完成一周之后，他把终稿校订的任务交给福斯特，就动身出发了。

他在书版《奥利弗·特威斯特》终校样张检查的时候及时赶了回来，一眼就对克鲁克香克的几幅插画终稿提出了异议；他其实对整个系列都很失望，但还是很理智地压了压脾气，没朝“德高望重的克鲁克香克”大发雷霆，只是让克鲁克香克去掉其中一张图，那张罗斯·梅莉和奥利弗·特威斯特坐在炉边的插画，画风极其多愁善感、无病呻吟。克鲁克香克开始想敷衍过去，只在已有的插画上做了些微调，但最终还是同意下次印刷时换掉这张图。狄更斯自己已经为3卷本做了文字修改，不仅改了滑头道奇的身高（从原本的1.06米改成1.37米，这样更加可信）等细节，还从原版中删去了那些过分强调连载小说元素和解释故事来源的段落。狄更斯想以这种方式把这本书打造成一部更合乎逻辑且更连贯的作品。还有，他突然决定使用自己的本名。第一次印刷时作者署名还是“博兹”，之后就都改成了“查尔斯·狄更斯”。

还在创作《奥利弗·特威斯特》的时候，狄更斯就已经决定要亲自动手将其改编成剧本，这是他对第二部小说比第一部更认真严肃的原因之一。这种做法也许是想杜绝剧院里的低劣模仿。最终结果如下：3月27日，圣詹姆斯剧场里上演了一个改编自《奥利弗·特威斯特》的话剧。鉴于狄更斯一直都和这家剧院有着密切联系，而且当时这家剧院仍在哈利和布拉罕的掌管之下，所以狄更斯本人很可能着手写了第一版改编本。肯定多多少少参与其中——就算没干别的，至少参加了排练——但剧本很可能是吉尔伯特·阿·贝克特改编的，他和狄更斯年岁相当，是19世纪典型的“雇佣写手”（枪手），在这一行做得还算成功，写过一大堆乱七八糟不值钱的剧本，编过一大堆五花八门不成功的廉价杂志。不过，这个剧并不叫好，观众反响冷淡，所以两三晚之后就停演了。

1838年，总共有六个版本的《奥利弗·特威斯特》话剧先后在舞台上上演，这种盛况至少从侧面体现了所谓“博兹热”或“博兹潮”中最具有戏剧性的一面（至少从字面上讲是这样），虽然狄更斯在看其中一版时从第一幕过半到谢幕一直躺在自己的包厢里，觉得难堪，因为戏剧对自己小说的解读很是拙劣。从这种改编的角度和观点上也能在一定程度上反映观众的品位，这种品位是狄更斯自己认为有必要去迎合的。狄更斯并不是从根本上反对别人将自己的小说改编成戏剧，只不过不喜欢改编得不好的部分罢了。比方说，在《奥利弗·特威斯特》话剧上演的同时，还有戏剧版的《尼古拉斯·尼克尔贝》也在上演，事实上他就很欣赏或至少喜欢其中某些地方。他尤其欣赏基利（Mary Anne Keeley）[1]太太对斯迈克这一角色的塑造，不过她在念“不会伤人的小知更鸟”那句台词时带着多愁善感的味道，让他很是反感。

1839年年初，狄更斯把注意力放在另一部小说上，之前他答应5月份会紧接着《奥利弗·特威斯特》的最后几章在《宾利杂录》中出版这部小说，而现在，他对这个即将动笔的故事似乎只有一个很笼统的想法，书名会叫作《巴纳比·拉奇》，而且会在一定程度上涉及1780年的“戈登动乱”。但当时他正在继续写《尼古拉斯·尼克尔贝》，一想到要在5月写出第一节，他就越发觉得理查德·宾利在剥削自己。他完全没理由这么想，但这并不是问题的关键。自己的作品确实受到了赞扬和改编，但他也觉得理查德·宾利从《奥利弗·特威斯特》的长篇连载中牟了利，而这些收益原本应该属于自己。所以，他停下了《巴纳比·拉奇》的创作。不仅如此，他好像还打算彻底放弃这部小说，准备毁约。但在福斯特的规劝下，他还是决定暂且将该书的出版日期推迟6个月。宾利好像有些草率，竟然同意了这一提议，条件是狄更斯在《宾利杂录》编辑的任期要延长6个月，另一个条件是他在完成《尼古拉斯·尼克尔贝》和《巴纳比·拉奇》之前不许接其他活。看到这一条，狄更斯连他仅有的那点自制力也飞去云霄了：“……如果你再用这种无礼的语气和我说话，这就是你我之间的最后一次对话，从那一刻起我会永远终止我们之间的任何条件、任何合约……”这些怒气冲天的话完全反映出狄更斯的自尊心和自我价值感。于是，两天之后，他辞去了《宾利杂录》编辑一职。

这回他手上也没有别的书稿任务了，《尼古拉斯·尼克尔贝》就成了头等要事。这是自从早年写《匹克威克外传》以来第一次他手上只有一部小说。不过家里总是有这样那样的急事让他不能集中精力进行文学创作。他不得不解雇男仆亨利，具体原因不明，但显然跟他“对女主人凯瑟琳的无礼”有关；之后他又雇用了一个小个子、满头亮红色头发、名叫威廉·托品的男人接替亨利的位子（和往常一样，他更愿意和身材矮小的人打交道）。更严重的问题在于他和父母之间的问题，尤其是他父亲——他一直死缠烂打地要钱，到处欠债，没完没了，让狄更斯很是受不了。比方说，约翰·狄更斯似乎养成了一个习惯，不停地向狄更斯的出版商查普曼和豪尔乞求施舍（这么说一点都不过分）。狄更斯亲自焚毁了父子之间来往的许多信件，他去世后，他的遗嘱执行人也焚毁了不少。没人知道这些信的内容，不过负责销毁其中许多信件的乔治娜·贺加斯曾说：“……许多他父亲、母亲、兄弟和其他亲戚写给查尔斯·狄更斯的信，几乎所有的信都是同一个语气，无非是手头有点紧、想要借钱之类的……特别是他父亲的信……不仅是欠债和手头拮据的问题，还有他父亲对他做出的极其可耻背离诚实的事情……”之后会有更多关于此类“极其可耻”行为的证据。这段时间事情再次恶化，几乎到了成为危机的地步。约翰·狄更斯欠债太多，又要办破产手续了，于是狄更斯马上做了一个决定。1839年2月那一期《尼古拉斯·尼克尔贝》中，他将凯特和尼克尔贝太太遣送到一个乡间小屋里，而在3月份，他决定给父母也找一个差不多的地方，就像他在小说里总是喜欢处理掉对故事情节不再有用的角色一样。同理，此时他想把父母从自己的现实生活场景中弄走。况且，还有什么办法比他在自己小说里用过的更好呢？

于是，他立即动身南下来到德文郡。和往常一样，性急的他当天就给他们物色了一幢新房子——迈尔安德小屋，位于艾凡顿村，离埃克塞特只有一英里。兴奋至极的狄更斯给妻子和福斯特写了信。单看信中描述，会觉得这是一幢存在于他的小说里的村舍：这是一个“顶级好的地方……坐落在一个我见过的最漂亮、最欢乐、最宜人的社区里……绝好的起居室……一间棒极了的储物间……一间漂亮的小客厅……壮美的花园”。他发现这幢房子纯属偶然，就是沿着路走着走着，然后突然决定就是这一幢了。他不仅给父母租下这幢房子，审阅、签署了必要的文件，还装修了房子，买了陶器、镜子、楼梯地毯之类的物件。对他来说，不能放过任何一个细节——就像他小说中的细节一样。他完工的时候，“那房子干净整洁得无法形容”。

狄更斯想让母亲来艾凡顿村帮忙收拾房子，这一点，加上之前他准备让母亲在凯瑟琳下一次怀孕时来帮忙一样，侧面说明她比许多人曾经臆测的要更听话、更能干；她并不像那些人推测的那样，是现实生活中的尼克尔贝太太。而且，很明显，一直以来都是约翰·狄更斯在惹事。他们之前一直住在霍尔本的国王街，现在狄更斯想在不惊动父亲债主的情况下把他们弄到德文郡。另外，他还给了父亲7英镑还有10.25先令的零用钱，但条件是他不能再回伦敦。父母亲略微不情愿地勉强同意了这次搬家，不过实际上他们也别无选择，而且在其他任何情况下，他们也不可能违抗身为名作家的儿子的意愿。自从狄更斯不断在报纸上发表文章，他们之间的关系就颠倒过来了。某位曾在这一时期见过狄更斯及其家人的朋友曾评价说："他们和查尔斯在一起时要比同其他任何人在一起时都更不自在，而且好像很怕冒犯到他。在他面前，他们举止克制，拘谨抑郁……因为他很是喜怒无常。"换言之，查尔斯·狄更斯已经成了这个家的主人，已经扮演起"父亲"这一角色，既养家糊口，又会制定规矩；而他的父母则变回了孩子，就跟尼克尔贝太太一样，成了需要儿子照顾的孩童。

这一时期，他一直在"构思尼克尔贝的故事"，努力创作，或用他最喜欢的一个词——“往深里面琢磨”。这是个普通得不能再普通的故事。一个青年人大喊一声“毕竟，世界就在我眼前啊”，然后踏上了人生旅程，并在旅途中遇到了恶棍、吝啬鬼和纯洁的姑娘；但狄更斯又在里面加上了饱受虐待的孩子，让人难以忍受或是癫狂的女人、滑稽又没出息的可怜人，再加上一个典型的充满痛苦折磨的家庭。他想将一切元素都融入这篇叙述文之中：浪漫故事、情节剧、悲剧、喜剧。要说这部小说和上一部有什么显著区别的话，那就是狄更斯在《奥利弗·特威斯特》中使用的语言富有传奇色彩，而在《尼古拉斯·尼克尔贝》中却采用了一种戏剧性的风格，是戏剧性的语言。也许是默认了他在这部小说里引入了这么多不同的风格，它们——这些风格——都严格地维持着原状，而且里面的角色似乎总是在扮演那个分配给自己的角色，总是恰到好处。最后，狄更斯将这部书献给了麦克雷迪，书中的一切都有一种戏剧的感觉，就好像狄更斯把大家的日常生活设计成舞台上聚光灯下的演出，显得比现实更恢弘、更明亮。倘若狄更斯在写作时脑海里勾勒出一幅世界的宏图，肯定就是那个狭窄且极高的世界，那个他从剧院堂座、正厅后排看到的世界。也可以这么说，《尼古拉斯·尼克尔贝》的作者对外表、姿势、语言和角色的理解深受其表演经历的影响。哈布洛特·布朗（Hablot Browne）画的插画锦上添花。他的画充满自己的特色，但同时抓住了一切精髓，看上去就好像真实在舞台上发生的一样。但即使这部小说非常符合当时戏剧化的惯例（大部分通俗文学都采取了这种做法），也并不意味着它就缺乏影响力或感染力。恰恰相反。书中戏剧性最强的两个情节——从可怕的吝啬鬼亚瑟·格莱德的魔爪中营救出玛德琳·布雷，以及发现斯迈克其实是拉尔夫·尼克尔贝的亲生儿子，这两幕剧极具感染力，时至今日还让读者魂牵梦绕、欲罢不能。阅读狄更斯的作品时我们会发现，人们对这种剧情模式的反应亘古不变，我们和那些坐在伦敦小剧院里或流泪、或欢笑的前人也没什么两样。但与此同时，拥有杰出双重意识的狄更斯在对戏剧热爱和欣赏的同时，也对其进行讽刺。比如，小说中大部分的内容都和模仿嘲弄差劲的表演有关，这个主题一直是他的兴趣所在。另一方面，书中一些严肃的情节和事件也遭到他不遗余力的模仿讽刺。许多学术性文章都致力于研究其情节中滑稽和严肃这两个并行元素，其实这两个元素可以看作狄更斯旺盛创造力的另一面。对他来说，对一些想法和事件“大做文章”就像编造一个喜剧情节或描写一个人物一样轻松欢乐，而这恰恰集中体现了那句“每个人都会有的奇特的矛盾感”。

然而狄更斯小说中大部分的戏剧张力都依赖于他自己的性格。首先，他热衷于模仿，有强烈的幽默感和自我嘲讽的能力，还有他对表演的酷爱。其次，他也在自己的小说中扮演曾在业余戏剧演出中扮演过的角色；在小说中，他既当舞台监督又扮演主角。在《尼古拉斯·尼克尔贝》和其他小说中，总会有同一群演员围着他，他给每个演员指导音调或节奏，这些人在指定的时间上台或下场。小说结尾是挖掘一位作家真实意图极为重要的线索，因为最后的真谛总是在结束时（小说家结束了自己不得不完成的任务和不可避免的困难时）才会以最自在无拘束的方式呈现出来。这就是为什么狄更斯大部分的小说都以同样的静态舞台造型和结局收场——这标志着那个时期的戏剧艺术特色，也是其具有如此重大意义的原因。（在结局时）所有演员都返场了，他们的过去和将来都被一一罗列，他们拉起手鞠躬，突然间帷幕降了下来，他们都消失了。

4月底的时候，狄更斯动了念头想要远离这个喧嚣的城市，于是就和凯瑟琳在彼得舍姆[2]租了个叫榆木农舍的地方，在那里一直待到8月底。狄更斯还是那么热情好客，爱和朋友们相聚玩耍，他经常邀请朋友去那儿过周末。有一次，他参观了附近的汉普顿赛马会，并在下一期的《尼古拉斯·尼克尔贝》中使用了收集到的素材。毫无疑问，就算他在萨里郡的乡间休养时，这部小说的创作也是他的头等大事。他为了专心写作，多次把自己“监禁”在这个乡间小别墅里。他常常会把手稿直接寄到伦敦的印刷商布拉德伯里和埃文斯手上。通常情况下，他一般周六到周一待在彼得舍姆，然后接下来的几个工作日赶回伦敦。

不久，他又有了一个新点子，那就是要写一本杂文集。这个念头一直萦绕在他脑海里，甚至让他放下了手头的《尼古拉斯·尼克尔贝》，还让他“万分焦虑，坐立不安”。所以，就算再不确定的事情到了狄更斯那儿都会变成十万火急，必须马上付诸实践才行，一刻都等不了。要是能出一个周刊，有固定的收入，也用不着再次把大部分精力花在一部长篇小说上，这种好事对狄更斯来说当然很有诱惑力。不仅如此，这样一份在他单独指导和管理下的期刊还能成为加强和读者沟通的纽带，这是他一直梦寐以求的。但他如果只是再写一部每月连载小说，这一纽带就有可能遭到破坏。他很了解自己的读者，他知道，要留住这些读者，必须调用惊奇和新颖的手段。这个新点子还有另一个好处，那就是让查普曼与豪尔同自己的关系更加密切，而且是一种双赢的合作关

227 系——他提议出版《汉普雷老爷的钟》，就是那部新周刊的名字，同时还建议他们在《尼古拉斯·尼克尔贝》上“对他慷慨大方一些”。最终，他们又给了他1500英镑，他们出手那么大方的原因之一好像是他描述了一个未来合作的新协议。这些方法在狄更斯之后的职业生涯中成了常态，即一边靠许诺新作品当诱饵牵着出版商的鼻子走，一边用自己出了名的坏脾气来控制他们。他同查普曼与豪尔最终就《汉普雷老爷的钟》签订的合约，从狄更斯的角度看来，简直是称心如意：查普曼与豪尔不仅将每月支付他薪水，还负责所有开支，而且全部收益他都和他们五五分成。他过去一直吃固定薪水的亏，但从此以后，他都坚持要求自己也参与到利润分红中来，并要求自己的收入和书的销量挂钩。也许，他是第一个真正意义上的职业作家，也是第一个将维多利亚时期商人所有的重要技能予以充分利用的作家。而且，由于他对那本新期刊和自己未来的热情越来越高涨，他对《尼古拉斯·尼克尔贝》就稍微有些心不在焉了。在彼得舍姆写的那几期虽然没有显示出创造力减弱的迹象，但我们的确能从中看出，他已经对这个故事的创作有些失去兴趣了。

但狄更斯还是不愿回到伦敦，主要原因是他对道提街那间房子已经失去了兴趣。房屋合约即将到期，他已经通知房东，表示不打算续约；如今家中拥有两个孩子，而妻子又怀有身孕，这使得原本有些狭窄的屋子变得更加拥挤狭小。因此，他们离开彼得舍姆后，决定南下来到拉姆斯盖特寻找新的住所。然而，在那里他们一无所获，只得返回附近的布罗德斯泰斯镇；他们没有继续在商业大街的小房子里住，而是选择在滨海地段租下一座宽敞的房子。正是在这个地方——阿尔比恩街40号，他开始动笔写下《尼古拉斯·尼克尔贝》的最后一篇章。此外，也是在这里，他经历了一系列与仆人有关的小插曲，虽然听上去或许有些可悲，但总能让狄更斯笑逐颜开。例如，他的厨师在“周二晚上喝得烂醉，最终被警察赶了出来，然后躺在旅馆门口向围观的人群讲述了好几个小时”。他并非不思念伦敦，那些信件表面上虽然充满了活力和热情，但实际上以一种奇怪的方式揭示了他内心深处的思考。在其中一封信中，狄更斯委婉地暗示伦敦发生的悲剧或许与他不在那里有关。“我几乎为那个跳下纪念碑的可怜女孩自责……否则，那两个男人也不会在阴沟里找到那具尸骨。”他还描述了克鲁克香克所绘的一幅虚构肖像，画中一个人将小孩的尸体塞进厕所的小洞里。这是他想象世界的另一面，有时候确实有些怪异离奇。

229 弗雷德也与狄更斯一家住在布罗德斯泰斯。毋庸置疑，在所有的弟弟中，狄更斯最钟爱弗雷德，他对弗雷德的幸福也一直关注备至。有一个晚上，他们一起迎着猛烈的暴风雨，勇敢地爬上海滩，悄悄地进入停靠在小码头旁的小船，观察暴风雨中汹涌的海洋。在布罗德斯泰斯住的那段时间，他的日记里只出现过一个词——“工作”，即坐在书房中，凝视着窗外波涛汹涌的大海，创作着《尼古拉斯·尼克尔贝》最后几章：斯奎尔斯倒了，拉尔夫·尼克尔贝的欺瞒行径被揭露了，斯迈克的惊险经历展现在读者面前，宠儿学堂最终被解散了，对于主人公及其新娘，以及主人公的妹妹和她的未婚夫来说，一切都以美满的结局告终。尼古拉斯·尼克尔贝和他的创造者一样，变得“富有而成功”，但小说以对斯迈克墓碑的描写而结束，这个可怜的角色几乎成了作者幻影的化身，假若他仍是一名“小苦力”，那也许将是他的命运。然而，此刻一切都已彻底结束，沉入土中。因此，1839年9月20日，星期五，狄更斯在日记中写道：“今天下午两点钟，我完成了《尼古拉斯·尼克尔贝》，并与弗雷德和凯特一同前往拉姆斯盖特，将最后一章的手稿装箱寄给布拉德伯里和埃文斯。感谢上天，我终于在有生之年愉快地完成了这本书。”他已经为这部新完成的小说写好了序言。在序言中，他第一次以温柔亲切的语气与读者对话，而他还希望在策划中的杂志《汉普雷老爷的钟》中继续使用这种语调。他说，他的目标是“希望他们快乐，并能为他们带来一些欢乐”。狄更斯此时成了一个富有感情的人，用爱和兄弟之情将所有的读者团结在一起。

《尼古拉斯·尼克尔贝》完稿后，举行了一个被麦克雷迪称为“过于奢华”的庆功宴。庆祝活动在阿尔德门街的阿尔比恩酒馆举行，而丹尼尔·麦克利斯绘制的狄更斯肖像在此场合中占据了最引人注目的位置。值得一提的是，这幅画的复制品非常受欢迎，结果使用的印刷版已经损坏无法修复。明显地，这不是一个特别令人兴奋的场合。在向狄更斯致贺时，麦克雷迪把他与华兹华斯相提并论。听到这里，狄更斯便对一位客人表示，他对于华兹华斯那首美丽但有些病态的诗《我们七个》非常喜爱。这是狄更斯难得展露对第一代浪漫主义诗人的赞赏之情。晚宴直到“深夜”才结束，他回到了道提街，此时凯瑟琳正处于怀孕的最后阶段，即将生下第四个孩子。事实上，现在看来，凯瑟琳明显患有严重的产后抑郁症和焦虑症，从结婚开始，她大部分时间都处于怀孕的状态，她的身体逐渐变得越来越虚弱。

而狄更斯自己呢？他心旷神怡，活力充沛，虽然工作辛苦，休闲亦不轻松，然而一点也未受影响。通过他的子女证实，他对待家人远不如对待朋友那般友爱和自在。他循规蹈矩，不苟言笑，对家庭事务总是严谨有序，尤其对妻子的笨拙显得急躁和不耐烦。然而，他又如何看待自己呢？值得注意的是，在他早期春风得意之时创作的作品中，他常将自己想象成贫困或身陷囹圄者。克鲁克香克、麦克利斯以及其他人都喜爱称他为“狄克”，而这个名字也被赋予《尼古拉斯·尼克尔贝》中一只失明的乌鸦和《奥利弗·特威斯特》中一个病弱、注定难逃厄运的小孤儿的角色。他仿佛觉得自己同样承受着巨大的折磨。《尼古拉斯·尼克尔贝》中的一个孩子形象或许也源自狄更斯自己的童年：“一个身体畸形的小男孩远离其他活泼快乐的孩子，注视着他无法参与的游戏，这一幕令人心生痛悼。”除了身体的异常外，这简直成了狄更斯对童年的真实写照，这种描绘表明了他内心深处无法逾越的不可抗力和无可挽回的自怨自艾情结。狄更斯总是幻想自己被人冷落是有道理的。毫无疑问，他有时会将这对社会永不消散的微妙不满发泄在自己最亲近的家人身上。10月29日，凯特·麦克雷迪·狄更斯来到人世——这个女孩长大后与她的父亲在许多方面如出一辙。然而，她的降生只让束缚感越发强烈，成为他家庭生活中的一大缺憾。同时，这也是他渴望搬家的原因之一。自他从布罗德斯泰斯返回伦敦起，就开始迫切地寻找新居所。狄更斯提议，只要房东将房子中的所有固定家具一并买下，他将在1839年圣诞节前搬离道提街——这再次显示出他在财务方面头脑精明实际。就这样，在12月初，狄更斯一家和仆人搬进了一座更宽敞的住所。位于马里波恩路的德文郡排屋1号几乎正对摄政公园的约克门，于某些方面比道提街的地理位置更显尊贵，而且房屋本身也更加气派。作为三幢联排别墅的最后一栋，位于马里波恩路和马里波恩商业大街的交界处，四方形状的花园被高墙环绕。房屋分为两层，共计13间房间，很快就配备了齐全的家具：大型烛台、罩以丝绸的红木椅子、绸缎窗帘、巨大的镜子、沙发、茶几等。至于唯一简朴的家具，则是狄更斯原本为福尼瓦尔客栈的出租房所购置的一架立式小钢琴。他还让人将前门和花园外的栅栏刷上了亮绿色，这是他最钟爱的颜色之一。尽管如此，仍有些评论家认为这座公寓相当传统，甚至有些阴郁。

搬到德文郡的排屋花了他非常多的时间。为了补偿这些超出计划的时间，他不得不放弃其他重要的约定，以便有时间继续构思《巴纳比·拉奇》。他在10月份重新拿起笔，试图继续这本书的创作，但还是中途放弃了。他患了严重的支气管炎，除此之外，他还同意写一本散文集《青年夫妇手记》(*Sketches of Young Couples*)。这本选集在许多方面都非常古怪，主要描绘了婚姻生活，但其中确实道出了一个著名的信条。而狄更斯在之后的人生中也一直坚守着这个信条："……每个男人和女人，无论是否成双成对，只要陷入自我放纵和孤立的习惯中，忘记了自己与周围的人和事物有着天生的情感纽带和紧密联系，那么他们不仅忽视了生命的首要任务，而且——诚然恶行将遭到恶果——也抛弃了自己真正美好的快乐。"这话说得很有道理，极好地表达了一种理念，但我们必须记住，正如这些短篇札记所展示的那样，狄更斯的想象力总是围绕着人类实际行为自然地展开。虽然《年轻夫妇素描》算是比较轻松的活，但还有更重要的工作在等待着他，其中就包括《巴纳比·拉奇》……然而，在长期创作这部小说的时候，他在《先驱晨报》上读到了宾利发表的一则通告，宣布《巴纳比·拉奇》"即将出版"。他立即写信给他的律师史密森和米顿，委托他们告诉宾利这本书无法按时完成，并且他完全拒绝继续创作该书。他给出的主要理由是宾利最近将狄更斯的作品与其他一些作家（例如哈里森·安斯沃思）的作品混淆，并“一起推销，给我造成了严重侵害”。因此，狄更斯显然对于将自己的作品与其他作家的小说联系在一起已经产生了极端厌恶的情绪。事实上，他只是急于解除与宾利的合约，不愿再为宾利继续创作《巴纳比·拉奇》。这本书的完成日期遥遥无期，他准备开始与查普曼和豪尔合作的新期刊，而且他对宾利本人没什么敬重之情。因此，他抓住这则通告作为取消合约的借口。当然，宾利对狄更斯突如其来、盛气凌人的声明感到非常惊讶。“这是狄更斯先生最不寻常的一次爆发。”他的律师这样评论道。宾利的儿子随后补充道：“这是狄更斯性格的一部分。他想要毁约，所以编造出这样的理由。狄更斯聪明，但不诚实。” 234

这并不是狄更斯仅有的一次背负不诚实的骂名，他的敌人们经常指责他撒谎连篇。毫无疑问，狄更斯喜欢夸张的表达方式，对于过度和超量的事物有着与生俱来的喜好。他从来没有像现在这样乐意、这么频繁地做过某件事情；他从来没有这么多观众；他从来没有卖出这么多份（不过，在他的信件中看到这些夸张之词时，总会有种奇怪的感觉）。只要有需要，他就会编造一些事件或至少对其渲染，这是可以争辩的事实。然而，这种对夸张的癖好也有其益处。正如当时有人评论的那样，他总是“和善地放大人们的优点”。但问题比这复杂得多，狄更斯不同时期发表的某些评论都可以概括为“毋庸置疑，大家对我的印象比事实更好……我保证说真话，这就是我的真话，我自认为……我在头脑中创造了一个传奇，结果自己对其深信不疑了……”诸如此类。这大致就是事情的真相：狄更斯相信眼下所看到或着迷的事物。如果他有某种感觉，那种感觉就立刻变得非常真实；他也将书中的人物视为如此，只要抓住某个念头或信念，那个念头就在他脑海中成为绝对真理和现实。因此，他会根据自己的原则或执念来看待世间万物。这与撒谎无关，除非说创作本身就是一种谎言。尽管对于那些吃过狄更斯不实陈述亏损的人（包括他的妻子在内）来说，这样的说法可能起不了安慰的作用，但毫无疑问，狄更斯会觉得自己可以发誓从未撒过谎。

这也是为什么虽然明明是狄更斯自己错了，但他对理查德·宾利的敌意中却带着真正的愤怒。正如他自己所说，自从那以后，“和这个伯灵顿街的强盗……就是你死我活，势不两立了”。毫无疑问，他期望宾利不会与他闹上法庭——出版商起诉作者是非常罕见的事情，而结果证明他的判断并没有错。与此同时，暂停《巴纳比·拉奇》的写作后，他立即把注意力转向了那本即将出版的杂志《汉普雷老爷的钟》。他的进度和计划相一致，他想到了一个关于俱乐部的构思，然后开始创作一系列与俱乐部成员有关的故事。“大框架中的故事”的想法满足了他想象力的某一方面。在《匹克威克外传》和《尼古拉斯·尼克尔贝》的叙事框架中也有这样的故事，而且他记忆中的童年阅读对这种相互关联却又独立的故事产生了重要影响。他不仅读过《蜜蜂》和《旁观者》之类的杂志，更重要的是，他还读过《一千零一夜》，这本书中的幻想世界深深地触动和激励了他。然而，他现在正在写的第一期《汉普雷老爷的钟》有一个非同寻常之处，那就是故事的叙述者。在这本书中，狄更斯扮演一个老人的角色，他对童年最深刻的记忆是自己作为一个“跛腿的可怜孩子”。萨默塞特·毛姆在《人性的枷锁》中让主人公患有畸形足，作为他心目中自己某些缺陷的外在体现；同样，在《汉普雷老爷的钟》这一角色中，我们可以再次觉察到对伤痛和脆弱的形象化表达；在以前的角色中，狄更斯也尝试过这种手法，例如在创作小蒂姆时。

还有伦敦，那个他在《尼古拉斯·尼克尔贝》里赞美的伦敦，此刻继续在这本新杂志中被描绘着。他将它定义为一个“海纳百川的地方，包括与其相反的极端和

237 对立面”，将“一千种世界”融汇于此，一个让叙述者对“从身边经过的最卑鄙的坏蛋都有所关心”的城市。狄更斯在此绘制了一个故事的框架，同时也明确规定了他想象世界的边界。他所写的第一个故事显然带有伦敦的风格：故事开头涉及戈格（Gog）和玛格（Magog）[3]这座城市的双生神；他曾计划与哈里森·安斯沃思合作写一本关于旧伦敦的书，因此可说这个故事在某种程度上受到了启发，但它也与他当时的想象世界兴趣相关。当时，他已经完成了《巴纳比·拉奇》的前几章，这几章与18世纪的伦敦有关。有趣的是，《汉普雷老爷的钟》之后的所有短篇故事都发生在16世纪或17世纪。因此，他的整个构思围绕着过去展开，并且在开始写《汉普雷老爷的钟》的那个月，他还拜访了一位名叫厄普科特先生的珍本书籍商人，他自称为“藏书家兼出版商”。狄更斯在来宾登记簿中写道：“这真是一座收藏着非凡古文物珍品书籍的府邸啊，我准备有机会再次造访，从这永不枯竭的源泉中品味一些洁净的泉水，唤醒我的思绪。”古老的伦敦、叙述者幼年时的旧情、古书，在《汉普雷老爷的钟》中，“过去”这个概念、具体的伦敦历史事件以及他自己逝去的童年再次交织在一起。正如他在探索这座城市的历史，也在某种程度上探索着自己的过去，并赋予其生命，将

“过去的情感和已逝的岁月”融合在一起。这让G.K.切斯特顿的评论更加可信——在这些期刊故事中，有“他梦想的原材料”。

差不多在这个时候，狄更斯结识了一位新朋友，而这段友谊对他产生了重大影响。爱德华·斯坦利，是一位辉格党政治家，像许多上流社会的人一样，他非常“关照提携”这位著名小说家。正是在他的家里，狄更斯认识了托马斯·卡莱尔。狄更斯后来告诉他的一个儿子，卡莱尔是“对他影响最大”的人，而且狄更斯的小姨子也曾对卡莱尔说“你是他最敬重、最欣赏的人”。一张著名的照片记录了狄更斯在盖茨庄园的草坪上读卡莱尔所著《法国大革命史》的画面。当然，并非只有狄更斯一个人欣赏卡莱尔，有充分证据表明，卡莱尔是19世纪40年代英国最重要的作家之一。尽管在两人相遇之前狄更斯完全不熟悉他的作品，但在共同活动的那些激进派圈子中，对他的名声早已耳熟能详，肯定也了解他的一些作品。

狄更斯并未详细记述下自己对卡莱尔的初次印象，但毫无疑问，他认为两人属于同一阵营。这不仅因为他们都支持激进派，更因为狄更斯早些时候做了一系列关于英雄、英雄崇拜以及历史上英雄业绩的讲座，并将其

239 编撰出版成《论英雄、英雄崇拜和历史上的英雄业绩》一书。狄更斯对卡莱尔对权力和有权之人的崇拜持有保留意见，但当他读到卡莱尔对“文人英雄”的赞美时，不禁感到激动振奋。在那次讲座中，他宣称：“既然精神永远决定物质，我们必须把这位文人英雄看作最重要的现代人物。他也许是一切的化身。他所教授的，全世界都会照做……文人是一位终身牧师，世世代代教导人们上帝依旧在他们生命中……我要说，在世上所有现存的‘神职人员’‘贵族阶级’和’统治阶级’中，没有一个阶级的重要性能和‘作家牧师’相比……”毫无疑问，除去其中理想主义的成分，这正好与狄更斯的观点不谋而合，这也恰好是他想要扮演的角色。

然而，这并不意味着卡莱尔对作家狄更斯的成就有高度评价。主要原因在于狄更斯是一位小说家，因此他创作的作品被归类为“表象”的世界，而非“真实”的世界。当然，卡莱尔很喜欢阅读狄更斯的作品，有时甚至会被他的作品所打动，但他认为狄更斯是一个“小人物”，这巧妙地表达了他对狄更斯的轻视态度，而且这种态度从未改变过。多年后，在《过去与现在》中稍微含蓄地描述狄更斯访美之行时，他说道：“……如果所有美国人都举着火炬跟在一位‘著名小说家史努思珀’后面，邀请他参加晚宴，全体高呼万岁，觉得他虽然个子很小，但还是个了不起的人……一个‘了不起的人’，就算个子小，也有可能受到崇拜……”尽管他贬低狄更斯创作的那类作品，但他对创作作品的这个人仍然表示喜爱。他曾说过：“我真心喜爱狄更斯，而且在他灵魂深处觉察到一种真正的‘和谐之音’，竭尽全力地想要发出自己的声音……” 240

当然，总体而言，狄更斯的观念和信仰都是本能的，充满热情但缺乏认真考虑。而在卡莱尔的作品中，狄更斯发现了一种积极奋进的理想主义，一种崇高的目标和绝对的严肃感。这些帮助他将自己的观念整理成一个条理清晰、连贯一致的思想体系。卡莱尔的思辨唯心主义以及对哲学激进主义的怀疑也有助于狄更斯整理自己零散的思想。例如，两人对当时英国极不稳定的状况持相同看法或许是可能的。尽管现在我们看来，当时的英国或许非常自豪且成就斐然，但对他们来说，这个国家却缺乏内涵和信仰。两人初次见面三年后，《过去与现在》出版了。在这本书中，卡莱尔谈到了对当时局势的看法，而狄更斯可能会理解并赞同他的观点：“所有英国人都在忍受着、苦恼地绞扭着双手，几近绝望地问自己接下来又是什么。《改革法案》最终失败了；边沁的激进主义、

‘开明的自利’的福音也不再存在，或者说，是在人们的泪水和不满的呼喊声中沦为‘五点’运动：接下来，我们应该抱有怎样的希望？或者我们该做怎样的尝试呢？”当时，这些19世纪40年代的人“对自由主义、供需、现金付款这些模糊的字眼嘟囔不已——人与人之间唯一的联系是自由贸易、竞争和那些抓到最后的人被魔鬼带走。我们最新的信条如此宣扬。”狄更斯本人也对他的同代人进行了类似的激烈抨击，与卡莱尔一样，他在所有社会和政治问题上都建立了一个巨大、模糊的象征性结构。因此，《荒凉山庄》中的伦敦可以被看作卡莱尔上述话语的回音室：“充满烟尘的曼彻斯特——建立在无数深渊之上；高耸的天空覆盖着我们的头顶；其中有生命，也有死亡——它在各个方面都和古城撒冷[4]或者先知城一样令人惊讶，一样可怕，一样难以想象。无论坐着还是站着，无论在何时何地，我们头顶、周围和内心都充满了‘无垠’和‘永恒’……”这是卡莱尔眼中的英国，也是狄更斯眼中的英国。这是19世纪前叶真实的景象。

卡莱尔，时代中最重要的哲学作家，以崭新的视角诠释着那个时代。尽管后世视之为维多利亚统治时期古板保守的开端，但实际上并非如此。那个时代蕴含着独特的生命力和风格，而卡莱尔与狄更斯则成为这种活力在文学中盘旋扩散的化身。他们的作品从深邃的想象世界中散播开来，触及广大读者的内心，成为《奥利弗·特威斯特》等作品的必读之选或卡莱尔小册子的珍爱。

放眼历史长河，我们可以清晰地看到两位作家的相似之处。他们将哲学思考和社会分析与生动的情节和细腻描绘相结合，超越了18世纪写作对类型严格划分的约束。私密的内省与公众的愤慨谴责，在他们的笔下融汇贯通，几近预言性的想象与坚定执着的实话相交织，中世纪观点与追求真实、贴近生活的渴望相融合。这些元素在卡莱尔和狄更斯的作品中得到同等程度的展现。透过他们的文字，我们或许能窥见19世纪三四十年代真实的轮廓，一个充满激情与责任、信仰与怀疑的时代。但卡莱尔年事已高，狄更斯才是真真正正在一个转折年代走向成熟的人。

1 基利太太，玛丽·安妮·基利（1805—1899），英国女演员。其丈夫是罗伯特·基利（1793—1869），是一名深受观众喜爱的喜剧演员。

2 彼得舍姆，位于伦敦里士满自治市，毗邻泰晤士河。

3 巨人戈格和玛格原本是《圣经》中的形象，伦敦市市长大人在就职游行中展示了戈格和玛格两个巨人的形象，这两者也就因此成为伦敦市的守护神。

4 《创世纪》中的撒冷，巴勒斯坦古城和耶路撒冷。

第十二章 《老古玩店》

1840年4月初，查尔斯·狄更斯与凯瑟琳、福斯特一同赶往伯明翰。他为自己的新期刊撰写了一个“短篇儿童故事”，介绍了内尔这一角色的形象，而这个故事最终演化为《老古玩店》的第一章。他前往参观这座工业城市当然与他全新的出版计划有关，但无论如何，这也成了他的惯例，无论何时一部作品要发行，他都不能留在伦敦。他们在去往英格兰中部的第二天，首期《汉普雷老爷的钟》准时发布。每周出版一期，售价3便士（月刊每期售价1先令），并且外观与众不同。相较于平常的《尼古拉斯·尼克尔贝》月刊，它尺寸更大，采用乳白色纸张，每期正文12页；与以往的月刊不同，插图不再是放在每一期开头，而是错落有序地“散布”在正文中。所有这些都彰显出狄更斯对细节的独到观察力，以及他对该刊物的高度重视和对未来成功的巨大期望。他说，前景将是“不可估量”的。这是一场“付出巨大努力的游戏”，但“面前摆着巨额奖金”，当他听闻首期销售量超过7万份时充满喜悦。因此，他被乐观主义冲昏了头，告诉麦克雷迪说，根据这种情况，他一年可以赚1万英镑。此时，他已经在设想各种改进该刊物效果的方法；他准备在第三期中插入一则内尔的故事，但又改变了主意，决定将其放在第四期上，而此阶段他最主要的目标就是让这个由不同材料汇集而成的大杂烩更紧密地结合起来。他希望让自己的刊物“看起来不那么东拉西扯”。他的直觉是正确的：当第五期、第六期的样张准备就绪时，一切都显而易见了，公众对这个“杂”文集的接受程度并不如狄更斯和他的合伙人所预期的那样。销量在两周内下降了近三十个百分点，仅有大约五万份销售，而就在这个关键时刻，狄更斯决定及时止损。他意识到，老百姓一直在期待着他写另一个故事。作为曾经的记者，他一直保持着职业意识，因此他准备迎合读者的兴趣和需求。很有可能他早就看到了那个“儿童故事”的潜力，也许他早就打算不时地回到这个有趣的主题。但他现在决定精心拓展这个主题，将其变成一个每周连载的小说形式。无论如何，这无疑使他非常着迷，正如以后他告诉一位朋友的时候所说，在这个关键时期，他走到哪儿，小内尔就跟到哪儿。他创造的许多角色都是这样，《奥利弗·特威斯特》最初也只是一个关于一个孩子的简短故事，之后几乎立刻发展成一个完整的小说。这就好像一个无依无靠的孩子的悲惨遭遇促使狄更斯进行全面彻底的构思、规划和设计，就像只有（对于小内尔来说真的是如此）把它埋葬了才能让自己心安。

于是，《汉普雷老爷的钟》第四期便以这个新故事开篇。除了小内尔的故事外，他还有其他的材料要使用，所以我们会在小内尔的故事之前找到一篇短篇故事，讲的是一个谋杀案。之后是一则讽刺浪漫主义的模仿作品：“‘你行吗？’他意味深长地说。我感觉到他的脚轻轻地踩在我的脚上；我们的鸡眼一同抽痛……”即使没有其他，至少也可以看出这个阶段狄更斯非常重要的一个特征——没有固定形式，随时准备尝试任何事物。但正是通过偶然写的只言片语和岔题奇思妙想，这个关于小内尔和他祖父的伟大小说诞生了。当《汉普雷老爷的钟》连载结束时，销量已经达到了10万册，并且《汉普雷老爷的钟》也成了它的传播媒介。因此，代表狄更斯负责终校样张任务的约翰·福斯特说，在《老古玩店》中，“他本人没有那么多直接的计划意识，比我印象中他职业生涯中的任何一部作品都要少”。但相对于其他作品而言，正是这本小说使“他自己和读者之间的纽带成为一种个人依恋”。5月初，他正在写第三、四、五章，书中出场的角色已经非常丰富了；小内尔本人、讨人厌的侏儒奎尔普、善良又“讨人喜欢的伙计”吉特·纳布尔斯和狄克·斯威夫勒。

现在很明显的是，他再次准备开始一部长篇小说，并且正是由于想要将所有精力集中在这部小说上，他突然下决心南下到布罗德斯泰斯。尽管他想在工作时不受干扰，但这并不妨碍他写信给朋友比尔德、米顿、麦克利斯、福斯特，邀请他们和他以及他的家人一起住在海边。他们选择住在滨海地带的阿尔比恩街，在这里他正式开始了《老古玩店》的创作。然而，他的第一件事却是重新布置和清扫房间；“整理过的书桌带着您尊敬的朋友特有的那种整洁，”他在信中告诉比尔德，“而且所有房间的家具都由同一位卓越之人重新摆放。”在这封信的半开玩笑之中，我们至少可以感受到他内心深处的自豪感。然后，他立即开始了他每天的工作：早上7点起床，大约8点30分开始工作，通常在下午2点之前结束工作——这样的工作时间已经相当辛苦了，但是他认为在每周一期的限定时间内写作也同样让人筋疲力尽，两者并不相上下。

刚写这部小说时，他等到开印前两周才动笔。对于一本有规律地发行的杂志来说，时间十分紧迫，焦虑和紧张充斥着他的内心。为了履行对读者群的承诺，他不知疲倦地写着。也许，这就是他决定突然逃离伦敦、去旅游、去“远足”的最佳解释。在布罗德斯泰斯停留了约四周之后，他与福斯特、麦克利斯一起参观了查塔姆和罗切斯特。重回童年故地总能给他带来精神上的滋养，仿佛它们能够唤起他已经走过多少路、未来有可能走多远似的。然而，无论旅途多么漫长，最终都会抵达同一个无法避免的目的地。据说，正是在这次旅程中，他提到了罗切斯特大教堂底下的一块小坟场："就是那里，我的孩子，我终有一日要化作尘埃啊。"然后他回到伦敦，回到德文郡排屋的书房里，抱怨"从未像现在这样被汉普雷牢牢束缚住"，同时继续叙述小内尔颠沛流离的生活，乍莱太太 (Mrs Jarley) [1] 及其蜡像藏品的碰面，以及奎尔普阴谋诡计的故事。

然而，在创作《老古玩店》时，他异常不安，因为他觉得这个故事很难写得"扣人心弦"。他与凯瑟琳一起南下来到艾凡顿村，来到那幢他给自己父母物色的乡间小屋里看望他们。他告诉福斯特："他们看上去相当满足和快乐。这是我在信中唯一能告诉你的消息，其他的见面再聊。"毫无疑问，做人物传记的困难之处在于最后一句话。因为我们现在根本无法猜测那些没有文字记载、突然或不经意间冒出的话语。也许，这些时刻蕴含了生命的全部意义，但我们无法重新唤起它们，就像生命本身一样，它消失无踪，只留下一些书面文字供我们小心尝试重现。当狄更斯急于开辟自己的天地时，每一天都是他存在的新确认和延伸，而传记作家却了解一些他本人都不太清楚的事情。比如，我们都知道其实他的父母不开心，约翰·狄更斯即将伪造儿子的签名来支付欠款。在短暂拜访艾凡顿后，狄更斯回到布罗德斯泰斯，租了一个更大的地方——

劳恩宅邸。他在那里度过了夏天剩下的日子。他再次住在海边，再次邀请亲朋好友与他同住。这个假期只有一个方面不同寻常，因为一位名叫艾琳诺·克里斯蒂安的亲密朋友留下了与狄更斯一行人同住的详细记述，并对狄更斯本人进行了生动的描写。根据艾琳诺·克里斯蒂安的描述，他的形象并不高大，主要是因为他总是显得玩世不恭，总是开一些粗鲁的玩笑，情绪善变。这些细节都是准确的。比如，他的衣着总是过于花哨（“虽然我当时还年轻，但我也能察觉到许多作家和艺术家都喜欢穿奇装异服，但这种情况很罕见……”）。和他的父亲、兄弟一样，他说话声音有些沙哑，语调低沉而急促；当他全神贯注地思考时，会吮舌头或扯头发。这些其他人很少提及。此外，艾琳诺·克里斯蒂安还记得一些公众都能看到的行为事实：他幽默的言辞“通常都很夸张而做作”；他有时在众人面前露出的“心事重重、出神的表情”，非常具有欺骗性。实际上，他对听到的一切都心领神会，并最终会对所听到的事物做出极其搞笑但毫不留情的批评。但让艾琳诺·克里斯蒂安印象最深刻的是他的情绪善变。有时他非常活跃、友善，尽管他在高兴时会做一些不得人心的事情，比如把穿着丝质新裙子的艾琳诺·克里斯蒂安拖入海中。旅行时，他坐在马车里唱一些流行歌曲的片段，参加当地舞会（尽管通常会待在暗处以免被认出），兴致勃勃地玩字谜游戏和各种聚会游戏。有一次玩字谜游戏时，他还戴着一顶带有凌乱羽毛装饰的女士宽檐帽。然而，有时候他也会愁眉苦脸、沉默寡言，不爱交际。有时候，他的双眼甚至会像两盏红灯，那种时候，我承认我很害怕他。

关于这点，有一句谚语常挂于人们的唇边。艾琳诺·克里斯蒂安虽然未收到邀请，但从布罗德斯泰斯归来后不久，她仍准备参加狄更斯家的一个字谜派对。然而，带她去的朋友却有些迟疑。“如果是除了查尔斯·狄更斯之外的任何人，我一秒钟都不会犹豫。”她对艾琳诺说，“但他也太古怪了！”他的弟弟弗雷德里克也曾表示他“有时候很古怪”，而其他人也常重复这一描述：古怪，反复无常，捉摸不透，他说话声音低沉而急促。然而，正是这个人写下了一部既催人泪下又滑稽可笑、既有闹剧成分又有悲剧元素的小说。一部读上去仿佛是《天路历程》和《鬼怪故事》的混血儿，其中的小女主角在一群小矮人和巨人之间周旋，幼稚的人模仿讽刺着天真童稚的人，既有死去的孩子又有蜡像；小说中那种追求中世纪历史真实性的冲动屡次被黑暗现实中扭曲的人物所代替，性的话题随处可见却从未被深入探讨。这是一部不断提及野蛮和荒野的小说。

还有其他一些关于狄更斯身上的“野蛮”特质的传言

似乎传得非常迅速。据说他“染上了酒瘾”并且陷入了精神错乱，甚至被送进一座精神病院接受治疗。有传言称，这些关于他疯狂的传闻都源自一个笑话，而这个笑话又与他在德文郡排屋里养着的一只渡鸦有关。这只小家伙名叫格里普，狄更斯对它的态度和行为格外感兴趣。据传闻，兰西尔曾说过狄更斯“疯得像只渡鸦”。然而，这看起来并不太可能。事实更有可能是这样的：他一直以来高度兴奋的生活节奏以及像他这样的名人所伴随的各种常见谣言，很容易在传播中被夸大成“精神错乱”。这一传言的严重性毋庸置疑，因为就连狄更斯本人在即将为《老古玩店》写的序言中也对其加以否认，这对他来说确实非同寻常。

在布罗德斯泰斯，他一直保持着对《老古玩店》的写作势头。一天晚上，他沿着海边的悬崖散步，眼前忽然展现出繁星倒映在海面上和灭世之后“死去的人类在百万英寻深处的海水中”。他将这一画面融入小说中，而小内尔则目睹到同样的星光倒映在河面上，接着“发现又有更多的星星映入眼帘，远处更多，再远处更远，直至整个宽阔的河面……”。一直以来，新的意象源源不断地涌向他——“我头脑中的博物馆”中的意象，他如此称呼它们，如大海，安睡脸庞，他与凯瑟琳、福斯特一同穿越的那条连接伯明翰与沃尔夫汉普顿的马路，骚乱，小内尔和祖父走向她死亡的旅程，以及火灾警戒员坐在一家工厂熔炉前的壮观画面。

“那团火，如我记忆之光，映照出我生命的辉煌。”

伟岸壮丽的虚幻景象，在他白昼生活的舞台上继续展示。然而，身体却不适，面庞常遭剧痛之苦，他怀疑是风湿病或三叉神经痛所致。10月初，从布罗德斯泰斯返至伦敦，他发现曾寄望《汉普雷老爷的钟》赚钱的梦破碎了。制作一本精美期刊所需成本巨大，如实分明。况且，他还被重感冒所困扰——“我日夜泪流不断”，他叹道。然而，泪水从未阻挡他的工作进程。就在那时，他正协助指导弗雷德里克·叶慈将《老古玩店》改编为戏剧。然而，最终演出之际，他却无法亲临其境。他原本计划在小说完成后即尽快在《汉普雷老爷的钟》中连载《巴纳比·拉奇》的故事。此外，他也在反复思考《老古玩店》所要表达的核心思想，准备让小内尔寄居于旧教堂附近，并为她的离世做好铺垫。所有这些主题思想在那个1840年的冬天逐渐聚拢：对死亡的兴趣，少女尚未步入青春期的状态，以及老教堂的遗址，无不述说着一个纯真的时代，与女主人公经历过的——英格兰中部工业化景象——形成鲜明对比。然而，纯真从来都不会永恒存在，建筑注定会倾颓成废墟，花季少女必将一日凋零。

诚然，小内尔的离去令他深感满意，也可视为他性格中的一面。“我深信此情节将流传百世之久。”他在一封抚慰自己悲伤的信中如是写道。事实上，他无疑刻意使自己陷入怜悯同情和可怕嫌弃的境地，以便用恰到好处的同情之心描绘生命的结束——就像玛丽·贺加斯离世时他所经历的丧亲之痛。然而，情势发生了奇妙的逆转，这是对狄更斯理解自己小说极为重要的逆转。显然，唯有回忆起那无尽痛苦方能恰如其分地描绘小内尔的去世——这正是现实生活融入艺术的典型例子。然而，令人奇怪的是，艺术也开始对现实生活产生影响。狄更斯为了写作，心中激起的那种状态完全渗透到现实生活中，以至于他曾一度向周遭的人们倾诉内心。例如，他曾试图化解福斯特和安斯沃思之间的争执，当时他正创作小内尔离世的场景；他将自己创作《老古玩店》时的经验作为“见证两个彼此欣赏的人竟互相疏远，浪费生命时深感懊悔”的重要证据。

当然，小内尔的逝世引起了广大读者与他自身同等的悲哀。据说，当时美国大众聚集在纽约港口，询问从大西洋彼岸抵达的旅客：“小内尔安好吗？”英国本土的反应同样令狄更斯深感振奋，人们甚至将小内尔比作科迪莉亚(Cordelia)[2]，更将狄更斯与莎士比亚相提并论。这或许是前所未有之事，但肯定不会是最后一次。杰弗里伯爵读完小内尔离世的情节后潸然泪下，而丹尼尔·奥康奈尔则大声呐喊：“他不该让她死！”将书从火车窗口扔出，许多人怀着同样的不满给狄更斯写信，请求他改变这个不幸结局。

但小内尔的死究竟有何特别之处，居然会引起如此反应——引发了如此之大的反响，以至于后来的一位评论家竟将其描述为“现代感性史上的一次运动”？这当然是一种夸张说法，而且就算在当时也不是每个人都觉得小内尔的临终之时像作者所设想的那么感人。和19世纪后半叶的人们一样，当时也有许多读者不喜欢这个场景的“多愁善感”。但它的确对其他人产生了显著影响，这一点毫无疑问，就好像这个纯洁美好的孩子之死让许多读者开始哀悼自己逝去的纯真一样。因此，人们心中生发的一些感情可以看作一种间接体验的自我怜悯，而这不论是在当时还是现在无疑都是最强有力的感情主义形式。但事情远没有那么简单：狄更斯在哀悼一个孩子的夭逝，而在当时人们的日常生活中儿童夭折是很寻常的事；比方说，仅1839年一年，伦敦举行的葬礼几乎就有半数是为10岁以下的儿童，他们或因疾病或因营养不良而丧命。

然而，尽管其中有一些悲剧元素，但《老古玩店》还是从头到尾闪烁着狄更斯荒诞不经的诙谐幽默，不仅对那些深深打动他的事情轻描淡写，还模仿讽刺那些他自己难以抵抗的种种情感。此外，最重要的是虚构和创造带来的纯粹感。多年之后——事实上，就在他去世两年前，一位朋友发现他在重读那部小说时“放声大笑”，因为这个凄惨旅程的故事让他想起了当时自己写这本书时的情形。他并没有忘记快写到小内尔去世的场景时自己有多么悲伤，但那种悲伤之情并入了一阵情感更强烈的大笑声中。也许，这时候是该考虑考虑狄更斯本人多愁善感的问题了，因为大家普遍认为他小说中的感情主义以某种方式渗入了他自己的生活中。据报道，《老古玩店》中每10页就有角色哭的情节，而且据统计《董贝父子》中也有88个落泪的场景（不过，到了19世纪50年代，他虚构的洒泪场景少了一些，而他后期小说中的角色就更加不爱哭了）。但狄更斯本人却有泪不轻弹，而且值得让人深思的是，他只有在读书或观看舞台上的表演时才有可能落泪。

那是1月的一天，凌晨4点，他写完了《老古玩店》，虽然已经完稿，但在发行卷本之前还需要完成为数不多的几个额外编辑工作才行。比方说，他不得不删掉一些与汉普雷先生本人有关但和主题无关的材料，他还在纸张的空白处补充了几段。很有意思的一点是，他在此处加了一句话，说小内尔身边冒出了“几个怪兮兮的同伴”，而且还拐弯抹角地提及了《天路历程》。很明显，只有在写这部小说的时候，他才想到同时使用自己艺术手法中的这两种元素。此外，一位极富洞察力的评论家在几个月前就注意到小说的讽喻趋势，而狄更斯本人此时也采纳了这一提议，说小内尔“似乎存在于一种寓言之中”，因此小说家们就是这样开始明白自己到底在做什么的。但完成这一艰巨的工作之后，他又一次发现自己无法和亲手创造出来的角色分开。当时，在谈到圣保罗大教堂时，他对克里斯托弗·雷恩爵士做了如下评述：“我觉得，比起骄傲，他感到更多的是忧愁沮丧，带着痛惜之情看着自己完成的作品。”从中我们难道不能看出他对自己这一完工书稿的反应吗？

然而，狄更斯并没有时间去悲叹，因为他立刻将注意力转向了他那本拖延已久的《巴纳比·拉奇》。他早就决定在《老古玩店》的连载结束后马上开始连载它，这是保持杂志销量和读者群的最好方式。尽管在与理查德·宾利的谈判中没有取得成果，但他已经写了两章。为了给自己的小说计划留出更多余地，他加入了几个段落，将原本的两章变成了三章，足够填满两期杂志的内容。但仍有一些棘手的问题让他分神。此时凯瑟琳又怀孕了，再次患上了曾使她苦恼不堪的病症。狄更斯觉得有责任陪在她身边，整整48个小时他都没有合眼。另一个问题是，前一阵他让小内尔折腾得一直都很累，现在他很难集中精力写作《巴纳比·拉奇》；但几天后，他告诉福斯特："我一直专注于巴纳比·拉奇，结果得到了很多灵感。"在最终完成《老古玩店》后的第八天，也就是1月29日，他开始动笔，然后完成了这部新小说的第三期。但他无法停下来休息。尽管凯瑟琳的病情非常严重，但他还是不得不外出。他必须四处走走。晚上10点，他去找福斯特，敲了敲他家的窗户。然而他的朋友不在家，于是狄更斯独自一人去了帕台农俱乐部，在那里结识了其他人，一起喝着加了水的杜松子酒，直到凌晨3点。几天后，也就是2月8日，他的第二个儿子沃尔特出生了。根据当年的人口普查报告，按维多利亚时代的通用叫法，他把自己称为"绅士"，他在德文郡排屋的家中有一位妻子、四个孩子、四个女仆和一个男仆。从马夏尔西监狱到德文郡排屋，这一路他已经取得了巨大的成功。

月底，全家南下到布莱顿码头，主要是为了让狄更斯能专心创作新的小说，不受任何打扰。他们在那里住了一周。在回伦敦的路上，他失去了一样东西——他心爱的宠物渡鸦格里普去世了。他对这只鸟非常着迷，总是仔细观察它古怪的举止。他曾用精彩的语言将它笨拙奔跑的样子比作一只“无忧无虑的乌鸦”。格里普的死让狄更斯给朋友们写了一系列滑稽逗乐的信，在信中详细描述了这只鸟的一生：“当钟声敲响12下时，它显得有些焦虑不安，但很快平静下来，在马车房里走了几圈，突然停住开始尖叫，踉跄了几下，然后说了一句‘哈喽，老姑娘’（它最喜欢的口头禅），然后就死了。它从始至终都表现得很坚毅、镇定、冷静，这真让人钦佩。”诸如此类的调皮捣蛋一直是狄更斯的恶习。但还有更棘手的家事，他的家人仍然是他的负担，而且在接下来的日子里一直如此。他刚给想去新西兰当工程师的弟弟阿尔弗雷德（事实上，他是狄更斯的弟兄中唯一有些名气的）写了一封推荐信。但真正麻烦的是他的父亲，因为到这个时候狄更斯才意识到，约翰·狄更斯不仅继续挥霍无度地生活在德文郡，还一直冒用儿子的签名，或以儿子的名义担保债务。我们可以想象狄更斯得到这个消息后的反应。他之前把父亲送到艾凡顿就是为了避免发生这种不负责任的事情，但他父母可怕的阴影——多年前，当他们将他送往那家黑鞋油作坊时第一次显现——现在再次笼罩着他。于是，他果断地在伦敦所有主要报纸上刊登了一则公告，声明“某些自称为我们委托人姓氏或使用我们上述委托人姓氏”的人一直在骗取贷款，并且指明查尔斯·狄

259 更斯不对以这种方式产生的债务负责。这是他能想到的最公开的方式，来与自己的父亲保持距离。狄更斯拒绝与父亲当面交谈，并通过律师要求他彻底离开英国，在欧洲大陆定居并领取固定的养老金。但是不知道为什么，约翰·狄更斯和妻子仍然住在艾凡顿，这件事确实加深了父子之间的敌意。

他此时又开始了《巴纳比·拉奇》的创作，小说开头的一些情节都是围绕着父子之间的矛盾展开的，并且子女反抗这一主题对整部小说的情节发展起着至关重要的作用，这也就不足为奇了。当然，从一开始签订写这部小说的合约到现在，他在心里酝酿这部小说已有五年之久，而且毋庸置疑，小说的公众主题——1780年的公民暴乱——依然强烈地吸引着他。他已经完成了大部分的调查工作，主要的史实记载他早就读过了，为了准确翔实起见，他甚至连一些不太沾边的材料也早就读过了。他有一本沃特顿（Charles Waterton）[3]《博物学随笔》，在关于渡鸦的一章边上，还有他用铅笔做的标记。尽管《巴纳比·拉奇》是一部“历史小说”，但和其他所有优秀的历史小说一样，它关注的实际上还是其所处的时代。比方说，他对在大街小巷里寻衅滋事并放火烧了纽盖特监狱的伦敦暴徒很感兴趣，而当时正在进行宪章运动，且宪章派似乎即将发起一场类似的公民反抗，这一点必定让他的兴趣膨胀了不少。需要牢记的是，1832年的改革法案丝毫没有改变广大雇佣劳动者的境遇，这些人依然拿不到工资，也没有人替他们说话。1837年是经济大萧条的一年，不景气的经济形势到19世纪30年代末才真正得以缓解。正是在这种形势中，人们对1832年政治改革的失望演变成了一系列“宪章”要求——这些要求包括男性普选权、无记名投票、议会议员应有报酬、废除（为取得议员资格而应具备的）财产资格条件、选区平等和年度选举。而公众对《新济贫法》的憎恨和对工厂改革的强烈呼声又进一步推动了这些要求。就后两项——或许甚至包括那些与议会相关的要求——而言，狄更斯显然很同情支持不满的工人阶级发起的攻势。同样，他显然也在试图将那些人的故事加入自己的小说中，那些人觉得自己在这艰难岁月里频频遭受“制度”的忽视。

随着这个故事渐渐占据了他的整个思绪，他开始在伦敦四处游荡，“寻找可以作为素材的画面”。他一直都对伦敦的历史本质——那种充满了肮脏和苦难的时代气质——很感兴趣，他能以此将自己的过去和这个城市的过去联系起来。而在最初创作《巴纳比·拉奇》的那几周里，他去了“最悲惨、最贫困的街道”，寻找能打动自己的画面。他还去监狱里见了一个名叫威廉·琼斯的犯人——此人被指控非法闯入白金汉宫，而且大多数人都认为他“脑子不正常”。毫无疑问，狄更斯来访期间，他便在无意之间摆好了姿势，供狄更斯绘制巴纳比的肖像。

事实上，狄更斯一周内至少去了两次监狱——另一次是去见一名裁缝，据说这个人的智力有些“摇摇晃晃很不稳定”，而且经仔细观察，狄更斯发现他也可以成为巴纳比的原型。狄更斯就这么看着自己想象中的角色在自己眼前活了起来。

他写完前三期之后停了一周——他说，他觉得有些“懒得动”。那之后，他又开始认真地创作起来。对他来说，从没有任何真正意义上的休息。只要他试图写作，伦敦的生活就会变得比任何时候都要让他觉得不堪负荷：总是有各种晚宴和聚会，总是有人试图让他担任这样或那样的职位。比方说，正在这时，他获得了“下议院宣读议员候选人资格”，但他拒绝了这一机会，主要理由是自己没有钱竞选议员。与此同时，他还忙于一个在捐赠款基础上建立一家中产阶级疗养院的项目。可是，这样的职务占用了他太多的时间，无疑他自己也非常愁（他自己也承认这一点），并急切地想要从中脱身。于是，他又一次想到了布罗德斯泰斯，并着手进行洽谈，准备当年夏天在那里租下另一幢房子。同时，他还接受了当年春天向他发来的一个邀请，这个邀请建议他去访问爱丁堡，这样就能在那里享受到公开的欢迎和招待。他在给苏格兰朋友的回信中写道："无论谁想对我表达赞赏，我都不会拒绝。所以，请准备好各种晚宴和典礼。"他也考虑到了凯瑟琳，她是苏格兰人，于是他们很快就制定了为期三到四周的行程计划。一旦计划确定下来，他迫不及待地想要开始行动。"我的心情就像站在最高的悬崖边缘，"他写道。在这段时间里，他一直专注于创作《巴纳比·拉奇》，希望在出发前能写更多。他的速度确实很快，在6月初的六天内完成了四章，平均每天写23000千字。

6月19日，他和凯瑟琳动身前往苏格兰，途中经过新修的铁路，也乘坐了马车，总共花了大约3天的时间。他们的第一站是爱丁堡，这里专门为他举办了一场公开晚宴。多年后他回忆道："这是我有生以来受到的首次公开褒奖和鼓励……"实际上，这是一个令人惊讶的重大场合。当这个"个子不高、身材瘦弱、面色苍白，看上去有些孩子气的人"进入沃特卢厅时，受到了异常隆重的欢迎。"我觉得他进门时那雷鸣般的欢呼声几乎要把他淹没。"另一位客人留意到他的胡子修剪得像喜剧演员一样，戴着黑色领结，没有盖住领口，衣服时尚而华丽，衬衫前胸设计繁复，整个人显得非常引人注目。他坐在主桌上用餐，主桌高于其他桌子，即便是他自己都感到奇怪——一个年轻小伙子竟然能吸引这么多名年长的知名人士专程赶来，围绕在他的身边，向他表达敬意。“看到这么多头发花白的人围绕在我飘逸的棕发周围，实在太不寻常了。”这就是那个创作了《匹克威克外传》《奥利弗·特威斯特》《老古玩店》的人，而他还不到而立之年。晚宴结束后，狄更斯的妻子凯瑟琳和其他女士来到宴会厅的楼座聆听演讲。笔名为克里斯托弗·诺斯的杰出作家约翰·威尔森教授起身，提议为狄更斯的健康干杯，并称他们特意来到这里“向这位在这一领域中胜过在座所有人的作家表示敬意”。这一观点引来了“热烈的欢呼声”，报纸上也有相同报道。威尔森继续发表演讲，赞扬狄更斯的“卓越创造力”，称他“或许是当今世界上最受欢迎的作家”。

事实上，在某种程度上，狄更斯正在变成一件公共财产。他获得了爱丁堡市荣誉市民权。当他偶然走进一家当地剧院时，“所有观众都不约而同地起立向他致敬，乐队中的乐师们也开始演奏起《查理，我亲爱的》那首曲子，给予了恰到好处的谄媚和崇敬”。然而，即使在记录自己成功时，他也渴望回到熟悉的环境中，与朋友们团聚。“请做好接待我们回家的准备吧。”他对福斯特说道，表达了他回到那个温暖家庭中的渴望。从他使用“请做好接待我们回家的准备吧”这句话中我们可以感受到，即使在享受成功和欢乐的时刻，他对温情的渴望仍然如此强烈。这是他在参加爱丁堡的各种晚宴和款待时的心情，也是扮演著名作家这个角色的时候的心情。然而，奇怪的是，他居然没有陪凯瑟琳参观她在爱丁堡出生的房子。

他于7月中旬一抵达伦敦，便毫不停歇地投入《巴纳比·拉奇》这部小说的创作中，描述那些有关暴乱的重要情节。他下笔如有神，短短12天内竟然完成了六章。然后，他带着家人，踏上了前往布罗德斯泰斯的旅途。心怀欢喜之际，他再次邀请朋友们共享快乐时光。而在给麦克利斯的一封信中，他以一种神秘的方式暗示着画家也许想要“拜访”那位马尔盖特的妓女，言辞之间透露出他对所知之事的探寻与期待——“我心知她们居住何方”。

然而，他自身的关注点却完全沉浸在小说创作之中。他坚定地说道：“现在正是我创作的高潮时刻。”虽然这句话或许只是他自我鼓励的方式，但他已经心知肚明，自从《老古玩店》连载结束后，他的新作《汉普雷老爷的钟》销量显著下滑，如今每周仅售出3万册左右。除此之外，杂志本身的制作成本过高，迄今为止并未带来真正的收益。这无疑是一直以来对狄更斯慷慨相助的出版商查普曼与豪尔急切与他商讨新作的原因。计划中的小说将以每月分期发行的形式推出，从明年春季开始发售。他们深知，这种经历时间考验的传统方式至少能够确保一定的销售量。

狄更斯北上伦敦，与福斯特商议此事。他像往常一样早早来到福斯特的住处，绕着林肯律师学院广场散步。忽然，一个念头在他脑海中闪现，既有灵感又有恐惧。他突然意识到自己的虚弱和贫困：他总是被一种非理性的恐惧包围着，害怕自己的才华枯竭，再无新意。他的作品连续五年呈现在读者面前。他甚至想到《巴纳比·拉奇》销量下降和自己创作疲劳，或许读者对他审美的疲倦有一定关系。无论原因何在，他当场做出了决定："停手，整整一年不再写任何东西，一个字都不写。然后以一部三卷本的完整小说再度归来……让全世界再次为之热血沸腾。"当然，对于他来说，这部三卷本的小说是一种全新的形式。想到这一前景，狄更斯内心焕发出勃勃生机。他向福斯特解释了自己的提议，福斯特充当中间人传达给查普曼与豪尔。这两位出版商非常吃惊，特别是狄更斯希望他们在他"停工"的那一年提供资金，而他已经欠下查普曼与豪尔3000英镑，用以赎回自己的版权和合同。然而，狄更斯的意志不可违逆。经过一番商谈，他们最终同意了这一全新提议。他们将再支付狄更斯1800英镑，以资助他那段闲置的一年时光，而他将在来年春天以一部小说回报他们（事实上，他随即意识到，要写一部完整的三卷本小说，每月发表一期会更轻松些，因为如果他选择写完整的一部三卷本，就必须在接下来的一年内全部完成）。换句话说，他换取了暂时的自由，摆脱了一切责任，代价只是欠下查普曼与豪尔更多的债务。然而，即将获得的自由令他欢欣鼓舞，尽管他当时还在创作《巴纳比·拉奇》。他心情愉悦地回到了布罗德斯泰斯。他告诉福斯特："我刚刚冲进纽盖特，手持火把。"他指的是小说中暴民攻占这座伟大监狱的场景。"我释放了纽盖特里的所有囚犯……我觉得自己创作时烟瘾特别大。"毫无疑问，随着他通过写作间接体验到的激情被燃起，他对烟瘾的追求也越来越强烈。在这些时刻，他自己成为暴民，而小说中伦敦大火的场景也是他所有作品中最不平凡的一幕。我们可以感受到狄更斯在收集素材时的热情，仿佛在对历史的探索中，他也同时在探寻自己的内心秘密。同样地，我们也能从他愤怒的文字中感受到他在伦敦街头的轻盈和活力，在想象中如同血液渗透其中。然而，然而……闲置一年的前景开始影响到他，他自称变得"懒散得吓人"，每卷《巴纳比·拉奇》都是赶着印刷的时间才完成的。

67 除了思考其他事情外，最近他一直在反复思索着访问美国的念头。起初，他打算为《汉普雷老爷的钟》或一本小册子写一系列关于美国游记的文章。那时，许多英国知名人士都对美国生活进行了大量描写，但狄更斯认为自己或许能为这个领域带来一些新鲜的东西。他一直牢记着这个想法，直到美国作家华盛顿·欧文过分恭维地写信给他，似乎起了决定性的作用。欧文告诉他，“如果他去了，整个美国将会陷入一片狂喜之中，这将是世界上绝无仅有的成功”。然而，他遇到了一些问题，最主要的问题是凯瑟琳不愿意去，她舍不得离开孩子们。特别是沃尔特，他才9个月大。每次狄更斯提到这件事，她都会“哭泣不止”。但他并不是一个会被家庭因素绊倒的人。在提出这个计划的第六天，也就是9月19日，他最终决定访问美国。因此，他立刻陷入“充满期待的激动和忙碌”中，总是在制定计划之后才能安心地实施。“他焦躁不安，就像往常一样，”福斯特写道，“直到解决所有困难之前都无法平静下来。”在这个关键时刻，凯瑟琳是最大的问题。她犹豫不决，于是他让麦克雷迪写信消除她的疑虑。因为麦克雷迪去过美国，而且他的美国之行与狄更斯的计划非常相似。狄更斯还不确定是否带上孩子们，所有这些准备阶段的问题对于像他这样的性格来说，让他寝食难安，如果不确定下来，他无法安心生活和工作。不知怎么回事，凯瑟琳改变了主意，最终同意了。毫无疑问，是狄更斯本人那种兴奋不已的不耐烦和急切状态让她不情愿地踏上了这次旅程。因为在他心中，这次旅行已经成了“一个紧迫的，必须办的事情”，即使妻子流泪也无法改变。夫妻商定，孩子们应留在伦敦，由他的弟弟弗雷德照料，而凯瑟琳的女仆安妮·布朗将陪同她横越大西洋。事实上，当凯瑟琳最终面对这件事时，她显得平静得多，尽管到那时为止，狄更斯还没能告诉她他们会离开多久。也许是因为她曾多次犹豫不决——“我看见过她（十分凝重地）盯着大海，但什么也没说”。需要指出的是，尽管在以后的岁月中问题增多，他会对妻子说一些含沙射影的话批评她，但此时他劝她让孩子们留下。他已经迫不及待地准备美国之行，他已经开始想象从那里重返祖国和朋友怀抱中的喜悦。在9月底，他对福斯特说，在他登上轮船之前的3个月里，“我已经在倒数着离家和回家之间的日子了。”这真是奇怪，他的朋友们肯定会这样说。

就在从布罗德斯泰斯回伦敦之前，他和福斯特、凯瑟琳还去了一次罗切斯特，时间不长。但就是在那里，他突然感到剧痛，那是一种直肠病变的前兆——有一个开口在直肠壁上，许多疤痕组织聚集在那里。他最近开始感到直肠疼痛，并认为这是因为他大部分时间都坐在书桌前。而且，他似乎在《巴纳比·拉奇》的一个片段中回忆起这种疼痛，他将梦中人体的疼痛描述为：“一个鬼魂，没有形状、轮廓或有形的相貌；四处弥漫……”这种疼痛变得越来越严重，他和凯瑟琳返回伦敦，三四天后进行了一次手术，由著名的医生弗雷德里克·萨尔门主刀。他在这个领域内非常有名，13年后出版了《直肠狭窄实践论》。尽管主刀医生如此有经验和能力，但手术过程仍然令他痛苦不堪，这是毫无疑问的。

此刻，狄更斯正细致地准备着他的美国之行。他的书房里摆满了马里亚特、特罗洛普、费德勒、豪尔的书，以及其他关于美国的游记和书籍，如同一幅色彩斑斓的画卷……在这些明亮的地图围绕下，狄更斯发出了一句典型的探险家式的豪言壮语：“我将以火红的俄亥俄州燃起我的雪茄。”然而，在1841年的最后一个月，狄更斯的生活平静无波。毫无疑问，他完成了手中的小说，为汉普雷老爷的钟上好了发条，然后与亲朋好友一起外出聚会。在最后一个星期，他特别想与自己的孩子们共度时光，因为他们将在接下来的6个月见不到自己的父母。他也拜访了麦克雷迪和其他朋友，与他们依次道别。这些告别一定让他感到难过，因为他总是对离别、对说“再见”有一种发自内心的反感，即使是他最亲近的人；或许这在某种程度上表现出他对疏离和分离的恐惧，这是他小时候就深刻体会过的恐惧。

1842年，新年的第二天，查尔斯·狄更斯和凯瑟琳·狄更斯在福斯特、阿尔弗雷德弟弟和范妮姐姐的陪同下从伦敦前往利物浦。他们将登上载重量达1154吨、能容纳115人的“布列塔尼亚号”蒸汽轮船，开始这次航程。《游美札记》是关于他此次旅行的作品，但此时此刻，他已经在构思之中。在这本书中，狄更斯想象了一个生动的出发场景：“大家再次欢呼着；当第一声欢呼还在耳边回荡时，轮船像一位苏醒的巨人般有节奏地活动起来；那两个巨大的舵轮也开始猛烈地转动；这艘宏伟的轮船，风雨无阻，自豪地驶向未知的前方，在溅起的水花和浪涛之中前进。”查尔斯·狄更斯正驶进美国。

1 乍莱太太的原型是杜莎夫人蜡像馆的创办人杜莎夫人（Madame Tussaud，1761—1850）。

2 莎士比亚戏剧《李尔王》中的三女儿。

3 沃特顿，即查尔斯·沃特顿（1782—1865），英国博物学家，现代史上的第一个自然保护主义者。他戏称自己是“最平凡的人”（the most commonplace of men），做出过许多科学贡献，其中较有名的贡献就是将“箭毒”这一宝贵的药材引进了欧洲。著有3卷《博物学随笔》（*Essays on Natural History*）及畅销不衰的《南非漫步》（*Wanderings in South America*）。加拿大的沃特顿湖就是以他的名字而命名的。

第十三章 《游美札记》

这趟旅程可谓历尽艰辛。有一位随行的游客绘制了一幅素描，描绘了狄更斯站在“布列塔尼亚号”甲板上的场景。他戴着一顶便帽，双手深深地插在外套口袋里，面带愁容。或许他真的感到忧郁不安。他晕船很严重（直到多年之后，他用意志逼迫自己忍受那些症状才不晕船了），头两天一直待在船舱内，海面上波涛汹涌。五天后，小蒸汽船遭遇了一场巨大的风暴。“想象一下，天空一片黑暗，狂风暴雨，恐怖的乌云与波涛达成了共识，在空中勾勒出另一片汪洋。”这正是狄更斯在《游美札记》中的描写。他接着描述了“布列塔尼亚号”的情况：“……她停下来，颤抖不定，仿佛吓坏了似的。然后，然后随着心脏一阵猛跳，她如同被刺棒抽打得发了疯一样的巨兽，向前横冲直撞，被愤怒的大海击打得筋疲力尽，伤痕累累、精神崩溃地向前冲撞……”也许这些段落与他年幼时读过的旅行奇遇经历有关。虽然其他游客对这次旅程的记忆未曾如此惊心动魄，但毫无疑问，他们可能——仅仅可能——经历了一场生死挣扎的风暴。凯瑟琳甚至写道：“我简直被吓得魂儿都飞了。如果不是我的亲爱查尔斯，如果不是他的善良和冷静，我真不知道该怎么办才好。”

他们的目的地是波士顿，当船驶近码头停下时，一大群编辑和记者蜂拥而上，希望亲眼目睹狄更斯的风采，还抢着采访他。他依旧穿着那件厚呢短大衣，当凯瑟琳温柔地劝他换衣服时，他回答说既然他们已经抵达了“大西洋这一端”，就没必要拘泥于俗套的礼节了。记者们迅速团团围住他，争相与他握手，记录他的言谈，详细端详他的相貌。多亏了画家弗朗西斯·亚历山大（狄更斯之前曾答应让他给自己作画），他解救了狄更斯，带他前往特雷蒙特大酒店。在等待见面并欢迎他的人群中，有位观察者注意到他“飞奔上酒店楼梯，一跃而入大厅。他看起来异常好奇和兴奋，他身上的活力是我从未见过的”。随后，在穿堂时，他用童话剧中的一句话与好奇的旁观者打招呼：“我们到了！”那个晚上，他与马尔格雷夫伯爵共进晚餐，马尔格雷夫伯爵也乘坐“布列塔尼亚号”船来到此地。这是一个月明寒冷的夜晚，大约是午夜时分，他们俩走出酒店，漫步波士顿的街头巷尾。一个名叫詹姆斯·菲尔兹的男孩——后来成了狄更斯的好友，两人关系十分密切——与许多人一起注视着狄更斯，并首次跟随他参观这座城镇。他记录下了那时的情景：他“裹着一件长而厚的毛皮大衣”，“在晶莹的雪地上奔跑……狄更斯一边快步前进，一边笑声不断。他读着路边商店的招牌，欣赏这个新兴的国家的建筑风格，就像从云端坠落到这个城市一般”。

狄更斯来到美国参加的一场重要的公共活动是由“波士顿青年同盟”于2月1日晚举办的晚宴。尽管这并非他第一次受到如此盛情款待（我们已知爱丁堡曾有幸为他主持过类似的活动），而且也不会是最后一次，但从某种意义上说，这个晚宴象征了19世纪社交娱乐活动的典型风采。整个活动持续了很长时间：从下午5点一直到凌晨1点，除了庆祝晚宴本身外，还有漫长的演讲，其间穿插着喜剧类的或者别的什么歌曲，营造出一种戏剧性的欢乐氛围。庆典主席在席间起身向贵宾们致意，并评价道：“这位横跨大洋的年轻人，没有世袭的贵族头衔，没有军人的殊荣，没有丰厚的财富；然而，他的到来却引起了全国热烈的欢迎，无论男女老少、贫富贵贱……”这段话强调了狄更斯并非来自高门贵族，甚至可以说他地位低微，但这恰恰凸显了狄更斯此行希望与美国人民建立的那种关系。轮到他讲话的时候，狄更斯突显了他内心天赋中所蕴含的可以称之为民主或平等主义的那一面。他说：“我认为，无论是那些身穿破旧衣衫、打着补丁的人，还是那些身披华美珍贵王袍的人，德行都是平等的。”也就是说，他将自己塑造成了这个国家及其信仰的非官方的桂冠诗人。毫无疑问，在这个阶段，备受欢迎和款待的他感觉自己与这个新国家有了共鸣。然而，这种共鸣并没有持续太久，在他的首次重要演讲中，他发出了警示信号，委婉地暗示美国的出版商和杂志普遍存在侵权行为，侵害了他和英国其他作家的版权，却未给予任何赔偿。他此前并未提及这一问题，但一来到美国就提及，说明这个问题一直压在他心头。随后，他愤慨地否认这是他此行的主要目的，然而他之前并未向任何人提及该话题这一点，恰恰说明他极为谨慎，不愿意提及在美国赚更多钱财的可能性，以免给人唯利是图的印象。这当然不是美国人愿意从这位年轻而伟大的小说家口中听到的消息。

在《游美札记》中，狄更斯没有对自己受到的接待发表评论。相反，他详细描述了他在波士顿一所盲人学校中遇见的劳拉·布里奇曼（Laura Bridgman）的故事。这个女孩又聋又哑又瞎，可能会让人感到奇怪，当时他正如此风光地接受盛情款待（他在英国获得的待遇与来美国无可比拟），却将目光投向一个年轻女孩的苦境，关注她在黑暗无声世界中渴望交流的痛苦挣扎。在他的演讲中，他还经常提及小内尔所经历的不幸，就像是在这些盛大巡游中他觉得有必要通过同情来支持一个饱受痛苦的孩子，以保持内心的宁静。他比较喜欢这么想，这个孩子就像他童年时的自己。

实际上，《游美札记》和他在美国的大部分行程都与一个让人悲伤的社会公共机构有关，或许可以称之为“美国生活中令人悲伤的社会公共机构”：精神病院、囚犯工厂、监狱、孤儿院、盲人学校。当然，在其他游客对美国的描述中，这些也并不罕见。在这个对政府和社会福利不断争论的新时代中，各种公共机构都成为当代辩论的焦点。在社会转型时期，这些地方成为考验国家进步的标尺。在英国，对于不同形式的政府管理和控制，尤其是对于监狱和精神病院，18世纪的观念正逐渐被更加现代化和功利主义的激进手段所取代。而美国可以说从一开始就进行了这样的试验。从狄更斯的描述中，特别是波士顿社会福利机构的描述来看，很明显他认为自己目睹了一个更加有效且现代化的公共监护形式。他在那里看到了公共福利的未来，而且它行之有效。

他们在波士顿逗留了两周，随后于2月5日星期六搭乘下午3点的火车前往伍斯特。据几位目击者说，一大群人沿着铁轨等待，只为一瞥那位名垂千古的“博兹”的容颜。每当火车进站或出站时，人们都会伸头探入车窗询问：“狄更斯先生在这里吗？”在每一站，人们都争先恐后地挤向火车，只为一睹这位著名小说家的风采。他们在伍斯特共度了一个周末，所有时间都排满了典型的宴会和款待活动。就在这期间，马萨诸塞州州长在与狄更斯交谈波士顿人时，忍不住询问："你是否觉得他们的口音有些费解（hash）？"所谓费解，他指的是波士顿人的口音是否令人不适？狄更斯回答道："抱歉，你说什么？（I beg your pardon. What did you say?）[1]"需要花费相当长的时间才有人将问题翻译给他，但从那个问题中我们可以感受到狄更斯对美国人说话方式的深深着迷，因为对他来说，这种语言既熟悉又陌生。他注意到"也许吧？（Possible？）"可以作为对别人的惯用回答，而"是吗？（Yes？）"可以用作简单的疑问句，而"你从哪儿来？（Where do you hail from?）"的意思是"你在哪儿出生的？"。狄更斯对奇特的说话方式有着敏锐的洞察力——19世纪30年代伦敦东区方言语音分析表明，山姆·韦勒所说的话对土生土长的伦敦人来说听起来非常准确和自然，他积累了所有这些美式英语表达方式，为将来的写作储备了丰富资源。尽管当时他难以抑制自己去模仿，但他在写给福斯特的一封信中，使用了一些典型的"美国佬腔"词汇和说法："……真是把人搞得筋疲力尽，那可不是骗你的……"（...It does use you up complete, and that's a fact...）

他们最终抵达纽约，这座城市把狄更斯迷得神魂颠倒。从他在百老汇大街的酒店房间望出去，眼前的景象与伦敦十分相似，但又以一种不可言喻的方式更加活泼生动、多彩多姿。这里有公共汽车、出租马车、四轮马车、敞篷轻便马车，人群中到处都是穿梭巡逻的警察。橱窗里陈列着菠萝和西瓜，还有保龄球馆、保龄球道和地下牡蛎餐馆，身着鲜艳裙装的女士们；嗡嗡声、恶臭味，城市充满了纯粹的活力。事实上，他很快就将亲身体验到这种活力和娱乐活动，因为即将在派克剧院举行一场名为“博兹舞会”的盛大活动。剧院本身已被改造成一个舞厅，华丽的大吊灯、窗帘和枝形大烛台点缀其中；墙上蒙着白色平纹细布，上面装饰着巨大的奖章，每一枚都代表狄更斯的一部小说；中央是狄更斯的肖像画，头顶旋转着一只雄鹰，鹰嘴叼着一顶桂冠。舞台扩大了，变成了中世纪的布景，约3000人面前的演出不仅有舞曲表演，还穿插着静态舞台形象，展示了他小说中的一些场景。事实上，狄更斯似乎非常享受这一异常庄重的致敬，他一直与妻子共舞，直到筋疲力尽才偷偷溜回酒店。此刻，他终于目睹了自己的名声和成功之盛。

但他感到有些不舒服，当他躺回床上时，喉咙非常痛，接下来的三天里他都没有离开过酒店。到底这病有多严重，以及他需要多少休息，谁也说不清楚。毫无疑问，尽管他热爱社交，总是需要朋友的关爱和陪伴，但在许多方面他仍然是一个完全孤僻而内向的人。他需要独处的时间。当然，写作时间是不可或缺的，但他也需要自我反省的时间，正如他所说，通过反省他“能更好地了解自己的情感”。那个与世隔绝的男孩如今成了这个与世隔绝的男人，他需要那种与世隔绝的感觉，哪怕只是短暂的瞬间；他紧紧拥抱独处的感觉，就像在自我封闭的状态下，他能够真正地成为自己。然而，在这里，他几乎没有片刻安宁和宁静。“一切都展露在众目睽睽之下，毫无个人隐私可言”，他痛苦地喊道。据说，他“讨厌成为一个公开展览品，像被人们围观一样供人观看”。他最害怕的事情之一就是像我们将在后面描述的那样，成为世界上的一件物品：项链上的一个珠子、众多项链中的一条、众多事物中的一样。这正是现在发生在他身上的情况。无论他到达哪个火车站，人们都会透过车窗凝望着他，“他们的目光就像我是一尊大理石雕像”。他还受到其他侮辱，“如果我走到大街上，一大群人就会跟在我后面。如果我待在屋里，来访的人会将屋子挤成一个集市……晚上我参加聚会时，人们会三三两两地围着我，无论我站在什么地方，人群都会跟到那里，在我周围围得水泄不通，喘不过气来。我要外出品味美食，却不得不与他人不断交谈，与每一个人都要聊，无论内容如何……我无法从火车站中脱身，也没法好好喝一杯水，只需一开口，便有无数目光跟长了脚似的往我喉咙里钻，注视着我”。

当然，即使考虑到这些令人不适的方面，任何人都无法对如此热情的欢迎毫不感动。他如此评价美国民众：“友好、真诚、好客、善良、直爽，大多数人都热衷于社交，热心帮助他人……他们对于所喜爱的人（我敢说，对于我来说就是如此）全心全意地倾注热爱……这个国家就像是人民的长者，给所有贫困的孩子、孕妇、病人和囚犯提供一种慈爱和关怀。”在这次旅行中，他还结识了一些亲密的朋友，这份友谊持续了一辈子，包括：查尔斯·萨姆纳（Charles Sumner），反奴隶制运动领袖之一；大卫·卡德瓦拉德·科尔登（David Cadwallader Colden），一位慈善家；乔纳森·查普曼（Jonathan Chapman），波士顿的杰出市长……而与科尔内留斯·费尔顿（Cornelius Felton）之间建立起的友谊则更加深厚，他是哈佛大学的希腊语教授。狄更斯在英国通常不会交到这样的朋友，但费尔顿与那些英国教授完全不同；他和狄更斯一样，出身贫寒，通过自己的勤奋努力逐步取得今天的成就。这种美国人是狄更斯最喜欢的类型——波士顿人（除了科尔登，他是纽约人），自力更生、开明宽容、风度翩翩。

3月5日，他们离开纽约前往费城。狄更斯决定不再参加任何公共活动，然而他的东道主们热情而坚定，阻止了他的企图。当地一位政客在他们抵达后与他们见面，并询问是否可以将这位著名作家介绍给几位朋友。狄更斯虽然心中稍感厌烦，但还是同意了。结果第二天的报纸上刊登了一则公告，称他将在特定时间“与民众见面”。普特南（Putnam）[2]在自己的记录中描述了这一刻：“酒店外的大街上挤满了人群，酒店内走廊上和大堂上也被人们挤得水泄不通。”狄更斯非常气愤，但如果此时通知取消见面，就会引发一场骚乱，所以他只好履行承诺。他站在酒店接待厅，与排成一长队的费城民众一一握手。一位记者注意到，他的握手“变得无力，只是简单地握住对方的手，然后放开”，不过普特南却记得“他一直保持着滑稽的笑容……这个情境确实也有其搞笑之处”。

从费城出发，他和凯瑟琳继续前往华盛顿。从那时起，他成功地以一个普通人的身份旅行，而且关于他的新闻报道从那天开始逐渐减少，可能是因为他的“新鲜价值”已经消失殆尽。但毫无疑问，仍有许多人未曾见过这位尊贵的来客，比如他受到泰勒总统接见时，泰勒总统说：“我真没想到您这么年轻，先生。”他还参加了总统为他举办的招待会，成为招待会上万众瞩目的焦点。据报道，他在宾客间行走时，就像在一群鸡面前撒下了一把谷子。当他在首都参加一场私人晚宴时，收到了他期待已久的一封来自英国的信件：他在注意礼仪的前提下匆匆离开晚宴，赶回酒店。凯瑟琳等着他回来，才一起打开了这封信。这表明她非常顺从，甚至可以说是自我牺牲。两个人一直读信读到深夜两点钟。

他们的美国之行如今才真正揭开序幕。从华盛顿踏出第一步，他们来到了里士满；狄更斯异常渴望参观这个实行奴隶制度的州，尤其是当地的烟叶种植园。随后，他们离开里士满，重返华盛顿，再次启程抵达巴尔的摩。然而，令狄更斯万万没想到的是，在巴尔的摩等候他们的邮车顶上竟然坐着一个小男孩，眼睁睁地看着大雨倾盆而下。小男孩调侃狄更斯：“喂，外地人，我猜你发现这天啊，跟英国下午的天差不多了吧，对吗？”狄更斯一直很喜欢小男孩，尽管他总是假装不喜欢，他还在提到这个小插曲的信中说道：“我渴望得到他的活力。”车子穿过一座有顶的木桥，在里面跑了好一会儿，木桥上的车轮辘辘声和回音让狄更斯感觉仿佛置身梦境，沉醉于这趟奇妙的旅途中。他们最终登上运河船前往匹兹堡，那些拥挤肮脏的卧铺里没有人顾及卫生，所有人都随地吐痰，唯有狄更斯和他的同行保持着清洁。狄更斯回忆道："我没有抱怨，也没有流露出一丝反感。到了晚上，大家都觉得我非常滑稽逗乐，因为我跟身边的每个人讲笑话，直到我们都进入梦乡。"

后来，他们抵达了匹兹堡。在那里，他再次被人群包围，来访者的到来有预料之中的，也有意料之外的，令他不堪其扰，头昏脑胀。安妮·布朗（Anne Brown）和乔治·普特南守在旅馆房间门口，负责收取名片，并依次通报每位访客。在其中一次对话中，一个美国人对于让他见到如此不堪境地的美国深感抱歉："商业和制造业一蹶不振，信贷市场瘫痪，而人们的心灵也同样沉郁消沉。"狄更斯对此格外关注，因为两天后他在给麦克雷迪的信中几乎表达了同样的观点："看看这耗尽的国库、瘫痪的政府，以及那与自由民族格格不入的代表人……"在匹兹堡，他与多年前在伦敦结识的英国朋友重逢，此人曾经是个失败的商人，如今成了一名肖像画家。狄更斯极为好客，他们在城里的3天时间里每天都一起用餐。

随后，他们再次踏上旅途。狄更斯的行程安排几乎没有停歇，他们登上蒸汽船，顺着俄亥俄河流到辛辛那提市。从那里，他们继续乘船前往路易斯维尔市，然后一路向南，沿着浑浊的密西西比河来到圣路易斯，这也是他们这次旅行最遥远的目的地。之后，他们又乘坐蒸汽船回到辛辛那提，接着从那里乘马车来到哥伦布市，而且狄更斯坐在他最喜欢的位置——车夫旁边。此时，狄更斯已经看到了所有真正值得看到的景色（尽管在到达哥伦布市后还有几次小型远足），为计划中的游记收集了足够的素材。他此刻松弛下来，因为思虑到美国之行即将接近尾声，马上就能回国，他的心情也明显变得轻松愉悦起来。他已经安排好搭乘帆船而非蒸汽船横渡大西洋，并预订了“乔治·华盛顿号”的船票。

他们首先参观了尼亚加拉大瀑布，狄更斯迫不及待地想听到大瀑布的水声或看见它壮丽的景象；鬼斧神工、雄奇险峻的自然杰作什么时候都会令他心神荡漾。抵达车站后，他目睹了“两团巨大的白色云状物从地壳深处升上来”。突然间，他像发了疯一般渴望亲眼看到，于是迅猛地冲向送游客前往大瀑布下的渡船渡口。“我拉着凯特跑下一条幽深滑溜的小道，通向那条渡船；还因为嫌安妮动作不够快而威胁她；我浑身每个毛孔都在流汗……”仿佛他成了大瀑布本身，汗水倾注而出。登上船，他终于瞥见了大瀑布的绝美景色：飞溅的水花使人无法睁开眼，轰隆的水声震耳欲聋，他终于近距离欣赏到了这壮观的景象，比起初望见的“朦胧中的浩瀚之物”更加壮丽。然后，他匆忙赶回住宿的客栈，换上整洁的衣服，又迅速返回欣赏这奇观。这一次，他来到了下方盆地，仰望从天而降的水帘。“我脚边伴随着一道绚丽的彩虹，向上望去，我看到了——壮观的天堂！如此碧水，如此耀眼……”他在这里再次感受到内心的宁静，感受到自从来到美国以来，之前的喧嚣悉数夺走的那种壮丽景色和反思所带来的平静之感：再没有人潮，再没有招待会，再没有好奇的旁观者观察他、打量他，关注他的一切；在这里，只有“美，纯粹无杂质的美”。当他凝视着瀑布，并在接下来的十天里持续凝视，他开始找回内心那种生命的感悟，而这在他旅途中一直无法领悟。在这里，他再度追忆起逝去的女子——玛丽·贺加斯。在他脑海中，她的音容笑貌成了一种永恒的存在，他确信她的“灵魂”在天上某个永恒之地安息，注视着他。所有这些幻觉和联系让尼亚加拉大瀑布在他心中拥有了神圣的地位，所以当看到之前来此游玩的游客在留言簿上留下各种不正经或不雅的话时，他简直怒不可遏。“如果我是一个暴君，”他写道，“我会让这些蠢货像猪一样四脚着地度过余生，在他们专属的肮脏环境中打滚……每天早晨都得受到鞭挞，挨打的次数与他们那些令人厌恶的污言秽语中字母的数量相对应。”毫无疑问，这至少恰如其分地表达了狄更斯有时会爆发出的那种愤怒情绪。 286

月底，他们南下回到纽约。离返回国内只有不到一个星期的时间，他们充满期待。为了打发剩下的时光，他们顺着哈得孙河北行远足，想要最后一次看看这个令人叹为观止的国度的另一面。他们拜访了一个“颤抖派”的社区。这是某个宗教教派的分支，而狄更斯明显对此不屑一顾；他从不奉行这种极端的宗教形式，而且颤抖派给他留下的印象只是一种不负责任或令人感到束缚的麻烦。“我真是厌恶，”他在《旅美札记》中写道，“并且深深憎恶那种恶劣的思维方式，无论其来源于何方阶级或派别，这种思维方式会剥夺生命原有的健康魅力，夺走青年本应拥有的天真快乐，抢走成年人和老年人的尊严……”他还注意到他们的虚伪和假善的说教——对此，他的反应与他对整个美国的态度一致。当然，他下一部小说将围绕这一主题展开并非偶然，因为在这几个月的旅行中，没有什么人类行为比这更深深地打动了他。伪善随处可见：报纸上伪善的言辞，自称代表民意的伪善言辞，商人的伪善言辞。他起初觉得与这个新世界产生共鸣，而此刻他会不会在自己心中也觉察到一丝伪善呢？

然而，美国之行的最后一天终于到来。1842年6月7日，他与几位忠诚的美国朋友一同享用着早餐，然后与凯瑟琳登上了“乔治·华盛顿号”，准备启航回国。纪念品悉心收拾，其中包括两把摇椅，它们深得狄更斯的喜爱；还有一只名叫“汀珀·都兜”的小白西班牙犬，听这名字仿佛是从他的某个小说里走出来的。狄更斯选择了乘坐帆船而不是蒸汽船回国，因为比起淹死，他更害怕烧死。因此，在回国的航程中，他们几乎没有遇到像“布列塔尼亚号”上那些令人恐怖的事件。根据狄更斯的记录，这次横渡大西洋的旅程非常愉快平静。他组织了一个滑稽的小俱乐部，名为流浪者合众国，大家玩起了各种游戏，如惠斯特牌、象棋、克里比奇牌、西洋双陆棋，甚至还有打圆盘等。然而，他也注意到，那些贫困的乘客一直待在甲板下面，在他们自己的“小小的贫困世界”中打发时间。他还努力挖掘出一些他们过去的故事，在返回英国、回到祖国的旅途中。尽管在这个国家结交了朋友并参观了进步的社会福利机构，但狄更斯似乎对此只有蔑视，没有丝毫感情。事实上，这种厌恶之情在他回到英国后愈演愈烈。毫无疑问，他一直都在回忆并反思那些无所事事的旁观者和攻击他的报纸对待他的方式。在那个国家，他找到了什么？到处都是商业和金钱，金钱和商业，行为粗俗无礼，对商业的关注让人感到沉闷压抑。当然，那里有更为开明的刑罚和社会政策，但缺乏幽默感，没有欢笑声。还有新闻媒体的权谋，是报纸公开抨击他，也是报纸让他感到最为恼火。从这个意义上说，从美国旅行回来后，他经历了翻天覆地的变化，尽管他不可能在普遍意义上反思自己的身份，但在他返回英国时，明显地，他已经成了一个不同的人，一个和6个月前急于登船离开利物浦的作家完全不同的人。之前，他认为一切都是理所当然的——英国、他自己的成功、他的政治激进主义思想，然而在美国的经历让他看清了事物的本质，看清了那些塑造他特色和赋予他生命的事物。因此，狄更斯的美国之旅真正成了他的自我探索之旅。

1 以下几处译者标记了英文原文，读者可以体会英语和美语表达方式的不同，也可以看到狄更斯出色的语言天赋，可以准确把握语言的细节。

2 指乔治·普特南，狄更斯在美国的旅行秘书。

第十四章 《圣诞颂歌》

1842年6月29日，一个星期三的清晨，“乔治·华盛顿”号靠岸利物浦，查尔斯·狄更斯和凯瑟琳·狄更斯终于回国了。他们乘坐火车返回伦敦，然后连夜赶到奥斯纳伯格街，在那里与弗雷德和孩子们团聚。那时年仅4岁的玛米·狄更斯记得一辆出租马车停在门口，“车还没停稳，就有个身影跳出来，把我抱了起来，我透过大门的栅栏紧紧拥抱亲吻我的父亲”。这突如其来的惊喜——家里人都以为他们第二天才会到——让小查理突发痉挛，他们立刻请来了艾略特森医生，不久后小查理就康复了。他说自己“太高兴了”，之前他曾告诉家里的洗衣女工（他的“秘密朋友”，狄更斯这么形容她）他会在父母归来时“激动得颤抖”。然而，还有一个大家庭在等待着狄更斯去拜访。他紧接着拜访了麦克雷迪家，匆忙地走进去，麦克雷迪还没来得及看清是谁，“亲爱的狄更斯就把我一把抱进怀里，喜不自胜”。然后，狄更斯匆匆忙忙赶到福斯特在林肯律师学院的家中，但可惜福斯特已经出门用餐。狄更斯打听到他吃饭的地方，然后让仆人送去了一封口信，告诉福斯特“一位绅士想要和他谈话”。福斯特很快意识到来者的身份，从餐馆里跑出来，跳上马车，开始痛哭起来。此时，那种“维多利亚时代人”的坚强和男子气概似乎顷刻间土崩瓦解了。

291 第二天，他们抵达伦敦，搬回了德文郡的排屋。自从他们回来以后，家中发生了许多变化。似乎从这个时候开始，凯瑟琳的妹妹乔治娜来和她的姐姐、姐夫一起住，帮助他们照顾孩子。她成了非正式的家庭女教师，后来还被称为“乔治阿姨”。她热心、一丝不苟，并乐于助人。毕竟，哪个小姑娘不会努力取悦一个有名的姐夫，一个过着她从未想象过的华丽生活的姐夫呢？也许更重要的是，她来到狄更斯家时只有14岁，比狄更斯第一次见到的玛丽·贺加斯小了一点。实际上，他似乎立即意识到了这两位姑娘身上的相似之处。“……她身上映照出了她灵魂中的许多品质，”狄更斯这样写道，“以至于在某些时刻，过去的时光仿佛重现在眼前，我几乎无法将其与现实区分开来。”这或许就是狄更斯邀请乔治娜来与家人同住的原因之一吧。如果是这样，那么目前还没有理由相信凯瑟琳会对这个决定提出异议。

狄更斯精力充沛，一回来就投入多个项目的工作中。他写了一份关于美国版权问题的公告，并寄给了许多作家，同时他还致信《考察家报》，公开表示自己将永远不会与美国公司签署出版合同（实际上他并没有遵守这个承诺）。尽管他并非主要负责人，但他也参与了一个作家联盟或工会的规划；虽然当时没有取得任何进展，但在他的推动下后来成功复兴。几周后，他给《考察家报》写了一封长信，支持艾什力勋爵在《矿山及煤矿议案》中提出的禁止雇用妇女儿童的条文。不过，更重要的是，体现他主张的是他那些贵族煤矿主（尤其是那个傻头傻脑的伦敦德里勋爵）的抨击，而不仅仅是对依赖矿井的工业文明提出批评。他在信中署名为“B”，代表“博兹”，但所有熟悉他的人都能认出作者的身份。显然，当他想到孩子们卷入如此危险肮脏的行业时，他非常担心（当他对那些企图阻止该议案的贵族工厂主进行激烈批评时，也许他回忆起了自己在黑鞋油作坊度过的岁月？）。但自从从美国回来后，他对自己的名声有了更清楚的认识，对自己作为公众人物所拥有的影响力也更加了解。

没过两周，他开始动笔记录自己的旅行，并最终将其命名为《普及版游美札记》。他去美国的时候就有写这么一本书的想法，而且也没有理由认为这书销量会不高；要说现在他需要什么东西，那就是钱。需要钱来还欠查普曼和豪尔的债，需要钱来支撑这个一直在扩大的家庭，需要钱来供养他那个挥霍无度的父亲和似乎无法自食其力的弟弟们。于是，趁着脑海中那个新世界的形象还鲜活，他开工了。开篇第一章是瞄准美国人对他态度不友好——他抵达之前这么认为——的一阵炮火；他一写完就把这一章读给麦克雷迪听，但这位演员朋友对狄更斯过于挑衅且几乎

293 有些敌意的笔调并不欣赏。“我一点也不喜欢。”麦克雷迪在日记中写道。

事实上，在福斯特的劝说之下，狄更斯后来还是极不情愿地在出版的书中把这不愉快的一章删去了。英国名人写美国游记在当时自然不是什么稀罕事：在《匹克威克外传》中，老韦勒先生曾这么说过匹克威克先生，“……让他回来，然后写一本关于‘美利金’[1]的书，如果他能好好骂他们一顿的话，就能把他所有的花销都赚回来还绰绰有余”。就算狄更斯没有真的骂他们，他肯定也让他们感到略微震惊。

其实，《游美札记》在许多方面都是一部关于美国社会本质，尤其是美国社会公共机构本质的严肃著作。此书最有争议，且和时事联系最紧密的部分与美国的监狱管理制度有关。很多人都认为美国是刑罚改革这方面的佼佼者、带头人，而英国的刑罚专家对其“分管制度”尤其感兴趣。狄更斯在费城曾经亲眼见过新的本顿维尔的“示范监狱”即将引进这个制度。另一种刑罚方式叫作“禁谈制度”，本质上偏向于纯粹的惩罚：犯人们在磨面机上工作，或是拣麻絮，但不准交谈，十分严格。狄更斯完全支持后一种制度。他认为“示范监狱”对其囚犯太过于宽大仁慈，反而赞扬艰辛无酬的苦力有各种好处。显然，比起依靠道德建设，狄更斯更欣赏依赖惩罚的体制；他在几年后写道："……看见那些死不悔改的小偷、骗子或无赖在机器的踏车上或曲轴旁挥汗如雨，我就觉得满意无比。"

他们几乎是一回到英国就想着再次踏上布罗德斯泰斯之旅，这已经成为他们每年一度的惯例旅行了。8月初，他们带着孩子向度假胜地驶去。狄更斯曾描写过这个地方，将其形容为一个拥有海滨泡浴、溶洞疗养的奇妙所在。他们住进了位于阿尔比恩街的一座房屋，它坐落于海滨，俯瞰着广袤无垠的大海。正是在这里，狄更斯开始了他那部《游美札记》第五章的创作。整个夏天，他以平稳而有序的速度每周写下一章。然而令他沮丧的是，某人伪造了一封他的信，并在信中攻击了他的朋友和敌人。这件事使得狄更斯对美国产生了更深的敌意，尤其是对美国的新闻业。这封伪造信拙劣得可笑，但却引起了美国报纸的广泛关注，他们迫不及待地等着看博兹引起公愤的好戏。愤怒中的狄更斯写了一系列信件给他在美国的朋友们，痛斥这个无耻的骗子的丑恶行径。然而，除了通过文字表达自己的怒火之外，他似乎别无他法。值得一提的是，在得知这封伪造信后，他再次对美国人在任何场合都随处吐痰的恶习表现出无法容忍的厌恶之情，这更是增加了他心中的怒火。不过，他在创作《游美札记》的同时，脑子里也一直反复思考着写一部新小说的可能性。按照他同查普曼与豪尔签订的合约，这部新小说应当从11月开始，但此时他似乎对此一点头绪都没有。

10月初，当全家人返回伦敦时，狄更斯的《游美札记》只剩下最后两章待写。在倒数第二章中，他精心搜集了一些剪报，以展示美国南部州奴隶制度的可怕现状给读者们。而最后一章则以奇特的风格，融合了深沉的警示和滑稽的娱乐评论。然而，这一章的写作进度被一个突如其来的不速之客打断了，那就是亨利·沃兹沃斯·朗费罗(Henry Wadsworth Longfellow)[2]。当然，还有其他事情也阻碍了他的创作。激进的作家和杂文集编辑威廉·侯恩命悬一线、奄奄一息，迫切希望能在临终前与狄更斯见上一面。狄更斯与侯恩相识，他是乔治·克鲁克香克的朋友和合作伙伴，然而近来他似乎一心只看狄更斯的小说，对其他任何东西都不感兴趣。更令人感动的是，他似乎想在离世之前与这位作家握手道别。面对如此感人的临终请求，狄更斯难以拒绝。他的影响力已经达到连那些行将离世之人都希望能见他一面并向他表示感激的地步。于是，在克鲁克香克的陪同下，狄更斯专程前往探望了即将离世的侯恩。

而就在同一个晚上，朗费罗却意外造访了狄更斯位于德文郡的排屋。狄更斯此前曾在美国见过他，并对这个人很喜欢，冲动而好客的他不约而同地向朗费罗发出邀请，邀请他下次来伦敦时住在自己家中。如今，朗费罗终于来了。“我现在正坐在狄更斯的书房里，写下这封信。”他告诉他的同胞，“外面院子里乌鸦呱呱叫着，而伦敦永无休止的嘈杂声始终在我耳边回响。”朗费罗比狄更斯大5岁，此刻身为一名诗人，他在英国的名声并不十分响亮。毫无疑问，这也是狄更斯称呼他为“美国教授”的原因之一。事实上，他从1836年开始担任哈佛大学的现代语言与文学教授。然而，狄更斯还称他为“最伟大的美国诗人”，并非常赞赏朗费罗已经出版的那三卷诗集。于是，在接下来的两周里，狄更斯成了他的导游、东道主和社交秘书。他们一起去看戏，与各式各样的朋友共进早餐和晚餐，拜访一些知名文学巨擘，还有郊外远足（比如罗切斯特，以及巴斯，去拜访兰多[3]等人）。他还带着朗费罗参观了伦敦的贫民窟，也就是被俗称为“敏特区”的地方，从中他们看到了这座城市最贫穷的角落、狭小的街巷和胡同里无业游民和贫困者们是如何苟且度日的。事实上，有时候狄更斯的夜间考察活动与他去伦敦动物园或埃斯特利圆形剧场的出行几乎无法区分，因为这些时候他们也会从事其他形式的娱乐活动。曾有一次，他们前往伦敦市行政区的“敏特区”考察，福斯特和麦克利斯也随行前往。那个地方弥漫着恶臭气味，

297 麦克利斯“一走进去就突然感到恶心想吐”，于是他只好与警察留在外面。这些警察是专门来保护他们的，因为那里犯罪率高，盗窃等违法行为屡见不鲜。

狄更斯当然更习惯于这种贫穷的气味，因为他对伦敦这个城市的了解有一部分是来自他深入这些地方的所见所闻。在这里，成千上万的人居住在拥挤不堪的贫民窟或偷工减料的出租房里，通风不良、卫生条件恶劣。然而，熟视并不等于无睹。与所有敢于踏入这一块对大多数体面的19世纪公民来说都是未知禁地的人一样，他对自己所看见的一切都感到无比震惊。他也深知，这种地方无论从哪方面讲都极其危险。威斯敏斯特区、萨瑟克区、柏孟塞区、怀特查佩尔区、罗瑟希德区、圣吉尔斯区，都是一个世界中的另一个世界。狄更斯读过艾德温·查德威克的《工人阶级卫生状况报告》。这份报告可不适合给容易反胃呕吐的人看，查德威克本人是一名彻底的边沁主义社会改革者，他绝不会让所谓礼仪规矩阻挠自己的良好意图。的确，正是在读过查德威克的报告之后，狄更斯才在匆匆写就的《游美札记》最后一章中强调卫生改革的重要性。我们之后会看到一系列重要的主题从这一卫生改革活动中衍生出来，并在狄更斯的小说中找到自己的位置。然而，需要补充一点，从一开始，他就非常关心当时最重要的改革活动——公共医疗卫生的改革。

因为当时伦敦的扩张速度太快了。这个“大熔炉”——有时狄更斯会这么称呼它——正在往北向布鲁姆伯里、伊斯灵顿和圣约翰伍德扩展，往西和往南向帕丁顿、贝斯沃尔特、南肯辛顿、朗伯斯、克勒肯维尔和佩克汉扩张。19世纪初，伦敦大约有100万人口，但到19世纪末就达到了450万。据估计，仅19世纪40年代，大约有25万净人口移居伦敦。40年代的某个调查结果发现，在圣吉尔斯区靠近七面晷附近并在霍加斯画笔下成为不朽之作的“金酒小巷”贫民窟里，2850个人蜗居在95幢狭小破旧的房子里。当时，一个七口之家或八口之家挤在一间屋子里是很寻常的事情。而且，当时的伦敦并不是现在我们所熟悉的样子。现在的伦敦很大一部分都是维多利亚时期的人自己后来发展起来的，到那个世纪接近尾声时，这座城市的所有区域就已经焕然一新。

疾病像晕开的污渍般到处肆虐。在狄更斯的有生之年，伦敦共暴发了四场霍乱。除了这些致命的疾病之外，还有周期性、规律性暴发的斑疹伤寒、伤寒、流行性腹泻、痢疾、天花和各种仅仅归为“发热”的疾病。1847年11月到12月之间，总人口约210万的伦敦就有50万人感染了斑疹伤寒。对许多人来说，伦敦似乎真的成了《柳

299 叶刀》所描绘的一个“万劫之城”。首都的人均寿命是27岁，而工人阶级的平均寿命仅为22岁。1839年伦敦举行的一半葬礼都是年龄不到10岁的孩童。狄更斯总是因为他小说中出现许多孩子夭折的情节而遭到批评，而事实上他只不过是在反映现实罢了。每天，他的周围都是已经死去或奄奄一息的人。这是维多利亚时期的伦敦为人们忽略的一面。没有一个伦敦人身上没一点毛病，而19世纪的小说用“狂热”来形容城市生活，并不是一个比喻说法，而是在陈述一个医学事实。《老古玩店》的开篇中，狄更斯将伦敦形容成“源源不断的生命之泉，一直在倾泻、倾泻、倾泻……”。在这样的描述中，我们看见了一幅发烧出汗的画面叠加在一个充满居民湿冷汗水的城市之上。

10月21日，狄更斯与福斯特一同踏上从伦敦出发的旅途，前往布里斯托，为即将远航回美国的朗费罗送行。第二天，狄更斯已匆匆了结伦敦的一切事务，开始谋划另一次旅程——这一次他将与福斯特、麦克利斯和斯坦菲尔德一同前往康沃尔。他约定1个月内必须将新小说的第一卷交给查普曼与豪尔，然而，这部小说的发行无可避免地要推迟，至少还需些许时间。他一直对这本新书念念不忘，实际上，他似乎决定去康沃尔也是为了这部作品。他渴望亲临那段“海岸线上最阴郁沉闷、最荒无人烟的一段”，此外，他亦希望一睹锡矿的壮丽景色。就在几周前，他还以文字力挺艾什力勋爵的《矿山及煤矿议案》。很明显，他打算给这些矿井及其主人沉重一击，就如同他在《尼古拉斯·尼克尔贝》中批判约克郡的学校、在《巴纳比·拉奇》中抨击《新济贫法》一样。历史小说《巴纳比·拉奇》已经完稿，而且在美国的经历无疑是激发他创作力的源泉。因此，他渴望再次写一部与现实相关的小说，于是他踏上了寻找素材的旅途。但引起狄更斯注意的事物未必能唤起他的想象力，除了《马丁·朱述尔维特》最初设定在农村而非城市之外，他即将动笔的这部小说与那段旅行并无直接关联。然而，这些锡矿将会在另一部小说中出现，也就是狄更斯在来年所写的《圣诞颂歌》中。他所目睹的一切永远都不会真正消失，只是需要一个合适的时机转化为千言万语。

11月4日，狄更斯回到了伦敦，并立即开始构思新小说。他需要有一个名字才能开始写作。他拿出一张纸，在上面写下了之前所有小说的题目，然后写下了马丁·朱述尔维格，接着写下了马丁·朱博尔维格，然后是朱述尔透和朱述尔伯格。他又拿出一张纸，在上面写了一长串姓氏；“马丁”明显是他想要的那个名字，但是现在他在后面加上了朱述尔维格、司维述尔登、朱述尔透、司维述尔巴赫和司维述尔瓦格。后来，他决定用朱述尔维格，并写出了一个更长一些的标题，但他又改变了主意，在另一张纸上写下了马丁·朱述尔维特。他终于找到了他想要的名字。对狄更斯来说，名字非常重要。他在开始创办一本新期刊时告诉福斯特说“如果没有确定书名，我永远无法真正动笔”，这对他的角色也是如此。只有给他们逐一取好名字之后，他们才能真正存在，然后就像咒语一样，这些名字将带着他们的外貌和行为呈现在世界面前。每当他听到或看到奇怪的名字时，他都会在心里记住并在适当的时机写下来。他有许多名单，其中一份是从枢密院教育名单中搜集来的，他还有一本《鲍迪奇姓氏大全》。也许，这就是为什么在他熟悉的地区有那么多奇怪的名字，也许这不是巧合；范妮·杜丽的名字刻在罗切斯特大教堂旁边的一块墓碑上，而乔克村的小教堂里，古比、特威斯特和飞来特的名字出现在三块相邻的墓碑上。查塔姆一座教堂的花名册上有贾斯珀、索尔比和韦勒的名字，而在霍尔本的圣安德鲁教堂里，可以在花名册上找到查德班得、特威斯特、克鲁克、博芬、古比、杜丽、马力和瓦尔登等名字。他之所以如此关注和在意名字，是因为当他最终想出一个名字时，他就能从这个名字中看到这个角色的轮廓；当他苦苦思索名单时，他也在挑选和确定他所需要的所有人物特征。可以说，人名几乎成了这位作家想象力的客观压力。实际上，他给自己的朋友、家人取了各种绰号，比如“海怪”“林肯的猛狙”“公主”，这也说明他乐于将现实生活中的人物转化为自己心中的角色，让所有人都寄居在他为他们构建的私人想象世界中。而且，他自己的姓——狄更斯——现在因与这位伟大的小说家有联系而变得神圣，但在当时它可是一个非常滑稽甚至有些低俗的姓氏，难道这不是他如此迷恋名字的原因之一吗？他肯定是读过《温莎的风流娘儿们》。这部剧中就有这么一句话：“我记不住他叫什么鬼名字。”[4]他应该也知道当时流行的一些说法，比如“到底怎么”(how the Dickens)和“我跟你奉陪到底”(I'll play the Dickings with you)。他甚至在小说中所有出现“狄克”的地方都拿自己的名字做文章，遇到诸如“匹克威克”和“威克菲尔”的名字时也这样，甚至包括朱述尔维特。

有了名字，他就可以想完整书名了。最终，他在第五稿中想出了《马丁·朱述尔维特及其亲朋好友还有敌人的生活奇遇》，包含他所有的心愿和为人处世之道，他的所作所为和未作未为的历史记录。此外还记述谁继承了刻有家族徽章的金银餐具，谁继承了银匙子，谁又得到了木勺子。点点滴滴，构成了打开朱述尔维特家族大门的全套钥匙。“博兹”著，“菲兹”插画这一完整书名。这将是一个家族或是一个王朝的故事，明显和金钱与遗产有关。开篇是他对家谱研究的滑稽模仿，然后详细描述了一阵秋季的晚风如何吹向佩克斯尼夫先生及其两个可爱女儿“慈悲”和“仁爱”（之后他还问“这不会是不圣洁的名字吧？”）的过程。年纪最幼的佩克斯尼夫小姐是位无比天真单纯的少女，无忧无虑、温柔可人、烂漫热情。而年纪稍长的佩克斯尼夫小姐则极其端庄严肃。而佩克斯尼夫先生本人则是谦谦君子、道德典范，是一名建筑师，也是这个小社区里的领军人物。他在火炉前暖手的时候，“那种仁慈的样子就好像那两只手是别人的而不是他自己的”。开头的几章写得很快——他在12月中旬就写完了，而那时他从康沃尔回来才六个星期，但是狄更斯写得极其认真，简直都有些神经过敏。这部小说的两期计划稿被保存了下来，计划中狄更斯设计了一些章节的情节发展，还为很久之后才发生的事件做了铺垫。单单是这一点就足以证明他现在开始越来越关注对自己小说的结构和发展。以前他一直都是任凭灵感随时冒出然后即兴创作，大多数的情节都以无赖冒险为题材，而现在这样他就能一边介绍新的角色、安排各种情节和插曲，一边和这些角色一起探索他们的世界。

说实话，狄更斯自己相当满意开篇这几章——其实，他甚至满意地觉得整个小说的宏伟构思都跃然浮现在自己面前，活灵活现。于是，他跑到了福斯特家，给这位生病卧床的朋友朗诵他对佩克斯尼夫（Pecksniff）和汤姆·平奇（Tom Pinch）的描写。跟往常一样，甫一写完，他就觉得这是自己有史以来写得最好的文字。手稿在12月18号之前寄给了印刷商，该月的最后一天，《马丁·朱述尔维特》的第一期便出版了。从那个时候开始，他给自己定下了写下一期的时间表，准备1月上旬完成，下旬修改校样。就这样，他又一次踏上了挥笔创作的征程。

然而，扰乱人心的坏消息接踵而来。《马丁·朱述尔维特》的月销量只有2万份，远远低于他之前几部小说的销量，而且月刊的广告收入也在很短的时间内缩水。其实狄更斯非常满意这部新小说，并相信自己现在正处于创作的巅峰时期，所以他不认为自身问题是受欢迎程度降低的原因，他没做好这个心理准备。事实上，后人也许大多和他的判断一致：《马丁·朱述尔维特》是他最伟大的作品之一，主要是因为其浓郁的喜剧风格。何况当时图书市场普遍萧条，无论作家和书商都面临着困难。虽说不上担忧，但狄更斯对自己的财务状况非常失望，因为他现在挣的钱比他的预期少得多。他一看查普曼与豪尔的3月账单，就立刻放弃了原先在城外买一幢房子或村舍的打算。

他在柯布力农场租了几间房，坐落在郊外宜人的芬奇利，那里犹如一片静谧的休憩胜地。在那片宁静中，他放松身心，审视《马丁·朱述尔维特》曾经的相对失利。小说的未来面貌依然模糊不清，然而他却发现自己有机会改变故事的发展，以赢得更多读者的心。其中一种可行的方式，便是让小说更贴近现实中重要的时务。毕竟，他原本就想过把康沃尔矿主虐待工人的行径写进书里。就在这时，儿童劳动委员会的成员索斯伍德·史密斯博士，恰好向他寄来了第二期报告，这可算是个巧合。索斯伍德·史密斯是一位社会改革者，为推动时代的进步尽心尽力。他曾是宗教派别的牧师，一直以来都是边沁的亲信和得力助手，一生都致力于解决公共卫生和穷人的劳动条件等问题。报告揭示了那些被迫劳作的孩子所遭受的恶劣、令人发指的工作环境，其中年幼的孩子们只有五六岁。突然间，狄更斯内心深处所有的同情之火开始燃烧起来，他连忙给索斯伍德写了一封回信，并表明自己打算通过一本小宣传册来关注这个问题。然而几周后，他改变了主意，决定暂时搁置小册子，待时机成熟时再给予致命一击。狄更斯的确可能已经决定在《马丁·朱述尔维特》中揭发童工问题。从理论上来说，这或许是个不错的主意，能够使小说涉及面更广泛，然而在实践中，这一主题是以一种全新的形式呈现出来的。

然而，小说的困境依然存在，这部作品是狄更斯自认为杰作却未能引起读者共鸣的一部小说。就在他埋首于位于芬奇利的静居之中，勤奋地改进故事情节时，一念之间，他突发奇想让自己的“主人公”马丁·朱述尔维特踏足美国——或许这个决定与他激发公众关注的愿望有所关联，但在很大程度上也受到远洋对岸恶意攻击的长篇批评的影响。他一直自诩不会阅读来自美国报纸的那些指责文章，但这听起来更像是自尊受伤后进行的自我辩护。有可能，了解这些攻击的要点后，他意识到自己在《游美札记》中仍有所保留，于是决定释放内心的怒火和喜剧天赋。

这段时间，狄更斯仿佛始终心乱如麻、坐立不安。凯瑟琳又一次怀孕了，虽然责任不能全然归咎于她一个人，但每当提起她时，他的语气都变得非常糟糕，他甚至已经对她恶言相向，称她为“愚蠢之驴”。父亲也惹他勃然大怒，他似乎已下定决心与其断绝父子关系，并拒绝与其的一切来往。“他们，以及所有人，都将我当作一件东西，只要从我这里获取好处，便毫不犹豫地将我撕成碎片，”他曾在晚年说道，“……一想起他们，我就深感憎恶……没有任何东西能像这些人一样，使我如此痛苦、如此委曲求全。”

不过在这段时间里，狄更斯也写出了《马丁·朱述尔维特》中最滑稽的片段——不仅是以美国为背景的那些情节，还有发生在道杰斯的事情，那是偏远的伦敦某地的一家寄宿公寓，佩克斯尼夫和他两个可爱的女儿暂住在那里。就像过去常常发生的那样，狄更斯个人生活中的不愉快、心神不定和焦虑不安似乎促使他过度放纵的喜剧风格在小说中锋芒毕露。例如，正是这个时候，他创造了甘普[5]太太这一角色。她是助产婆兼夜班护士，这个小老太婆出场会这么介绍自己——“甘普就是本老太婆，甘普就是本老太婆的脾气[6]”，其故弄玄虚但让人印象深刻。这个女人和旁人在一起时的战斗口号是“敞开肚皮可劲造，管你是干啥的！”，这也许是狄更斯笔下写出的最有名的一句，肯定也是最搞笑的一句。现实生活中真的有个甘普太太，或者应该说有这个怪人的原型。狄更斯认识的一位梅瑞迪斯小姐最近病了，但病得并不那么严重，至少还是注意了到她那位护士的怪习惯；其中一个习惯就是“沿着高高的壁炉挡板蹭自己的鼻子”，另一个怪癖是在吃黄瓜的时候用餐刀刀面帮着嘬醋喝。

6月末，《马丁·朱述尔维特》的创作已经让狄更斯“筋疲力尽”了。于是7月初，他带着凯瑟琳和乔治娜一同踏上了一场美妙的旅程，来到了约克郡史密斯森家中的伊斯特索普园，那座18世纪晚期的宅院。狄更斯形容它为“英国占地面积最广、美不胜收的地方……”。在这里，他找到了片刻的宁静，组织了各种野餐和游戏，白天徜徉于当地遗址的参观之中，夜晚则骑马在乡间漫游，徜徉在时间的长河里。偶尔，他会阅读报纸，在《泰晤士报》上看到有关美国支持丹尼尔·奥康奈尔及其爱尔兰地方自治运动的报道，然而这一援助因奥康奈尔在慷慨激昂的演讲中谴责奴隶制度而被匆匆撤回了。狄更斯将这些素材深深留在心中，在返回伦敦之后，他立即将其融入自己正在创作的美国篇章中。为了弥补在约克郡虚度的时光，他每天早晨8点开始工作，幽默和灵感源源不断地涌现。他在美国旅行中感受到的那种“滑稽精髓”也渗透到他的文字之中。如果要一一比较《游美札记》和《马丁·朱述尔维特》，确实需要倾注心力。所以只需说，《游美札记》中所描绘的偶然事件在《马丁·朱述尔维特》中得到了全面浓缩，并增添了一种所谓“主旨目的”的感觉。比如，《游美札记》中深入内陆的沿河旅行带来了一些“纯粹的快乐”，而在《马丁·朱述尔维特》中，这趟旅程只是让人感到“白天疲惫不堪，晚上郁郁寡欢”，提醒着狄更斯时间的流逝，并引领他进入那个“绝望的阴郁之境”。狄更斯曾在《游美札记》中讲述过一个故事，一个年轻妇人乘坐内河船前往圣路易斯与丈夫重逢，却发现他已经变成了“虚弱、无能的老家伙”。这个故事在《马丁·朱述尔维特》中重新编织，讲述了一个少妇为了与丈夫团聚横渡大西洋的故事；在小说中，她终于找到了他，然而他已经变成了一个“虚弱、不中用的老家伙”。这些差异具有象征意义，狄更斯运用想象力重新塑造了现实中更为阴暗的一面，并通过明暗对比法巧妙地展现了出来。

7月份，从伊斯特索普园返回伦敦后，他开始着手创作小说9月的篇章，但内心依旧焦躁不安，于是突然带着家人逃到布罗德斯泰斯，开始了一年一度的暂住。在这里，狄更斯开始全力以赴地创作《马丁·朱述尔维特》。尽管这些以美国为背景的篇章给他带来了越来越大的困难，他仍然要坚持写下去。在某种程度上，他开始逐渐对这部小说的形式感到厌倦；故事确实沿着内在发展的方向前进，这就是为什么它具有不可分割的坚实性和连贯性的原因。然而，在这样一本书中，他显然还有许多无法言说的事情。直到狄更斯为了参观一所为贫民儿童提供免费教育的学校而从布罗德斯泰斯回到伦敦，一种新的写作手法才显露出来。

他要去参观菲尔德巷贫民儿童免费学校，它位于萨弗朗希尔街上。《泰晤士报》上刊登了一则广告，寻求对该机构的捐款支持，这则广告似乎一开始就吸引了他的注意。他对萨弗朗希尔街很熟悉，毕竟他曾在附近居住了好几年，而且《奥利弗·特威斯特》中的一些情节也发生在这一地区。实际上，当他参观这所学校时，觉得它与费金自己曾经工作过的地方如出一辙。这个巧合突显出这个旧城区中的某些地方不仅有幽灵的存在，而且像幽灵一样环绕在人们心中，充满了真实或虚构的历史遗迹。这个机构本身很真实，并自称是第一所为贫民儿童提供免费教育的学校，尽管慈善学校在那个时代并不罕见。长期以来，英国一直关注改善穷人教育和鼓励普及教育的问题（确切地说，任何特定类型的教育或培训都是不可能的），而斯太尔利先生领导的贫民儿童免费学校运动旨在利用这一传统并加以正确引导。 310

狄更斯参观的菲尔德巷学校，可谓陈旧残破，这所所谓的学府实为一幢年久失修的破房子，安置在萨弗朗希尔街和周围密集的短街巷子之间。而这个区域本身就是伦敦最肮脏恶劣的地方，满布着肮脏、疾病和各种不法之事。这里的居民与其他市民被一条比街道还要宽的沟壑隔开，仿佛是一个独立的群体。他们经常无意识地迈向监狱和绞刑架，彼此之间极度无知和野蛮。而这所贫民学校的目标则是教育这些孩子。学校由某某创建，旨在感化这些迷途少年，重塑他们的灵魂，并试图灌输一些基本的知识。这群男孩和女孩中有许多曾以偷窃和卖淫为生，他们生活悲惨，衣冠不整，举止粗鄙，自然也无法识字。当狄更斯来到这里时，他发现这个地方仿佛是“一片肮脏的景象，弥漫着难闻的气味、泥土和尘埃，还有瘟疫。所有致命的罪孽在这里自由流淌，门外传来尖锐的叫喊声”。他身穿洁白的裤子和亮闪闪的靴子，一进屋，那些孩子就爆发出阵阵笑声，而陪同他前来的斯坦菲尔德则嫌恶屋内的空气，匆匆离去。狄更斯选择留下，并以坚定的意志让孩子们回答了几个问题。然而，这些衣衫褴褛的形象让他十分震惊。正是在这个世界的画面中，狄更斯找到了新的灵感，菲尔德巷学校的情况打开了他想象力的大门。在短短几周内，他创作出了《圣诞颂歌》。这是一个关于救赎的精彩故事，其中有两个孩子，即“无知”和“贫穷”。他们的遭遇悲惨不幸，令人厌恶且极度丑陋卑劣。这正是他一直以来想要写的那本书。因此，这个流传百世、极富感染力的圣诞故事就此问世了。

他下笔迅捷，因为无论是有意识还是无意识，这个情节本身就源自《匹克威克外传》中加布里埃尔·格拉伯的故事——那段插在《匹克威克外传》中的故事，其中一个脾气古怪的老头遇见了各种各样的精灵，这些精灵让他看到了自己的过去和未来。他罹患重感冒，因此尽量避免参加太多社交活动。在专注于创作的同时，故事也在他的笔下逐渐展开。显然，斯克鲁奇和他走上改过自新之路的故事在他的脑海中酝酿已久，在《马丁·朱述尔维特》中也有所呈现，但要完全释放出来需要所有相关的偶然事件。这就是为什么这个故事看似如此成熟的原因。福斯特回忆着“他仿佛被一种奇特的力量驱使”：在写作过程中他会时而哭泣，时而破涕为笑；夜晚，他会在伦敦的街头小巷里长时间漫步，走上10到15英里。在夜间的独行中，他无疑会回忆起小时候在这些街道上所经历的生活感受——以及那个时候眼中的世界。在《圣诞颂歌》中，他再次回到自己的童年，重温了那段时光。这不仅仅因为这个圣诞故事本身会不可思议地勾起他对幼年读物——那些故事和童谣集——的回忆（“没有人比狄更斯更喜欢旧的童谣故事，”福斯特写道，“他觉得自己只是将它们赋予了更高层次的形式，这让他暗自感到高兴。”），更重要的是，这个简短的故事完全源于他的童年经历，在狄更斯的作品中，这是一种奇妙的头一遭。

毕竟，在斯克鲁奇的幼年中散布着狄更斯自己童年中许多熟悉的元素。譬如，黑鞋油作坊和盖茨山庄就非常奇妙地交织在某个破败建筑的形象中，这幢建筑下面是红砖砌成的，屋顶上还有一个风标：就是在这里，斯克鲁奇与狄更斯一样，看见了——真的是眼睁睁地看见——他童年读物里的那些主人公。也是从这里——这个墙上掉灰、窗户开裂的地方，他的姐姐“小范恩”把他救了出来。他本以为姐姐丢下自己不管了，但她还是回来把他带“回了家，永远在一起……”。这简直就是狄更斯对自己幻想的再加工啊！故事中和狄更斯自己童年的相似之处可远不止这些。克拉奇蒂一家住在一幢不大的排屋里，这显然会让人联想起狄更斯一家刚搬到伦敦时在贝恩街上租的那幢房子，而且他们那个瘸腿的婴儿受洗时并不是叫小蒂姆，而是叫“小弗雷德”——狄更斯弟弟的名字，他们搬到首都时才两岁的那个弟弟。在这个故事里，他将最早期的一些记忆融为一体，呈现出一个全新的样子，因此去寻找创作《圣诞颂歌》各式各样、散落各处的“线索”也许就没有意义了。总的来说，有充足的理由相信，这个故事的绝大部分感染力都来自赋予其生命的那些回忆，埋藏在他心里的回忆。

12月初，他完成了《圣诞颂歌》。这样算来，这本书总共只花了他六周时间。狄更斯与查普曼和豪尔达达成协议，只是委托出版他的书。这本圣诞图书他付出了巨大努力，确保它以最完美的姿态呈现出来。华丽的红色布面装订，烫金的封面图案，每一页都镶有金边；约翰·利奇创作了四幅色彩鲜明的沉浸版画，书中还插有四幅黑白木刻画。总体来说，这是一本精美绝伦的书，价格也相对亲民，每册售价只有5先令，因此它成为当季最成功的圣诞图书。圣诞夜前已销售约6000册，销量持续攀升，直至新年及新年过后，仍有众多人慕名购买。读者们对此热情高涨，几乎快要掩盖《马丁·朱述尔维特》的相对失败和狄更斯对自身声望的担忧。

他本能地觉察到自己做了什么——他塑造了一个现代童话故事，并在随后的岁月中，他的圣诞图书和圣诞故事不仅成为他写作中重要的一部分，也成为他与读者联系的重要延伸。尽管有些情感冲动的作者在编写狄更斯传记时暗指他创造了圣诞节，但事实并非如此。轻生的插画师罗伯特·西摩在1835年创作了《圣诞节之书》，而狄更斯这本书中的许多温馨元素都是对这个日子庆祝和纪念的呈现。然而，在这个乔治王时代放纵和严峻阴郁被质疑的时刻，狄更斯选择突出展现圣诞节舒适亲切的欢乐氛围，尽管它还没有成为狄更斯所期望的那种“欢乐季节”，它还没有具备他笔下所描绘的那种“圣诞精神，即积极向上、坚持不懈、乐意尽职、亲切善良和宽容自制的精神”！直到1846年才出现圣诞贺卡，直到19世纪50年代才有圣诞彩包拉炮，总的来说，这仍然只是一个持续一天的节日，孩子们会在这一天收到礼物，但尚未形成慷慨大方和乐善好施的全民狂欢。这是一个宁静休憩的日子，有表演、公共朗诵、音乐和游戏。狄更斯所做的是将自己独特的复杂心情——希望、回忆和忧虑融入其中——赋予新面貌。他让这个节日散发出一种幻想的气息，混合了宗教的神秘感和大众迷信的奇妙感觉，因此在某些方面，狄更斯的圣诞节更像是英国北部和农村地区的古老节日。除此之外，他还使之变得舒适、轻松和宁静，以黑暗的背景衬托出光明的辉煌。这本书的核心思想是残忍的孤独、庇护与分离，并且在《圣诞颂歌》中，狄更斯探索了这一主题并呈现给世人。他自己的执着再次受到这个时代的影响，并呈现出时代的形态。

《圣诞颂歌》对狄更斯本人的影响不可小觑。最重要的是，这是他第一次一气呵成完成整部小说，不再被迫分期完成。他有机会从各个方面对这本书进行设计，并事先周密计划故事情节。可以说，他一次性完成了所有这些工作，只在“全文完”三字下加了三道下画线。接着，他说自己“像个女人一样突然大哭起来”。12月26日，他参加了麦克雷迪太太（她丈夫去美国了）主办的聚会。简·韦尔什·卡莱尔（Jane Welsh Carlyle）也参与其中，她告诉朋友：“想象一下那位杰出的狄更斯居然变了整整一个小时的魔术——而这是我见过的最棒的魔术……”接下来是跳舞时间。随着聚会气氛越来越疯狂，“狄更斯几乎跪下来了，就是为了让我——和他跳华尔兹”。如此疯狂下去，查尔斯·狄更斯度过了1843年的最后几天。

然而，生活中的压力仍然存在，他觉得除了逃避似乎别无他法。即使在创作《马丁·朱述尔维特》和《圣诞颂歌》时，他也在计划离开伦敦。他渴望一次彻底的休息，去瑞士、法国和意大利旅行。他想在完成手头的小说后休息片刻，且对过度出版的危险有所警惕，因此他想至少消失一年不与读者见面。做出这个决定时，《马丁·朱述尔维特》的销量并不理想，但他对此事并不动心。“你们心里跟我一样明白，”他告诉福斯特，“《马丁·朱述尔维特》在各个方面都是我最好的小说！”然而，小说的销量问题导致狄更斯陷入紧迫的财政困境，不得不携家带口离开伦敦，出租德文郡的排屋，然后在欧洲大陆租更便宜的房子。因此，许多因素促使他做出这个决定，即使凯瑟琳还怀着孕，也不能阻止他前进的脚步：“我们曾讨论过肚子里的孩子，讨论过留下孩子让凯瑟琳的母亲照顾。无论怎样，送孩子们去法国对他们没有任何伤害，反而有很多好处。”显然，除了他自己，没有人愿意出国。凯瑟琳肯定不愿意，她已经进入怀孕的最后阶段。但在这件事上，狄更斯不容许别人对他的意愿提出异议。如果这对他有利，那必然对他们也有利。“问题的关键是，这将如何影响他们的生活支柱，而不是影响他们自己的生活。”实际上，每当提及凯瑟琳时，狄更斯的语气已不再只是一丝不耐烦或恼怒，她又一次陷入产后抑郁症。对此，狄更斯表达了这样的看法：“她身体非常好，我相信只要她愿意，她会康复的。”随后，他开始抱怨她的迟钝，似乎也不太喜欢这个新生儿——他的降临使他更加贫困。“我（原则上）拒绝看那个刚出生的小东西。”他以半开玩笑或许并非玩笑的口吻写道。这就是不久前他在《圣诞颂歌》中赞美家庭美好的人，当时他以“愿上帝保佑我们，保佑我们每个人！”作为结束语。实际上，无论是《圣诞颂歌》所传递的情感，还是小说本身的成功，都并没有实质上影响他离开英国的决心，更可能的是，他纠缠不休的父亲使得他更加坚定了这一决定。尽管查尔斯的财务状况并不理想，但约翰·狄更斯似乎越来越频繁地向他要钱。狄更斯给托马斯·米顿写信，因为约翰·狄更斯已经向米顿借过钱，而且米顿一直充当他与父亲事务的代理人，他在信中写道：“我真的觉得，总有一天，我会屈服投降。除了在噩梦中，只有我的父亲能给我投下如此可怕的阴影。愿上帝保佑我们，保佑我们每个人！”

还有其他问题困扰着他。《圣诞颂歌》发行不到两周，帕利的“绚丽文库”就出版了该书的“删减版”，实际上就是盗版。两天后，狄更斯提出禁止令的申请，要求其停止出版该书，对美国“盗版商”的愤怒也许对他并没有好处，但他至少能在英国的法庭里取得一点胜利。他的确请塔尔福德来当他的律师，狄更斯以侵犯版权为由起诉了印刷商和出版商，而且法院也批准了禁止令。“那些盗版商败得落花流水。”赢了官司的他高兴地说道。可不幸的是，他为这场胜仗付出了惨痛的代价。被告纷纷宣布自己破产了，于是狄更斯不得不支付自己的诉讼费用，这可不是一笔小数目，足有700英镑！似乎英国再也没有一件事能称他的心如他的意了。而此时，本以为自己已经倒霉透顶的他收到了《圣诞颂歌》的账单。他原本预期这本书能带给他大约1000英镑的收入，但该书的制作成本大大削减了其利润。他写信告诉福斯特“头6000册只赚了230英镑！”，而实际上当时的收益只有不到130英镑。福斯特把信的内容记录到传记里的时候，好像是看错了狄更斯的笔迹。不管怎样，就是一笔数目很小的款项，远远小于狄更斯的预期，而他也一下子焦虑起来，甚至发展到了歇斯底里的地步。“我度过了一个怎样的夜晚啊！这床仿佛将我紧紧拥抱，让我陷入无尽的焦躁之中，仿佛再也无法从中解脱出来。一股无边的绝望扑面而来，我感到自己即将一蹶不振，身心俱疲。”这恰恰是他内心深处的惶恐，害怕经济破产，害怕再次陷入贫困的深渊、跟他父亲一样被关进负债人监狱里，他所取得的一切荣耀都将被无情夺走，他会重新回到童年时代的一片虚无。有时候，他一定会怀疑自己所取得的成就只是一场梦，等待着他在贝恩街或兰特街的那个小阁楼醒来。这位备受瞩目的文坛巨匠，在其华丽光鲜的外表下，依然隐藏着诸多恐惧和不安。

然而，他的财产焦虑似乎与对未来的忧虑以及过去所引发的焦虑有关。随着时间的推移，他越来越感到对生活的方向越发不确定。就比如说，自从那时起，他对凯瑟琳的情感逐渐减退，他们之间的关系也开始疏远；宛如某种程度上，她束缚着他的自由，限制了他的发展前景，将他的人生困于琐碎无谓的家庭生活之中。实际上，他与妻子的感情疏离以一种非同寻常的方式显露出来。事情发生在利物浦。当他答应为成人教育改革事业再次访问利物浦时，在当地的工程学院举办的晚会上，他发表了演讲。在会议期间，一个年仅18岁，名叫克里斯蒂安娜·韦勒的本地姑娘被邀请上台独奏钢琴。她的姓氏正巧与《匹克威克外传》中那个更为著名的韦勒的姓一样，这一点引起了狄更斯的兴趣。据当地一家报纸报道，这位著名小说家在她演奏时“目不转睛地注视着她的每一个动作”。然后有人介绍他认识了这位姑娘和她的父亲，据说他们之间的交谈引发了身旁人的哈哈大笑。最后，在结束语中，他还说：“我的心灵最后的一丝残留都渗入那架钢琴之中。”显然，克里斯蒂安娜·韦勒在某些方面吸引了他，因为当天下午，他不请自来到她姐夫家与她共进晚餐，并在她的纪念册上写下了几行诗句，其中几句是：

“我喜爱她可爱的姓，让我出了些名的姓，

可是老天爷啊，我多想改了那个姓！”

换言之，他多想娶了她，如果可以的话，如果他能摆脱凯瑟琳的话。

其实，他对她的喜欢已经变成了一种迷恋，就像陷入迷醉一般。尤其是考虑到韦勒小姐和玛丽·贺加斯的相似之处——贺加斯家其他成员也注意到了这一点，所以这种迷恋更显得意味深长。狄更斯回到伦敦后告诉他在利物浦时住在他家的朋友T.J.汤普森说：“我无法对韦勒小姐开玩笑，因为她太美好了；而我对她（如此出色的存在，恐怕命运不会太好）的兴趣已经变成了一种情愫。要是我向任何人表露对这位姑娘那种不可思议的感情，天哪，那些人一定会以为我疯了！”很明显，狄更斯将他内心未被满足的思念和渴望都投射在这个年轻姑娘身上，那对于爱情和温情无尽的渴求之火再次被点燃；而且，在对她动情的同时，他竟然还觉

321 得她会有不幸的命运，这真是令人奇怪。

然而有意思的是，她并不是唯一和玛丽·贺加斯相似的姑娘。毋庸置疑，乔治娜·贺加斯也会让他想起玛丽，而她现在正和狄更斯的家人一起住在德文郡的排屋里。如果他不得不压抑或者否认自己对这位年轻小姨子的某种情感，那么会不会是他在韦勒小姐面前感情爆发的另一个原因呢？在狄更斯即将在《马丁·朱述尔维特》里写的那几章里，汤姆·平奇痛失所爱，失去了深爱的玛丽·格雷厄姆，那他的悲伤之情有没有可能在某种程度上是建立在狄更斯自己的渴望和痛失挚爱的悲恸之上呢？但这一小插曲最大的影响，一定是他当时对一直怀着自己孩子的妻子感到强烈不满。如果不是因为妻子无法倾诉或排解他内心真实的痛苦之情，那么我们怎么解释狄更斯对一个18岁少女那种近乎歇斯底里或至少不顾一切的迷恋呢？

告别了利物浦和那位美丽的韦勒小姐，他继续奔赴伯明翰，在当地的理工学院发表了一场演讲。在这座城市的市政厅里，人潮涌动，他站在那里宣布道：“只要我还能带给你们欢笑，或让你们感动流泪，我将一直坚持下去……”然而，在第二天回到伦敦时，他整个人都显得黯然失色、精疲力竭、心灵空虚。他深刻认识到，名誉和掌声本身无法消解他内心隐隐作痛的思念，也无法满足他永

不平息的渴望。因为每次看见克里斯蒂安娜·韦勒，他心中都会再次激起强烈的渴望。 322

这种“莫名的渴望”令他内心不安、焦虑不已。他迫切地渴望前进，急于离开伦敦。尽管推动他离开的主要原因是他对自己工作的“假想中的恐惧”，就像福斯特所坚信的那样。此时，他已决心要离开查普曼与豪尔，与他的印刷商布拉德伯里和埃文斯签订新合约。这个决定就只因为威廉·豪尔无意间对他的合同条款发表了评论。这样我们可以看出来，狄更斯有多么憎恶别人对他的轻视，以及他对此的强烈反应无法平息。在与布拉德伯里和埃文斯最终签订的合约中，他同意仅提供一部类似《圣诞颂歌》热销书的短篇圣诞图书，并表示愿意与他们探讨创办一本新的期刊的可能性（这个时期，印刷商经常超越自己的专业范畴成为出版商）。然而，他心中仍有着另一个念头，即写一本以欧洲大陆为背景的小说，这也是他渴望搬到欧洲的另一个原因。但他并不想将这部新小说以月刊形式呈现。基于《圣诞颂歌》的经历，他相信完整连贯的形式才是出版小说的最佳方式。此外，他考虑这些各种方案的理由之一是他急需资金。这或许是他解除与查普曼与豪尔合约后前去找出版商托马斯·朗曼的原因，也是他与《纪事晨报》商讨一系列定期文章的原因。尽管这两个想法最终都未能实现，但我们可以从中感受到离开英国前的狄更斯内心的不安。

春天里，他的欧洲之旅计划取得了进展：经过一番犹豫，向那些旅行经验更丰富的人（比如霍兰德夫人）请教之后，他决定将热那亚作为自己的大本营。他认为那是一个物价不高、风景如画的城市，而且相当干净卫生。因此，他请雕刻家安格斯·弗莱彻帮忙为他们寻找一所合适的房子。安格斯也是一个怪癖十足的人，曾在布罗德斯泰斯和苏格兰逗得狄更斯很开心，目前他住在热那亚。狄更斯一直在寻找合适的交通工具，如果整个旅程都要租用四匹马的马车或驿车，就非常困难，并且成本高昂。于是，他来到贝尔格雷夫市场附近的家具运输市场，在那里找到了一辆看似年头已久的大型公共马车。这辆马车可以容纳12个人，车内还装有夜灯、日灯、口袋、厚绒布、皮质储物箱等特别设计。尽管这是一辆老旧的巨型马车，售价为60英镑，但狄更斯讲价砍到45英镑。

他们租出了位于德文郡的排屋。因为新房客希望马上入住，狄更斯便列了一份详细清单，清单上标明书房内存放着2000多册图书。然后，全家人搬至奥斯纳伯格街上的房子，他们在美国期间孩子们一直住在这里。那只名叫汀珀·都兜的狗会和他们一同前往欧洲，但狄更斯将一只宠物渡鸦和一只宠物鹰留在埃德温·兰西尔家中。在为旅行做准备的忙碌中，狄更斯仍努力完成《马丁·朱述尔维特》的写作。在他的写作生涯中，从来没有一本书的创作受到如此多的生活偶发事件的困扰，但他依然坚持下去了。他经历了凯瑟琳频繁怀孕的最后阶段，经历了因《圣诞颂歌》盗版问题而卷入大法官法庭的官司，也经历了对克里斯蒂安娜·韦勒的迷恋。然而，在这一切中，他还能以极快的速度写作，有时甚至边走边即兴创作，所以不可避免地也会犯一些小错误。直到6月，他们搬到奥斯纳伯格街后，狄更斯才最后完成了《马丁·朱述尔维特》。这部小说或许可以称得上他最幽默诙谐的作品，他在其中刻画了佩克斯尼夫先生和甘普太太这两个永垂文学史的不朽形象。然而，这本书却是在他最艰难的时期写成的。小说完成后，他没有时间“像个女人一样突然大哭”，几乎没

325 时间与所有的朋友告别。尽管如此，他还是确保将自己的所有事务委托给可靠的人：财务事务交给了托马斯·米顿，出版事宜则托付给了约翰·福斯特。《马丁·朱述尔维特》的最后一期在6月的最后一天出版，两天之后，他和家人动身前往意大利。福斯特将这次旅行形容为“他职业生涯中的一个转折点”。

1 这里指“美利坚”，老韦勒先生讲话不标准，有口音，把Americans说成Merrikins。

2 亨利·沃兹沃斯·朗费罗，是一位美国著名的诗人和教授，被视为19世纪美国最受欢迎的诗人之一。他是一位多产的作家，他的作品涵盖了各种主题，包括历史、传说、浪漫主义和民间故事。

3 兰多，即沃尔特·萨维奇·兰多（Walter Savage Landor），英国诗人、评论家。

4 本句台词的英文原文为“I cannot tell what the Dickens his name is (my husband had him of)”，书中此处只引用了这句台词的前半截。其中的“the Dickens”相当于“the devil”，用于加强语气或表示恼怒、吃惊。

5 Mrs Gump，本书译为甘普，叶维之先生曾译为“甘泼”。

6 原文为nater，是甘普太太口中的nature，甘普很多词都念得不对，例如她曾把duty念成dooty。

第十五章　意大利之旅

7月2日，当他们搭乘船只驶向多佛，准备跨越英吉利海峡时，整个队伍中有查尔斯·狄更斯、凯瑟琳·狄更斯、乔治娜·贺加斯、查理·狄更斯、弗朗西斯·狄更斯、玛米·狄更斯、路易斯·罗什（作为导游），还有安妮·布朗（凯瑟琳的女佣，一直默默陪伴在她主人身旁），以及两个仆人（在意大利期间不再像国内那样默默无闻了）。总共12人组成的队伍，带着狗，坐在古老的马车中，穿越法国和意大利的乡间。狄更斯抵达布伦之后，到一家法国银行兑换货币，花了很长时间用他蹩脚的法语问能否办理兑换。“您希望以何种方式兑换，先生？”银行柜员用流利的英语回答着。然后，他们从布伦继续前行，踏上巴黎的土地。这是一座他从未见过的城市，却立即将他深深迷住。“眼中刺痛，头晕欲裂，处处都是那般新鲜、奇妙、与众不同，到处都是陌生而异样的景致，向我蜂拥而至。”对他来说，一切都是那样的陌生，以至于他告诉福斯特自己仿佛长出了第二颗脑袋。随后，他描述巴黎如同一个五彩斑斓、明亮夺目、闪闪发光的地方；吸引他的并非这座城市的辉煌，而是它耀眼夺目的外表，就像狄更斯家中总是摆满镜子一样。显然，这个法国之城满足了他对光明和光辉的渴望。

最终，他们踏上了意大利的土地，在安格斯·弗莱彻的帮助下，物色到位于阿尔巴罗的巴尼勒罗别墅暂居，当时这是热那亚近郊的一个区。这座壮丽的大宅坐落在山坡上，前面是一条蜿蜒曲折的小径，连接着海滩和山顶的阿尔巴罗区。高墙环绕着别墅，但从这里可以俯瞰广袤的葡萄园和热那亚湾。正门对面是一个前厅，通向宽敞而比例恰到好处的房间，楼梯由大理石制成。然而，狄更斯和他的家人似乎对这一切并不满意。尽管这座别墅将壮丽的海湾尽收眼底，但他却戏称它为“粉色监狱”，更糟糕的是，跳蚤在此泛滥成灾。狄更斯起初对热那亚感到失望。这座城市闷热而拥挤，与他原先想象中明亮鲜艳的地中海城市截然不同。然而，随着时间的推移，他逐渐喜欢上了这里。这次旅行让他深入过去，那个他在小说中再现的过去。他为何会欣赏这个地方，即使它处于最糟糕的状态，人们也不难理解。在这里，古城区的小巷和高楼大厦相互交织，宫殿和壮丽的公共建筑拥挤在仅有12英尺宽的街道两旁。昏暗的教堂里传来礼拜者的祈祷声和叹息声，大理石和镀金散发着消长不定的光辉。他热爱这个地方还有一个原因，公共建筑上的壁画、人们的手势和街头巷尾的活力给他留下了深刻的印象。没错，这就是现实生活中的戏剧。那些神秘怪异的壁画就像是舞台背景，而大街上居民们滔滔不绝、兴奋激动的生活则是一幕幕精彩的演出。那些散发着恶臭的巷子可能让他联想到伦敦，但那是一个

329 戏剧性的伦敦。他对这里感到无比亲切。

他脑海中或许已有了新游记的大致轮廓，然而在这古老之地，他不得不将心思转向先前答应布拉德伯里和埃文斯的那本圣诞图书，他盼望能于10月中旬完工，言下之意，3个月时光尚存。然而，当时的环境实在不适合工作。他的爱女凯特有一阵病得很重，后来才康复，而且仆人们开始也被意大利的食物与行为吓到了。通常，他们与当地人的交流方式便是扯着嗓子很慢地说英语，好像那些意大利人是聋子似的；后来创作《小杜丽》时，狄更斯也以此方式描绘了“伤心园”的居民约翰·巴普特斯特·卡瓦莱托试图交流的画面：“他——很——高——兴。”普罗尼西太太替他翻译道，“他——拿到——钱——高兴”。狄更斯的厨子成为最早掌握该语言的人，至少足够购买所需食材，并且没多久其他仆人也习惯了。他们一直是狄更斯生活戏剧的背景，然而很可惜，从未得到注意或赞扬。以他的贴身男仆托品为例，狄更斯极少提及他，我们仅仅知道他拥有一头绚丽红发且在不完全清醒状态下总是十分坦诚。或许托品是那个时期最了解狄更斯之人，但可惜，他未留下关于主人的回忆录或任何片言只语，抑或他未曾阅读过狄更斯的小说。我们甚至不知道他是否与狄更斯一家同往意大利——因为多数时光都由路易斯·罗什兼任导

游、翻译及男仆身份，托品有可能留在德文郡排屋处理额外事务。 330

家人们开始适应新的欧洲生活，而狄更斯则在巴尼勒罗别墅中悠闲度日。他继续学习意大利语，即便总是让凯瑟琳应付意外造访者，他仍然参加了一些聚会，还去镇上剧院欣赏剧目。散步是他的最爱，无论是在城市还是在乡间，迷失于那些狭窄街巷，意外遇见“最奇异的鲜明对比，每处都会美丽、丑陋、破败、宏伟、令人愉悦和不快的事物忽然跃入眼帘”。其间，他也完成了一项自认无须在信中提及的工作：他对《奥利弗·特威斯特》进行了全面修订，准备交付布拉德伯里和埃文斯，首次以单卷本形式出版（那段时间他腹部侧面疼痛又发作了，那么重温奥利弗的童年是否在某种程度上再次唤醒了他痛苦的童年？）。要不是在修订过程中狄更斯运用了一套崭新标点符号系统，或许只有文献学者对修订本感兴趣。他检查得相当仔细，进行了许多微小删改和修改。最重要的是，他修改后的标点符号赋予整个文本更朗朗上口或更容易吟诵的风格，仿佛是为更便于朗诵而进行修订。一直以来有观点认为这表明对其将来公共演讲的期待，然而这似乎不太可能。他最近在英国发表过多场演讲，之前也在美国做过许多演说，因此更有可能的是，他首次开始意识到自己声音的魅力以及读者聆听他言辞的感觉。这是一种全新自我认知，主要产生于美国，因为在那里他以作者身份亲临现场；毋庸置疑，这便是他后来急于回伦敦将第二本圣诞图书大声朗读给朋友们听的原因。

在一位英国侨胞的悉心帮助下，他在热那亚租到了一座宛如宫殿的豪华住所。这座被称为鱼池宫的真正宫殿因前院两个装满金鱼的巨大观赏水池而得名。该宫殿建于16世纪末，规模庞大。一楼的大厅高达50英尺，壁上绘满壮丽的壁画，而狄更斯一家使用的大部分房间都通向这个气派非凡的大厅。房间的墙壁和天花板上也绘有壁画，狄更斯回忆起自己曾从一个房间漫游到另一个房间，仿佛置身梦境之中。狄更斯曾说，鱼池宫是一个传说中“经常闹鬼”的地方，但在他们一家居住的几个月里，并没有见到任何奇怪的事情发生。狄更斯本人确实经历了一些特殊的事件，但他并不承认那是见鬼了。他的解释各不相同，有时说是梦境中的幻象，有时说是梦中的景象。在他刚搬进这个新住所的时候，他再次看到了玛丽·贺加斯。自从她在约克郡乡间消失后，他将自己的梦告诉凯瑟琳后，她就再也没有出现过。然而，在意大利的这里，他再次目睹了她的身影。事情是这样的：他最近再次遭受小时候背痛和腹侧痛的困扰，无法入眠。然而，当终于有一天入睡后，他却梦见了一个披着蓝色绸缎的幽灵，宛如拉斐尔笔下的圣母玛利亚。对于现在他所记得的玛丽·贺加斯，他只能模糊地回忆起她的样貌，甚至连她的声音都不确定。但不知何故，他知道这就是“可怜的玛利亚显灵了”。他伸开双臂，向她喊道：“亲爱的！”接着他说：“请原谅我！我们这些活在世上的可怜之人只能通过眼睛和嘴巴表达自己。我已用尽了最能体现我们感情的词汇；你应该明白我的心意。”那个幽灵默不作声，于是狄更斯开始啜泣起来：“请给我一点信号，让我知道你真的来见我了！”

幽灵：“许个愿吧。”

狄更斯：“贺加斯太太正受着巨大的痛苦。你能拯救她吗？”

幽灵：“好的。”

狄更斯：“如果我确定她摆脱了痛苦，那就意味着所有这一切都是真的发生过吗？”

幽灵：“是的。”

狄更斯：“但是请再回答我一个问题！什么是真正的信仰？难道你不认为只要我们努力行善，信仰的形式就不再那么重要了吗？或许你认为天主教是最好的？也许它能让我更常思考上帝，更加坚定地相信上帝？”

幽灵：“对于你来说，它是最好的。”

接着，狄更斯从梦中惊醒，唤醒身旁的凯瑟琳，一次又一次地重复这场奇异显灵的对话，以便能更牢固地记住。无论从任何角度来看，这都是一个奇妙的插曲，但在狄更斯自己深层的意识中，也许这有某种共鸣。他之前所读的一本圣诞书对他产生了巨大影响，让埃比尼泽·斯克鲁奇在梦中见到了幽灵，几乎以同样的方式。因此，也许当时他的想象力已经准备好再次追寻夜晚的幽灵。狄更斯无法忘记这个梦境：在他之后的一部小说中，那个披着头巾的女子形象再次出现，而他的下一本圣诞书《钟声》也与鬼怪、幽灵和显灵有关。

关于《钟声》，他不久便会感慨："它抓住了这个时代的灵魂。"它就是那本承诺给布拉德伯里和埃文斯写的圣诞图书。然而，在热那亚的土地上，他却陷入困惑之中，无从下笔。首度尝试在英国以外的地方写书，他"脱离了适合创作的环境"，觉得窘迫难耐。或许，一座幽深的意大利宫殿并非他最理想的场所，毕竟眼下他需要细腻地描绘出一幅充满仁爱与善意的微型画卷，来迎接圣诞季的到来。然而，他却无法投入工作。伴随着风中传来的热那亚钟声，他心烦意乱。令人惊讶的是，最终正是这些噪声拯救了他。10月初，他向福斯特寄去了只有简洁一句的信，或者说，一句引用："我们半夜听到了钟声，夏禄老爷！"[1]这短短的信常常被引述，用以展示狄更斯欢天喜地的心情。然而，值得注意的是，他只念着自己和自己的问题，却又浑然不知。

于是，他开始伏案工作。热那亚钟声勾勒出时间的轨迹，而时间则引发了他对大海、物体运动以及无法阻挡的进步的思考。这一切汇聚成一个故事，故事里可怜的老人梦见了死亡和人间苦难，最终通过仁爱的善行得到缓解。而这种仁爱与慈悲，正是狄更斯一直试图在自己的圣诞故事中歌颂的主题。10月的第二周，他开始动笔，从他对这写作过程的描述可以透露出他内心的狂热、愤怒和兴奋："就像往常一样，我满腔热情地投入《钟声》的创作中；清晨7点起床，冷水沐浴后享用早餐，然后便迫不及待地开始写作，犹如一团欲燃尽的熊熊篝火……"当狄更斯为一项构思而着迷时，没有比这更贴切的形容词了。他必须将脑海中的灵感全部记录下来，才能稍事休息。整个10月，他一直在如火如荼地创作，不得不通过剧烈的运动来平复内心的激情：有一天，他在雨中徒步穿越12英里的山路；又有一天，他顶着炎炎烈日走了6英里；还有一天，他竟然走了整整15英里。每完成一章，他都会寄给福斯特，由后者转交给布拉德伯里和埃文斯；同时，狄更斯也保持着他过去的职业习惯，为每个部分留下速记稿。他这样一章一章地推进着，最终于11月初完成了整本书的写作。紧接着——用女人的话来说——他“尽情大哭了一场”。

他当时已决定等那本书出版后即刻返回伦敦。然而，这不仅仅是因为他渴望目睹那本他自认为超过《圣诞颂歌》的杰作问世，更重要的是，他想亲自朗读给大家听。他对这本书心满意足，其中所蕴含的新颖之处让他激动不已。他期待朋友们，尤其是像卡莱尔和杰罗尔德这样的朋友，会理解他在这本书中取得的突破和进步。实际上，这本书引起了相当大的轰动。由于其明显的激进文风，它遭受了比以往作品更猛烈的攻击，也赢得了更坚定的支持。通过这本书，他将自己塑造成一个真正的激进主义者，甚至是一个改革者：这本圣诞图书对那些坚定维护现状的人来说是一份难以接受的礼物，因为狄更斯毫不掩饰地表达了对祖国政治体制的厌恶和对社会风俗的憎恨。当然，也有一些人对此书的反感更偏向于个人恩怨。发起反自杀运动的彼得·劳里爵士在这本书中以“库特议员”的化名遭到狄更斯的讽刺，彼得·劳里爵士形容这本书“十分可耻”。实际上，劳里曾与凯瑟琳·狄更斯一同参加过市长的宴会，他认为自己与这位著名作家的交情不错。“与他打交道是很危险的。”他曾说。而《晨报》进一步指责狄更斯将“恶棍、纵火犯和重罪犯”塑造成传奇人物。然而，所有这一切还没有发生——已经完成《钟声》的狄更斯首先需要穿越欧洲大陆，回到英国。

回到伦敦，他在柯芬园地区的咖啡馆租了几间屋子。当他回到林肯律师学院和福斯特会面时，福斯特回忆起“那个周六的冬夜，他热切的脸庞和身影突然闪现在我的面前，我还没意识到是他来了，就感觉到他一手紧紧抓住了我”。但他来这里当然是为了《钟声》，第二天晚上他又把整个圣诞故事念给麦克雷迪听。“要是你昨天晚上看见麦克雷迪的样子——我一边读，他一边坐在沙发上啜泣，一点儿都不加掩饰，你就会（像我一样）觉得，这东西的影响力真是太大了。”“影响力”，那是他对他人产生的影响力，感动和控制他人的影响力，以及他文字和声音所带来的影响力。

第二晚，他选择了几位朋友，向他们朗读这篇故事，同样展现出了他的影响力。福斯特在自己家中召集了卡莱尔、丹尼尔·麦克利斯、克拉克森·斯坦菲尔德、W.J.福克斯、拉曼·布兰查德、道格拉斯·杰罗尔德以及阿尔弗雷德·丁尼生，这些人都对《钟声》中对政治和社会问题的呼声表示赞同。福斯特事先告诉其中一人，这是一次茶话会。狄更斯反对任何更为活泼的形式，请在6点30分准时集合……这明显是狄更斯的要求。朗诵开始得早是必需的，因为大致估算可知，读完《钟声》大约需要3个多小时，比丁尼生（Alfred Tennyson）[2]给他朋友朗诵《莫德》花的时间还要长。不过，丁尼生常常会重复一些地方，以确保听众真正理解。无论狄更斯的目的是什么，效果都是显而易见的。两天后，他再次朗诵，主要嘉宾是阿尔巴尼·方布兰科。这几次朗诵的成功让狄更斯第一次看到了可能性，也许他朗诵自己其他作品也会同样成功——也许可以向自己的朋友圈范围以外的更多听众群朗读自己的作品。据福斯特的叙述，就是在这样的一个晚上，狄更斯和其他一些人在私下里想出了一个创新的表演形式——将这些剧搬上舞台。尽管伦敦之行短暂而紧张，但狄更斯从未忘记过舞台。他允许吉尔伯特·阿·贝克特和马克·雷蒙将《钟声》改编成舞台剧，在阿德菲剧院演出。从此以后，狄更斯所写的每一本圣诞图书都具备改编成戏剧的潜力。再加上他正在不断完善便于朗诵的标点法（他一直严格地按这套标点法对《奥利弗·特威斯特》进行重新订正），可以看出随着狄更斯对自己角色的认知发生转变，他的艺术手法也在不断变化。12月20回到热那亚，由于护照问题耽搁了一些时间，然后他立即赶回鱼池宫，回到凯瑟琳身边。福斯特说，凯瑟琳对他先前的离开感到“闷闷不乐”。不过，她马上会因为丈夫回来后的一些行为而更感忧虑，不出三天，他开始对名叫奥古斯塔·德拉茹的女士实施催眠“治疗”。奥古斯塔是一个英国人，她的丈夫是居住在热那亚的瑞士银行家。这段奇特插曲开启了他人生中的新篇章，尤其因为这是他妻子首次反对他的意愿。

德拉茹夫人一直饱受神经性面部痉挛的折磨，这种无法治愈的症状仅是她忧虑不安的虚弱的象征。传闻她与狄更斯的姐姐范妮长相非常相似，或许这也是他对她产生兴趣的一部分原因。总之，他向她的丈夫透露自己拥有一种特殊的“动物磁力”，并且愿意帮助她。于是，一个持续数月的疗程开始了，而狄更斯似乎轻松地将德拉茹太太引入一种独特的状态中。在这种状态下，他不仅成功地缓解了她的神经性痉挛症状，还通过自由联想的方式巧妙地引导她表达出内心的种种恐惧，从而揭示出导致这种神经错乱的心理因素。对此，他产生了浓厚的兴趣。他手头没有书要写——至少暂时没有，于是他将所有精力都投入这个陷入困境且需要帮助的女人身上。她总是陷入自己的梦境之中，有时甚至受到恐怖的控制。起初，他只是试图治疗她身体上的疾病，但很快他对她那如同幽深如洞穴般的意识产生了浓厚的兴趣。

最终，狄更斯和这位“病人”的亲密关系引起了凯瑟琳的不满，她向他发牢骚。因此，他认为有必要与德拉茹

339 夫妇交谈，至少转达他妻子的担忧。当时，凯瑟琳已经怀孕，也许正是这件事导致她神经性抑郁和焦虑再次复发，似乎只要怀孕，她就无法摆脱这些困扰。然而，她能够鼓起勇气将与狄更斯和奥古斯塔·德拉茹的亲密关系的问题摊开来看，足以显示她对此——用来形容治疗方法的那个词"动物磁力"——感到多么恼火，或许已经足以说明两者之间交流中不可避免地存在的情感成分。虽然并没有明显的性关系，但肢体间的亲密关系无可否认。然而，狄更斯对于任何类似的怀疑感到非常愤慨，这是毫无疑问的。他对整件事情了如指掌，直到八年后重返热那亚时，他仍曾提起过，并且即使过去了这么久，他仍然能够表达出对妻子干涉的不快之情。在这种事情上，狄更斯总是能够展现出一种清白无辜的感觉。他坚信自己是有理的，否认自己造成了伤害，这些都是发自内心的想法；然而，他显然总是只站在自己的立场上看待自己的行为。怀疑通常会激起他的愤怒，而凯瑟琳的怀疑（甚至可以说是指责）无疑在他心中引起了极度的反弹。不过，他的反应也许只是蔑视，因为他反而选择与德拉茹夫妇同住——当时家人正在为从意大利启程做准备，而这种混乱的生活方式完全无法让他这个喜爱整洁的人忍受。但至少凯瑟琳表达了自己的想法，也许这是第一次制止或改变了他的意愿。

狄更斯越陷越深，漫游于意大利的怀抱。他和其他 340
一些英国人共度新年，在鱼池宫中玩着猜字游戏，跳着传统乡村舞蹈。就在那个特别的新年夜，孩子们迈入了他们生活中的第一堂舞蹈课。“他对我们在这项优雅艺术上取得的进展感到无比欣慰，”多年后，玛米回忆道，“当我们向他展示我们学到的每一步、每一次练习和舞蹈时，他的赞许之情溢于言表。”那时他们还都只是小孩子，查尔斯·库利福德·博兹·狄更斯7岁，玛丽·狄更斯6岁，凯特·麦克雷迪·狄更斯5岁，沃尔特·兰道·狄更斯3岁，而弗朗西斯·杰弗里·狄更斯才几个月大。他为每个孩子取了绰号：玛丽或玛米被称为“温柔的格罗斯特”，查尔斯或查理被称为“弗拉斯特·弗洛比”，凯特被称为“火柴盒”，沃尔特被称为“小鬼头”，而还在襁褓中的弗朗西斯则被称为“偷鸡贼”——这是《钟声》中的角色名字。这表明狄更斯总能轻松地从他的虚构家庭回到现实生活中，并且通过给每个人起绰号，在某种程度上将他们变成了虚构的人物。但正如他们中的一个人所说，当他和他们在一起时“总是体贴、总是温柔，处理他们遇到的小问题和幼稚的恐惧”。可以说，狄更斯和孩子们在一起时能够找回他早年童真的快乐时光。然而，随着他们渐渐长大，他与他们的关系逐渐疏远，他们中有不止一个人提到，在他们进入青春期时，他表现出令人费解的拘谨。虽然年幼，但孩子们清楚地感受到他们父母身上的那股气场，或许比长大后更加清楚；而且似乎在他们还很小的时候就意识到了——亨利·狄更斯后来称之为“当他默默忧愁时，那沉重的心绪充满无比沮丧、焦虑和易怒”。同样触动人心的是，他们发现他们的父亲非常讨厌告别：“作为孩子，我们知道他不喜欢这样的场面，所以分别的时候我们只会挥挥手或者默默地亲吻他一下。”

然而，狄更斯本质上就是一个闲不下来的人。在1845年1月中旬，他们一家离开热那亚，踏上了意大利之旅的征程。更准确地说，是狄更斯自己开始了自己的意大利之旅，然后带上了凯瑟琳、乔治娜和5个年幼的孩子。第一站是卡拉拉，那里的大理石矿坑中抛出的巨石让他联想到航海士辛巴达故事中商人们“抛下一块块巨大的肉，让它们粘上钻石”的场景。接下来是比萨，那倾斜的塔楼让他回忆起多年前在课本上看到的所有图片。于是，比萨和卡拉拉成了他童年读物中的画面。他们乘坐火车继续前往里冈，然后来到罗马，在那里他有机会目睹了一次死刑执行。对此，观察力敏锐的狄更斯注意到那个死者的脖子仿佛消失了一样。在斩首过程中，“头似乎悬在半空中，刀差点儿砍碎了他的下巴，或刮掉了一只耳朵；而他的身体似乎从耳朵以上就什么都没有了”。

狄更斯一行人穿越了罗马、加普亚和那不勒斯的土地，最终来到赫库兰尼姆和庞贝。在这些废墟中，他们发现了时光错位的物件和远古的片刻，这些珍贵的瞬间永远被镶嵌在石头之中。而正是在庞贝宏伟的市场上，狄更斯注视着不远处喷发烟雾的维苏威火山，心头涌起了一股奇特的忧伤之情。在阳光下，毁灭者和被毁灭者在和谐的图景中交相辉映。多年后，《远大前程》中的一位法官宣布32名男女的命运时，狄更斯是否回想起了这幅画面呢？“阳光洒在法庭巨大的窗户上，透过闪烁的水珠，照耀着32个人和那位法官，将两者紧密联结在一起……”毁灭者和被毁灭者在一束宽阔的光芒中结合在一起，这是一幅壮观的画面，或许正是从明媚的意大利透过伦敦阴暗的室内渗透出来的。

然后，狄更斯一行人漫游佛罗伦萨，穿梭在风景如画的意大利土地上，最终回到了热那亚的鱼池宫。这次旅行持续了大约三周。正当他们准备在意大利度过最后几周时，春天已经来临。连续多日，阳光明媚，家人们安安静静地在那里生活，直到6月的第一周。除了令人震惊的消息——厨师决定留在热那亚与一位意大利人结婚之外，一切都平静如常。此时，狄更斯迫不及待地渴望回到英国。他从布拉德伯里和埃文斯那里获悉《钟声》的巨大销售额，为他带来了约1500英镑的收入，而且他也开始着手重新装修他在德文郡的房子。起初，他选择了明亮的绿色作为主色调。毫无疑问，这是因为热那亚几乎所有百叶窗都是这个颜色，狄更斯想要在伦敦再现那座城市的氛围。他希望家中散发着一种轻松欢快的气氛。“我希望它能拥有意大利的风格……”他说。更重要的是，热那亚的生活也使狄更斯自己变得有些意大利化。在美国时，他发现自己性格中也有一些那种国家国民性格的特点；而现在，在意大利，他意识到自己也具备了意大利人出色的戏剧才华、活力和幽默感。然而，凯瑟琳不同意使用热那亚绿色，狄更斯也不得不勉强妥协。无论如何，是时候回到那熙熙攘攘的现实世界中了，回到他真正的生活中了；是时候再次养家糊口了。他脑海中已经有了各种回国后可以进行的工作计划。例如，《钟声》的巨大成功让他明白自己应该再写一本圣诞图书，而他也早就应该考虑着写一本新小说了。《马丁·朱述尔维特》已经过去一年多了，当然，他可以立即着手创作那本意大利游记，最终被命名为《意大利风光》——但他对如何利用已经写下的文字有些不确定。还有一个可能性就是办一份新的期刊，这是他在去意大利之前与布拉德伯里和埃文斯商量过的事情。

他们在6月的第二周离开热那亚，通过圣哥达山口返回英国。这是一次荒凉而危险的旅程，狄更斯特别喜欢，但他的家人就并没有那么热衷了。他们的马车一直在峭壁边缘滑行，8岁的查理·狄更斯至今还记得其中一段路途：与父亲一起穿越“满是岩石、覆盖着冰雪”的道路，通过一条捷径从陡峭蜿蜒的小径一侧走到另一侧。“我至今清楚地记得我们两个人的模样，他大步向前走，而我在后面拼命想跟上却怎么也赶不上，虽然我累得气喘吁吁，但为能与他一同探险感到无比自豪……最后，当我们发现脚下的道路仿佛消失在湍急的山溪中时，几乎都要崩溃了。我们不得不踏着石头穿过急流才能找到路和马车，真是危险至极。”

随后，他们又前往苏黎世、法兰克福和布鲁塞尔，福斯特和麦克利斯在那里与他们会合，并一同回国。

1 本句引自莎士比亚的作品《温莎的风流娘儿们》。

2 阿尔弗雷德·丁尼生是19世纪英国最著名的诗人之一，他最著名的作品之一是长诗《乌鸦》（*The Raven*）。这是一首关于爱情和丧失的悲剧诗歌，以其深刻的情感和优雅的语言而闻名。他的诗歌作品被誉为维多利亚时代最具影响力的作品之一。从1850年起，他被封为“桂冠诗人”。

第十六章　圣诞新篇《蟋蟀》

那么，狄更斯的旅行感受如何呢？一切如常。他依旧是他自己，周遭万物亦未改变。即便在他离开的那段时间里，世界仍如故；“伦敦还是如往昔般，”他回来四周后抱怨道。他刚回家就得了重感冒。第二天，他回国探望了栖身于布莱克希思的父母，当然也不会忘了与朋友们聚餐见面的习惯。他与霍兰德夫人共进晚膳，随后与克里斯蒂安娜·维勒和T.J.汤普森一同前往格林威治郊游，甚至还有礼貌地拜访玛利亚·彼得奈尔。他年少时迷恋的姑娘，如今已成人妇。乔治娜·贺加斯回忆道，狄更斯一坐上回程的马车，一想起自己曾迷恋的对象玛利亚·温特，便忍不住大笑，因为她现今的“性情温顺却愚得骇人”，这正是乔治娜的原话。福斯特记述，他还重返童年时在卡姆登镇贝恩街上居住的那所房子。这种重新踏足儿时故地的冲动不过是再正常不过的事——而那些地方与记忆中的模样相比，就如缩减一般，残破不堪——不过这或许也与他打算写自传的计划有关，尽管这并非完全确定（若他有什么写作计划，可能会类似于托马斯·霍克罗夫特的《回忆录》，他对这本书甚为赞赏，书中描绘了贫穷童年的艰辛经历及其饱含激情的事件，尽管有些压抑得令人喘不过气，但十分形象生动）。然而，回顾童年之地总会与生命中某些转变、转折点同时发生，狄更斯亦是如此。

感冒让他“眼泪流个不停”。经历了那种衰败壮丽和

347 戏剧性不幸的热那亚后，伦敦显得“单调沉闷至极”。卡姆登镇、格林威治、德文郡的排屋，一切仍旧如故，也将长久不变。玛利亚·彼得奈尔化作可笑的玛利亚·温特，连童年的回忆也变得索然无味起来，狄更斯擅长唤起那种既愤怒又疲倦的感觉，就像《小杜丽》中亚瑟·克莱南抵达伦敦的一个星期六早晨那样，完美地展现出城市人的忧郁与伤感，而且鲜有人能如他般深切地体味。然而，狄更斯身上或许唯一始终不变且值得称道的品质便是他总能以超强的忍耐力抑制这种情绪，就像他用这种坚忍对抗阻碍他的处境一样。“永不言败”成了他的座右铭之一。总而言之，他还有工作要做，他还要写另一本圣诞图书，他已经答应布拉德伯里和埃文斯考虑执掌一份新期刊的可能性。事实上，他几乎一回到家就想到了《蟋蟀》这个名字，或许受到在热那亚院子里无休止的蝉鸣的启发，同时也让人联想到民间故事中的壁炉。他告诉福斯特，这本期刊将秉承“圣诞颂歌式的哲学观”，并以一种“讨人喜欢且直接的方式”进入千家万户。

不久后，他的注意力又被另一件事所吸引。我们知道，上个冬天他为了给朋友们朗诵《钟声》而回到伦敦，虽然时间不长，但当时他讨论了进行一场戏剧表演的想法：一个私人演出，全体演员自费，每个演员都邀请一些特别的好友来观看。换句话说，这是一个戏剧爱好者之夜。如果说《小杜丽》在某种程度上探讨的是人类身份的永恒与坚固，那么改头换面根本无法动摇这种根深蒂固的身份；如果他回到伦敦后的生活充满了厌倦和无聊，那么这就是压制这些感受的一种方式。他对饰演戏剧角色的渴望至少能在某种程度上帮助他克服这种熟悉乏味的感觉，换一个新身份，哪怕只是一两个小时，并通过强烈的色彩和光辉来驱散伦敦阴郁的昏暗。狄更斯想要穿上“色彩非常鲜亮明媚的”戏服，仿佛要与他在意大利的经历相呼应：他将出演本·琼森（Ben Jonson）[1]《人各有癖》[2]中的吹牛大王，福斯特也将参演，还有克拉克森·斯坦菲尔德和T.J.汤普森。但值得注意的是，其他几位演员——马克·雷蒙、约翰·利奇、亨利·梅修、道格拉斯·杰罗德、吉尔伯特·阿·贝克特——都来自同一个团体，一小群自称为“笨拙画报兄弟”的报刊撰稿人，而外界称他们为“那些笨拙画报的人”。《笨拙画报》是一本创刊仅4年的杂志，当时由雷蒙担任主编。狄更斯和这本新杂志的关系显而易见。他的新出版商布拉德伯里和埃文斯是该杂志的印刷商，而且其中许多撰稿人都是狄更斯在担任《宾利杂文录》主编时结识的激进作家圈子的成员。当然，他早就与其中一些人成了朋友。约翰·利奇为他的两本圣诞图书做过插画，他是一个性情安静的人，总是焦虑不安且有些忧郁（那个时期似乎有很多漫画家都是如此）。虽然他和萨克雷上学时是同校的，但他在很大程度上算是自学成才。他的父亲以一贫如洗又挥霍无度出名，这无疑让他赢得了狄更斯这位小说家的喜爱，因为狄更斯似乎总是喜欢和那些与他有相似之处的人交朋友。而马克·雷蒙也是如此，这个身材高大且有些胖的人，像所有胖子一样，非常友好和爱闹腾，但在这种活泼开朗的外表下隐藏着一个极其敏感的内心，狄更斯总是对这样的人产生好感。他的至交中有各种害羞、焦虑和忧郁的人。利奇和雷蒙两人都非常喜欢孩子，这一特点让狄更斯更加喜欢他们。狄更斯的孩子们称雷蒙为“马克叔叔”或“海豚叔叔”（他们称他的妻子为“奈丽阿姨”）。

据他的长子所说，狄更斯“天生就是当演员的料”，并且他的一位朋友也记得狄更斯曾说相信自己在戏剧方面的天赋胜过文学天赋，因为相比于其他任何工作，他更钟情于演艺。麦克雷迪说他的表演“拙劣”，从专业的角度来看，这个评价并非毫无道理。人们常常认为狄更斯的表演过于刻意、太过用力，形容他过分细致、做作而僵硬。相较于整体效果，他似乎更擅长于展现细节，这也许是他不可避免的弊病。作为一位完全凭借自学获得成就的演员，从某种意义上说，他对于戏剧效果的研究过于深入，应用过于苛求。他确实拥有出色的演艺天赋。首先，他也承认自己对“假装成别人”非常着迷。那些擅长推理分析的人可能会说，戏剧对于他而言犹如心理疗法，不仅能帮助他“洗去表面上的凶猛好斗”(用他自己的话来说)，还能让他通过扮演一个或一系列新身份来了解并重塑自我。就像这个时期一样，在他不写小说的时候，那个充满想象力的他将所有对于角色刻画的渴望都转移到自己身上，因此，他仿佛成了一系列寻找着作者的戏剧角色。

他们又一次全家南下，前去布罗德斯泰斯，所以狄更斯在排练期间常常去那儿休憩。凯瑟琳当时已经怀孕好几个月了，自然没有陪同他一同返回伦敦。这时候，秋天已经过了一半，他必须开始准备年底的圣诞图书了，这已经成了一个季节性的习惯，他和他的“观众”——他喜欢这样称呼他们——通过这本书再次确认着他们之间亲密而持久的关系。而现在，他的圣诞图书已经不再是一部普通的小说，而更像是一个他们共同沉浸其中的童话故事，童话中所有的恶意都将被消除，所有的争端都将得到解决。毫无疑问，这正是他思考故事主题时的所思所想，这一主题围绕着一个丈夫因误解而心生嫉妒，或许是受到凯瑟琳·狄更斯曾抱怨他与德拉茹夫人的亲密关系的启发。然而，他并没有时间来展开这本书：刚打算动笔，就立刻全情投入另一个项目中。

事情其实要从去年布拉德伯里和埃文斯同狄更斯商谈合同时提出想要创办一份由狄更斯主编的报纸说起。就像我们已经见证过的那样，狄更斯从热那亚回来后就在构思一份充满欢乐气息的周刊，它有个响亮的名字叫作《蟋蟀》。然而，眼下更重要的计划摆在他面前。布拉德伯里和埃文斯在约瑟夫·帕克斯顿的支持下决定创办一份激进自由主义派的报纸，与《泰晤士报》和《先驱晨报》等知名报纸竞争。现在正是最佳时机。狄更斯回到英国时正值“铁路热”，铁路运输业飞速发展，各家铁路公司发行股票的热潮正盛。而铁路本身也将成为狄更斯下一部小说的主题，既扮演拯救者的角色，也扮演毁灭者的角色——他将时下最流行的事物放入他丰富想象力的蒸馏器中，使其变得深刻而又奇妙。然而更直接的原因是当时资金已经准备就绪，这促使布拉德伯里和埃文斯发起一份旨在促进并宣传铁路系统服务的利益集团的报纸。特别推崇自由贸易的实业家和制造商的利益，他们的激进主义思想在这个时期都与狄更斯本人所鄙视的人们相一致。

而有谁能比查尔斯·狄更斯更适合编辑一份面向这样一个读者群的报纸呢？从《钟声》（更别提《尼古拉斯·尼克尔贝》）的反响就可见一斑，狄更斯能够直击社会现实问题，他年轻时便是一位备受赏识的新闻撰稿人。狄更斯本人似乎也对这个主意感到心动，经过布拉德伯里和埃文斯的邀请，他南下查兹沃斯与另一位主要赞助商约瑟夫·帕克斯顿（Joseph Paxton）会面。帕克斯顿自身也是一个天才，他以维多利亚时代的典范方式行事，依靠坚忍不拔的精神、智谋和奋斗进取致富。从一个园丁的儿子起步，如今仅40余岁的他已成为铁路推动者、建筑师和德文郡公爵的庄园管理人。“自力更生”在19世纪并非空洞的口号，而是具体行动的体现；尽管人们常说维多利亚时代社会等级分明，但那些雄心勃勃、渴望权力与财富的人并没有受到任何攀升的阻碍。于是，帕克斯顿和狄更斯这两位靠自身努力成功的人齐聚一堂，商讨创办一份全国性的进步报纸。“铁路大王”乔治·赫德森（George Hudson）也是一个依靠自我奋斗取得成功的人，他同样支持并赞助了这一计划。狄更斯兴高采烈地给他的朋友兼财政顾问米顿写了一封信，信中充满了激动之情，提到帕克斯顿本人“掌握了除大西部线以外的英国本土和海外每一条铁路线和铁路势力……”如此奇妙，在技术发展的推动下，一种交通运输方式成了创办一份报纸的最重要因素，而报纸的主编竟然是一位小说家。

他的生活再次充满喧嚣和忙碌。凯瑟琳怀着身孕，而

353 他则在筹划着一出演出，为索斯伍德·史密斯的疗养院募集资金；他的父亲给他在金钱问题上带来了许多麻烦，同时他还得安排儿子查理上学的事宜。还有那本即将在两个月后出版的圣诞图书，他如今连动笔的时间都没有。此外，他还要将自己的意大利之旅化成文字。现在他竟然同意担任一份日报的主编，虽然年薪是其他主编的两倍，但狄更斯接受这个职位似乎有些随意，毕竟他手头已经有了超过普通人承担能力的任务。尽管他已经好几天没有正式回应，但私下里似乎立刻就接受了这个职位——或许有人会说，几乎是毫不犹豫了。事后看来，一位才华横溢的作家居然想要当报纸的主编，并将大部分时间和精力都投入其中，这确实有些奇怪。但我们不能忘记，《马丁·朱述尔维特》并没有像之前的几部小说那样取得成功，而那两本圣诞图书在一些人眼里只不过是多情而做作的玩意罢了。还有一些评论家早就认定狄更斯已经提前江郎才尽了。

从那时起，他每天都按时去位于舰队街的新办公室，与那些他希望雇用的记者通信，筹划报纸的管理和经营。实际上，《每日新闻》中的他表现得和他当舞台经理时一样果断坚定。然而，显而易见，这不是一出戏，而且他作为主编的这份报纸已经有了布拉德伯里先生和埃文斯先生担任经理，这自然会带来问题。他的朋友中也有人对此持保留意见。麦克雷迪看了福斯特给他的狄更斯起草的发起书，在日记中写道：“贸然参与这项工作太过草率，这可是一项需要卓越远见、秘密娴熟的准备和指挥才能的事业，但狄更斯并不具备这些。福斯特基本上同意我的反对理由，但他似乎觉得要劝动狄更斯并没有太大希望。”换句话说，麦克雷迪认为狄更斯并不适合这份工作。狄更斯在为这一计划举办的庆祝晚宴上发表了演讲，对《每日新闻》的前景大加赞扬。之后，有人对当时的《雅典娜俱乐部》主编查尔斯·温特沃斯·迪尔克说：“到时候要靠您的智慧来弥补狄更斯因为这份新报纸所遭受的损失。”事实上，这番话差不多说了个正着。

不久，狄更斯的整个团队都到齐了，其中还包括几位家庭成员——这反映出狄更斯想要让这份报纸带上他个人印记的愿望：他请来了岳父乔治·贺加斯担任音乐戏剧评论员，让舅舅约翰·亨利·巴罗担任印度版的记者，而最出人意料的是，他还雇用自己的父亲来管理议会报道班子。布拉德伯里和埃文斯一直在舰队街90号办公，就在他们自己的印刷机旁边——这几栋楼都被清空并重新布置成这份新报纸的总部，基本上就是两栋破败不堪的房子，通过通道连在一起。想要去这个地方必须先通过一个拱道，并经过舰队街，再走过一个狭窄的巷子。其中一栋房子里有狄更斯的“圣所”和一间主笔作者的办公室；尽管当时流传着一些荒谬的传闻，说主编室豪华得连他的信件都是用银质托盘盛放的，但那个房间实际上非常朴素，只有一张办公桌、一把扶手椅、一张斜面书桌、六把包皮椅子、一张沙发和一个小书架。书架上摆放着《年志》[3]和《英国议会议事录》[4]等必备资料。狄更斯的楼上有两间房间供副主编和普通新闻记者使用，再上一段木质楼梯就是排字间。还有一段楼梯通向隔壁的那栋房子，印刷机都安放在那里。整座建筑“照明不佳”，而且“通风很差”，一位曾在那里工作过的记者回忆道：“……破旧不堪的楼梯，脏兮兮的椰棕地毯，看上去已经很久没被粉刷打磨的墙壁，弥漫着乌烟瘴气的窗户，昏暗的灯光中还能看见像幽灵般穿梭的搬运工戴着纸帽，衬衫袖子沾满尘土……”这段记忆非常引人共鸣，记录了我们之前的那个印刷时代，而这个时代一直延续到20世纪80年代。

对于狄更斯本人而言，这份新报纸的筹备工作标志着一个兴奋无比的时刻。准备工作让他追溯起年轻时在《纪事晨报》当记者的岁月，就像最近的业余戏剧演出让他重温了青春的回忆一样。时光似乎在重现，至少在一段时间里没有什么能比回到过去更加激动人心了。这就像恢复年轻时光的本质，旧时光得以重新焕发生机。“我失眠了，”

他说，而这种兴奋情绪也使得他越发控制不住对他人的脾气，“请收拾好你的毛毡手提包，立刻上火车。”他曾这样命令帕克斯顿，当时的情景非常不愉快。他也参与了这份新报纸的股份，这表明他希望以成功的开端继续获得利益。

与此同时，他的圣诞图书进展如何呢？他将书命名为《炉边蟋蟀》，仿佛他想再次利用之前在《蟋蟀》杂志计划中准备使用的素材。他安排利奇、道尔和麦克利斯负责插图，但是在1845年最后一个月，他停下来写字，只是零星地写了一些文字，因为当时“我的工作中出现了许多不可逾越的障碍”。很可能，特别是在《每日新闻》的工作中，他的社会政治热情转移到了这份报纸上。毫无疑问，《炉边蟋蟀》缺乏之前两本圣诞图书对社会问题的关注，而《爱丁堡期刊》注意到，在这本书中，狄更斯将注意力转向了一个纯粹的道德层面的主题。这个主题是一个年长的丈夫怀疑年轻妻子不忠的故事。这是一个相当精彩的故事，其中最感人的或许是对一个盲女孩的刻画。多年来，这个女孩的父亲编织了一个五彩斑斓、舒适华美的世界，让她相信那是她生活的地方。这种艺术效果没有人比狄更斯更擅长。和其他所有的圣诞图书一样，他再次借用了自己口吻的说话方式，仿佛大声朗读给读者听，仿佛想

357 走到他们身边，挽着他们的胳膊，指着精灵曾经展现在埃比尼泽·斯克鲁奇眼前的景象。和其他圣诞图书一样，这个故事的主题中有一个扣人心弦的期待，直到最后一页才让人如释重负放下巨大忧虑。所有这些作品都与他的小说截然不同，或许可以说是一种震荡人心的情感宣泄。

然而，《炉边蟋蟀》的创作进展不太顺利，远没有他之前写《圣诞颂歌》和《钟声》时那样顺畅。与之前的作品相比，这本书在结构上有着错综复杂的差异，语言上也不尽相同。然而，这本书更加私密，包含了狄更斯从未刻意强调或隐藏的一些人生经历。例如，他用书中的一个年长、“腰和床柱一样细”，给人以非常有教养的印象的女性来嘲笑自己的母亲。毫无疑问，他的妻子也以一种直接的方式进入故事中：她首先以迪丽·斯洛博伊的形象出现，一个经常摔伤腿、总是被地上散落的东西绊倒的女佣。这些特点都被用来描绘他妻子的笨拙。但在丈夫怀疑妻子不忠的情节中，凯瑟琳也出现了。当他笔下那位年老而多疑的丈夫说：“我有没有考虑过，我对于她那样活泼欢快的性情是多么不合适，我这个迟钝乏味的人一定会让聪明伶俐的她感到十分厌烦；我有没有考虑过，每一个认识她的人都会对她产生爱慕之情，而我无德无才，有什么资格爱她？”实际上，狄更斯是在描述自己的妻子。聪明伶俐者是狄更斯自己，迟钝乏味者是凯瑟琳；按照同样的角色转换创作手法，是否所有认识狄更斯的人都爱慕他呢？他是否用这种方式来改编自己头脑中发生的德拉茹事件，这样就没有人能指责他了？如果这本书中有一个贯穿始终、无处不在的形象，那就是狄更斯本人；他就像那位慈爱的盲女的父亲，在我们身边编织出许多美好的幻想，用善意的谎言让我们远离痛苦。慈爱的朋友、慈爱的父亲、慈爱的叙述者——狄更斯将自己置于整个故事的每一个层面上，仿佛当他奋笔疾书时，他对自己的关注毫不掩饰。甚至在故事的最后，我们回到了叙述者本人："……我一个人留下来。一只蟋蟀在路边唱歌；一件坏掉的玩具躺在地上；此外，什么都不剩。"

这本书在大众中很受欢迎，但并未得到评论界的认可。尽管销量是《钟声》的两倍，但那些一直寻找狄更斯影响力衰退证据的人对该书展开了猛烈攻击，将其批评为"虚情假义的言辞"。《泰晤士报》称其为"一个过早老去的天才说的胡话"，尽管该报评论家的尖刻批评可能与狄更斯即将创办一份与其竞争的报纸有关。然而，相较于评论家的赞赏，他似乎更加关心公众的喜好。他对自己在公众心目中的社会角色变得越来越重视，他接受《每日新闻》主编职位的一个原因就是确保自己对公共事务的影响

359 力，并与更广泛、可能并未读过他小说的读者建立紧密联系。出于同样的想法，狄更斯希望确保《炉边蟋蟀》一经出版即能上演；他允许阿尔伯特·史密斯（Albert Smith）将其改编为剧本，并由基利夫妇（the Keeleys，该夫妇是备受尊敬的夫妻档演员，专门演绎这类本土情节剧）在莱森戏院演出，他甚至在书出版之前就寄出了校样，以确保话剧和书同时问世。他甚至还参加了几场彩排。

与此同时，他对《每日新闻》的热情不断增长。如今，福斯特、阿尔巴尼·方布兰科、道格拉斯·杰罗德和马克·雷蒙也加入了这份报纸。按照之前商定的计划，第一期报纸将在下一个关键议会会期开始的那天发行，届时主要议题将围绕着《谷物法》展开争论。《纪事晨报》和《先驱晨报》已经发布了一则公告（《泰晤士报》拒绝刊登），宣布即将推出一份“崭新的晨报”，追求“自由主义政治理念和完全信息”。这再次验证了铁路业在这个历史时期发展的重要性：“提供与铁路相关的一切科学、商业信息，无论是实际运营、建设还是规划中的铁路线，您都能在这里找到详尽信息。”福斯特对他的朋友为这份报纸付出的努力担忧，他告诉麦克雷迪，狄更斯“完全固执己见，沉浸在对自己工作的自我陶醉之中”。他的这番话或许在某种程度上也因为狄更斯忽略了他的建议。该报纸首席社论作者W.J.福克斯（他本人是自由贸易运动的重要成员）告诉一位朋友："我和狄更斯几乎在任何事情上都会反对他（福斯特），常常会引发分歧和争吵。" 360

1月中旬，一切准备就绪。然而直到1846年1月17日，"样张"版才最终准备就绪，真正的第一期于四天后发行。然而，第一期报纸的发行并不顺利，印刷质量低劣，版面设计和排版也显得粗糙。更糟糕的是，出现了一些印刷错误，其中最令人震惊的错误竟然出现在股市行情的报道中，这个版块对准确性要求极高。有一名员工回忆起报纸发售的第一天，"人们像疯了一样抢购第一期。但是一看到第一版的纸张，消沉的印刷所广场、河滨马路和鞋巷（其他竞争报社的所在地）顿时燃起了希望……我怀疑当天晚上那些长时间笼罩在忧虑中的编辑室是否举行了庆祝会"。

狄更斯依然精力充沛，勤勉努力地担任主编的职责。他以同样的态度对待生活中的每一件事情，关注报社运营的细节，并确保其有效进行。尽管有时候这些细枝末节或者纯技术性问题在伟大人物看来可能微不足道，但他深知成功的秘诀在于对细节、效率和纯技术的关注。事实上，有时候他似乎更加关注新闻传递的速度，而非新闻内容本身。这种关注也许与他自己的小说有关，因为他的小说中总是存在流通畅达与阻碍隔绝的意象相对比，畅通无阻的

361 循环与堵塞停滞相对比。在确保《每日新闻》顺利发行之后，他的下一部小说中出现了一些与运动和释放相关的比喻，这并不令人意外。在经历了最初一期的惨败之后，该报纸确实有所改进，其中一部分功劳可以归功于主编自己的投稿。接下来的几周里，他全神贯注于探讨那些一直困扰着他的社会问题，并写下了关于死刑和贫民儿童免费学校的一系列文章或“信件”。

所有这一切都非常值得称赞。然而，有证据表明，狄更斯虽然是一位充满活力的主编，但这并不一定能使他成为一位杰出的主编。晚年时，当他管理编辑自己的杂志时，这种过分自负的性格将成为他的一大优势；然而，对于如此庞大而复杂的事业，他的固执己见、独断专行、偏见过重、控制欲过强以及某些方面的古怪，都使他无法成为一位优秀的主编。这个职位需要的是一个脾气灵活变通、胸怀宽广的人，至少应该公开表示自己（就像马克·雷蒙在《笨拙画报》中声称的那样）相信手下的撰稿人可能比自己更聪明、文采更好。而这显然超出了狄更斯所能容忍的范围。那时有一位人士总结得很好：“狄更斯并非出色的主编。他是伦敦最杰出的记者，而作为一名新闻界人士，他最多也只能算是一名出色的记者了。”

确实如此，狄更斯很快对自己的角色感到不安和不满。毫无疑问，他当时已经意识到自己做出了错误的决定，明白自己终究是一位小说家，任何长期打断他真正工作的事情都会对他有害。实际上，他在脑海中已经勾勒出一部新小说的初步计划，而且似乎一旦取得公司股份（报纸发行的第一天，他就正式签署了一份同意无须出资即可获得股份的协议），就准备离开了。2月9日，他正式辞职，而且一辞职整个人都变得开心多了。他无疑是史上任职时间最短的全国性日报主编，只坐了18天的位子，而且他辞职时的方式确实显示了一丝执拗甚至无情的态度，在任何关系到自身和他所关注事物的问题上，他都是如此。他总是一开始充满热情地投入版权立法等事业中，然后半途而废。只要他觉得这份报纸妨碍了自己真正的追求，他就“中途放弃”，这一点似乎毋庸置疑。现在，他的脑海里充满了那本新书的想法，与《每日新闻》相关的所有期待和雄心壮志同他自己的决心相比，都显得微不足道。但事实证明，他的这个决定并没有带来灾难。福斯特接任了主编的职位，迪尔克受聘为经理，在这两个人的领导下，《每日新闻》维持正常运转，并最终成为一份真正意义上的进步报纸，蓬勃发展。

尽管狄更斯喜欢装作果断决绝的样子，但他并没有完全切断和这份报纸的联系。他当然还保留着股份，甚至在

363 4月底之前依然领着布拉德伯里和埃文斯的薪水。虽然他已经不再担任主编，但在接下来的几个月里，他重新投身写作，并计划再次在欧洲大陆漂泊一段时间。他希望与家人共同生活在一个开销不如英国那么高的地方，并且他在热那亚写作《钟声》时的经历也让他相信，在国外和在国内一样，他都能自由创作。尽管如此，他并不想完全放弃主编的身份，这个身份给予他改革社会的机会，因此在接下来的几个月里，他在《每日新闻》上发表了一系列关于社会事务的文章。

与此同时，他也忙着准备《意大利风光》的图书版。他一边向朋友们索取写给他们的信件，一边查阅自己的日记，主要是为了增加一些新的章节，而不完全依赖于《每日新闻》上刊登的《旅行札记》(实际上，这份报纸上刊登的只是后来游记的一半)。但其间出现了一个问题：克拉克森·斯坦菲尔德早先同意为这本书提供插画，但当他读到狄更斯对天主教宗教仪式进行讽刺的段落时，他退出了。毕竟斯坦菲尔德本人是英国著名的天主教徒，狄更斯也知道这一点，他绝对不可能与一个认为自己所信仰宗教仪式只是一群假面哑剧演员列队游行的人有任何联系；而且，狄更斯选择斯坦菲尔德作为插画师时如此不经心或欠缺考虑，简直让人难以置信。但是只要我们回想起他离开那份报纸时表明的一个重要事实，就可以明白，他所做的一切都是正确的。他所写的一切都是正确的。如果别人有不同意见，那只是他们自己的问题，而他并不在乎这些问题。例如，在写给斯坦菲尔德的信中，他并没有道歉："咱们都是明白人，你所信仰的宗教教义中是否承认且包含我所提到且让你震惊的事情，你应该是最有权发表意见的人。很遗憾，我了解到它确实是这样的——而且对它的印象更糟糕了。"换言之，这是教会的错，不是狄更斯的错。和往常一样，他立刻开始寻找替补插画师的行动。幸运也比较奇怪的是，他竟然找到了一个名声不大的年轻画家塞缪尔·帕默，而帕默出色的插画最终成为《意大利风光》一书的亮点之一。

他辞去主编职务后的几个月里，也许最重要的事情就是策划一部新的小说。他知道，尽管那些学识渊博的评论家对他的作品不屑一顾，但他的读者们都迫切期待着他的下一部力作。于是，他带着常常困扰、苦恼和开放的心态，开始寻找主题和故事的灵感。在准备期间，似乎有一件小事情进入他的潜意识中。不知何故，他在摄政公园撞死了一只小狗，"并让它的小女主人—— 一个十三四岁的女孩儿——十分悲痛，而我从未见过如此微妙细腻的悲痛"。显然，这件事深深震撼了狄更斯，他在酝酿中

365 的《董贝父子》这部小说中，让这条小狗起死回生——图茨先生将第欧根尼（Diogenes）[5]送给了它的“小女主人”，弗洛伦丝·董贝——她跟摄政公园里的那个小姑娘差不多大。这是狄更斯微观艺术世界的奥秘之一：弥补生者，让死者复活，在幻想中重现过去，并在幻想中实现他的愿望以赎罪。这个时期，狄更斯生活中的其他方面也进入《董贝父子》中。通过约瑟夫·帕克斯顿的介绍，他与“铁路大亨”乔治·赫德森结识了，而在这部小说中，商业或至少是商人的主题占据了核心地位。就在《每日新闻》出版前不久，一位著名的股票经纪人破产了；而在《董贝父子》中，也发生了类似的破产事件。那个时代充满了所谓“铁路热”，而铁路在这部小说中无疑扮演了至关重要的角色；狄更斯将卡姆登镇即将被铁路环绕的地区命名为斯塔格斯花园，“斯塔格”[6]在当时的俚语中指的是投机商在铁路股票市场中的存在。《董贝父子》中还反映了狄更斯意大利之行的影子和回响，尤其是在他对进步必要性的思考中——尽管那些渐渐腐朽、衰败得如同死水的人试图扼杀或忽视这种进步力量，然而进步是不可避免的。但要说所有这些主题和深意都是狄更斯有意识展开的，也未必正确，只能说这些都是他周围生活的一部分，他在其中活动并策划自己的小说。他一直致力于还原逝去的时光，恢复

消逝的轮廓，将世界连在一起，使之变得清晰透明、色彩鲜明、意义明确。 366

然而，他依然无法下笔，与此同时，他开始进行另一个有风险的慈善事业。他计划建立一个收容所或避难所，专门为那些“失足妇女”提供庇护。而且，这个计划一旦提出，他就详细描绘了收容所的性质和制度，包括教导管教、实践培训、日常生活以及建筑设计的大致轮廓。这个计划如此具体和完整，几乎就像是事先准备好的，真是令人惊奇；仿佛狄更斯在脑海中构思了这样一个地方已经有一段时间了。他即将第二次前往欧洲，在此之前，少不了平常的远足和庆祝活动。他和福斯特、麦克雷迪、麦克利斯和斯坦菲尔德一起去了里士满；麦克雷迪在日记中以他一贯的阴郁语调写道：“我们度过了非常愉快——甚至可以说是极其快乐的一天，我感觉到这一天的喧闹和混乱已经超出了我的承受范围……”克拉克森也跟他们一起，这表明尽管拒绝为《意大利风光》作插图，但他对狄更斯对待自己信仰的态度已不再怀有嫌隙。毕竟要长时间与狄更斯生气是很困难的，因为他自己的情绪总是如此反复无常。他的家庭又迎来了新成员，并举行了洗礼庆祝仪式——孩子取名为阿尔弗雷德·多赛·丁尼生·狄更斯，以纪念那位诗人，也为

367 了向那位狄更斯非常欣赏其才智和判断力的法国伯爵[7]致敬。然而，这个名字足以让那些背地里甚至公开认为狄更斯粗俗的人乐足一阵子。

与此同时，他还在等待着与《每日新闻》相关的一些结果。他想知道自己的股份将会如何发展。他想知道自己的辞职是否对报纸的前景造成了致命打击。当再也无法等待时，他终于在4月决定下个月底前往瑞士。他最初的选择是前往热那亚，但凯瑟琳似乎对他和德拉茹夫人之间的关系仍心存芥蒂，好像反对这个主意。于是，他选择了瑞士的洛桑。出发前的两周，《意大利风光》出版了。在前言中，狄更斯承认了“不久前自己犯下的一个短暂性错误，破坏了与读者之间原有的关系……”毫无疑问，他指的是自己担任《每日新闻》主编的事情，尽管这份报纸的发行方认为责任在他们自己，起初不应该聘请狄更斯，这也可以理解。《泰晤士报》尖刻地评论了狄更斯关于与读者关系的声明：“我们恳求他，千万别急于恢复那种关系。他不仅需要维护自己以往的声誉，还要修复他最新作品带来的损害（我们向他保证这一点）……”也许狄更斯当时没有看到这些批评，因为这期报纸发行在他去欧洲大陆之后，但现在他无疑对其中所表达的指责和观点非常了解。他曾邀请丁尼生与他一同前往瑞士，但这位诗人对一位朋友说："如果我去了，我就会请求他放弃他那多愁善感的文风，否则我们将争吵并分道扬镳，此生再无相见的机会……"因此，即使在他的崇拜者中，也有人不喜欢他圣诞图书中那种笔调。现在是重新开始他原来的工作的时候了，是时候开始创作小说了。他离开英国还有另一个原因，他希望和《每日新闻》保持一定距离，越远越好。他对自己在这件事中所扮演的角色尚有一些内疚之情，至少相对于其他人而言，他是那个差点儿毁了这份报纸的人。但他不能承认这样的过失。那么他应该怎么办呢？离开犯罪现场，迅速逃离，逃往瑞士。

1 本·琼森（1572—1637），英国文艺复兴时期著名的剧作家、诗人和评论家。琼森是威廉·莎士比亚的同时代人，被誉为"雅典的莎士比亚"。他的作品包括剧作、歌颂诗和宴会歌谣等。

2 《人各有癖》是本·琼森的一部戏剧作品，创作于1606年。该剧以幽默的方式揭示了人类的各种怪癖、弱点和荒谬行为。剧中的角色都有自己独特的个性特点，通过戏剧冲突和对话展现出各种人类行为的滑稽和荒唐。

3 《年志》是一本由许多作家主笔的政治期刊，主题是每年的国际政治时事，由埃德蒙·伯克于1758年创办，每年出版一册，是重要的参考书。

4 《英国议会议事录》是英国议会的官方记录，它详细记录了英国国会下议院和上议院的辩论、发言和决策过程。该议事录由专门的工作人员编写和编辑，并定期出版，供公众参考，其历史可以追溯到1803年，自那时起，它一直是记录英国议会活动的权威资料。

5 第欧根尼，古希腊犬儒派哲学家，小说《董贝父子》中的一条狗以其命名。

6 斯塔格为stag的音译，而斯塔格斯花园为Staggs' s Gardens。

7 这里是指阿尔弗雷德·多赛（Alfred Dorsay），1801—1852，法国人，业余画家、花花公子和上流社会的名人。

第十七章　《董贝父子》

他决定离开一年，这段时间足够他完成心中酝酿已久的小说的大部分内容。于是，全家人再次踏上旅途，导游路易斯·罗什陪伴在他们身边，之前他带着他们畅游了意大利。这回一行人动身前往洛桑，多年后，狄更斯还曾回忆起那里的山岭、小木屋、小木桥、小溪和山坡上的牧场。瑞士当然与意大利完全不同，洛桑也与热那亚截然不同——唯一的相似之处就是这两座城市都依水而建，被群山环绕。水对狄更斯的想象力有着非常强大的影响（在下一部小说中，一个注定难逃厄运的角色小董贝凝视着大海），而群山也经常以冷艳明亮的景象出现在狄更斯的作品中，D.H.劳伦斯在下个世纪的《恋爱中的女人》中也曾细致地研习过这一意象。

从英国出发后的第11天，他们乘坐三辆马车分别抵达洛桑，并迅速入住吉本大酒店。接下来的两天里，狄更斯在小镇上漫步，希望为这个有九口之家的家庭物色一座合适的房子。虽然这个小镇不大，但与热那亚不同，这里整洁、干净而且井然有序——这正是狄更斯所喜欢的，尤其是在他刚写完一部关于玩偶制造商的圣诞故事后，为家人找一座他形容为“玩偶之家”的房子再合适不过了。这所乡间别墅名为玫瑰峰，位于山坡之上，可以俯瞰远处的湖光山色；穿过一片碧绿的牧场和葡萄园，就能抵达日内

371 瓦湖畔，只需数分钟的路程。总的来说，这个地方与热那亚的环境氛围完全不同。这里的人们安静、勤劳，甚至有些刻苦好学；每天散步的时候，狄更斯都会留意到书店的数量，散步很快成为他在这里的一项特别爱好。

狄更斯很快适应了这个新环境，他的注意力也立刻转向了他急需完成的两个项目：一是答应布拉德伯里和埃文斯的新小说，二是几乎成为他和读者们季节性必备品的圣诞图书。他的书房位于别墅的二楼，拥有一个长长的阳台和一扇面向湖光山色的窗户。窗外群山巍峨，洛桑小镇就在房子旁边，陡峭的街道宛如一幅梦中的景象。每天晚上，他都习惯走上9至10英里的路程，一路思考即将动笔的那两本书。关于圣诞图书，他已经有了一个大致的构想，与古战场上弥漫的宁静氛围有关。是否在硝烟之后的宁谧中，狄更斯正在想象着一种氛围，将他最近为《每日新闻》所做的斗争转移到一个更加理性和宽容的世界中呢？毫无疑问，这个世界在某种程度上也出现在他正酝酿中的小说《董贝父子的买卖——批发、零售及出口》当中。这部小说的结尾也是经过艰难斗争后那种祥和而充满希望的气氛。在洛桑漫步的时候，他一边构思《董贝父子》，一边期待着这样一个结局，并提前设计了大部分情节，这样在动笔时整个故事的框架在脑海中就清晰可见了。这是狄更斯作品中第一部有分期计划保留下来的内容，虽然不能确定之前的小说没有类似的分期计划，但至少我们可以暂时认为这是狄更斯第一次给予小说的创作和结构同等重视。这些分期计划只是一沓蓝纸，每期一页，每页对折；他在左边写下想在该期中引入的主题或话题，在右边则概述每一章的主要内容。这些提纲不仅为小说的结构定下基调，还起到备忘录的作用。这种方法既将素材整理得井井有条、易于查找，又能对小说每期的动态进行细致审查。为改变故事的基调或节奏，他经常在小说中插入新的章节或情节，而毫无疑问，他只有不断翻阅自己的简略笔记，才能达到那种所谓的交响乐效果。 372

于是在《董贝父子》的第一份分期计划中，狄更斯匆忙地在纸的左边边缘处记下了一些参考资料，其中包括“水做的护士[1]——波莉·图德利”和“木头般的海军候补少尉”；最终，那个姓氏被改成了“图德尔”，但这种含蓄并不一定是有意的对比——“水做的”和“木头般的”在这部小说中频繁出现。这部小说一直在将“坚固、刚硬”(代表男性)与“自由流动、流动性”(代表女性)做对比。文中最重要的女性角色弗洛伦丝·董贝流了许多次泪，而眼泪、流水和保罗·董贝所凝视的大海都有潜在的象征意义，这些隐含的信息给小说增添了许多感染力。这一年里发生的许多事情都进入狄更斯惊人而广阔的潜意识中，并转化为虚构的事件。可以这样说，狄更斯所描绘的那个充满商业和公司的世界与他刚刚离开的报纸和铁路的世界有关联，至少是间接相关。从某种意义上说，狄更斯似乎想将自己与男性的世界、刚硬的世界隔离开来，并在《董贝父子》中接触水和大海，描绘并赞颂女性所特有的美德，那些他羡慕和渴望的美德——正因为缺乏这些品质，他在与拥有《每日新闻》的商人做斗争时失去了勇气和信心。

那段时间，狄更斯一直在洛桑后面的山里散步。他在日内瓦湖边漫步，越过湖面眺望对面的群山，脑海中一直都在思考着手中的这部小说。但他无法动笔，还得等那个装有写作材料、鹅毛笔和蓝墨水的“大箱子”运抵玫瑰峰。那里面不仅有这些物品，还有两只蟾蜍对决的铜雕、一群不同大小的狗围绕着一个狗爱好者的铜像、一把裁纸刀和一片上面有一只兔子的镀金叶子。他把所有这些东西都放在桌子上，放在自己的周围。正如狄更斯的女婿在他去世后解释的那样，“在写作的间歇，他需要凝视”这些雕像，因为他对习惯和秩序非常在意，如果面前没有这些无声的小东西，他就无法写作。这些物品一旦摆放在玫瑰峰别墅的书桌上，他便开始动笔了。

同时，他也开始创作那部名为《我们主的一生》（*The Life*

of Our Lord）的书，这是一部历时三年才完成的手稿，他用童话般朴实的语言讲述了《新约》[2]中的故事（大部分取材自《路加福音》[3]），而《新约》的影响或许也可以解释为何狄更斯几乎将自己生活中所有最重要的方面都融入这个故事之中。这是一个适合大声朗读的故事，因为后来狄更斯在一封信中写道，他的孩子们“有一本我给他们写的缩略版《新约》，在他们还不识字的时候就念给他们听，没有别的孩子比他们更早地了解并对那本书产生兴趣”。说《新约》是狄更斯宗教信仰的核心，一点也不夸张。“我相信我们的救世主，”他曾写道，“是所有美德的典范，在我看来，在一个信奉基督教且人人都能接触到《新约》的国度里，所有的善都必须追溯到《新约》的影响。”在他小儿子出发去澳大利亚前的那一晚，狄更斯告诉他，《新约》“不论是在过去、现在还是将来都是世界上最优秀的书……我现在非常严肃地告诉你基督教的真理和美德，它们来自耶稣基督，希望你能铭记……”

当然，他的生活和观念是一回事，而他的艺术则是另一回事。有趣的是，在他的小说中，没有一个人物在为人处世时受到基督教信仰的强烈驱使，他所描绘的教堂也常常只是灰尘弥漫的地方，只有无意义的规矩和仪式。他一方面强烈公开表达自己的基督教信仰，另一方面对基督教

375 的机构或代表几乎没有兴趣，这种差异实际上非常接近事物的本质：他是一个对宗教非常敏感的人，但他的信仰基于自己的世界观而非任何传承或特定的宗教信仰。这就解释了为何他的基督教信仰在他的圣诞图书中得到了加强和突出；狄更斯似乎从未依赖过任何宗教的“权威”，他只依靠自己的意志和性格。即使在万不得已时，他也只相信自己。从这个意义上说，他的宗教信仰是他坚定不移、与众不同的个性中不可分割的一部分。

如果我们坚信《董贝父子》中充斥着一股宗教的灵感，那么狄更斯引入其中并非偶然，而是他创作过程中巧妙融入的一部分。这位文豪并未将自己完全展露在读者面前，然而这一次他的内心世界不期而至地显露无遗。他早已设计好小说的情节，这是大家都心知肚明的事实：正如我们所见，他忙碌地拟定分章节计划，而哈勃雷特·布朗在他指示下设计的封面也揭示了小说的核心主题。因此，在洛桑的夜晚，狄更斯思绪万千，聚焦于他所说的“主旨大意”或“主要思想”。他的规划超前许多，他已经知道自己会在11月搬至巴黎——这是他的计划，那个充满生机和人群的城市将为他后来的创作提供实质性的帮助。然而，从他的个人笔记来看，他似乎更加关注故事和角色，而非主题。尽管之前有很多人特别关注狄更斯的象征意图，甚至有些过度，但从他的信件和工作计划中可以明确看出，他并没有特别关注——至少并非有意识地关注——那些人们习惯称之为“象征”“意象”“标志”的元素。而他在意的是故事本身和他所塑造的角色，对于随着故事和角色发展而引发的复杂关系充满了期待。他与他们一起前进，在洛桑的夜晚，我们只能看见他们围绕在狄更斯身边，伴随着他的创作之旅。

是时候动笔了。作为一个迷信的人，他有自己的一套维吉尔卦占卜法[4]——这种预言占卜的方法简单而神秘。当他感到需要咨询上天做决定时，他就会打开维吉尔（*Publius Vergilius Maro*）[5]（Virgilianae）所著的《埃涅阿斯纪》（*The Aeneid*）[6]，第一眼看到的诗句就成了神意。这本书对于他来说，宛如中世纪晚期传统的占卜经书，承载着无数的启示。他从书架上取出一本劳伦斯·斯特恩的《项狄传》[7]，闭上眼睛随意翻开一页，然后将指尖放在某个地方。“这很可能是一部伟大的作品！动笔吧！”他注视着窗外的日内瓦湖，开始撰写一场生命与死亡交织的故事。在故事中，保罗·董贝是生的一方，而他的母亲却已经离世。严肃的老董贝和羞怯的小弗洛伦丝·董贝也参与其中，整个家族的传奇在这个片段中得以展现。血缘和金钱的纠葛交织在一起，而书的标题《董贝父子的买卖——批发、零售及出口》揭示了这一致命的结合。他对于这个书名非常自豪，希望能够保密直到最后一刻才公布。与此同时，他也担心书中的插图，于是频繁地给布朗发号施令，严厉而专断。但这只是他焦虑的冰山一角，他渴望恢复与读者的默契关系。创作的初期相对轻松。他提前做好了充足准备，对故事的发展有清晰的构想。他的语言也显得深思熟虑、严谨克制，这是前所未有的。尽管手稿相对整洁，修改的次数也较少，但他似乎在刻意挑战自己的流畅度，希望延长艺术效果并从一开始就统一整个故事。这部小说部分讲述了一个家庭内部亲情的缺失，这种缺失阻碍了一切的发展。狄更斯试图借助《董贝父子》在《马丁·朱述尔维特》的基础上尝试用心理分析的手法构建起更复杂的内心世界。在开篇的几页中，狄更斯给自己设定了任务，为主角们创造一个更为丰富的内心生活。这种内心活动将在言谈之间显现，尽管没有前几部小说那样饱含戏剧性，却更富含分寸和感染力。

然而，《董贝父子》尚未完成，他不得不暂时搁笔。他轻率地同意参加了一次去大圣伯纳德山口的探险活动，与一群英国侨民朋友以及他的“女士们”一同旅行。这趟旅程必须经历严寒、艰险，但他们仍然穿越山岭来到了那座热情款待游客的著名修道院。“放眼望去，只有那暗沉的灰墙，寸草不生，万象沉寂。”狄更斯写道。他后来将这景象移植到《小杜丽》中，呈现了另一种形式的监禁，但这种冰冷、无生命迹象的感觉也在董贝先生身上体现出来。英国人在修道院里住了一晚，然后艰难地回到洛桑。回到洛桑后，狄更斯再次开始小说的创作，他也再次担心起那本圣诞图书来。他必须立即动笔，以便能赶上年底的最终出版截止日期。实际上，不过几天时间，他就完成了《董贝父子》的第二部分，并在两天后开始写圣诞故事。他早就想好了书名，叫作《人生的战斗》。他希望在9月底完成，但他写不了那么快。他认为同时写两本书非常困难，他觉得应该将创造力留给《董贝父子》，至少他是这样认为的。而且无论如何，他认为《人生的战斗》作为一个季节性的礼物非常合适，不应该被抛弃。多年以前，他对自己同时创作两本小说的能力非常自信——《匹克威克外传》和《奥利弗·特威斯特》就是同时创作的例子，但现在他觉得那种独特的灵活性似乎已经离他而去。此外，他从未同时开始创作两本书，对于脑袋中同时装着两个故事，他感到非常不安，甚至有些手足无措。9月接近尾声时，他向福斯特坦言：“看来我无法完成这本圣诞图书了！”他从未放弃过任何一项已经开始的项目，因此他感到“恶心、头晕，情绪低落得无法言喻。夜晚辗转难眠，充满焦虑和不安的感觉纠缠着他；他还经常想到自己在浪费精力，本应该将它们用于更重要的著作上，这使他更加忧虑。他真的需要静下心来”。因此，他为《董贝父子》感到烦恼不安，而且他已经很长时间没有写过标准篇幅的小说了，所以这种焦虑变得更为严重；他还为与《人生的战斗》建立起的读者群体可能被切断的关系感到烦恼不安；他为自己的困境而困扰着自己；他需要休息和放松，但却做不到。他还患上了眉骨部位的神经痛，甚至认为自己可能需要进行“吸杯治疗”，也就是放血。后来他曾说过，那段时间他感到“面临着严重的危险”。他的意思应该是指精神崩溃，但最终他恢复了过来。毕竟，他找到了街道，那些能够让他忘记自己的街道，因为他曾在日内瓦逗留过一段时间，不知疲倦地在那个狭窄而曲折的街道上行走，追寻着那座城市的“神灯”。

不到三天的时间，他感到自己好多了，可以开始创作《人生的战斗》的第二章了。他告诉福斯特：“如果我不写，这将会是我第一次在尝试一件事时半途而废；而且，如果没有全力以赴，就不能轻易放弃。”因此，他强迫自己继续写下去，用坚强的意志力驱使自己一直写到两天后从日内瓦回到洛桑。这时，他知道自己最终能够完成这本书。他连续写了六天，完成了第二章。他说自己的眼睛现在“明亮异常！”，然后作为辛勤劳作后的放松，他眼睛明亮地盯着一小群听众，为他们朗诵《董贝父子》的第二期，在他们中间引发一阵又一阵“异常喧闹的捧腹大笑”。这次成功的尝试使他对在英国举办公共朗诵会产生了想法。《董贝父子》的发行量也让狄更斯备受鼓舞，第一期销售近25000份，因此他希望尽快完成《人生的战斗》，这样就能回来创作那部他已经制定了宏伟计划的小说——这些计划足以维持读者的兴趣和激情。因此，他拼命地写下那本圣诞图书，在五天内完成了第三章和最后一章。这几天里，他梦到这本书变成了“一串无法整理也无法跳出的屋子……”，就连日内瓦那短暂（但组织相当完善的）进步示威似乎也进入他的梦境，并与这本书联结在一起，仿佛洛桑附近那些零星而稀疏的战役在仿效着他这本书中的战斗。

9月17日，《战斗的人生》完稿了。那么这本书怎么样呢？经历了写作过程中的艰难和低落的情绪，几乎半途而废，又在仓促间完成。可以说，这并非狄更斯最为成功的小说。而且，它主要讲述了两个姐妹爱上同一个男人的故事，因此有人认为它与狄更斯自己的家庭生活太过相似，缺乏他最佳作品中的客观性。然而，这种以两个充满深情的姐妹及她们对同一个男子的挚爱为题材的故事似乎一直吸引着狄更斯。但是，这个故事真正重要的价值在于

381 它的标题——“人生的战斗”。这句话对于维多利亚时代英国人来说有着重大的意义：在一个把斗争和权力视为双生戒律的世界中，斗志的崇拜和权力的追求是最重要的活动，人们对意志力、冲突和进步的信仰似乎如同这句话所描述的那样，可以说是一条公认的真理。达尔文和马尔萨斯（Thomas Malthus）[8]都提到过“生活的伟大战役”和“为生活而战”，这两句话经常被混淆。重要的是，这种混淆在很大程度上有利于进化论者的立场；格莱斯顿曾将生活比作“永恒的战斗”；布朗宁则写道，“我一直以来都是一名战士，所以——再来一战……”；而杰出的萨缪尔·斯迈尔斯（Samuel Smiles）[9]，那位代表了我们现在所称之为“维多利亚时代价值观”的人物，也曾发表意见称，“人生就是一场斗争”。

写完那本圣诞节图书两天后，他再次回到日内瓦；为了保持每月出版的节奏，他不得不开始创作《董贝父子》，但他需要先稍作休息。于是，在接下来的一个星期里，他抑制住自己的本性，过着彻底放松的生活，不受任何规律的饮食和作息时间的约束。尽管如此，他对于自己接下来该去哪里写这本小说的想法非常明确。一回到洛桑，他便开始第三期的创作，其中描述了保罗·董贝、皮普钦太太、卡特尔船长和白格斯托克少校。白格斯托克少校一见到自负冷漠的董贝先生时，立刻满面红光地开始阿谀奉承：“‘我向上天发誓，先生，’少校说道，‘这是一个伟大的姓。伟大的姓啊，先生。’少校理直气壮地说道，仿佛要激起董贝先生的反驳，而如果董贝先生真的这么做了，他就会觉得自己——虽然很伤脑筋——不得不与他争个高低。在英国的海外领地也是享有声望的姓。先生，这是一个让人引以为豪的姓。约瑟夫·白格斯托克绝不是在拍马屁，先生。约克郡公爵殿下曾多次说过：‘乔伊不是拍马屁的人。他是个朴素真诚的老兵，这就是乔。他坚强倔强得有些过头，这就是约瑟夫。’‘但这真的是个伟大的姓，先生。我对着天发誓，这是个伟大的姓！’少校郑重其事地说。”狄更斯令人惊叹的一点就是，他所写出的人物语言能毫不费力地让一个角色变得栩栩如生。这些独特且有辨识度的说话方式，他从那些活在他的想象世界中的人物口中汲取并随意运用。10月底，他开始创作这一期的内容，然后在11月9日完成，进展非常迅速，但手稿上的涂涂改改痕迹很明显，这表明他在自己所说的“苦恼不安”中写下最后一章确实是实情。几乎一完成，他便按照事先的计划带着全家向巴黎出发。“我相信，”他给福斯特写信道，“不断变化也是我必要的工作条件……”虽然以前的他并不总是如此，但从此刻起，不停地忙碌和无法静下心成了

383 他生活的显著特征。他必须一直向前，必须逃离，必须使周围环境与内心的充沛精力相一致。

1 “Wet nurse”，wet在英文中有“潮湿、湿润”以及“软弱、懦弱”的意思；“Wooden Midshipman”中的wooden有“木制的”和”呆板的”两种含义。

2 《新约》是基督教《圣经》的一部分，也被称为《新约全书》或《新约圣经》。它是与《旧约》(《希伯来圣经》) 合在一起构成整本《圣经》的两个主要部分之一。《新约》记录了耶稣基督的生平、教导、受难、复活和升天等重要事件，以及早期基督教的发展历程，包含四本福音书（《马太福音》《马可福音》《路加福音》《约翰福音》)。这些福音书记载了关于耶稣的生平和教导的信息。此外，《新约》还包括使徒行传、保罗的书信、一些普通信信、启示录等。

3 《路加福音》是《新约圣经》中的一本福音书，记載了耶稣基督的生平、教导和奇迹，以及早期基督教的历史。该福音书是由医生路加所撰写，他是使徒保罗的同工和传道伙伴。《路加福音》以详细的记述闻名，其中包括耶稣的童年、他的教导和比喻、治愈疾病和驱逐恶灵的奇迹，以及他的受难、复活和升天。

4 维吉尔卦（Sortes Virgilianae）是一种预言占卜的方法。占卜的方法非常简单，即当一个人感到有决定需要咨询上天的时候，只需要打开维吉尔所著的《埃涅阿斯纪》(又译《埃涅伊特》)，他第一眼看到的那行诗便是神意。在这个意义上，《埃涅阿斯纪》在之后的一长段时间里都变成了《易经》式的经书。维吉尔卦作为一种占卜传统一直持续到中世纪晚期。

5 维吉尔，公元前70年至前19年间生活的古罗马著名诗人，被誉为拉丁文学的巅峰代表之一。他的作品包括史诗《埃涅阿斯纪》(*Aeneid*) 等。

6 维吉尔最知名的作品之一《埃涅阿斯纪》，这是一部英雄史诗，讲述了特洛伊战争后幸存下来的特洛伊人埃涅阿斯的传奇冒险故事。这部史诗以其深刻的哲学思考、精湛的叙事技巧和生动的描写，被视为古罗马最伟大的文学杰作之一。《埃涅阿斯纪》不仅展现了罗马人的历史和传统，还探索了人类的命运、神秘力量和个人奋斗等普世主题。

7 《项狄传》(*Tristram Shandy*) 是一部由18世纪英国作家劳伦斯·斯特恩（Laurence Sterne）创作的小说。这部小说以自传体的形式叙述了主人公项狄（Tristram）的生活经历和思想感悟。它被视为一部具有讽刺和幽默色彩的小说，采用了非线性的叙事结构和富于想象力的叙述方式。《项狄传》在当时引发了广泛的争议和讨论，并对后来的现代小说产生了深远影响，被视为英国文学史上的经典之作之一。

8 托马斯·马尔萨斯，英国著名学者，在政治经济学和人口学方面影响巨大。

9 萨缪尔·斯迈尔斯是一位19世纪的苏格兰作家和社会改革家。他最知名的作品是《自助》(*Self-Help*)，这本书强调自我教育、自我奋斗和个人责任的重要性。斯迈尔斯通过鼓励人们发展良好的品质和努力实现自己的目标，对于提高个人和社会的福祉产生了积极的影响。

第十八章　巴黎之魅

全家人乘坐三辆马车来到巴黎，漫长的旅途历时五天。让所有人都住进豪华饭店，太不切实际，又十分昂贵，所以狄更斯一到达巴黎就开始寻找合适的住处。他很快找到了一幢小房子，位于库尔塞勒街上，外观奇特而离经叛道，内部装饰则古怪奇异，完全吸引了狄更斯那富有幻想力的一面。在抵达的当晚，他还步行游览了整个城市。据福斯特所说，这座城市的辉煌与绚丽几乎让他吓呆了；实际上，他对于辉煌与绚丽早已习以为常。这两个特质一直与他的人生息息相关，而且他再次来到巴黎后毫不犹豫地喜爱上了这座城市。不久之后，他对法国人的评价超越了英国人，认为他们是“世界上最优秀的民族”。在接下来的几年里，他对英国和伦敦那暗淡无光的生活感到厌倦，而巴黎成了他的庇护所和避难所。在这次访问期间，巴黎的天气异常寒冷，还下起了大雪。然而狄更斯似乎毫不在意。据他儿子查理回忆，他和父亲频繁光顾“戏剧院以提高各自的法语水平，我祖父曾这样说过”。狄更斯本人讲过，他在巴黎“漫步于医院、监狱、太平间、歌剧院、剧院、音乐厅、公墓、宫殿和酒店之中”。这幅景象是如此“艳丽又恐怖”的全景画，而这个比喻本身就展示了狄更斯眼中的世界有时多么戏剧化，欣赏如此绚丽或者优美的全景画成了他当时最大的乐趣之一。

他特别喜欢一个人去巴黎的陈尸所，那里被视为法 386
国特有的典型公共机构。每天定时会把最近找到的无名尸体摆放出来，供巴黎市民辨认。狄更斯晚年时，曾以恐怖的笔触描绘过这一壮观景象：“令人毛骨悚然的尸床，浸泡在水中的膨胀衣物，水珠滴落，滴了一整天，角落里还堆着湿透而膨胀的物体，仿佛一堆过熟的无花果被压碎。”但他却一直去那里。他总是回到这个地方，因为太平间让他产生了一种“厌恶的吸引力”——如此形容。谈及后来数次来巴黎的情景时，他坦言，“我被一股无形的力量拖进了太平间”，并详细讲述了一名溺水男子在他心头徘徊多日、挥之不去的形象（在《我们共同的朋友》中，这个男子重新浮出水面）。他自认为这种执迷与他童年时害怕的事物有关。

这一段时期还有其他一些暗示死亡的迹象。他郑重其事地策划了一场虚构的死亡：“保罗，我将在第五期结尾处杀死他。”他在信中告诉了福斯特。此外，他刚得知姐姐范妮“得了痨病”，当时人们视之为一种绝症，会提前显露出折磨人的各种症状。而且，在虚构的死亡和真实的疾病之间存在一种联系；范妮的儿子亨利·伯内特从小就瘫痪，身体虚弱，狄更斯实际上是以他为原型塑造了体弱多病的保罗·董贝。至少范妮的牧师，曼彻斯特的詹姆斯·格里芬牧师是这么认为的：“哈利［哈利（Harry）是亨

387 利（Henry）的昵称］是个很特别的孩子——喜欢沉思，性格也很奇特，与其他孩子迥然不同。狄更斯先生告诉他的姐姐，他就是小‘保罗·董贝’的原型。哈利曾去布莱顿海滨疗养，而书中的‘小保罗’也曾去那里，在海滩上躺了几个小时，手里拿着书，说出了对于一个孩子来说极不寻常的想法……”或许，出生于1839年的哈利也让这位著名的舅舅想起了《圣诞颂歌》中的小蒂姆。当然，小蒂姆并没有死去，但保罗·董贝早早夭折，令人难以置信的是，狄更斯居然决定“杀掉”一个以自己体弱多病的外甥为原型的孩子。然而，这只是虚构的文学作品。于是，在那一年最寒冷的日子里，狄更斯策划了小保罗的死亡。

12月中旬，他在伦敦逗留了几天，放下手中的笔。虽然不是名义上的家长，但作为狄更斯家族的实际家长，他此次远道回到伦敦，是为了进一步了解范妮所患绝症的情况。随后，他匆匆赶回巴黎，继续雕琢即将降临在保罗·董贝身上的死亡命运。不久后，他告诉自己，小船随着河流的摆动正在引领他入眠。这时，河岸显得多么翠绿，岸边的鲜花多么绚烂，高高耸立的灯芯草仿佛指引着他前行！寒冷刺骨的元旦日，狄更斯当天晚上去了盖特剧院，但是心思却不在剧院里——保罗·董贝必须死去。如今，小船已经驶入大海，但仍以平稳的姿态前行。眼前是海岸线。站在岸上的是谁呢？狄更斯形容那栋位于库尔塞勒街的房子“一切可以结冰的物体都凝结了”。小说进展得十分缓慢。“我正在策划谋杀一个无辜的年幼受害者。”他甚至带着不可抑制的得意之情说道。他合起双手，仿佛在祈祷。当他将双手合拢时，并未移开胳膊；但众人看到他如此将双手合拢，放在他的颈后。此刻，他被故事深深吸引，开始夜以继日地写下去。“你和妈妈长得很像，弗洛伊。光凭你的面容，我就能认出她来！但请告诉他们，学校楼梯间的那幅圣像还远远不够神圣。当我离开时，头顶上那圈光芒照耀着我！”他在周五晚上杀害了保罗·董贝。金色的涟漪再次在墙上荡漾，屋内安静无声。啊，那古老而悠久的方式！这种方式从我们人类穿上第一件衣服的那一刻起就盛行，延续至今，直至命运的尽头，那时广袤的苍穹将如画卷般卷起。那古老而悠久的方式，即是死亡！然后，他走出家门，在巴黎的大街小巷中不停地漫步，漫步至夜幕低垂。

通过保罗·董贝的离世，狄更斯再次制造了《老古玩店》中小内尔之死引起的震动效应。之后，他又以同样的方式在《大卫·科波菲尔》中描绘了朵拉的离世，以及在《荒凉山庄》中描述了乔街头流浪的离去。有些评论家认为狄更斯过度使用了作品中的悲伤元素。另一些人则认

389

为，狄更斯只是为了增加故事的吸引力而随意杀害令人感兴趣的孩子角色。这种观点让讽刺杂志《虚构的人物》发表了一篇模仿保罗·董贝之死的作品，对已故的保罗·董贝少爷进行审判，并请狄更斯作为证人出庭——“他曾考虑借助儿子来惩罚董贝。但后来放弃了这个想法。他并不明白该如何处理这个问题。他觉得自己有权自由行事，随遇而安。不知道在某个章节或某一页上会发生什么样的故事。如果他不再需要某个角色或不知道该如何处理这个角色，他就会立即淘汰掉。这种做法令人悲哀，但又极为方便……”然而，老百姓就是喜欢，喜欢这种动人的情节，喜欢生命的消逝；多年后，民间仍传唱着一首以保罗之死为题材的歌曲，名为《汹涌的海浪在述说什么》。

如今，保罗已离世，狄更斯决定将关注点转向他的姐姐弗洛伦丝。故事需要此次转移的焦点，因为男孩的离世只是故事的前奏，而董贝先生的崩溃必须被描绘得更加有力。然而，由于写小董贝夭折的情节所带来的兴奋已经消退，他再次陷入缓慢的创作过程中；他身体不适，外面还下着雪，看起来也并不知道故事该如何发展。他拒绝了所有的社交邀请，专心坐在书桌前——从未有过任何作品让他如此全神贯注，带给他如此无尽的困扰。在接近创作结束时，他甚至调换了两个章节的顺序，以驱散前一期中保罗之死所带来的悲伤情绪，让故事氛围变得愉快起来。然而，他沮丧地发现新一期的第一章太短了，比正常页数缺少了两页，于是第二天他返回伦敦，准备在印刷厂附近加紧工作。他的儿子早已回到温布尔登的国王学校上学，他记得自己带着儿子前往汉普斯泰德荒野进行了一次长途跋涉，还与布莱辛顿夫人一起在戈尔大宅用过晚餐。顺便一提，晚宴上查理旁边坐着的是路易斯·拿破仑。狄更斯只在伦敦逗留了三四天，就在他返回巴黎的那天，查理染上了猩红热。在返回法国首都后，他才得知这个消息，他立即带着凯瑟琳匆忙返回伦敦，他们不能住进德文郡的别墅，因为那里还在出租中，所以他们搬到了切斯特街。这个地方离贺加斯家只隔了一条街，而查理正处于病情最严重的阶段；医生不允许再怀孕的凯瑟琳靠近她的儿子，所以狄更斯不得不与儿子保持一定距离，直到传染期过去。

他极度关切儿子饱受猩红热之苦，然而当务之急是和凯瑟琳先在伦敦安顿下来。于是，他在切斯特街租下了一处临时住所，直到6月底。就在这条小巷上，位于摄政公园外、离多角区和其他狄更斯童年足迹不远的地方，西迪尼·史密斯·哈迪曼·狄更斯降世了，排行老七。虽然按照19世纪的标准来看，这个家庭也算庞大，但明显可见，狄更斯的财务窘境即将结束。《董贝父子》畅销无

391 比，前四期的销售就使他从布拉德伯里和埃文斯手中获得了约1500英镑的收入；实际上，在过去的一年半里，他通过图书销售总共赚得超过3000英镑，有望即将推出一套小说的廉价新装版本，以激发新的市场需求。狄更斯决定将自己的全部作品以廉价的周刊和月刊形式重新出版，这一计划被称为“开发版权”。为了突显其独特性，这套书将采用全新的插图，并且狄更斯本人决定为每一部作品写上新的序言。略带夸张的是，他竟然将这个新系列献给了“英国人民”，并在前期刊登的广告中涉及了他认为至关重要的事项。他希望自己的作品“成为社会各阶层的财富”，并且他愿意成为“许多英国家庭永久性的成员，而不再只是一个过客……”。当然，他还认为“在世的作家应该因他们作品的广泛传播而感到骄傲和荣誉，并相应获得个人收入的增长……”。这最后一句话虽然很容易让人联想到他善谈的父亲，但对于狄更斯本人来说，这是非常重要的一件事。他希望从这次商业冒险中赚取一大笔钱，尽管第一年的收益并不令人满意，但他很快就从这份“普及版”的发行中获得了可观的收入。从某种意义上说，他只是与时俱进，因为印刷成本越来越低廉，而且能读写的读者人数也日益增多，因此像他所写的这种小说能够更广泛地传播并受到欢迎，在10年前还无法想象。

毫无疑问，他已经成为那个时代报酬最高的作家之一，而就在1847年夏天的几个月里，他购买了价值600英镑的国债——这是他人生中的第一次投资，而从那时起，他会有更多类似的投资。

然后，他遭到了一匹马的袭击。这或许是一起极为荒谬的事件，然而却令狄更斯受到了巨大的震惊。在创作《董贝父子》第八期时，他一直努力不懈，身心俱疲。为了放松身心，他决定南下参与一次体育活动，在彻特西骑马。就在那里，一匹马在马厩内突然袭击了狄更斯的手臂和肩膀，将他的大衣袖子和衬衫袖子扯得粉碎，几乎撕裂了他手臂上的肌肉。幸运的是，他的手臂只是严重瘀伤并未骨折。然而，这一事件对狄更斯的身心造成了沉重的负担，导致其健康状况急剧恶化。除了手臂上的严重瘀伤，他还出现了所谓“喉部的神经性痉挛”。此时，狄更斯的身体感到非常不适，尽管在向他人透露时并未过分强调——治疗方法似乎包括刺鼻的盐剂和服用苦艾。他只是承认自己遭受了“一种极度折磨的神经紧张症，感到精神不振和情绪低落”。然而，我们无法准确理解他所说的具体含义。这种神经紊乱可能既源于身体上的伤痛，也可能是他对遭受袭击的潜在恐惧的反应。此外，他曾告诉他后来因肺炎去世的姐姐，当他焦虑或精疲力竭时，脑中会

93 闪现出一些“可怕”的念头，或者沉浸在压抑的精神“折磨”之中。或许，“喉部的神经性痉挛”可以视为他精神上所受折磨的另一个迹象。数年后，当他再次患上神经衰弱时，有时会在夜晚因窒息而惊醒。一个如此敏感的神经以及丰富的想象力使得他容易受到各种恐惧的折磨，这也解释了他目前所经历的痛苦。此外，兰多在事故发生的那个月见到他时说，狄更斯看起来“消瘦而身体不舒服”。他当然感到“身体不舒服”，因此决定南下布莱顿修整一番，呼吸一下海边的清新空气。在那里，他找到了住所，并开始创作《董贝父子》的下一期。过了一段时间，他巧妙地将这次事故融入小说中，让董贝先生从马上摔落，还让马踢得失去知觉。

在他一生中，最大的渴望就是不停地工作、忙碌于各种事务，毫无歇息之时。即便是在洛桑和巴黎时，他也念念不忘要建立一所容纳“失足妇女”的庇护所。刚回到英国的那个月，他与狱长们商讨着这个慈善机构的候选人，并在伦敦郊区搜寻合适的房屋。5月，他在谢泼兹布什找到了一栋房子，并迅速出价将其租下。所有这一切活动都导致狄更斯将自己的小说推迟到最后一刻，直到月中才开始动笔，延误了近十天的时间。显然，他对这个故事抱有足够的信心，相信自己能够轻松应对，无论是在创作的内容上还是在速度上。尽管如此，这些章节中仍然带有一些匆促的痕迹：从创意到严肃程度来看，这几章是整部小说中最薄弱的部分。

狄更斯一家现已搬至布罗德斯泰斯，因为这已成为他们在英国时的习惯。这段时间，狄更斯北上伦敦，寄宿在维多利亚饭店。如今，他已经找到了创办“妇女之家”的理想地点，并拜访了几所监狱，以寻找适合这家收容所的候选人。他与寇得巴斯监狱的监狱长和威斯敏斯特少教所的所长有着深厚的友谊，因此他主要是去这两个地方寻找“合适的材料”——或许可以这样形容。收容所——乌拉尼亚小屋正式成立（于去年11月），他定期前往参加会议并检查其日常事务的主要情况。即使在这个地方，他在某种程度上仍然是一名作家，与穷人们保持着联系，关注他们的习惯和说话方式，追求了解他们的秘密。当提及其中一位姑娘时，他写道：“我极想知道萨拉背后的秘密原因。”所以每周一下午1点至2点，他都会去探访她……如果他无法挖掘出所有想要的信息，就毫不犹豫地运用自己作为作家的力量，在想象中重建过去的事件和细节。也许在这里，他对“力量”的定义最为贴切。事实上，在论证姑娘们应该总是一起出国居住时，狄更斯也使用了这个词，并补充说：“如果她们之间能够建立强烈的情感和依恋，那将是

395 一件美好的事情，而且会让我们对她们产生令人惊叹的影响力……”这听起来非常像他在自己小说中理想化处理的一个情节：年轻女子们相互间形成深厚的依恋概念，这也是他最后一部圣诞图书的核心，在《董贝父子》中也发挥了一定作用。就此而言，我们也许应该注意到，狄更斯坚信那些拥有“不幸过去”的姑娘可以通过一系列的“教育和示范”来改变和进步，从而通向更加幸福的未来；“她们的日常生活应该多姿多彩”，同时也需要对她们的习惯进行“严格管教”，这样她们每个人才能融入一个“纯真快乐的大家庭”。并且，她们将在无形之中接受各种规范的引导，尽管这些规范不会直接告诉她们。这难道不正是发生在他小说角色身上的事情吗？在某些他自己并不了解的力量引导下，经历了无数艰辛后最终走向通常更加幸福的结局，这难道不是给出额外建议的佐证吗？他提议每个居住在乌拉尼亚小屋的人都要记录下自己在那里的生活，“书”的最后一页应写着“随后的历史”。

忙过乌拉尼亚小屋的琐事后，狄更斯重返布罗德斯泰斯，回到家人身边。汉斯·克里斯蒂安·安徒生，这位他最近结识的文坛巨匠，前来拜访他并为他描述了那座狭小而美丽整洁的小房子。“窗户朝向英吉利海峡，远眺海面上波涛汹涌，几乎触手可及；我们用餐时，潮水退去，海滩纷纷显露……灯塔闪耀。”布罗德斯泰斯小镇再一次被这位最伟大的童话作家之一的安徒生点亮。然而可惜的是，他的英语并不像他的想象力那样出色，在这次和接下来的几次见面中似乎引发了许多误解和社交问题。此外，两人之间还存在其他分歧。与大多数作家一样，他们的谈话转移到了稿酬问题上，狄更斯似乎难以置信安徒生所得的版税极低。

“哦，哦，”他反复重复自己的话，他总能以这种口吻显得生动活泼，“但我相信我们一定是彼此误解了意思。”安徒生抵达的第二天上午，狄更斯陪同他步行两英里半的路程到达拉姆斯盖特，让这位客人赶上去哥本哈根的汽船。那天，英国最后一次出现在安徒生脑海中的画面是狄更斯站在码头上，穿着一件绿色的苏格兰式外套和一件鲜艳的衬衫，目送着轻轻驶离海港的汽船。

对于狄更斯来说，两英里半的旅程当然不算远（顺便提一句，他所指的“苏格兰外套”更有可能是当时流行的格子裤，而不是苏格兰方格呢短裙）。这是他长期以来第一次在英国待满整整一年。他充满了活力，闲不得一刻。他形容这种状态为“精力过剩”。他有许多方法来释放这些精力。突然间，他产生了编辑一本英国伟大小说家标准系列丛书的主意，但几乎才刚刚开始，就又将它抛之脑后了。虽然上一年的经历让他明白同时写作两本书的困难之处，但他在编写《董贝父子》的同时，还准备着下一本圣诞图书。然而，他又一次改变了主意，决定将下一本圣诞图书推迟一年，尽管他很不愿意失去那笔收入，更重要的是，他不愿在圣诞节期间有任何空缺。因此，他立即通过一个新计划来释放这股“过剩的精力”——这个计划是为作家和画家设立互助保险基金，名为“文学、科学、美术公积金联盟”。该基金的来源是每年业余戏剧表演所筹得的款项。狄更斯希望以这种方式将工作与娱乐相结合，并将他长期以来渴望实现的戏剧表演体系化，就像他将乌拉尼亚小屋的日常生活整理成系统，就像他将自己对求援信的答复整理成系统一样。

在他筹备公积金联盟的时候，他也正深陷《董贝父子》的创作中。伊迪丝·董贝逃出了董贝家，与卡克尔私奔了（在福斯特的劝说和考虑到公众的欣赏力之后，他决定不让伊迪丝通奸；然而无论如何，他的小说很少涉及性问题，除非以荒诞淫欲的方式呈现。这是因为，在性这一问题上，人人都一样，往往是千篇一律，而狄更斯小说的目标是制造独特和独一无二的氛围）。愤怒至极的董贝痛打了他的女儿弗洛伦丝，她也离家出走了。董贝紧随其后追踪着他的妻子和卡克尔。满怀激情，狄更斯写下了伊迪丝·董贝私奔的那一章。虽然在如此飞快的速度下，他仍然触及了他目前关注的其他问题。就在乌拉尼亚小屋成立的那周，他捍卫了社会弃儿——“一个个子矮小、面容丑陋的坏孩子”。在那一章中，他还描绘了“污染空气，充满伤害健康和生命的污染物，弥漫着恶臭”，这是因为几天前他在《泰晤士报》上看到了一则新闻，说伦敦的一些贫困地区可能会暴发霍乱。

狄更斯和凯瑟琳来到苏格兰，这片土地曾是他们初尝民众欢迎的胜利果实之地。他们此行是为了参加一场在格拉斯哥学院举办的盛会。他们先到爱丁堡，然后从那里踏上前往格拉斯哥的旅程。然而，在途中，凯瑟琳突然生病了，竟然在火车上流产了。将她安顿好休息后，狄更斯经历了人们“殷勤款待和无限热情”的招待，而凯瑟琳只能长时间躺在床上。他感慨地说：“我从未受到过如此亲切和热忱的欢迎，从未有过如此尽兴的时刻。”然而，这时他的妻子正在床上忍受着流产的痛苦。这两种家庭生活场景的鲜明对比是否预示了他们未来生活的变化呢？1848年新年的第三天，他们返回伦敦，开启了福斯特在狄更斯人生中所称之为“最快乐的几年”。他有什么理由不快乐呢？他如今富有无忧，声名显赫，备受敬仰。格拉斯哥的民众异常热情，而且只是一个月前，在利兹工人成人学校的会议上，当狄更斯登上讲台时，“在场所有人都起立，并发出震耳欲聋的掌声……”，过了好几分钟才平静下来。

然而，如果说这一年标志着狄更斯人生中快乐兴奋

99 的时光，标志着公众对他的爱戴更加深切，那么这一年也开启了一个新篇章、一个时期——他作为小说家的实际才能首次遭到怀疑。我们不得不记住，1847年诞生了《简·爱》《呼啸山庄》，还有《名利场》。这三部作品都被视为伟大之作，或至少是十分重要的作品。同样是在这一年，狄更斯与威廉·梅克皮斯·萨克雷的关系日益亲密。他在朋友圈里的地位意味着他有时会被请去劝架或帮助解决各种家庭和财务危机。因此，他被请去调解萨克雷与约翰·福斯特之间的争吵并不令人意外。这些细节已无足轻重。福斯特向他们共同认识的一位朋友表示，萨克雷这个人“虚伪至极”。这番评价传到了萨克雷的耳中，于是他当众中伤了福斯特。实际上，通过狄更斯的介入，两人的争议很快得以解决。而值得注意的是，萨克雷在狄更斯及其密友之间的地位此时变得不太明确。

步入1848年，36岁的狄更斯进入了一个新时代，伴随着文学界涌现出一些后起之秀。昔日辉煌的声名已逐渐褪去，他不再是那个独一无二、神秘莫测的非凡人物，如今只是众多小说家中的一员。越来越多的人推崇新生的“自然主义”，欣赏萨克雷作品中的古典主义，或者至少算得上新古典主义的宁静氛围；还有更多的人称颂《简·爱》中的激情张扬。这些变化在文学界刮起一阵风，也促使狄更斯重新认识自己的艺术手法和自我。在面对任何挑战时，他都会勇往直前。如果萨克雷和夏洛特·勃朗特（Charlotte Brontë）[1]在超越他的技艺范畴时取得了成功，那么他也要拓展自己的技艺范围，走得更远，还有许多事情等待着他去完成。

那么，这种变化的本质是什么呢？人们普遍认为，从这个时期开始，查尔斯·狄更斯对于想象世界的风格变得更加微妙而精致。比如，从《马丁·朱塞尔维特》到《荒凉山庄》的过渡代表着他社会意识的显著增强。他不再只用老套的戏剧化手法去批判那些富人或傲慢自大的人物，而是深入探索整个社会，试图发现隐藏其中的力量。问题只有一个，因为狄更斯从四年前的《钟声》就开始对所处社会的本质有了敏锐的认识。没错，他的艺术手法在这个时期确实发生了变化。毫无疑问，但要是这样一个内心丰富、自我意识极高的艺术家没有任何变化，那才让人真正震惊。还有其他事情发生了，与他对文学挑战的认知有关，但这些事情都在狄更斯内心世界的表面下悄悄进行，最能说明这一转变的是他逐渐揭示内心世界的作品。我们将在这本书中看到，所有证据都表明他开始面对自己的过去，并试图理解那些塑造了自己的力量。换言之，他开始在时间和历史的背景中观察自己，这种新的自我意识不仅影响着他自身，也改变了他看待世界的角度和观点，激发了他对周围世界更广阔、更不易察觉的部分的探索。

毫无疑问，他并不缺乏机会。因为这一年还标志着另一个转变——约翰·福斯特从阿尔巴尼·方布兰科手中接过了《考察家报》主编之位。狄更斯很可能是出于对好友新角色的支持，答应不定期为这份报纸撰写文章或评论。他曾经是一位成功的报纸撰稿人，也是一位失败的报纸主编，然而，如今他将这两个角色中的最佳部分结合在一起。他将对局部细节的关注与宏大的道德触角融合在一起，既是观察者，又是专家。这就是尽管这些偶尔性的文章现在只有在作为小说的延伸部分时才被人们阅读，但它们仍然具有趣味的原因。这些文字生动有力、锐利辛辣，通过讽刺或怜悯达到了令人耳目一新的效果，使用斜体、破折号、括号、简洁的句式和精练的表达方式来总结某个观点或讲述一个故事。他的第一篇文章没有署名，评论了一本关于鬼怪的书，但是在随后的23个月里，他所撰写的短文涉及犯罪、城市环境卫生、贫困、死刑，实际上涉及所有深深触动他内心的问题。

就这样，狄更斯观察着社会事件的发展，而那些报刊文章为他的坦言提供了进一步的证据：“与我命运攸关的想象世界对现实世界产生了奇怪的影响……”这成为狄更斯秘密声音的回音室。他不顾一切地倾听着这个声音。1848年2月底，他来到宁静的度假胜地布莱顿，希望能在那里完成《董贝父子》。然而，他又变得焦虑了，于是两周后他回到伦敦，在印刷厂附近等待小说的最后几页完成。最终，他在3月的最后一周完成了这部小说，结束了描述一个骄傲之人毁灭的精彩故事。当他与虚构角色分别时，又感到了悲伤孤寂。完成了，终于完成了。直到他忽然想起小说结尾那个欢乐的舞台造型中遗漏了弗洛伦丝的小狗！于是，他委托福斯特再一次补上了这一细节。四天后，他需要再次激励自己的精神，于是踏上了前往索尔兹伯里和巨石阵的旅途。福斯特、雷蒙和利奇与他同行，他们都参加了两周后举行的《董贝父子》庆功晚宴。晚宴上，亨利·伯内特还展示了自己的歌喉。过了几天，这次活动结束后，狄更斯称自己处于“孤苦伶仃”的状态中，感觉小说被送到世间后就如此无依无靠。但据麦克雷迪所说，他在庆功晚宴上“非常开心”。他有何理由不开心呢？《董贝父子》的销量已经攀升至35000册左右，比《马丁·朱述尔维特》多出至少1万册，狄更斯还自信地宣称“对董贝父子非常有信心，并且坚信人们多年后仍会记得并阅读这本书”。看来，他已经恢复了往日的快乐与自信，他认为没有必要立刻开始创作新的小说。这也表明他最近获得的经济担保消除了多年来一直困扰着他的对未来的忧虑。

狄更斯的姐姐身体越来越差，离死神越来越近。狄更斯曾去曼彻斯特探望她，并经常给她写信，以他独特的风格给予姐姐希望和鼓励。然而到了6月底，一切变得很明朗——她的时日不多了。她和丈夫一起从曼彻斯特来到霍恩西，既是为了离自己的家人更近一些，也是为了离最有希望治愈她的医生更近一些。但希望渺茫，她已经瘦得皮包骨头，而且因为痨病频繁咳嗽，整个人都衰弱无力。狄更斯常常去看望她，几乎每天都去。“她与弟弟交谈时经常哭泣，”玛米·狄更斯多年后回忆道，“他情绪激动，也为她的平静和勇气所折服。”狄更斯本人也记录下了一次痛苦的会面。“我问她在世上是否还有什么牵挂或忧虑。她说没有，一点也没有。在这个年纪离开人世真是太不甘心了——”因为她当时才37岁。“但她面对这一变故没有表现出一丝恐慌；她相信我们会在一个更美好的世界再次相遇……”这就是与他一同成长、一同踏入学堂的那个姐姐，当他被送到黑鞋油作坊时似乎与他渐行渐远的那个姐姐，小时候与他一同唱歌表演的那个姐姐。她看着他成为名人，而现在她却即将离去。“她向我展示了自己消瘦和疲惫的样子；谈起她听说的一种新发明，她想给她脊柱畸形的孩子试一试；让我想起我们妹妹莱提西娅耐心稳定的性格；虽然有时会流眼泪，但她显然心意已决，觉得可以安心离去了，这一点我真是永生难忘。”

他这次见完姐姐后回到家里，上床之前把这件事详细地写了下来，然后寄给了福斯特。在情感强烈的时刻，他只有把它们写成文字才能平复自己的情绪。而且就是在这一时期，他开始酝酿下一部圣诞图书，与“周而复始的年月”有关，与“痛苦悲伤的记忆”以及过去岁月的重要性有关。

所以，他怀着毫不乐观的心情南下来到布罗德斯泰斯，迎接一年一度的夏日假期。乔治娜和孩子们已经在那里了，还有凯瑟琳，又一次怀有身孕，并因此身体虚弱。狄更斯此时取消了大部分的社交活动，他需要时间休息，还需要时间思考。下一本圣诞图书一直压在他心头，而下一部小说——主题与逝去的光阴有关——的影子也可能让他心里痒痒的。在这期间，他至少去过一次伦敦，主要是为了失足妇女之家的公事。

就是这次从伦敦回来时，凯瑟琳舒服地坐在一辆双驾马车里迎接他。车子的敞篷被拉开，露出了她。然而，不知什么原因，拉着马车的矮种马似乎受到惊吓，突然失去了控制，沿着一个陡坡往下冲去；狄更斯的男仆约翰·汤普森跳出了马车，而凯瑟琳则被拖下了斜坡，一路吓得直尖叫。马匹一头栽进了河边，马车的杠杆断裂，最终马车停了下来，幸好凯瑟琳没有受伤，颤抖着从车里爬了出来。

以前狄更斯对她经常发生意外这一点感到恼火，还经常动不动对她不耐烦和生气，这已经成为他对她的惯常态度了。但是现在不行，他不能在她怀孕的时候发脾气，也不能在他姐姐时日无多的时候发脾气。

全家在8月底离开布罗德斯泰斯，回到德文郡的排屋。范妮气若游丝，她也明白自己在世的时间不多了。狄更斯一回伦敦就又去探望她，她告诉他："到了晚上，我会突然闻到我们小时候常常散步的那片树林里的落叶味道，非常真实，而我会虚弱地探出脑袋在床边的地板上四处寻找散落的叶子。"狄更斯一直记得这段话，并在下一本小说《大卫·科波菲尔》中回想起来。"……我记得，我们踩在这些落叶上时，它们散发的气味就像我们在布兰德斯通的花园一样，我也记得当时那种凄凉的心境，仿佛随着哀号的秋风重回心头。"在这里，他姐姐的离去和大卫·科波菲尔年轻母亲的死联系在一起，透过这种奇特的关联，我们能够看到逝去的时光。

9月2日，范妮去世了，她的父亲也在场。虽然她的牧师有异议，但葬礼还是在海格特墓地举行，而这位牧师也注意到“狄更斯先生看上去非常伤心”。

第二天，他回到布罗德斯泰斯，待了三周后又返回伦敦。途中，他经过曾经和范妮共同留下足迹的罗切斯特镇。尽管脑海中有着许多模糊的想法，但他并没有立刻动笔写下他的下一本圣诞图书。或许，这些想法正在酝酿中，或许，他还有其他计划。他被过去的回忆所困扰，是否已经决定将自己的人生故事写下来呢？当然，眼下他的思绪充满了过去的时光。

就在几个月前，他参加了威廉·豪尔的葬礼。威廉·豪尔是他第一篇故事的出版商，现在再加上范妮的离世，他整个童年时期都在他脑海中再次浮现。只有通过文字的形式，他才能理解所有与这些回忆相关的感觉和情绪。于是，他开始动笔。具体写作这些自传片段的时间我们并不清楚（他将这些片段寄给福斯特，而福斯特随后将它们出版了）。狄更斯自己说过，这个时期是在他开始写作《大卫·科波菲尔》之前，而范妮去世后的那段时间。他早就有意将自己的生活记载下来。“我离开的时候可以把记录我一生的手稿留给你吗？”两年前，他曾写信给福斯特询问，尽管那似乎只是将一些素材交给一个假定的传记作家：“别忘了在我的传记里用上！”他曾告诉福斯特，自己在一个冬夜里从

407 床上爬起来，为第二天儿子的生日聚会练习波尔卡舞，并建议福斯特将之纳入传记。然而，这个时期发生的事情促使他剖析自己过去和性格中更私密的部分。《远大前程》的主人公曾这样评价自己的一段人生：“……现在那个久远的秘密深深藏在我的内心，已成为我不可剥离的一部分，我再也无法将其摆脱。”然而，狄更斯确实将其摆脱了。他已经进入这个阶段——他再也不能将这个童年时期的耻辱当作自己的“秘密”了。因为此刻，狄更斯从福斯特口中得知了一件事。福斯特告诉他，约翰·狄更斯的同事兼朋友查尔斯·迪尔克曾经在河滨马路附近的一家作坊里看见狄更斯在工作。“有一天，迪尔克先生和老狄更斯注意到他，并给了他半克朗作为礼物，他深深鞠了一躬表示感谢。”福斯特说完这件趣事后，狄更斯沉默了好几分钟。显然，福斯特所触及的话题对狄更斯而言过于私密，听到这些让他感到非常不舒服。他童年的秘密对他后来的成长产生了巨大影响。他一直保守着这个秘密，但如今，他再也不能保守了。

最终，他将完成的自传寄给了福斯特，而且毫无疑问地让他发誓一定会对其内容保密；或许这就是为什么狄更斯会让《荒凉山庄》中知晓那个巨大秘密的律师图金霍恩先生住在福斯特位于林肯律师学院的家中。据狄更斯的一个儿子说，他的父亲还给凯瑟琳看过这本自传，而凯瑟琳劝他不要出版这些童年回忆，理由是会破坏他父母的名誉。或许这是真的，或许并非如此。但他也许早就决定不出版任何回忆录，这似乎更有可能性。

但他心中充满了记录过去生活的冲动。自从离开布罗德斯泰斯回到伦敦，他就开始酝酿那部长久以来的圣诞图书——一本关于逝去岁月的作品《着魔的人》（或译为《神缠身的人》），描绘回忆的力量，讲述了一个成功却孤独的人如何被内心的焦虑摧毁，并取代了他的家庭生活。故事中主人公的悲伤与他爱姊的去世息息相关。这本书异常奇特而充满感染力，记忆在音乐、风中、夜晚的寂静和时间的流转中再次浮现。这个主题是狄更斯信仰的核心之一——回忆是温暖心灵、净化精神的力量，回忆过去的痛苦和错误可以触动灵魂，激起对他人苦难的怜悯。在自传片段中，他写到父母明显地忽视自己，并补充道："我写这些并不怨恨或愤怒，因为我知道正是这些经历造就了现在的我……"而在正在创作的圣诞图书结尾处，他表达了这样的愿望："上帝啊，请保佑我的记忆永驻！"正是他经历的痛苦和对这些记忆的持续关怀，培养了他成为伟大作家的悲悯之心，就像回忆艰难岁月让他对贫困者和流浪者怀有同情一样，这也是他社会性文章的特点之一。传统观点认为，在自传片段中，狄更斯压抑了自己的痛苦和由嫉妒产生的狂怒，但更有可能的是，在范妮去世后，他努力战胜这些情绪。

作为两年来首部圣诞图书，《着魔的人》的计划非常周详。从手稿上可以看出，狄更斯不仅事先做了筹划，写完后还有很多新的想法，手稿上布满密密麻麻的描摹、修改和添加，已经无法辨认出原本的样子。整个11月，他的进展缓慢，与此同时，马克·雷蒙也在准备将该故事改编成戏剧版，到11月的第三周，他完成了前两章。然后，他前往布莱顿，在这个冬日宁静的海滨小镇中完成了第三章和最后一章。这个地方一直是他心目中的“轻松愉快的小世界”，一个虽小却明亮夺目的度假胜地，而且不知为何，他总能在这里更轻松地掌握自己的素材。月底，这本书终于完稿。12月1日，他告诉期待着手稿的出版商威廉·布拉德伯里，“昨晚我写完了这本书，眼睛因此哭肿了”。的确，手稿看起来有些被泪水浸染的样子。他向马克·雷蒙朗诵了这个故事，让雷蒙去改编剧本，然后将手稿寄给布拉德伯里和埃文斯。12天后，他以充满活力和勇气的态度，向一群朋友朗诵了这本书，其中包括福斯特和克拉克森·斯坦菲尔德。这本书在广大读者间赢得了热烈反响，远比那本不太平易近人的《人生的斗争》更好，但在销售方面并不特别成功，至少不及《圣诞颂歌》和《钟声》。确实，它成为狄更斯最后一本圣诞图书，就像在这个与恢复记忆有关的故事中，将个人回忆、宗教信仰和社会讽刺融合权衡的系列画上了句号。尤其是在《着魔的人》中，强烈的个人情感与倡导希望和救赎的宗教寓意紧密相联。因此，范妮的离世和自传片段的放弃发挥了共同作用，形成了更真挚、更宏大的宣言。这正是狄更斯天才的体现：将自身的担忧转移到更广阔的象征性世界中，真实地反映了他所处时代的特点。

然而，当他将宽容恩泽的力量融入文字之中时，对待自己的家人却没有那么宽厚。那年的12月，他参加了弟弟奥古斯塔斯的婚礼，却决绝地拒绝卷入弗雷德里克和安娜·维勒的婚姻。有一段时间，他坚决不愿与这位弟弟扯上半点关系，认为他继承了父亲最糟糕的缺点。同时，他又变得坐立不安。他曾计划去意大利旅行，却从未具体安排，最终只能作罢。因为他还有其他事情要做，而他坐立不安的原因则是另一本与他已经创作的一切紧密相连的小说——激发着他内心无尽激情。1848年年末，他就在酝酿新书，这期间，福斯特曾建议他采用第一人称叙事方式，狄更斯非常认真地考虑了这个建议。通常认为，狄更斯受到《简·爱》的启发——这部小说通过一个讲述自己故事的叙事者取得了巨大成功，但他也可能是意识到自己从小保罗的视角对待疾病的内容所获得的成功，并希望在更大的规模上实现这一艺术效果。他总是有能力在已经取得成就的基础上再创新高。他在《董贝父子》中谈论了血缘亲情的丧失，在《着魔的人》中强调了记忆的重要性，而现在，在这两者的基础上又孕育出一个新的故事。

与此同时，狄更斯还为《考察家报》写了一系列关于受虐儿童悲惨遭遇的文章。这些孩子是所谓“幼儿寄养制度”的受害者。在这一制度下，教区和地方政府将孤儿或被遗弃的孩子交给看护人寄养，并每周按照人头数量付给他们一定的费用。狄更斯这样写道：“通过故意摧残和忽视这个世上最无辜、最不幸、最无助的一群人来牟利的行为。”他所指的是180个夭折的幼小生命，这悲剧发生在图庭一家由本杰明·杜鲁埃经营的青少年救济收容所里。这主要是因为那年冬天的霍乱流行、营养不良以及缺乏基本的照料和恶劣的卫生条件，使得情况雪上加霜。当地卫生局建议将未感染的孩子转移到其他地方，但济贫法委员会却拒绝了这一建议，因此越来越多的孩子不幸丧命。杜鲁埃被指控过失杀人罪，但最终无罪释放，理由是这些孩子在进入收容所时可能已经虚弱到无法抵抗疾病了。这一事件让狄更斯连续写了四篇文章，准确地表达了对这种有

计划有组织、让孩子遭受饥饿和虐待的行为的憎恶。这些 412
孩子瘦弱憔悴，浑身是伤，无法进食，而且如果对自己的处境表示不满，还会被打。这一事件帮助狄更斯将自己的观点集中并系统化，呼吁必须改善城市环境和加强对济贫收容所等机构的严格管理。同样值得注意的是，他在构思《大卫·科波菲尔》时，正好将对待儿童照管不善作为写作主题。一切都顺理成章了。

2月，他再次与家人南下布莱顿，同时还有利奇一家陪同；他渴望靠近那片“辽阔而咆哮的大海”——他此刻如此称呼它，仿佛大海在问道，“没有人愿意聆听吗？”然而狄更斯心甘情愿地愿意：他的耳朵无所遗漏，他的眼睛无所错过。于是，有时他获得了最匪夷所思的回报：他坚信非凡的事情总是在自己身上发生。果不其然，他租的房子的房东和房东女儿竟然“发疯”了，被送进了当地精神病院，一路上他们一直口若悬河。“……这是我应得的，”狄更斯说道，丝毫没有对这对可怜的父女表达出任何关心或忧虑，“这正是我的作风。”当他凝望那咆哮的大海时，他的思绪“像一片外海一样汹涌澎湃”，费尽心机地考虑着新小说的书名。这时，他已经确定这个故事将以第一人称叙述，并且聚焦于一个年轻男子的一生。毫无疑问，这就是为什么他会联想到亨利·菲尔丁的《汤姆·琼斯》以及哈勃雷特·布朗所绘制的封面，只展示了人生中最重要的几个片段。但此刻，名字是至关重要的。没有名字，就没有角色，也没有真正意义上的故事。没有名字，他无法动笔。他的工作笔记证明了他构思过程中的深思熟虑。《玛格的娱乐、经历和观察，科波菲尔·布朗德斯通家小托马斯·玛格先生的生活史》这个标题经过多次修改，总计约17次，最终，狄更斯想出了一个令人满意的标题——《科波菲尔周游大千世界：布朗德斯通贫民区小大卫·科波菲尔先生的生活史、冒险、经历和观察》。这些字的笔迹坚定而明确，每个词下方都有他标志性的双下画线标记；然后，他用稍轻、稍细的笔触补充道："无论如何，我从未打算发表。"科波菲尔这个名字是在试验了一系列名字后想出来的，例如威尔布里、玛格布里、托普夫拉瓦、科波博艺和科波斯通；同样，摩德斯通这个名字也是从哈尔登、摩多尔（后来在《小杜丽》中以"摩德尔"重新启用）和摩尔登中诞生的。2月底，新小说的预告发出，同时查尔斯·狄更斯开始了写作之旅。

1 夏洛特·勃朗特是一位英国作家，她和她的姐姐艾米莉·勃朗特（Emily Brontë）、妹妹安妮·勃朗特（Anne Brontë）一起被誉为文学世界中的"勃朗特三姐妹"。夏洛特·勃朗特的代表作品是《简·爱》（*Jane Eyre*），这部小说被视为19世纪英国文学的经典之一。她的作品多描写女性角色的内心世界和社会地位的问题，具有深刻的思想和情感表达。

第十九章　《大卫·科波菲尔》

415 那么，狄更斯是如何开始创作的呢？他先是花心思考虑“中心思想”或“主导思想”，然后就像出版商说的，“反复斟酌，直到把问题都彻底考虑清楚”。接着——还是出版商的原话——他会写“一个包括人物在内的可以称之为故事大纲的东西”，然后基于这个框架开始创作。狄更斯本人曾提到，在这个早期阶段他还需要确定“每个人物的目的”以及每个人物要体现的“思想”。当然，他还是会痴迷或是想象有自己独特存在方式的场景、人物（甚至是故事情节）。例如有时候，他会先选一条特定的伦敦街道或街区，然后再详细设计情节，使得故事向这个特定的地点发展。当然，他一直都在寻找存在之链[1]，那条将其他一切事物联系在一起的清晰主线——重要的是，这条联系万物的线在他看来永远都以故事的形式呈现出来，那些能揭示人生真谛、赋予角色生命力的故事。

这一过程绝不轻松，更不能一蹴而就。纵观狄更斯的写作生涯，几乎每一本新小说刚开始时表现出的症状都一样：“（天天）焦躁至极、坐立不安，头晕脑胀，不知道自己该去哪儿……”，而且“就跟被赶着往前走似的”。这是正在成型的新小说一直逼着他向前走，将他猛推出它自己的力场。狄更斯变得喜怒无常、孤僻又心事重重，“一直琢磨着这个新故事……”。没办法做出任何决定，所以也没办法休息。“白天的时候在郊外四处游荡—晚上徘徊在伦敦最古怪的地方—坐下来想干一件大事—什么都没干成又站了起来……”对他来说，这就是“分娩的阵痛”，“夜间四处徘徊，漫步到最古怪陌生的地方……想要求得安歇，却求而不得”。最后一句话让人不得不想到《圣经》里描述的那些污灵[2]的命运。当狄更斯不分昼夜在伦敦的大街小巷徘徊游荡时，他脑中还未成形的故事如同千斤重担，让他痛苦得只想快点摆脱。当这个神奇的故事快要诞生的时候，他就会把自己关在书房里，望着窗外冥思苦想，不动笔，不写字。

就这样，他终于给创作“打下了地基”。一个连演讲稿都要费那么大力气整理并熟记的人，希望在自己的小说上投入更多的心思是再合理不过的事了。没有任何一位作者像他这样，计划得如此严谨、缜密、审慎。他曾对人说，“我总是在心中不断完善小说的情节和主题思想，要构思很久才能动笔”。而他告诉另一个人，“要是没琢磨透小说中的细枝末节，我是不会动笔的”。但这并不意味着他会事先想好小说的一切细节，远非如此。可以这么说，狄更斯只是画好了小说的建筑蓝图，但开始后需要按照直觉自由地施工。他开始创作一个故事，定下了这个故事自己所具备的思想基调，但当他真正写作的时候，他就会让这个故事自行发展并呈现其最合适的样貌。而故事中的角色会带着自己的能量线在故事中逐个安顿下来，也让情节变得更为错综复杂。所以，在创作过程中有两个焦点在起作用：角色似乎会突然暂时离题，但“主导思想”会把他们拉回来并重新确立自己的中心地位，然后角色会再次挣脱其束缚，接着再次被约束回来。

那么《大卫·科波菲尔》进展如何呢？既然狄更斯都徘徊过了，也思量过了，甚至连书名和主题都想好了，那他准备好动笔了吗？由于他决定让故事的一部分发生在雅茅斯（Yarmouth）[3]，于是买了一本《萨福克郡词汇与短语》（*Suffolk Words and Phrases*），好在里面找些词用在小说中，让里面的当地人说话方式更符合现实。实话实说，他在这本新小说上操的心、费的力都说明它在狄更斯心中的重要性；他在写这本书的第一年里既没有玩话剧也没去国外旅行，一心扑在创作这部他坚信是自己最好作品的小说上，笔耕不辍。就在前期准备阶段，他编出了摩德斯通（Murdstone）这个名字，并在工作计划右侧第一行简要地记下“父亡——墓碑立于屋外”。摩德斯通、墓碑[4]，这样作品中的人名和主题便有了一种直接甚或是天生的联系。2月的最后一周，他开始动笔，整个创作进展缓慢、吃力，几乎整个3月都没有太大的变化。小说首页被改得面目全非，因为狄更斯在这个题为“我甫来到这个世上”的章节中，在记忆与想象中步履维艰。在题为“我对早年的回忆”的第二章中，狄更斯写下了“这是我们在教堂的长椅”这句话，而福斯特在自己那本《大卫·科波菲尔》中这句话旁边的空白处标记了“事实”一词——毫无疑问，这是因为狄更斯告诉他这是真的。同一章中，在大卫念一本关于鳄鱼和短吻鳄的书给佩克提（Peggotty）听的情节旁边，福斯特写了“真事”。而就在几段前，小大卫被拉撒路复活[5]的故事吓得半死，还想起了自己死去的父亲，福斯特就没有在这一情节旁边这么标注；当然对狄更斯而言，这完全是另一种意义上的“事实”和“真事”。他的进度很慢——事实上真是太慢了，后来他不得不加快速度，不然就赶不上这一期发行的时间。但他还是写得不够多，后来只好在高米芝太太（Mrs Gummidge）和小爱米莉（Little Em'ly）两个角色身上增加了一些内容，一下子揭示了这两人的命运。于是故事的情节就这样渐渐成型了：前三章中，狄更斯介绍了大卫、摩德斯通、小爱米莉、佩克提和贝西小姐（Betsy Trotwood）几个人物。故事背景设于19世纪二三十年代，而且狄更斯还特别确保大卫·科波菲尔最终被送去工厂做工时和刚到伦敦的自己一个岁数。于是，自传和小说以这种方式完美地融合到一起。每章一写完就立即寄到印刷商手中，然后印刷商再给狄更斯发回至少两份校样，狄更斯再把其中一份寄给哈勃雷特·布朗，让他配上插画。比起狄更斯创作《董贝父子》时从洛桑和巴黎邮寄信件的方式，现在这种安排要明智且实际得多。事实上，这对作家和插画师搭档现在已经恢复了原来友好又专业的关系。所以，小说的第一期终于完成了，而狄更斯长期旅居虚幻世界也一切准备就绪。

然而，哪个是虚幻世界，哪个是现实世界呢？对狄更斯来说，有时候他似乎也分不清楚。创作第一期时，他同时还在写有儿童在图庭（Tooting）青少年救济收容所里丧命的文章。他前后讨论着两个类型的儿童受虐待事件；一个是个人事件，大卫·科波菲尔遭到摩德斯通虐待；另一个是公共事件，收容机构虐待弃童。这两类事件在狄更斯心中所激发的情绪互相渗透、交互作用。也就是在这个时候，真实世界里发生了狄更斯自己小说里描写的事情。就在《大卫·科波菲尔》第一期创作接近尾声时，他和马克·雷蒙一起沿着埃奇韦尔路散步，突然遇到一个年轻扒手偷雷蒙的东西。根据狄更斯在治安法庭中所做的记录，“我和雷蒙先生在一起，看见他突然转过身去面向被告，被告立即撒腿就跑，我们也追着他跑，逮到他的时候他拼命挣扎；这家伙真是狗急跳墙，两条腿四处乱踢一直反抗。他把手试图摸进雷蒙先生的口袋时，附近有一群小混混，我们决定只要能阻止就不能让他逃跑”。“一群小混混”，这是狄更斯真正的态度。

这件小事之后，他和约翰·利奇南下来到怀特岛，想找一个合适的住处，为夏天过来做准备。两人在尚克林的一幢出租房里暂住下来，在当地四处考察了一圈。不出几天，狄更斯就在邦彻奇找到了一座庄园，名叫“温特伯恩”，是由谷仓改造而成的，海拔约150英尺，整个庄园一直延伸到海岸边，庄园里甚至还有瀑布和小溪。庄园的主人詹姆斯·怀特牧师，是一位很有抱负的剧作家，狄更斯之前通过麦克雷迪见过（他是这么形容怀特的：“情绪多变，甚为滑稽。”这说明狄更斯和他不太合拍——事实上，跟狄更斯平常一样，他更喜欢和怀特的妻子罗莎相处）。狄更斯决定夏天写作的时候就到这里来，之后他就回德文郡排屋去接家人和仆人。一周之后，所有人跟着他回到了邦彻奇；萨克雷在莱德码头偶遇了这群人，用他的话说，他们“个个看上去都特别粗俗、乐颠颠的，甚至让人觉得有点讨厌”。

8月底的时候，第五章完成了，他立刻奋笔疾书开始写下一章。这个时候，他在校稿时突然有了个新主意：让查理一世的想法天天纠缠狄克先生，在他脑袋里搅得他心神不宁；现在狄更斯自己的脑袋也一阵冷一阵热。他的症状很是令人担忧：“……一直觉得恶心想吐，严重力竭，腿直哆嗦，胳膊不管拿什么东西都会抖。”他在信中用客观疏离的第三人称向福斯特做了以上描述，仿佛想要和生病的自己划清界限似的。虽然他没有力气，也没办法集中注意力，但“我装得滴水不漏，假装自己不知道发生了啥”，这是狄更斯典型的做法。他认为都是因为邦彻奇的气候他才生了病，但据他描述的那些症状推测，他倒像是得了神经衰弱症，症状不算特别典型罢了：“精神极度抑郁，一天到晚总是想哭……”也是这个时候，他计划离开这儿，因此这一期《大卫·科波菲尔》完成得比之前要晚一些。

9月末，狄更斯和家人一起南下，离开怀特岛，来到布罗德斯泰斯。他又住到巴拉德酒店旁边的那幢房子里，惬意地住在了滨海地段，在那里继续写《大卫·科波菲尔》。他在那住了三周左右，走的时候已经完成了一整期的创作。但坏消息也接踵而来：这部小说的销量明显低于之前的几部，平均每月只卖出大概2万册，和《董贝父子》35000册的销量一比真是相形见绌。虽然确切数字还不知道，但趋势已很明显了，他在这本小说上赚不到自己期待数额的钱了。但他没有气馁，至少现在还没有。他还有其他计划。在《马丁·朱述尔维特》失利之后，他迫切地把注意力转向《每日新闻》，作为一种补偿、释放和寻求庇护的方式。现在，他又打算创办另一份更为个人化的期刊。事实上，整个夏天，他就连在邦彻奇的时候都在琢磨这件事。《大卫·科波菲尔》的坏消息让这件事变得更紧迫起来，倒成了头等大事。他已经在和福斯特商量细节问题了：办一份周刊，定价一个半便士或两便士，主角是一个名叫“影子”的人，这个人算是个在逃记者，知晓一些有关当下时事的秘密。这一新闻幽灵也将为狄更斯一直以来比较偏爱的各种片段提供一个框架，代表了他多样性中的统一性，也是他小说和报刊文章的特点，而且——绝非言过其实、装腔作势——也许还是他美学意识的一方面。他一回到伦敦就将这一计划告诉布拉德伯里和埃文斯，两人大致表示赞成。我们也可以这么说，狄更斯又重回老本行了。

然而，这一时期狄更斯其实算得上命运多舛。尤其是12月，他被左右夹击。第一件事，也是令他最不愉快、最为愤怒的事。有一个叫托马斯·鲍威尔的人，是托马斯·查普曼的员工，也是狄更斯弟弟奥古斯塔斯的同事。此人曾于三年前被发现盗用公司的公款；他企图服用鸦片酊自杀，查普曼可怜他，根本就没起诉他。后来又有一次，他被查出犯有伪造罪。但是他装疯，在霍斯顿一家精神病院里治疗了一段时间，然后潜逃到美国，在那里靠当记者写烂书谋生。鲍威尔和狄更斯挺熟，奥古斯塔斯还介绍他跟狄更斯一起吃过饭，这关系他可不会忘。就在这一年，他写了一本狄更斯传记，毫无夸赞之意，这本书至今还会出现在美国报纸上。他把狄更斯描写成一个势利小人和暴发户；或许更严重的是，该书还指控他将托马斯·查普曼作为董贝先生这一人物的原型。狄更斯早在10月就听说了这件事，当时立刻采取行动，公开谴责鲍威尔是一个谎话连篇的伪造者（毋庸置疑这是事实）。到了12月，他往美国发去了一系列揭露鲍威尔罪行的文件，其中还附加了一份自己写的小册子，里面也详细列出了同样的指控。随后，鲍威尔扬言要告狄更斯诽谤，并要他赔偿1万美元。

当然，他不可能真的起诉，更别说打赢官司了。对于这件事，狄更斯主要是怒不可遏，担心倒在其次。不幸的是，他还有另一起诉讼，而这一次要起诉他的人更是匪夷所思。狄更斯的邻居，一位名叫希尔太太的手足病医生和修甲师，是一个侏儒，她觉得自己被狄更斯刻画成了《大卫·科波菲尔》中那个不可靠的、小个子的莫奇小姐。她的判断没有错。狄更斯显然见过她多次，还在小说中夸张地模仿了她的外表，且没有考虑到对希尔太太本人造成的后果。于是，她寄了封信给他，指责他利用了她的“个人缺陷”。“如果你的书改编成了话剧，最后我的权利却没有得到保护，那么后果将不堪设想。”狄更斯回信安抚她，承认她指责的事情有一部分确实是实情，但又解释说角色塑造的主要素材来源于另一个人（全是瞎话）。但他紧接着给福斯特写了一封信，那封信更加诚实坦白，并在信中总结道：“……毫无疑问，一个人经不住诱惑如此滥用影响力是不对的。”他又用“影响力”这个词来描述自己的小说。几天之后，他又接到希尔太太的律师来信，含糊其辞地威胁说要告他诽谤。狄更斯试图安抚他，还承诺要改变莫奇小姐这一角色，弥补自己造成的伤害，为希尔太太正名。他最终遵守了诺言，但这些事情肯定都让他烦躁不安。过了几天，他退出了嘉里克文学俱乐部，原因不明。同一时期，丹尼尔·麦克利斯还惹得他很不开心，因为麦克利斯没来德文郡排屋参加他一年一度的圣诞欢庆会。换句话说，这段时间狄更斯整个人都充满了愤怒、怨恨，尤其怨恨托马斯·鲍威尔。当然，他很可能将自己的这些情绪发泄在手头这一章里，用以描写大卫·科波菲尔对尤赖亚·希普的仇恨。于是乎，这种文学中的虚构和现实生活

425 之间互相充实着，来回往复，一直在进行着。如果有可能的话，通过对狄更斯日常生活细致入微的观察，肯定能发现其他的关联和相似之处，但是我们大可不必现在去翻那些旧账，都过去那么久了。而且，不管怎样，《大卫·科波菲尔》都必须暂时给另一件更为迫切的事让位了，因为1849年12月底，狄更斯在传单上宣布他即将开始主编一份“大众文学的杂集类周刊”。这一职位他将一直坐到人生的最后一刻。

1 存在之链（Chain of being），此概念由古希腊哲学家亚里士多德提出，试图说明整个生命界是一个发展与联系的自然阶梯，被后人称为“伟大的存在之链”，其影响一直持续到今天。

2 污灵（unclean spirit），《圣经》中表述：污灵，就是鬼，（太十二22,）在无水之地寻找安歇之处，却寻不着，因为神在《创世记》一章二节用水审判以后，鬼的住处就是海。鬼既无法在干旱之地寻着安歇，就回到原先所附的人体内，住在那里。（太十二44～45。）

3 雅茅斯（Yarmouth），英国英格兰东海岸渔业中心。

4 摩德斯通的英文是“Murdstone”，墓碑的英文是“Gravestone”，所以Murdstone很可能是狄更斯根据murder和stone两个词编造出来的。

5 拉撒路复活，拉撒路（Lazarus）是《圣经·约翰福音》中记载的人物，他病危时没等到耶稣的救治就死了，但耶稣一口断定他将复活，四天后拉撒路果然从山洞里走出来，证明了耶稣的神迹。

第二十章 《家常话》创刊

427

岁月轮转，旧岁换新颜。狄更斯忙着筹办新期刊的时候，新的十年缓缓拉开帷幕。为了能多点儿时间集中精力筹备期刊，他加快了创作《大卫·科波菲尔》下一期的速度。他甚至早在1850年1月就开始到处征集期刊能用得上的素材了，朋友们也陆续发来写好的稿件。他目前正在筹备“样刊”（这是他在做《每日新闻》主编的时候学到的），这回甚至还没考虑好合适的期刊名就对外宣称，这份期刊的根本宗旨是“鼓舞低迷的人心士气、改善普遍的社会状况”。他持续关注社会上某些突出的问题，尤其是公共卫生、教育和住房问题。这是当时被称为“英国状况问题”[1]中最根本的三个问题。他立志为解决这些问题拼搏战斗的决心是极其真诚且坚定的，即使在消遣和娱乐。但是经历了《每日新闻》和《宾利杂录》之后，他决定这次要全权负责这份期刊的编辑工作——他对自己知之甚深，了解自己在追求既定目标时忍受不了任何外界的干预。当然，他也是需要帮助的，不可能一个人编辑整个周刊。于是，在福斯特的建议下，狄更斯决定雇用之前在《每日新闻》工作时的秘书W.H.威尔斯先生担任这份杂志的副主编。他算得上是最合适的人选了。威尔斯在出版行业管理方面的经验很丰富，既做过《钱伯斯杂志》的助理主编，又是狄更斯昔日的秘书。

于是，新周刊的基础工作已经筹备完成。2月2日，狄更斯苦思冥想，为用什么刊名绞尽脑汁［备选名字里包括《查尔斯·狄更斯》和《万物》（*Everything*）］，后来终于想到了《家常话》这个名字，取自他脑海中无数莎士比亚警句之一。“在人们口中就像家常话一样熟悉”被印在周刊的刊头上，赫然在目。不过《亨利五世》（*Henry V*）中的那句台词略有不同，应该是“在他的嘴里就像家常话一样熟悉”。现在名字已经有了，他还需要在当地物色一个大本营。几天后，他租下了威灵顿北街16号。威灵顿北街是一条窄小的街道，在河滨马路外侧。新期刊的总部“相当漂亮，建筑正面有如弯弓，拱形最顶点能到二楼那么高，而且每一层的采光都很不错”。同伦敦大部分建筑一样，这幢房子建在闹鬼的旧址上。传说霍加斯（Hogarth）曾在这处的旧址目睹了《妓女生涯》[2]中最后一个场面。就在旧址那幢房子二楼前面，这位画家看到那个女人横在棺材里，四周围着许多干瘪的丑老太婆，姿势各异。狄更斯也说，自己坐在二楼的拱形窗边时常常“幻想”出这样一个场景。没过多久，他就对这个地区轻车熟路了，跟伦敦其他许多地方一样。当地的店主还告诉他早年的一个年表编写人，在“钟响的时候，大家常常看见他轻快的身影从面前飞速掠过，手里还拿着一只小包”。

这期间，狄更斯还动笔写了一部篇幅短一些的书，结

429 果最后花了大约三年时间才写完。每当他停下手中的小说或新期刊休息时，就跟乔治娜·贺加斯口述故事，这个故事他起了个名字，叫《写给孩子们看的英国历史》（*A Child's History of England*）。故事主要是写给他自己的孩子们看的，但其中一部分也在《家常话》上连载过，所以说这本书具有普遍或公共的意义也不算言过其实了。事实上书的内容本身并不是狄更斯原创，大多取材于凯特利的《英格兰史》（*History of England*）[3]以及查尔斯·奈特的《英格兰史画册》（*Pictorial History of England*）[4]。可以肯定的是，后一本书他书房里就有，他还在上面做了许多评注。

这桩桩件件都在说明一件事，狄更斯在伦敦时间太紧，干扰太多，没办法好好静下心来写《大卫·科波菲尔》，毕竟创作这个作品每个月至少要占用他两周时间。于是，3月初他在布莱顿的国王街租了一幢房子，主要为了能埋头专心工作。他开始创作科波菲尔同朵拉·斯本罗（Dora Spenlow）之间恋爱关系迅速升温的几个章节。这浪漫的爱恋之中包含着狄更斯对母亲和姐姐倾慕之情，就仿佛这位小说家本人正无奈地凝视着自己的童年时光，回顾他梦中的一个女孩儿或少妇，年轻、漂亮又善良。有一次坐火车，他又做了这个梦。他把铁路形容成“能激起无限联想的奇妙之地，在我孤身一人之时……”。当时，他正坐在从伦敦回布莱顿的火车上，一边还担忧《家常话》第二期里面少“一些温情的东西”——早在那个时候他就在积极筹备第二期了。火车呼啸着驶向海岸，狄更斯抬头望向车窗外的满天繁星，那广阔无垠的画面让他想起童年的那片夜空。那时，他和现在已经阴阳永隔的姐姐从查塔姆的小房间里向窗外探头张望，瞧见了隔壁的墓地，还一起抬头凝望天空。于是，他创作和朵拉相关的部分时，思绪飘回到了幼年的姐姐身上。深夜冥想中，《一个孩子的星星梦》（*A Child's Dream of a Star*）就这么诞生了，这是一篇篇幅很短，但在各方面都引人入胜的文章，无疑给《家常话》增添了几分温情。“我的岁数如同衣服正从身上渐渐滑落，我变成了一个孩童走向那颗星星。”这可不是他当年仅有的一次回顾童年时光，他还写了一个题为《圣诞树》的圣诞季故事，回忆了自己童年的场景，连细节也描绘得极其生动准确。这两个短篇里都饱含着他对往事的怀念和真实的回忆；就好似《大卫·科波菲尔》的创作揭开了他童年的秘密一般，他终于能回溯更久远的人生阶段，比自传片段中描写的还要早；回到他生命的最开始，又或者说回到了伊甸园时期（the Eden time）[5]。

《家常话》第一期上标记的日期是1850年3月30日，是一个星期六，其实实际发行的日期是那周的周三。封面上刊名之下印着“查尔斯·狄更斯主编”的字样。这几个字还被用作这本24页双栏无插图杂志的页眉。来稿均不署名，当道格拉斯·杰罗德（Douglas Jerrold）看到这些反复重申的词时，他说，这本杂志其实“从头至尾署的都是他一个人的名字罢了”。该刊每周一期，定价两便士——也发行月刊，最终成了合订本。第一期中附有狄更斯写给读者的一则“致辞”。在这篇致辞中，他重申自己是在英国家庭火炉旁陪伴读者之人，并且保证他的杂志会让读者“对自己的坚忍不拔更加热心，对他人与己的关系更加宽容，对人类的进步更加坚信，对有幸生活在一个辉煌的鼎盛时代更加感激”。

狄更斯对这第一期期刊非常满意，对杂志的发展前景也满怀信心：“我希望（而且我有绝对的理由希望）《家常话》能成为一项优质的资产……还有《大卫·科波菲尔》，我付出了很多；但为这份杂志打下坚实的基础，就是为未来（我是说我的未来）赢得巨大的收益，那我根本不会在乎为之付出的辛劳。”当时有一些人并不看好这份杂志，布朗宁太太就曾说它“不会成功的，我预测，特别是因为不给作者署名”。但是她错了，杂志的发行量达到39000册左右，尽管这一数字远低于其他同期期刊的销售量，但也有相当不错的收益了。

《家常话》中收录的文章形式多样。狄更斯会严谨细致地修改来稿，可以说是将自己的思想精神传播到了整个国家。当然，他也多次和威尔斯或其他人“合著”文章。狄更斯通常把握文章开头和结尾，定下基调，其他合作者负责补充剩余部分。有时候这些文章还是在狄更斯和同伴一起去邮局、工厂、市集、学校或赛马会考察之后写作而成的，他们会一起去参观所调查的地点，然后分工写作，最后狄更斯把这些片段整合起来。 432

其中一些还是和文章的主人公一起合著而成的。为了能获取一些材料或奇闻逸事作为《家常话》的素材，狄更斯在新期刊刚创办的几个月里见了伦敦警察厅侦探部的各种人；其中一个就是菲尔德巡官(Inspector Field)，后来被看作《荒凉山庄》中巴克特(Bucket)巡官的原型。狄更斯对他印象深刻，还在他身上寄托了一直以来对伦敦警察办案高效、精神顽强的敬佩之情和浓烈的兴趣。然而，菲尔德巡官对他所负责的案子记得也不是很牢靠，甚至有证据表明这位警探本人也大大助长了狄更斯原本就喜欢夸大事实的倾向——这位著名的警探曾经是凯瑟琳街剧院的一名业余演员。19世纪英国人这种同剧院的联系很典型，从这种联系中，我们不仅能再次瞥到这个时代伦敦警察无比夸张的特质，也能窥见维多利亚时期整个社会的禀性：就连当时权力与法律的代表都同时具备调查天赋和戏剧天分。这不就是狄更斯在描述议会或大法官法庭中所揭露的实质吗？——整个社会就是一个大剧院！

当然，这段时间狄更斯也一直笔耕不辍，继续进行着《大卫·科波菲尔》的创作。5月初，故事情节发展到一个关键时刻。“我还是没拿定主意，到底怎么写朵拉，”他写信告诉福斯特，“但今天必须决定。”这是关于大卫·科波菲尔的“娃娃太太”[6]朵拉生死的决定。一到这种决定生死的时刻，他就会习惯性地到处游走，思考问题，而且有些晚上光是沉思，什么事都不做。他专心思考问题并试图追溯描绘其发展轨迹，同时也是在追究这些问题在自己人生中的轨迹。他当时正在读卡莱尔刚刚发行的《当代短论》(*Latter-day Pamphlets*)[7]，过一阵也会读丁尼生新出版的《悼念》(*In Memoriam*)[8]：这两部作品都对《大卫·科波菲尔》的创作产生了一定影响。

最终，他把整部小说从头到尾都规划好了，还在笔记中概述了最后四期的主要内容。故事的几个主要阶段已经跃然纸上。他目前开始创作最新的一期，这一期中佩克提和海穆(Ham)终于找到了小爱米莉(他为了在这一章煽情真是费尽心思)，不过他显然觉得伦敦的夏天很不适合写作，更别说创作过程中还经常被办公事务和出行打断。于是，他准备夏天租下布罗德斯泰斯堡垒山庄（Fort House in Broadstairs）——山庄比较宏伟壮丽，离镇中心和海边都不远，一直很让他心动。在狄更斯和家人看来，山庄是个完美的海滨静养胜地——房子和海港之间隔着一片玉米田，能俯瞰整个大海和灯塔。

8月15日离开伦敦之前，他在威尔斯的协助下把最新一期的《家常话》完成了。第二天，凯瑟琳卧床分娩，生下一个女宝，叫朵拉·安妮·狄更斯；同天下午，狄更斯和其他家人按原计划南下来到布罗德斯泰斯，入住新租的夏日居所。为了照看孩子们，乔治娜同他一起去了，而凯瑟琳和新生的宝宝则留在伦敦。要说这种安排不多见，又有点儿冷漠无情吧，倒也不至于。真反常的事是这个，朵拉出生五天后，狄更斯写信给妻子——“……我还要杀掉朵拉——我是说《大卫·科波菲尔》里的朵拉……”说得好像还能是别人（自己的孩子）似的。这人居然用打算“杀掉”的那个角色来给自己家刚出生的孩子取名，可真是够奇怪的。

狄更斯和家人在布罗德斯泰斯从8月中一直待到10月底。用乔治·艾略特（George Eliot）的话说，现在这个镇子已经因为“大卫·科波菲尔而变成了经典”。她说的是附近一处被命名为“贝西·特拉伍德小屋（Betsey Trotwood's cottage）[9]”的地方。于是，狄更斯的作品就像一串火舌一般，舔舐过一个地区，留下一串永久的痕迹。堡垒山庄可谓一个理想的地点，无论是对狄更斯本人来说，还是考虑他书房所在的位置。一段小楼梯通往书房，白天明媚灿烂的阳光透过房里的巨大的窗户照射进来，由窗户里向外看，屋内的人还能看见辽阔美丽的大海。但在某些方面，布罗德斯泰斯的魅力真是大不如前了。尤其是街头商贩的叫卖声和街头艺人的吆喝声，以及堡垒山庄附近的噪声，闹得狄更斯心烦意乱。山庄不远处有一个海岸警卫站，警卫站中警卫队员的妻子回忆起这位著名的小说家。“狄更斯先生，”她说，“很友好，很绅士，但他受不了一点噪声。”每次孩子们乱七八糟吵吵嚷嚷的时候，狄更斯都会礼貌地让这位警卫队员“把孩子带走”或是“让他们不要出声”。除此以外，还有别的烦心事。福斯特住在那时晚上呼噜打得特别响，吵得狄更斯根本睡不着。他不停地在整幢房子里走来走去，还把乔治娜叫起来陪自己。这一场景被狄更斯特别应景地写进了即将动笔的《大卫·科波菲尔》的一章中。文中，海上的惊涛巨浪让大卫难以入睡。“我躺在那里好几个小时，听着风声和水声……”如果想象一下，狄更斯躺在自己的房间里，听着布罗德斯泰斯的风声潇潇和水浪拍岸，不停地思量着各种问题，这算不算异想天开呢？

狄更斯于9月中旬完成了下一期的《大卫·科波菲尔》，就在这间面向大海的书房里。这一期或许是整部小说中最值得关注的，其中包含小爱米莉和米考伯一家移居国外以及斯蒂弗茨（Steerforth）遇难的情节。他凝望着窗外的那片大海——它为新生活提供动力又或是将之摧毁。狄更斯在备忘录中记录了“昨晚在布罗德斯泰斯”发生的那场风暴，事实上那段时间并没有任何风暴的（官方）记载。这是小说中最令人难忘的几个片段，尽管海上风暴的情节完全可以算作精彩的航海描写，小爱米莉和佩克提扬帆出发的场景有一种和狄更斯本性中的诗意相近的格调和气氛——那种常常在他小说里响起的缓慢而忧伤的音乐，甚至算是狄更斯小说中最持久的存在。“他们站在高高的甲板上，笼罩在瑰丽的晚霞之中，渐渐远去；她依偎着他，他扶持她，两人庄严的身影消失在我的视线中。我们划船上岸的时候，夜幕降临在肯特的群山上，黑暗渐渐将我吞噬。”他写下这些话时，“衷心地相信这些事是真的……”。而且到后来，他让自己极具感染力的故事扰得心烦意乱，“……字面上我写得不够赏心悦目……，内里的感情又没办法表达得明白”。但是，他几乎是一完成这一期就开始了下一期和最后一期的创作。在这两期的合刊中，大卫·科波菲尔就像狄更斯一样出国旅行，他经历的所有苦痛最终都随着他和安妮斯·威克菲尔（Agnes Wickfield）喜结良缘而烟消云散。10月23号，在布罗德斯泰斯，他终于完成了这部小说。

437 《大卫·科波菲尔》一经出版，就获得了各方好评。有目共睹，这是他“最杰出的作品”，当然，狄更斯本人和这部小说保持着一种异常私人的关系。“……每次一拿起这本书我就无法平静，”他曾经写道，“(我在写这本书的时候整个情感都在它的支配控制之下) ……”他在小说的序言中写道，“没有一个读者能比我在创作它时更笃信这个故事”。是的，因为他让自己生命的一部分进入了一个虚幻世界。在这个虚幻世界中，这部小说成了众多故事中的一个，成了比他个人更宏大的历史中的一部分，并借着它的创造者和时间的运行而缓缓地运转，直到它成为这个国家文学宝库中永恒的一部分。与狄更斯之前的小说相比，《大卫·科波菲尔》中的“动”的一面要少得多，故事发展速度要慢得多，调子更低沉；它更为平静，回顾过去、收敛情感，表现出的喜剧性也变得更为深沉。这种写作风格在《人生的战斗》(*The Battle of Life*)中也隐约可以觉察到，在短篇文章《一个孩子的星星梦》中更加清晰可见。而《大卫·科波菲尔》是第一次在这么长的篇幅、这么大的规模上呈现并代表了这种变化方向。这是一种朝着荡气回肠的抒情风格发展的变化，也是狄更斯第一次在小说里从头到尾使用第一人称单数的叙事方式，一举一动都更加真实自然，这种转变与此不无关系。

当然，我们也可以用现代的习语来说，这其实是一本“关于”小说本身的小说，既是一本关于记忆的小说，也是一本关于记忆力的小说。记忆亮丽多彩：“……我从未见过像四月天的午后那样明媚的阳光……”记忆同样引起新奇的联想：“……从那时起，殉难者和佩克提的房子就在我心中紧紧依偎在一起，时至今日仍是如此。”记忆让最清晰的印象一清二楚：“直到今天，天竺葵叶的味道仍能让我对自己在瞬间发生的变化感到惊讶不已，忧喜参半……”记忆也保留了最深刻印象的烙印：“他把脸转向风起云涌的天空，紧握的双手颤抖着，全身都充满了痛苦。在我的记忆中，直到此刻，所有这些都和那人迹罕至的荒原联系在一起。那里只有无尽的黑夜，除了他以外空无一物。”记忆还让他想起了童年最早也最难以忘怀的影像，比如大卫最后一次见他母亲的那个场景：“我上了马车，听见她叫我的名字。我向外望去，看见她一个人站在院门口，怀里抱着她的宝宝，举得高高地给我看。天很冷，但却一丝风都没有，她的秀发裙褶都纹丝不动，她就这么目不转睛地看着我，举着她的孩子。就这样，我失去了她。我上学之后也梦见过她——静静地站在我床边——还是那样目不转睛地看着我——怀里抱着她的孩子。”但也有其他隐秘的记忆，潜意识的记忆：“有时候突然有一种我们正在说的话、做的事情在很久很久以前就已经说过、做过的感觉……”于是，记忆就成了一种复活的形式，这也算得上一种人类的胜利。大卫·科波菲尔从幼时熟悉的窗户往外望时，看见了自己孩提时悲凉的身影。“于是，我的眼前出现了一条漫漫长路，越走越宽。我看见路上有一个衣衫褴褛的男孩在艰难前行，长途跋涉，饥饿消瘦，孤零零地无人照管；真应该把此时在我胸膛中跳动的那颗心也看作是他的。”正是这样，记忆在逆境中重塑了自我，将过去和现在联结在一起，达成了连贯性和一致性，在忙碌喧嚣的尘世营造出一份平静和安宁。这是狄更斯内心中最纯净、最美好的部分，是生命的本源，是他泪水的根源。过去两年他所做的所有努力、经历的所有事情将他带到了这里，这一刻，他重获新生。

不久，狄更斯便回到伦敦监督其他工作，都是比较重要的任务，尤其是他还得给《家常话》的第一份圣诞特刊写一篇应景的小故事。他没时间也没兴趣再写一本圣诞图书了，他的收官之作《着魔的人》(*The Haunted Man and the Ghost's Bargain*) 还是两年之前出版的。所以，他就写了一个题为《圣诞树》的小短篇，文中异常详细而精彩地回忆了自己童年的玩具。几周之后，他向一位记者解释自己常常梦到小时候和青年时期——他结婚、成功、成名之前那段令人着迷的日子。这也许并非巧合。当他把注意力从那些逝去的岁月拉回到眼前的生活时，他就变得悲观抑郁了。同一时期，他还给《家常话》添了另外两篇文章：一篇题为《十二月的幻象》（"A December Vision"），另一篇是《旧岁的最后几句话》（"The Last Words of the Old Year"）。在第一篇文章中，他将英国刻画成一个废墟遍地、疾病肆虐的地方，在那里孩子无人照管，动辄因为一些小错而遭到鞭笞毒打——"……遭人追赶、抽打、关押却从未受过教育……"在那里文盲无知和野蛮粗俗占据上风，在那里"没有一个悲惨潦倒的人会大声说出自己的遭遇，自己在最无人在意的镇子中，最幽深阴暗的地窖里那可怕的生活。但他感染的病毒让周围的空气带了出去，对公众过失进行了严厉的报复"。在第二篇文章中，他描写了一个道德败坏、玩忽职守的国家。这个国家中大法官法庭审判不公，简直到了骇人听闻的地步。两篇文章笔触深刻、刻画形象，而且有意思的是，都预示了他几个月后即将在《荒凉山庄》中探讨的主题。他慢慢地对这个世界形成了更加深刻的认识，但他的洞察力还需要来年的不幸来塑造，这些事情将成为他人生路上的避雷针。

原本，他正端坐着，肖像画家威廉·博克索在给他画像，但当他发现画布上的自己第一眼看上去像著名拳击手本·康特（Ben Caunt）[10]，而第二眼像谋杀犯格林纳克（Greenacre）[11]时，便突然起身离开了。他极度不安，身体也很不舒服；他自己说这是“胆病发作”，但所有的症状都指向精神衰弱。那年圣诞前夜，他在德文郡排屋举办了一场乡村舞会。这场聚会拉开了新一年的帷幕。这一年，狄更斯将被迫忍受许多苦恼和变故；这一年，《荒凉山庄》中所有的荒凉似乎都降临在了他的头上。

1 “英国状况问题”（Condition of England Question），1839年卡莱尔造出来的一个短语，用来形容英国工业革命期间工人阶级的生存状况。

2 《妓女生涯》（*The Harlot's Progress*），还可译为《烟花女子哈洛特堕落记》，是“英国绘画之父”威廉·霍加斯（William Hogarth，1697—1764）绘制的一套6幅组画，最初的形式是油画，后来以版画的形式出版发行。

3 《英格兰史》（*History of England*），托马斯·凯特利凯著。特利是现代民俗学领域学者研究的重要先驱，创作了多本历史教科书。《英格兰史》出版于1839年。

4 《英格兰史画册》（*Pictorial History of England*），查尔斯·奈特（Charles Knight）著。查尔斯·奈特是英国出版商、编辑和作家。

5 伊甸园时期，《圣经·创世记》记载，耶和华照自己的形象造了人类的祖先，男的称亚当，女的称夏娃，安置第一对男女住在伊甸园中。伊甸园在《圣经》的原文中含有快乐的园子的意思，文中是指狄更斯的回忆追溯到自己刚刚降生的时候。

6 “娃娃太太”，child-wife，朵拉为人热情，但她不擅长料理家务，曾让大卫称她“娃娃太太”。

7 《当代短论》是苏格兰散文家、历史学家和哲学家托马斯·卡莱尔（Thomas Carlyle）于1850年出版的一系列短论，强烈谴责那个时期的政治、社会和宗教低能和不公正行为。

8 《悼念》由丁尼生勋爵阿尔弗雷德（Alfred，Lord Tennyson）创作，是为他的朋友亚瑟·亨利·哈勒姆（Arthur Henry Hallam）写的挽歌，后者于1833年在维也纳因脑溢血去世，年仅22岁。

9 贝西·特拉伍德小屋，（Betsey Trotwood）是大卫·科波菲尔的故乡布伦德斯顿（The Rookery）内一座经过精心翻修的马厩。

10 著名拳击手本·康特，是一位19世纪英国裸拳拳击手，后来成为重量级拳击冠军，被称为“托卡德巨人”和“大本钟”。

11 谋杀犯格林纳克，即詹姆斯·格林纳克（James Greenacre，1785—1837），是一位英国杂货商，也是“埃奇韦尔路谋杀犯”。

第二十一章　病痛离别

443 查尔斯·狄更斯已近中年。“胆病发作”后紧接着他又患上了重感冒。德文郡排屋的租约快到期了，所以这时候他还得盘算着搬家。不论从哪方面讲，这个新年都是动荡不安且不甚愉快的，而他弟弟弗雷德里克的行为更是雪上加霜——他打着哥哥的名号到处借钱赊账。“真是让我心痛不已。”狄更斯说。他父亲的病也越来越严重了。他父母都搬到了罗素广场附近的卡珀尔街，为了能离戴维夫妇（Mrand Mrs Davey）近一些；戴维先生是一名外科医生，也是约翰·狄更斯的私人保健医生。约翰·狄更斯患有严重的泌尿道疾病（很有可能是膀胱结石），病龄已经30年了。戴维夫人后来还记得，狄更斯常常来这里看望他的父母。“他不太爱说话，”她说，“但他也能非常友善，如果他愿意的话。”这里暗含的意思或许是，狄更斯只要和父母在一起就会沉默寡言，或者只是只言片语简单应付应付。

这一阵子，用狄更斯的话说，凯瑟琳的身体也“非常不舒服”，不过她的病实际上是因为长期焦虑抑郁积累到了一个爆发点，但其实狄更斯的熟人一般还觉察不到这点；这一年，《家常话》杂志的一名撰稿者亨利·莫利（Henry Morley）就曾说，“狄更斯先生明显很会选伴侣”。狄更斯夫人结结实实的，圆脸，很圆很圆，相当漂亮和气，脸侧各垂着一长簇鬈发。只要五分钟，任何人都能看出她非常爱自己的丈夫和孩子，而且对任何不尖酸刻薄的人都很热心。认识她的人都会被她善良温和的秉性所感染。“我们一下子就成了极好的朋友，聊了很多。她很想了解我，有一次我们稍微聊了几句她就离开去欢迎一位新来的客人。后来，她还是回来找我了，虽然我已经不在原地了……”

现在凯瑟琳的病情已经非常严重，狄更斯觉得她应该马上去马尔文休养，那里的空气和海水都更让人心旷神怡。他俩启程去了那里，在纳兹沃斯旅馆暂住下来，狄更斯在那陪了她两三天，然后就回到伦敦。接下来的几周里，他一直奔波来往于马尔文和伦敦之间，每次都要在这个休养胜地陪凯瑟琳两三天；换句话说，他工作繁忙，心情焦虑，但是这时候他仍然扮演着一个体贴细心的好丈夫的角色。当然，就算是在这种情况下，他在马尔文的时候还是那么幽默，跟福斯特滑稽地描述“喝冷水的人”或许能用来形容任何时代的“健身狂人”；尤其是一个热爱维多利亚时期“慢跑”的老人，“直愣愣地撞倒了一个送牛奶的孩子，竟然没停下来！——他按照规矩没戴领巾；嘴张得老大，大口大口地吸着早晨的空气”。

离开这个满是荒谬行为的地方，他北上回到伦敦继续手头紧迫无比的工作。同时，他还在积极地为家人物色房子，以便搬出德文郡排屋之后有地方住。他开价想租下伦敦北部一幢叫作巴尔莫勒尔庄园（Balmoral House）的房子，但是被拒绝了。不过幸好没有成功，因为几年之后一艘装满火药的驳船沿着摄政公园运河行驶的时候突然在这幢房子前面爆炸，差点把房子炸上了天。

不过，从另一个角度来看，整个世界都在跟他作对。他父亲病得很严重，需要做手术，而且不一定能从手术中恢复过来。约翰·狄更斯的膀胱结石已经长大了很多，到了影响排尿的地步，但是这个手术——用狄更斯的话讲，“这是外科公认的最可怕的手术”——需要在肛门和阴囊之间的地方割开一道口子，然后从体内取出结石，而且约翰·狄更斯做手术的时候还不能麻醉。术后不久，他儿子就赶到了。他一看父亲房间的样子就知道这场手术太可怕了，可怕到简直让人难以忍受；“（简直是）血染的屠宰场，”狄更斯这么对妻子形容道。但这位父亲天生的乐观主义精神让他从手术中恢复了过来。他身上这种精神很可能给他儿子刻画米考伯先生提供了灵感。据狄更斯说，他“精神惊人地振奋，也很勇敢”。狄更斯自己却觉得吃了重重一击，就像自己是父亲身体的一部分。“这一记狠狠地直接打在我的小腹侧面，”他又一次经历了童年时那种要命的剧痛（据说，他父亲当时的泌尿疾病导致他自己的肾脏也发炎了），“我觉得自己仿佛让一根铅做的棒子狠狠抡了一棒。”他回到德文郡排屋，在他父亲睡觉的时候等待进一步的消息。第二天早上，他去了《家常话》杂志办公室。那是3月下旬的一个雨天，天气湿冷令人难受，他从二楼的书房往下望着威灵顿北街。“屋外阴雨绵绵的……一辆装着某个倒霉家庭所有财产的拖车正开着突然停了下来，因为车出了故障，整个场面真是凄凉。”举家搬迁，就像他小时候全家搬离某处一样，就像他当时正试图搬家一样凄凉。在等父亲的消息时，过去和现在在阴雨笼罩的期待中汇聚到了一起。他试图照常工作，3月28号他再次来到马尔文看望凯瑟琳。但这个时候一切都很明显了，他父亲不行了。狄更斯收到召唤便赶回伦敦。他3月29日晚11点15分赶到卡珀尔街，和母亲一起守在奄奄一息的父亲床前。“……他认不出我了，也认不出任何其他人了。大约半夜的时候他的气息越来越弱……之后再也没缓过来。我在那儿待到他咽气——哎，(四周)那么安静……”

约翰·狄更斯于4月5号在海格特墓地下葬。“热心、能干，充满乐观精神”，这是狄更斯在他的墓碑上写的那段称赞他的颂词。葬礼过后，伊丽莎白·狄更斯在诺丁山住了一阵，住在女儿莱提西娅家，她计划之后去约克郡和阿尔弗雷德同住。那么狄更斯呢？他在父亲刚去世的打击过后怎么样了呢？从这时开始，每次提到约翰·狄更斯，他都会用一个极富特色的短语——“我可怜的父亲”；他对父亲所有的憎恨和愤怒似乎都烟消云散了，只剩下对他最终命运的同情。约翰·狄更斯和他儿子同为这命运的受害者（很中肯地说，正是这种命运的力量操纵着他的下一部小说）。狄更斯还是睡不着觉，从一封信中明显能看出来，他又开始担心自己的经济问题了，仿佛约翰·狄更斯的死在他心中重新点燃了之前对欠债和入狱的忧惧。整整三天晚上他都在伦敦的大街小巷漫步，一直走到天亮——就像他在《荒凉山庄》里描述的那个夜晚一样：“在这个月色皎洁的夜晚，所有噪声都合为一体，成为一种遥远而清脆的嗡嗡声，这个城市不停震动，仿佛变成了一块巨大的玻璃。”

父亲的葬礼之后，狄更斯又重新奔波在伦敦和马尔文之间；同时，他正在制定新一年的计划。他已经决定这年夏天仍然去布罗德斯泰斯的堡垒山庄避暑，还计划秋天或冬天的时候能在伦敦写一本新小说，至少一找到合适的房子安定下来就得动笔了。4月14日，他到伦敦来主持大众戏剧基金会的一场会议，这种和戏剧相关的慈善活动既牵动着他的正义感又能满足他对专业表演的爱。当然，鉴于现在凯瑟琳正在乡间休养，狄更斯也想要尽可能多陪陪孩子们。于是那天他一下火车就直奔德文郡排屋。据他某个女儿说，他花了大部分的时间“和孩子们玩耍，在屋子和院子里不管走到哪都抱着小朵拉”。小朵拉，是照《大卫·科波菲尔》中那个不幸离世的女主人公取的名字——“不吉利”的名字。然后就到了他换装去伦敦酒馆参加一年一度的晚宴的时间。活动照常进行着，但在狄更斯发言前半个小时，福斯特被叫出了房间。当狄更斯起身时，宴会厅里响起了“经久不息的欢呼声”，他泛泛说了几句关于该基金的话后，又深入地表达了自己对演员职业的感激之情：“在我们面前尽职表演的演员，并不是说他们自己刚刚经历了悲惨痛苦的事件——甚至是死亡本身，来扮演的这个角色；我们所有人都必须如这般暴烈地对待自己的情感，这样才能在生活的战斗中履行自己的职责。”

马上也要轮到福斯特发言了，但是，现在有一个更艰巨的任务摆在他面前；狄更斯的一位仆人急切地召唤他，他离开房间，然后这个仆人告诉他小朵拉突然夭折了。福斯特决定在狄更斯完成这次活动所有分内的工作之后再告诉他这个消息。在他的传记里，福斯特记得狄更斯当时说不能因为失去亲人而暂停人生的战斗，也记得自己听到这话时心中有多么痛苦。毫无疑问，狄更斯当时在想着的是父亲的去世，然后逼自己硬起心肠，再次打起精神继续奋斗，可他的话在另一个层面上（小朵拉的去世）又是多么贴切啊。轮到福斯特站起来讲话，发言中，他提到了狄更斯“注重实效的慈善活动”，这时有人在大厅后面高声叫嚷“伪君子！”，但福斯特继续淡定自若地进行下面的发言，没有被干扰。直到会议结束，由马克·莱蒙（Mark Lemon）从旁协助（福斯特特地把他叫过来），他才告诉狄更斯他襁褓中的女儿突然夭折的消息——她突然“抽搐”发作，没几分钟就不行了。狄更斯当时没有崩溃，只是回了家。“我记得，当我再次看见亲爱的父亲时，他脸上（的神色）发生了那么大的变化，”玛米回忆道，“他看上去那么苍白、那么悲伤。”那天晚上，他和马克·莱蒙一起在小女儿的床头坐了整整一夜，一直守着她的遗体。第二天早上，他给凯瑟琳写了一封信，言辞尽量温柔谨慎，非常担心这个消息会加剧她已有的痛苦，甚至导致她精神崩溃。“我觉得她病得非常严重”，他这么告诉她，尽管他知道女儿已经去世了。福斯特拿着信南下来到马尔文，他最终还是把实情告诉了凯瑟琳，她整个人深陷一种“病态的”悲痛之中。大约过了12个小时，她才慢慢恢复了一些自制。狄更斯暂时还“控制着自己的情绪”，但他女儿记得他再也无法抑制悲伤之情的那一刻：“直到她走了一两晚，有人送来一些漂亮的花，这时候他才情绪崩溃。”他“正要把花拿到楼上放在死去的小宝宝身上，突然情绪彻底爆发了”。还有其他一两次狄更斯“情绪决堤”的时候，让那些目睹他崩溃的人永生难忘。

所以说，这一年对狄更斯的打击真的很大：凯瑟琳的病、父亲的去世和骨肉的夭折。但此时狄更斯心中最重要的是自我牺牲和持续的工作。这一点他和同时期的人十分相像，简直可以算得上一个“维多利亚时代的人”。他孜孜不倦地工作，启动了夏天的安排。他按照计划又一次租下了堡垒山庄。凯瑟琳、乔治娜和孩子们先他一步住了进去，而他留在伦敦完成工作。但是，他没住在德文郡排屋；他一想到会有那么多人来看万国工业博览会（Great Exhibition）[1]就无比惊慌。无疑，其中一些人还会带着介绍信来见这位著名小说家，于是他将房子转租出去，自己躲在《家常话》杂志的办公室里避避风头。为了能给杂志搜集一些素材，他还去埃普索姆（Epsom）[2]待了两天，但他并没有在博览会上浪费时间。万国博览会于5月初正式开始，对当时的国人而言，这一盛事标志着英国在全球商业和创造发明方面居于至高无上的地位，而狄更斯明显对其持保留意见。

在全家人安逸地住在布罗德斯泰斯的时候，狄更斯终于买到了一幢房子——塔维斯多克寓所（Tavistock House），一幢朴素的砖房，就在塔维斯托克广场外面，隔着铁栅栏和公共街道两两相望，还带有一个院子，绿植茂盛。整个房子有18间屋子，远比德文郡排屋宽敞，地段也更显要。房子原本的主人是狄更斯的朋友弗兰克·斯通（Frank Stone），但他们一家马上要搬去隔壁的隔壁了，于是塔维斯多克寓所就准备迎接新主人了。事实上，这幢房子很有些说道，好运厄运都曾有过；后来的一位房主乔治娜·韦尔登就在这个房子里面经历过一次精神崩溃，后来出版了一本题为《住在查尔斯·狄更斯故居里的可怕后果》（*The Ghastly Consequences of Living in Charles Dickens's House*）的小册子。在这本册子中，她声称自己的命运就像“一个关在疯人院里的正常人，把她困住的目的就是要慢慢地或‘意外地’谋杀她”。可以说，她凭直觉感应到了这里发出的某种气场。狄更斯本人也一直相信房子有自己的性格，相信通过慢慢积累房子会拥有自己的生命力，但在这个比较早期的阶段，认为塔维斯多克寓所对狄更斯和他的家人来说不是一个完美幸福的住处，似乎还为时过早。

这个时候，新书也慢慢成型了，他又和往常一样感受到那种“强烈的坐立不安”，这预示着新小说即将诞生。但在塔维斯多克寓所彻底整修完之前他没办法静下心做任何事情。弗兰克·斯通的儿子形容这幢房子是一座“脏兮兮、阴森森、破破烂烂的宅邸”。狄更斯整个夏天一直不停给妹夫亨利·奥斯丁写信求助，在家居和卫生等各方面征求他的意见：画室改成客厅；加上窗帘和地毯；加长入口的通道；处理排水沟；把一个凹进去的墙壁改成柜橱，再一想，还是改成一个书柜；增加一个淋浴间，“品质最好的冷水浴，总是装满了用之不竭的水……”隔开浴室和厕所，因为“我真是不敢想象自己要被迫盯着那‘箱子’开始每一天，会影响我排便的”。而且，和往常一样，他想要一切都马上完成。“我必须要求施工期间不得有任何拖拉延误”，“迅速且敏捷”，“守时且利索”，总是在强调速度。没有任何记载说明亨利·奥斯丁如何看待大舅子一直以来的过度活跃，也无从知晓那些总是被监督、盘问和反复催促的工人对他的印象。

11月中旬，全家人终于住进了焕然一新的塔维斯多克寓所。全面翻新、重新装修之后，现在这栋房子确实算得上一幢豪宅了，而现在狄更斯最关心的是把车道前的铁门牢牢锁上。他希望这样能避免街道上的小商小贩和街头艺人突然闯入，对他来说，这些人的噪声是他在伦敦生活的一大苦恼。他早就向女儿们保证过，塔维斯多克寓所中一间“华美的”（他如此形容）房间会被用来代替她们在德文郡排屋的旧阁楼屋；但是“那间房完全装修好之前他一眼也不让她们看，直到装修好后才亲自带她们去。这个世

453 界上所有美丽、精致、令人舒适的东西都在这间屋子里了……”。汉斯·克里斯蒂安·安徒生之后参观过这幢房子，他记得“从街道到院子的过道上挂着油画和版画。这里矗立着一尊狄更斯的大理石半身雕像……而在一扇扇卧室门饭厅门上嵌着仿托瓦尔森（Bertel Thorvaldsen）《昼与夜》（Night and Day）[3]的浮雕。二楼有一间藏书丰富的书房，里面有一个壁炉、一张写字桌，屋子朝向院子……厨房在地下，卧室在顶楼”。从安徒生所住的房间望出去能看见伦敦的塔楼和教堂的尖顶，它们“依照晴天雨天不同情况而时隐时现”。但不论是什么天气，不论是雾是雨，都不会影响这幢房子内部的干净和整洁。他邻居的儿子马库斯·斯通（Marcus Stone）记得，那幢翻新的房子里到处都是狄更斯的个人元素，“他对条理秩序的喜好，对任何疏忽懈怠的反感，甚至表现在人们通常根本不会去考虑的细节上。每样东西都有自己的位置，每样东西都必须待在自己的位置上，绝不允许任何破坏……没有堆积的垃圾或废弃物，没有杂物堆放间也没有凌乱的储藏柜”。

他在塔维斯多克寓所的书房很大。通向客厅的部分装的是几扇滑门，狄更斯很喜欢把这几扇门拉开。清晨，他会放下手中的创作，在整幢房子里踱来踱去。一边踱步一边仔细琢磨下一句话、下一个词。就是在这里，在他的新书房里，他开始了《荒凉山庄》的创作。这个小说名是在各种试验之后才定下来的，也许还是住在布罗德斯泰斯的堡垒山庄的时候；第一阵灵感和最后的几乎一样简洁，他在奶白色的纸上用黑墨水写下了《托姆独院》(*Tom-All-Alone's*)，又在它下面写了《荒宅》(*The Ruined House*)。查塔姆附近有一个地方叫“托姆独院”，那是一小片荒废的房屋，为了给一座新监狱让路而拆除了，狄更斯很可能这时候想把故事背景放在一个类似的乡间荒宅里。他第二次尝试的题目是《进了大法官法庭，就再也没出来》(*That Got into Chancery/And Never Got Out*)。这么看来，他已经把这片废墟看作一个冗长的法律程序的一部分了，而大法官法庭一直都以效率低下和磨蹭拖拉而臭名昭著。这个题目用了双关语，短语“in chancery”除了有“进了大法官法庭(打官司)”的意思之外，在拳击用语中还有“挟在腋下(动弹不得)”的意思。然后他又加上了“建筑/工厂/作坊”，仿佛想把英国工业化的现状也融入小说中。做了几次尝试后，他又试了《荒凉山庄学院》(*Bleak House Academy*)，仿佛要把国民教育的一部分归纳到自己的计划中。然后他又将《东风》(*The East Wind*)作为标题；对伦敦人来说，西部地区更加健康卫生，而东风从伦敦东部吹向西部，通常是疾病来袭的征兆。直到最后，一个简洁的标题——《荒凉山庄》——终于出现了。然而，整个

455 过程对狄更斯来说非常重要，在定下名字的过程中他不知有多少尚未成熟的想法和画面。

他终于动笔了。在塔维斯多克寓所的新书房里，他拿出蓝色的纸，在黑墨水里蘸了蘸羽毛笔，然后写下来第一行字：“伦敦。米迦勒节（Michaelmas）[4]开庭期刚过，大法官端坐在林肯律师学院的大厅里。11月的天毫无人性。街上到处泥泞不堪，如同被洪流刚刚冲刷过一般，如果这时遇到一条40英尺来长的巨齿龙，像一只巨型蜥蜴一样摇摇摆摆地爬上霍尔本山，一点也不会让人惊异。”霍尔本山上的一条巨齿龙——就在几个月前他也虚构了一个类似的形象，在《家常话》里虚构了一只生活在泰晤士河支流里的“蜥蜴时期[5]浑身鳞片覆盖的巨兽”。这一形象让他很着迷，于是就把它保留了下来。这就是他在小说序言里提到的“日常生活中富有浪漫传奇色彩的那一面”。事实和奇景互相制衡，现实中又充满异想天开的想象，两者既相同又不相同——这是狄更斯从童年读物中学会的魔法，而现在又在满世界的泥泞和无情的11月天气里重现了。事实和奇迹之间、现实和怪诞之间以及理性和传奇之间一时间都达到了平衡——不知为何，这种平衡似乎带着典型的19世纪中期风格，当时所有形式的科学历史调查都在熟悉的事物中又有新的惊人发现。这就是狄更斯希望在《荒凉山庄》早期筹备工作中想表达的。他想将荒废的乡间别墅设在格洛斯特郡（Gloucestershire）的一个山谷里，因为那里让他想起了瑞士的一个山谷。通过这种合并，他就能将新鲜的陌生感引入熟悉的事物中了。

当然，他现在挥笔勾勒的是伦敦—— 一座有可能会有巨齿龙高视阔步的城市，一座在11月里漫天浓雾的城市。“满城的大雾……偶然从桥上走过的人们，从女儿墙上瞥向下面的一片浓雾，四周也是迷雾一片，如同乘着热气球，飘浮在雾气缭绕的云端。”于是，当人们在闪着珍珠光泽的昏暗中匆匆穿行时，迷雾也裹挟着神秘之感向四处展示着“日常生活中富有传奇色彩的一面”。但这样的大雾其实是事实，根本不是狄更斯编出来的。当时有人写道：“广袤的城市被包裹在一片阴暗之中，既不像白天也不像黑夜……”伦敦的雾当时就声名在外。白色、绿色、黄色的雾，从煤火、蒸汽船、工厂、酿造厂里冒出来的烟雾；仅仅几年之前的一个下午，“混在一起的雾和烟变得越来越厚，最后竟然真的变成了一片漆黑。所有街上都燃起了火把……”。伦敦城，就是一个谜，这是《荒凉山庄》的核心。在这座城市里，熟悉的变得陌生了，就像对那些不识字的人来说，所有法律术语都像是“天书”一样。

从某种意义上说，狄更斯热爱这样一个陌生的城市。

457 他热爱那神秘的，使城市变成一个魔幻之地的，预示着黑夜的黑暗。这个城市里隐藏着各种怪异的事物，各种可怕的怪兽，那都是他用泥和尘土捏出来的，充斥着《荒凉山庄》的里里外外。狄更斯热爱这座薄雾之城、黑夜之城，这座被零星灯光点亮的城市——或许，这算是一种城市哥特风，像当时在伦敦显赫的街道上出现的建筑一样。“伦敦处处都是离奇古怪的事物”，狄更斯曾经这么写道，但其中最离奇古怪的也是“最令人忧伤又震惊的”。这是“伦敦壮阔美丽的处女地”，时至今日我们仍能找到狄更斯笔下那些地点的确切位置。有一片坟地，戴洛克男爵夫人（Lady Dedlock）[6]就死在它的外面。那片坟地位于德鲁里巷和罗素街的拐角处，入口穿过英国刑事法庭。现在那个地方是小朋友玩耍的游乐场。克鲁克破布旧瓶收购店则位于斯塔场，在奇切斯特店铺街附近；就在他写作的时候，为了造新楼，这一整片区域都被拆除了。然而，就算是凭借历史的想象力，我们站在同样的人行道上，看着彼时的高楼和大门再次拔地而起，这同狄更斯当年所见的仍然不是同一个地方。于他而言，它们象征了新的秩序，因而充满了未知的神秘感，如同狄更斯眼中的泰晤士河一样，整个城市变得非同寻常。在《荒凉山庄》里，泰晤士河“看起来阴森恐怖，它在浅平的河滩中湍急地向前流淌，时而又静幽幽地徘徊，显得那么阴沉神秘。河里到处都是模糊又奇特的形状，有的是实物的轮廓，有的是河中倒映的影子：充满了死亡的气氛和诡秘的色彩”。还有一点需要注意，伦敦对于其他伦敦人而言和对狄更斯而言一样有趣，无疑，他们也渴望能看到、读到并了解这座以无与伦比的速度不断成长的城市新奇的一面。例如，正是伦敦人的感性在低等剧院中推波助澜，形成了一种更为强烈的、咄咄逼人的煽情之感，在其夸张的对比中模仿大都市生活中的变化和不确定性。同时还有新的喜剧形式出现，尤其是讽刺闲散的街头生活的喜剧；此外，一种更为残酷的浪漫主义从城市的黑暗中诞生，并渐渐成型。紧锣密鼓地创作《荒凉山庄》的狄更斯，此时正在创造那种城市的黑暗。

12月第一周，他已经基本上完成第一期的第二章，但他不得不暂时放下《荒凉山庄》转而开始创作《家常话》的圣诞季随笔。他从来无法摆脱自己这份周刊的束缚，而在这篇小短文《当我们渐渐老去，圣诞节意味着什么》（“What Christmas Is, As We Grow Older”）中，他通过追忆已逝之人、怀念以前的圣诞节给文章定下了一种忧愁哀伤的基调:“逝去的朋友、逝去的孩子、逝去的双亲、姐妹、兄弟、丈夫、妻子，我们不会就此弃你们而去！”这篇让人充满联想的小品文还呼吁人们，要对过往怀一颗忍耐、宽容和理解的心。这个圣诞节，他失去父亲和女儿后的圣诞节，对狄更斯而言便成了和解的时机，坐下来休息片刻的时机，停止抱怨和对抗的时机，接纳过去的时机。这就是1851年年底，他动笔创作《荒凉山庄》的时候。

1 万国工业博览会，英文全称Great Exhibition of the Works of Industry of all Nations，是1851年英国维多利亚时期的博览会，同时也是第一次真正意义上的世界性博览会。

2 埃普索姆，英国东南部萨里郡的一个城镇，以赛马闻名于世。

3 巴特尔·托瓦尔森，丹麦著名新古典主义雕塑家，1820—1830年制作大理石浮雕《昼与夜》。

4 米迦勒节，是纪念天使长米迦勒的节日，西方教会定于9月29日，东正教会定于11月8日。其日期恰逢西欧许多地区秋收季节，节日纪念活动十分隆重，尤其是在中世纪，许多民间传统习俗都与它有关。

5 蜥蜴时期（the Saurian period），蜥蜴亚目动物在以前的分类中包括鳄鱼和恐龙，所以也可以理解为恐龙时代。

6 戴洛克男爵夫人，《荒凉山庄》的主要角色之一。

第二十二章 《荒凉山庄》

461 这也是欢庆节日之时。狄更斯对新年的到来秉持着这样一种态度:“荣耀归于上帝！”他在塔维斯多克寓所举办的第一场聚会就是新年前夜庆祝会。为了举办已成惯例的主显节(Twelfth Night)[1]节目表演——同样还有圣诞节和新年文娱表演和它分庭抗礼，他甚至在塔维斯多克寓所二楼的里屋搭了一个舞台，并将之称为“世上最袖珍之剧院”。这回他和孩子们表演的是一部滑稽歌舞剧——阿尔弗雷德·史密斯的《盖伊·福克斯[2]》(*Guy Fawkes*)，这样的节日演出是狄更斯家一年一度的惯例活动。查理曾描写过父亲在这种活动中扮演的角色，掌管一切，安排一切:“他修订、改编剧本，选择并安排背景音乐，挑选并修改服装，还会创作与剧情相符的新曲子，编排所有演员的动作，教所有人如何演绎角色……”难怪狄更斯家的男孩成年之后总是信心不足(而女儿们倒是更多地继承了狄更斯的精神)——有这样一个(全才又难以超越的)父亲，不这样还能怎样呢?

对狄更斯来说，目前手头最紧迫的事情就是《荒凉山庄》的创作问题。1月底的时候，前两期差不多就已经完成了，后来他又增加了一个新章“上流社会”。最后将页数标为A到E，把这新的一章插到原来写的前两章之间。这样，“上流社会”就可以和第一章“大法官法庭”平行推进了，狄更斯坚持的结构原则也就清晰可见了。他还针对这个新加内容记了笔记:“德洛克夫人。誊写法律文书的人。从这一刻开始发展。”这也说明他正在构建一种复杂叙事平行线,而这种叙事平行线有着清晰的情节发展方向。创作的时候,他预见到即将取得的效果,如同眼前有一个影影绰绰的幻象。他就朝着这个幻象不断进发,而眼下他的目标是全速前进。

在创作《荒凉山庄》的时候,他早期的惯例目前已经固定了。通常,他从上午10点写到下午2点,没有意外的情况下,他计划每月20号完工。在这一阶段末尾的时候,他一般都处于某种状态之中,他戏称为“流氓般精力无限的闲散”状态。这时,他常常邀朋友一起夜间观光、步行探险,还去各种各样的郊外远足。这段创作期内,他很少在信中提及《荒凉山庄》,这充分表明写作素材都在他的全盘把控之中,而且他也觉得根本没有必要在私底下为创作而感到苦恼;在某种程度上,可以说他这一生都在为这本小说做准备。即使一开始可能是不幸和倦怠促使这本书的诞生,但毫无疑问,真正开始创作之后他还是很愉悦满足的。尽管这本书的整体基调压抑而沉重,但其实有充分证据表明他在写作时是很开心的——肯定比上一年开心。上一年他几乎没有产出任何真正有创造性的作品。任何情感上的痛苦都可能让一个作家备受折磨,但在实际写作过程中那种痛苦就消散了。甚至可以说，《荒凉山庄》治愈了他的萎靡不振——那种促使这部小说诞生的萎靡不振。

2月7日，狄更斯完成了《荒凉山庄》的第二期，这时候他才发现自己写多了，不得不删掉76行左右的内容。至少表面看来这些删减像是篇幅的原因。不过有趣的是，大部分删掉的文字都和伦纳德（Leonard）——后来在仓促之中更名为哈罗德·斯金波（Harold Skimpole）——的言行有关。这里的关键在于，狄更斯拿一位多年好友利·亨特（Leigh Hunt）[3]作为原型来塑造这一不负责任、狡猾善变的角色。从狄更斯后来的坦白之语中可以看出来，文中确实就是对这一原型的细致刻画："我觉得他是我笔下最精准的人物写照！我从来都没这么做过，至少很少这样做，但两者之间的相似度实在是太惊人了……这绝对是真实人物的完美再现。"他甚至从利·亨特八年前写的书《来自海布拉山的一罐蜂蜜》（*A Jar of Honey from Mount Hybla*）中抄了一些内容塞给斯金波当台词。事实上，相似度确实太惊人了，结果早期试印阶段他让福斯特和另一位朋友帮忙检查这些片段，他们看到时都认为两者之间太相像，必须改一改。于是，狄更斯把名字从伦纳德改成了哈罗德，还删掉了一些特别相似之处，然后就以为万事大吉了。其实不论他怎样做都无法改变这个人物和亨特明显的相似性。不久，大家都认为狄更斯在最新一期的《荒凉山庄》中公开嘲弄羞辱了自己的朋友。很快，这就成了全伦敦人的共识。据当时的记载，“……大众舆论都强烈支持亨特”。另一个同时代的人回忆说，对斯金波的描写出版成刊的时候，利·亨特的朋友们的反应都“十分痛苦”，“还导致一个人和狄更斯周围那帮最奉承、最支持他的朋友形同陌路了”。 464

其实书中人物的创作来源要比这更深刻也更令人不得不劳心思考。当然，《荒凉山庄》中有一些与现实人物的相似是显而易见的，不论是大人物劳伦斯·波依桑（Lawrence Boythorn）［原本就是按照沃尔特·萨维奇·兰多（Walter Savage Landor）[4]所刻画的］还是小人物（巴克特巡官在一定程度上是菲尔德巡官的理想化写照，而牧师助理穆尼则是参照索尔兹伯里广场一位真正的牧师助理鲁尼塑造的）。关键问题在于无论是在创作过程中，还是从创作技巧本身来看，所有这些角色都成了作者本人的一部分——这一点，我们会有机会在别处发现的。

整个2月，狄更斯都在不停地创作。到了月底，《荒凉山庄》的第一期终于出版了——这次的书是蓝绿色包装（直到他最后一部完整作品《我们共同的朋友》（*Our Mutual Friend*）开始出版，他才重新采用原先鲜绿色的封皮）。时间很紧，造成某些故事情节有些仓促，接下来几个月里共有40多个排字工人一起排字。当然，每一期书页内的广告费用也空前地高。第一期的内封面是一

465 则“埃德米斯顿牌便携雨衣或称防水大衣”的广告，紧接着是一个名叫“《荒凉山庄》广告商”的部分；在这里打广告的商品有罗兰牌马卡发油、保健药、克里斯托牌眼镜、止咳糖、清肺药片、润发剂、围巾、自动烟斗还有太阳伞，总共有24页左右的广告。书内封底还有一则“反荒凉山庄”广告，卖的是大衣和裤子。封底全都留给了希尔父子牌床架。于是，19世纪英国人的生活便这样一拥而上，包围了狄更斯笔下的伦敦生活，甚至有和它登台竞技一争长短的意思。

狄更斯每写完一章或一期《荒凉山庄》，就给哈勃雷特·布朗送去校样，其中还附着他关于哪些主题需要插画的详细建议。然后，通常情况下狄更斯会查看布朗的插图，再做最后的核准。总之，他这个时期的写作速度很快；他想提前完成这本小说，这样就能为“业余演员”留出时间了——他成立了一个业余戏剧表演团体，2月份要去曼彻斯特和利物浦巡演；是时候为这个事腾时间了。这是他以作家协会的名义安排的。他们会在曼彻斯特的自由贸易礼堂表演，然后再去利物浦的音乐厅做两场表演。就狄更斯而言，不论到哪儿，都会有同样的“成功”景象，同样“狂热的观众”，同样惊人的场面，让他和他的演员们都被“骚动兴奋有趣的人群、挥舞在半空的帽子和手帕给迷花了眼”。从没有一个人能像他如此极致夸张地抒发自己的热情，在他的一生中，任何事情只有最好或最坏，没有折中。这次短期巡演结束之后，他提不起精神的老毛病又犯了。同往常一样，他筋疲力尽、冷淡木讷，说话声音都变小了。就像曾经在信里说的那样，他每天晚上要换14套戏服。但是不管怎样，欢庆的气氛不能就这么突然结束了，于是几天后他在塔维斯多克寓所为全体演员举办了一场晚宴。3月中旬，还是在塔维斯多克寓所，凯瑟琳·狄更斯生下了第十胎，取名为爱德华·布尔沃·李顿·狄更斯(Edward Bulwer Lytton Dickens)，为了向男爵(布尔沃·李顿本人是孩子的教父)表示敬意。这是她最后一胎，她终于结束了漫长而痛苦的怀孕历程，再不用生了！不知是因为巡演还是因为新生婴儿，狄更斯似乎心绪不宁；尽管为了5月有更多时间去外省演出，迫切需要加快《荒凉山庄》的进度，他的写作不顺利，断断续续，心里甚是“焦虑”，经常会走上个18到20英里，好平复一下自己不安的情绪，或者说是让自己精疲力竭(没力气不安)。只要能按照计划持续地进行小说的创作，他就能保持相对满足，但是他十分厌恶断断续续、匆匆忙忙的写作方式。他还比较忧心利·亨特对哈罗德·斯金波这一角色刻画的反应(他发现自己还是会不由自主地写下“伦纳德”这个名字，然后再把它删掉)。他又想要出国了，去巴黎或者日内瓦，哪儿都行。其实到最后他只去了多佛而已。某天晚上，他参观了罗金厄姆城堡（Rockingham Castle），很显然有一部分原因是为了唤起自己对切斯尼山庄（Chesney Wold）原型的记忆。但这是在他有自身或外在压力时的正常反应：逃避、逃跑、逃离眼前的问题。尽管实际上任何与《荒凉山庄》有关的消息都有足够的理由让他高兴起来，但他还是要逃得远远的。布拉德伯里和埃文斯跟他汇报说销量非常高，甚至在整部小说连载期间都保持着超过3万份的销量。

其实不难看出他为什么需要加快《荒凉山庄》的创作进度。撇开他的情绪不谈，他不仅要负责第二场省外演出的所有管理性事务，而且看看他5月第一周的安排——甚至这还是在和业余演员们出发之前的日程——就能知道他到底有多忙了。5月1日，星期六，他计划在参加皇家艺术院的晚宴之前完成小说的下一期（第十一章到十三章）。星期天他必须完成《写给孩子看的英国历史》的另一大部分，还和威灵顿北街的一个听写员约好了进行口述。星期一、星期二和星期三上午他都得去办公室，“拼出”《家常话》的下两期。星期三当天他还主持了一场会议，会议的主题是废除文学作品的交易管制；乔治·艾略特也参加了本次活动，并评价说狄更斯的“眉毛一直保持着一种谦恭的中立状态，谈吐清晰果断”，但她也补充说他“相貌一般般”。两天之后，为了庆祝他儿子受洗，他在塔维斯多克寓所里举办了一场晚宴。第二天下午，又有一群受欢迎和不受欢迎的客人占用了他的时间。两天之后，他和工会的演员们出发去什鲁斯伯里和伯明翰演出。

所以，算来算去他总共也没几天的时间可以用于《荒凉山庄》的创作，于是他结束了短期巡演后一回来就再一次“努力创作”第十四章，尽量避开任何干扰，并且保证自己能完全专心于这个故事的创作。大概这就是他一修改完那一章的校样就南下圣奥尔本的原因。他需要提前谋篇布局，构思可怜的乔流浪的路线。罹患不治之症的乔在病中提到自己沿着“斯托邦斯路”流浪。无疑，狄更斯现在满脑子想的都是他，因为刚刚完成的那一期就是专门讲这位在十字路口的扫地工的悲惨遭遇的；事实上，他太过专注于乔，结果小说的叙事者便成了跟跄着脚步在伦敦大街小巷穿行的乔。“在街上让人推搡着、挤着、撞着、不断往前动着；真真觉得自己不论到哪儿都无足轻重……”正是本着这种精神，并通过阐释乔的意识，狄更斯对一个由詹狄士（Jarndyce）口中“这个邪恶可怕的制度”所控制的社会进行了反思。就像大法官法庭上可怜的诉讼当事人格里德利所说的那样，“就是这个制度！大家都跟我说是这个制度的原因。我不该责备任何个人。都是它，都是这个制度给害的”。

10月初，狄更斯、凯瑟琳和乔治娜穿越海峡来到布伦，而孩子们则留在了伦敦（玛米和凯蒂由一位法国女家庭教师看管）。他计划在法国完成《荒凉山庄》的下一期，一写完就回伦敦，处理他的日常工作。顺带说一句，像他这样有严格的固定习惯的人，居然能轻轻松松在任何地方就提笔写作，还真不寻常；伦敦、福克斯通、多佛，现在他到了布伦，好像也能每天投入大量时间持续写作，没有任何事情能让他分心，也没有任何困难能阻止他。只有一个完全沉浸在自己想象世界中而不受现实世界打扰的人才能像狄更斯这样如此平静地应对这样频繁改变的环境。他们在布伦待了两周，住在邦恩大酒店。很明显，他们特别钟爱这个地方，事实上这里直接取代布罗德斯泰斯成为狄更斯一家的避暑胜地。不过第一次来，狄更斯只带回去一件纪念品—— 一个小塑像，是个坐着抽烟的土耳其人，这是一家烟草制品零售店的标志，而他认为这个塑像简直“怪诞荒谬”到无与伦比的地步。一回到伦敦，他就径直去了办公室，想和威尔斯讨论即将出版的圣诞特刊的问题。他还带回来《荒凉山庄》接下来的两章。事实上他直到10月18号才回来，离出版日期已经不到两周了。鉴于此，他不得不紧赶慢赶，终于赶上了最终期限。

然后他又马不停蹄地创作下一期小说，离他所谓“重大的转折性消息”也越来越近了。所谓“重大的转折性消息”显然是指埃丝特·萨莫森（Esther Summerson）的生母其实是德洛克夫人的惊人内幕。居斯塔夫·福楼拜（Gustave Flaubert）[5]曾说他在塑造角色的同时其实是在和这些角色一起经苦受难，还说自己会和角色一样被神经性焦虑折磨，甚至还能感受到爱玛·包法利（Emma Bovary）[6]砷中毒而引发的剧痛。狄更斯的症状倒没有那么严重，但他笔下埃丝特·萨莫森天花发作的时候自己的确也患了重感冒；而且非常离奇的是，W.H.威尔斯也和埃丝特一样在那一期出版时暂时性失明了一段时间。当然了，还有雨，伦敦接连下了三个月的雨，狄更斯执意要在这大雨中步行；幻觉中的雨，因为他感冒十分严重，“整个屋子看上去都涨满了水，天旋地转，雨就好像在我和书本之间下个不停”；还有《荒凉山庄》里描述的雨，瓢泼大雨让乔的身体越来越弱，缩短了他原本就很短的死亡历程。

12月中旬的时候，狄更斯终于快接近那个“重大的转折性消息”了，最后一刻，他补充了一段话，写在另外一张纸上，在其中用各种权威的证据来证实克鲁克死于自燃的情节是合理的、可行的。可以说，已经能预料到这个

471 故事的结局了。他打算在来年8月收工，然后再去瑞士旅行一次。在这个寒冷凄凉的12月里，他每完成一期小说就再次返回现实世界，让自己恢复活力。有一次，他同威尔基·柯林斯绕着怀特查佩尔闲逛；在完成短文《当我们停止长大》（"*Where We Stopped Growing*"）之后，他和弗兰克·斯通回了一趟查塔姆，重访记忆中的童年旧地。他还在口述《写给孩子看的英国历史》中有关亨利八世统治时期的那部分内容，而在刚刚完成的那一期《荒凉山庄》里他写下这样的话："灯夫正在巡逻，就像一个给暴君行刑的刽子手，把一个个在黑暗中忽明忽暗却又尚未熄灭的灯火之头砍掉。于是，不管怎样，天算是亮了。"

狄更斯此时正努力赶工，继续创作《荒凉山庄》，他也不能放下《家常话》，得花时间经营：威尔斯病了，所以这几个星期以来，狄更斯不得不担起重担，处理期刊所有日常事务。他还南下在布莱顿待了两周，就是为了能安心写作；凯瑟琳和乔治娜先他一步到，收拾在临近广场上租的寓所，以确保房子能秩序井然，符合他的要求。一回到伦敦，为了能继续小说的创作，他开始早上5点起床工作，连周日早上也是。他写完一部分就把片段念给家人和朋友们听；他一门心思扑在连续的辛苦创作上，也为故事的高潮做好了铺垫。而且这一期间，他很有可能也租到了能让自己安心创作的房子。当然，至少一段时间之后，他为了这个目的在海彻姆公园路和新十字路的拐角处租了一间公寓，而且有证据表明他是在创作《荒凉山庄》期间住进去的。狄更斯还有其他临时住处，就是（或曾经是）北芬奇利的科布利农场。不过，重要的不是租房的地点，而是从那时起，狄更斯开始了寻找静心工作、隐姓埋名的“避难处”的习惯，并终身坚持。无论是新十字路还是芬奇利，不仅离他平日的活动中心距离很远，离塔维斯多克寓所也很远，因为就连他的宅邸那里也有干扰。他曾想租一把小口径的枪，除掉那些老在塔维斯托克广场上狂吠的狗，没过多久他又被当地面包师傅在塔维斯多克寓所门外随地小便的行为震惊了。在这种情形下，狄更斯一直都很注意维护自己的尊严，于是便严厉指责了那人。那人的回答却“非常无礼”，于是狄更斯就威胁要依据《警察法》把他拘留起来。这倒不是他第一次用法律来威胁这个社区里比他社会地位低的人——此外，他还很憎恶在公共场合说脏话的行为。不过都这个时候了，他甚至还能看到自己行为中滑稽的那一面。他说，那个面包师傅“很想知道如果‘我是他’的话，我会怎么做——这需要好一番异想天开的想象，但我可没像他这么做”。

那段时间，他生活的基调仍然是不停地工作，过度地工作:“路一直通向前方,我们必须继续前行,否则配不上待在这里。”他也因为压力和疲劳开始显老了。这时候都有人说他们“认不出他来了”,和之前认识的那个年轻人完全不一样了;昔日的女演员叶慈夫人有15年没见过他了,她告诉自己的儿子,“除了眼睛,他身上已经没有一丝原先那个狄更斯的影子了”。那个有着飘逸秀发的年轻人已经不见了,只剩下眼睛还同过去一样明亮。他曾说过那些关于自己生病的流言蜚语都是“疑心病”,但是他真的生病了;还是老毛病——小时候得的那种肾炎,让他难受至极,在床上躺了整整六天;病痛让他的脸凹了进去,眼睛瞪得老大,正如他在几年后告诉威基·柯林斯的那样,“我在写《荒凉山庄》时备受病痛折磨,我绝不会轻易忘记因为害怕来不及完成小说而遭受的内心煎熬”。在医生的建议下,他从这时候起就总在腰部戴一个法兰绒宽腰带,以保护他脆弱的肾脏。他去了福克斯通,然后去了布伦——那早早就安排好了的夏日的住处。

他一到布伦就休养了整整一周,这才渐渐恢复了体力,然后又开始了《荒凉山庄》的创作。此时,巴克特巡官和埃丝特·萨莫森追查到了德洛克夫人的行踪,离故事的高潮越来越近了。来布伦还不到两个星期,在6月第三周的周末,他就写完了这一期;月底,他已经完全敲定了引出故事结尾的所有重要步骤。这事一做完，他就再次邀请朋友们来庄园里同住；他打算在8月份完成这部小说，这就意味着在他准备庆祝该书完成之前都可以有朋友做伴。甚至，他还策划在庄园里办一场宴会，正式庆祝这件喜事。在开始《荒凉山庄》的最后一段创作历程之前，他又休息了几天——如果那也能称作休息的话，每天都兴致勃勃地去游乐会、集市、剧院和市场游玩。他还去亚眠（Amiens，法国北部城市）旅行了两天。8月1日，他开始了最后一份合刊的创作，目标是在18日或19日完成，然后亲自将这最后几章带回伦敦。狄更斯给自己制定了严格的时间表，并坚决按其执行，仿佛这种一丝不苟且自律的约束能让他发挥出最佳水平一般；和往常一样，这一次他也一丝不苟地完成了自己定下的要求。于是乎，他在8月的头17天里完成了《荒凉山庄》。

他准时完成了任务，而且为了能亲自完成所有必需的准备工作，还立刻动身回伦敦待了几天。在此期间，他写了小说的序言，当中宣称："我在《荒凉山庄》中特意详细描述了日常生活中富有传奇色彩的那一面。我觉得我从未有过像这本书那样多的读者，愿我们下次再见！"他只在首都待了两三天就回到布伦，在穆利欧庄园（Chateau des Moulineaux）里把最后一章念给家人听。"愿我们下次再见！"

475 这就是他眼中自己和读者之间的亲密关系，仿佛他说完这话就要和他们握握手，明亮的眼睛注视着他们，然后悠悠然地和他们促膝长谈一样。在一定程度上，他对这本书的关注得到了回报，正如《伦敦新闻画报》此时所报道的那样："……'你觉得《荒凉山庄》怎么样？'这个问题在最近几周里几乎人人都能听到。"很显然，这本书有其与众不同的地方，有其奇怪而让人意想不到的地方，才会让人们频频发问。在随后几年里，19世纪的评论家将这部小说看作狄更斯"走下坡路"、文风变得无趣沉闷的代表。尽管这部小说实际销量很高，理应得到多方赞美，然而就连当时的评论也没有过多赞扬之词。他塑造人物的功力再次得到认可。对此大家喜欢用的形容词是"达盖尔照相法"[7]，这个词在当时意味着成像清晰、锐利。但不仅《观察者报》"认为它枯燥乏味"；就连福斯特也觉得它缺乏狄更斯之前小说中的"自由感"和"新鲜感"，倒是开启了一种截然不同且更为厚重的作品风格。很明显，当时很少有读者能察觉到狄更斯在故事中建立起的那种模式。大法官法庭？荒废的贫民窟？教堂墓地？没有人认为这是某种宏大格局的象征，而是狄更斯对待具体恶行的具体反应。

在某种意义上，这部小说现在是一部超越时间范畴的作品，那么它现在的口碑如何呢？一直以来的观点认为，

《荒凉山庄》的确标志着狄更斯写作风格的转变，不过那 476
是一种受人欢迎的转变；在许多近期的评论家看来，这部小说开启了这位小说家的“黑暗时期”。可以以此为界来划分狄更斯写作的发展阶段，但很难找到任何实际的证据来支持。认识一个小说家成长的最佳方式，其实并不是透过他作品的“基调”或作品的“主题”，而是他进行尝试和自省，并以此为契机改变自己写作技巧的缓慢过程。从这个意义上来看，狄更斯小说中“更为黑暗”的那些方面仅仅是一个大的、联系得更紧密的统一结构中的一部分而已。《匹克威克外传》和《奥利弗·特威斯特》中有些黑暗情节也不亚于《荒凉山庄》。所以改变的是，他在这一部小说中将自己想象的方方面面都紧密联系在一起，因此便排除了自由发挥和即兴创作的可能性——这是我们认为与其结构控制的“黑暗面”相对的“光明面”。还有另外一种变化，狄更斯每写一部小说，就会对自己的世界观有更深刻的认识，而这种对自己天分的进一步深入了解必然会杜绝那种在二流小说家身上显得“引人入胜”或“极富创造力”的即兴创作或发挥。福斯特也注意到了这一“自由感”的消失，但其实这是狄更斯控制和深化自己想象力的过程中不可或缺的一部分，万事万物在他眼中正变得越来越清晰，成为一个整体。

477 写完《荒凉山庄》后，狄更斯莫名有种坐立不安的感觉。他在威尔基·柯林斯还有奥古斯塔斯·艾格的陪同下动身去瑞士和意大利旅行，旅行时间还挺长。他们还算个和谐的三人组，虽然偶然会有些不愉快的遭遇，似乎快赶上杰罗姆·K.杰罗姆后来塑造的游客三人组[8]了，但旅途还算顺利。不过狄更斯在12月的第二周就回到了伦敦，而且尽管他再一次被《家常话》的工作缠身，同时还要忙碌塔维斯多克寓所主显节之夜戏剧表演相关的事务，但他最关心的还是之前答应在伯明翰工业文学学院举行的朗诵会。总共有三场，包括12月27日的《圣诞颂歌》、28日的《炉边蟋蟀》（*The Cricket on the Hearth*）以及30日的《圣诞颂歌》。最后一场表演是他最感兴趣的，因为所有的观众都是“劳动人民”，门票全都售价六便士。凯瑟琳、乔治娜和年纪大一点儿的孩子们陪他一起来到伯明翰，威尔斯似乎在此期间代理了杂志的经理。

第一场朗诵会在市政厅里举行，他站了起来，在1700人面前，略微有些紧张——这些人可是冒着暴风雪来的呀，就为了听他朗诵。但他很快就进入状态，正如他几天后对一位朋友说的，“第一页的时候，我们显然进展得非常顺利，仿佛大家都围坐在炉火边一样”。这是他参加的第一场大型公共朗诵会，可以说，在这样的场合就算使出浑身解数也不为过；但他很快就适应了，而且适应得非常自然，原因很简单，就是因为和1700人熟悉亲密起来对他而言是一件轻松自如的事情——就像“围坐在火炉边”一样。他天赋中的一大神秘之处就在于他能以这种方式表现自己。所以，尽管他自己的家庭生活或许并不总是一派和谐，但他能将家庭生活和温暖安逸的思想灌输给那些来见他、来听他说话的人。《伯明翰期刊》的一位记者注意到：“狄更斯先生捻着自己的胡须，或是把玩自己的裁纸刀，或是放下手中书本，神秘兮兮地往前探身的样子……”狄更斯只判断错了一点：自己花三个小时才读完《圣诞颂歌》，但此前估计只需要两小时。于是后来几年，他缩短了这篇的篇幅，这对这本充满安慰和欢乐的故事来说是个明智的选择。这一直都是他最喜爱的朗诵素材，至少在晚年之前都是，因为这个故事从本质上传达了他当时想在伯明翰传播的那种家庭温馨、民族和睦的气氛。尽管第二晚《炉边蟋蟀》的朗诵会似乎也一样成功，但狄更斯却并不怎么尽兴。

他在伯明翰访问的巨大成就是第三晚那场面向“劳动人民”的《圣诞颂歌》朗诵会。整整2000人挤满了整个市政厅——在狄更斯自己的鼓动下，票价才定得那么低。据《伯明翰期刊》记录，他一出现在讲台上，人们就都“热情地起立欢呼，然后暂时静下来，接着又重新欢呼起来”。朗读前，他走向前对观众们致辞。“我的好朋友们……”他说，厅里一下子又响起了“雷鸣般的掌声”。他们的确是他的好朋友，他在发表这段预热演说时观众总是用欢呼声、笑声和掌声打断他，就好像他是第一个如此了解他们并立志代表他们的人。在那一系列圣诞图书中，他所捍卫的不正是这些贫苦大众的权利吗？现在，他站在这里，告诉他们，他一直都希望能“有幸在圣诞节的时候面对面地见见你们”（又响起更多的掌声和欢呼声），并进一步将自己政治哲学的核心思想传递给他们。“如果历史上曾有那么一个时期，任何一个阶级能凭自己的力量造福自己和整个社会——我非常怀疑这样一个时代存在的可能性，那么这一时代无疑已经过去了。一所工程研究所应该坚守的道义是不同阶级的联合，而不是混乱和无秩序；是将雇主和雇员联系在一起；是在那些拥有相同利益、相互依赖、如果处于残酷的敌对状态下只会引来可悲恶果的人们之间达成更好的共识。”他秉持这种风格和感觉继续往下说着，引来了更多掌声和喝彩，直到最后他说“接下来我要做一件愉快的事，我向你们保证，我已经期待了很长时间了”，然后结束了讲话。

他开始朗读“马莱去世了……”，然后继续诉说着对贫苦大众的沉痛哀歌和对同情怜悯的殷切盼望。“他们什么都没错过，”狄更斯之后说，“什么都没理解错，紧紧跟随着故事的发展，以最令人喜爱的诚挚去哄堂大笑，或泣不成声。”这充分证明了他所说的自己的“感染力”，证明了他对广大民众的影响以及向他们“灌输”自己观念的能力。在结尾的时候，为了激起新一轮掌声和欢呼声，他主动说：“我真心诚意地关心你们……打心底里愿意为你们尽一点绵薄之力……”毫无疑问，这是一次巨大的成功。他在工人阶级那里获得的欢迎和喜爱极大地影响了他在即将动笔的小说《艰难时世》中对这些男男女女老老少少的描写。现在，他更加了解自己的天赋和才能了。威尔斯在写给妻子的信中提到：“要是狄更斯变成大学高级讲师，他一定会获得另一番成功。当然，他永远都不会主动提出

481 这一要求。但如果他们愿意接纳他，他会接受的，他今天是这么跟我说的。”他已经做好了准备，准备进入自己最不同寻常的人生阶段了。

1 主显节，亦称“显现节”，源自希腊词epiphaneia，其字面的意思是“显现”或“为人所知”，意指“耶稣曾三次向世人显示其神性”。教会规定1月6日为此节日。

2 盖伊·福克斯，天主教“阴谋组织”的成员，该“阴谋组织”企图实施火药阴谋。该“阴谋组织”计划刺杀詹姆士一世和英格兰议会上下两院的所有成员。为了完成刺杀，他们将在1605年议会开会期间炸掉上议院。盖伊·福克斯主要负责后一阶段计划的执行，但是在未完成任务时被发现。盖伊·福克斯在后来的审判中被处死。

3 利·亨特（1784—1859），英国评论家、诗人、随笔作家。他因将雪莱和济慈的诗介绍给大众而为人称道。

4 沃尔特·萨维奇·兰多，英国诗人和散文家。

5 居斯塔夫·福楼拜（1821年12月12日—1880年5月8日），法国著名作家。出生于法国卢昂一个传统医生家庭。福楼拜的成就主要表现在对19世纪法国社会风俗人情进行真实细致描写记录的同时，超时代、超意识地对现代小说审美趋向进行探索。

6 《包法利夫人》是法国作家福楼拜创作的长篇小说。

7 达盖尔照相法，摄影的一种方法，是法国画家达盖尔（Daguerre）发明的。

8 这里是指杰罗姆·K.杰罗姆最著名的幽默小说《三人同舟》（*Three Men in Boat*），又译《三怪客泛舟记》。

第二十三章 《艰难时世》

查尔斯·狄更斯:“莫森太太,这就是那个想走的姑娘,对吧。”

莫森太太:“是的。”

查尔斯·狄更斯:“那就按她说的做,让她走。不过现在天快黑了,等明天早上一吃完早饭,就立刻把她送出去,永远别让她再进这扇门。”

在乌拉尼亚小屋[1],这是狄更斯在新年里最先说的几句话。和往常一样,他非常热心地听这些年轻姑娘的回答,一字不差地记下来,仿佛她们是从他某部小说里走出来的一样:“……狄更尔斯先生[2],她该不会觉得自己能和她姑母住吧……”还有人说:“……这座房子里正义得到伸张的那天,那才是谢天谢地呢。”要被赶出去的那个姑娘当天晚上一直惶惶不安,但一切自始至终都在狄更斯的计划之中,“赶走”这个命令因为“崇尚宽容慈悲精神的圣诞节”的到来而取消了。所以,他的独裁主义中还混着怜悯同情,从这件事情里面狄更斯对待穷苦人和失业游民的态度可见一斑。

本着这种圣诞节精神,他又举办了一次主显节之夜戏剧表演。其实,孩子们早就定了一个剧,但狄更斯看完彩排后觉得不够好,于是马上开始给他们编排《大拇指汤姆》(*Tom Thumb*);他还观察到“通过在家长面前排练,他们的守时观念和注意力都有了很大提高”。不提高才怪呢。狄更斯（他的艺名是“现代加里克”）自己扮演了拇指老头的鬼魂。事实上他这个角色的服装极其“丑陋骇人”，他的小儿子还记得自己在演出前被带到更衣室里提前见见父亲，这样他就不会在“塔维斯多克寓所皇家剧院”的台上给吓傻了。

那天也是狄更斯大儿子查理的生日，但对查理来说，也没啥可高兴的。他父亲对他很失望。或许他在大儿子身上看到了和自己那种人截然相反而且不讨人喜欢的一面——狄更斯他们都是为生活所迫在一个艰难的社会里打拼出自己一番天地来的人。然而，他在自己的人生中如此迅速又迫切要完成的事情以及他所感觉并相信的事情，马上向他想象世界中较为隐秘又陌生的区域发送了回声波：家长应给儿子怎样的教育呢？一个白手起家者的雄心壮志又有多少真正的价值呢？

1854年的第三周，他又开始工作了。他拿出最心爱的淡蓝色信纸，开始计算起每周把《家常话》的五页纸填满所需的内容。他再也没法习惯每周一期的形式了，于是为了加快进程，他决定以月份为单位安排这本新小说的内容，然后再将其细分成周刊。同一天，他还拿出了另一张纸，寻思起名字来。他在纸的左面只写下了“葛擂硬先生/葛擂硬太太（Mr Gradgrind/Mrs Gradgrind）”。在另一面，他开始构思起标题——“顽固的东西”，然后又写下“事实”，接着是“汤玛士·葛擂硬的事实”。他想象力发展的方向很清晰。就在几个月前，他在布伦写了一篇题为《对童话的欺诈》(*Frauds on the Fairies*)的文章，文中他对老朋友克鲁克香克及其试图将禁酒宣传引入童话故事的行为提出反对意见。小时候，他就很厌恶那些喜欢箴言说教，从而使得故事的精彩怪诞程度大打折扣的书。现在他将幼时对故事的信念归结到这篇文章中，宣称“在这样一个功利主义的时代，童话故事必须得到尊重，这是至关重要的”。这话显然有深远的影响。葛擂硬先生——他一下子就想到这个名字了——是一名教师，而且显然一直都打算要当一名教师；于是就有了这么一些副标题，例如“二加二等于四”和“请证明！”这一主题贯穿小说开头，回响在一间教室里，“好，我想要的是——事实！”

不过，小说的开头写得很艰难。在《艰难时世》的手稿中，第一页上全是删删改改的痕迹；两天之后，狄更斯让W.H.威尔斯去帮他搜集“教育委员会教师资格考试的系列考题”。换言之，他需要搜集实打实的物证来攻击错误的教育。通过丰富的想象力进行虚实结合，是他在同辈中出类拔萃的原因之一，但狄更斯在小说开头的这几天进行虚实结合时，在更大的格局层面上看透了学校的问题。

在一个功利主义的时代，“事实”也意味着追崇数据和数字的风尚，这些“事实”甚至被用于概括和剖析城市贫困人口的不幸和苦难，所以灵感汇聚：童话也无法缓解的童年忧惧可以跟城市中的贫困人口以及大型工业城市中工人阶级的悲惨遭遇结合起来。这样一来就找到小说真正的主题了。事实上，他在可选标题的单子上写了三遍《艰难时世》，它的反复出现说明自始至终他的想象力都在朝着这个方向发展。这就是那个一直在等着他的主题，在教育问题的催化下，他终于拨云见日，找到了症结所在。

艰难时世。他去过伯明翰，在这种大型工业城市（狄更斯曾经将其形容为“机器”）的工人中间，他对新教育学院的支持得到了欢迎和称赞。他曾为《家常话》写了一篇文章，是直接由“伯明翰铁路之旅”启发有感而作。文中他描绘了一幅景象，之后也会在《艰难时世》中再次出现：“空中的强光不时在巨型熔炉上方闪烁……火舌从熔炉中喷射出来，火柱在上空翻转旋绕……”他受到热烈欢迎，这一点无疑激励他更加坚信工人阶级需要《圣诞颂歌》中所体现的那种想象力的滋养。于是，他再次将童年、童话和劳苦大众联系了起来。同样重要的是，他受到的热烈欢迎坚定了他的信念，他相信这些劳苦大众大多都是善良正直的人。

487 可是为什么有时候他们表现出来的行为却和狄更斯的看法如此不一致呢？他一直都在读一篇关于普雷斯顿织工罢工运动的报道。这场罢工很快演变成了一场关键性的考验，考验资本家和劳工的相对力量；工厂主关闭了工厂以防止工人们逐个摧毁它们。至于这究竟是工人单纯在罢工还是资方不准工人进厂，从而威胁他们接受条件，这种争论仅仅是众多争论点之一罢了。在这场旷日持久的对抗中，双方都在等着对方先投降。狄更斯参观普雷斯顿时，这场罢工已经进行到第四个月了，他还参加了一场工人会议。两周后，他为《家常话》写了一篇文章，正如他在那篇文章中解释的那样：工人们，以及他们“惊人的刚毅和不屈不挠的精神，他们对自身的高度荣誉感”给他留下了深刻的印象。但是，如果要归咎于谁的话，那应该是“某些诡计多端且蠢蠢欲动的人物”。这是他之前就有的看法：“我离开那里时，心中深深觉得他们犯的错本意良好……”这场罢工本意良好，但却还是一个错误——这对那些正热情激昂地处于罢工中的人来说真是泼了一盆凉水，但他的观点重申了他一直在文章、演讲和信件中重复的核心思想——雇主和雇员之间必须有一定的相互信任和尊重，因为他们谁也缺不了谁，而且双方的和谐是整个国家繁荣兴旺的全部希望。在同一篇文章中，他还宣称：“雇主和雇员之间的关系就和人世间所有关系一样必须注入一些体谅，一些互相交谈、互相宽容和互相关心……”这些也是想象力能促成的美德，狄更斯也常常强调这一点。所以，在公开反对普雷斯顿劳资之间的互相攻击的同时，他也在含蓄地责备他们摒弃了生活中的想象力。这就是他为何如此关心且支持大型工业城市中的教育机构的原因。以想象为乐、以文学为乐能促进那些和谐、共情的美德，而这是维持良好工业生产关系的必要条件。

他从普雷斯顿回来之后，就开始着手创作《艰难时世》。这个故事是为《家常话》构思的，从各方面都能看出这一点，故事甚至还出现在那份期刊的头版，好像这是一篇新闻报道和社论的结合体似的。开始写作时，他故意选用了一种简朴的风格，而且写作期间还有“新故事的尘埃”飘浮在他眼前，这说明了一个问题，读一读这本小册子（小书）就再清楚不过了：狄更斯从来没有把它当作一本持有他惯常风格的小说。事实上，这本书读上去像一个神话传说，那种风格很接近维多利亚时期对同时期神话故事的翻译。狄更斯故意将小说写得非常简单朴素，特别像之前圣诞故事的写作风格。好久不写圣诞书的狄更斯可能想写一些文字，差不多的篇幅，同样的意图的文字——让他的听众聚在他想象的火炉边，就像他之前在伯明翰见面会

489 时所做的那样，给他们灌输同志友情和支持同情的美德。而且这本书显然是“有关时事的”，就和《钟声》（*The Chimes*）是有关时事的是一个道理。它甚至还与狄更斯即将在《家常话》中发表的一系列讲工厂事故的文章有关。事实上，他还在书中加了一段跟工厂事故相关的段落，还有一个脚注，能吸引读者注意到期刊中这一系列文章，但这两处在最后校稿的时候都删掉了。他对葛擂硬先生课堂中所谓各种事实的讽刺其实也有一些具体的目标，正如我们所看到的，主要是针对实用技术知识，但同样也针对查尔斯·奈特（Charles Knight）所著《知识宝库》（*Store of Knowledge*）中的内容（实际上就是给这本书下了一个刻板的、荒唐的定义）；针对由曼彻斯特自由图书馆编制的图书馆读物“表格式报告”，他在一个月前的《家常话》里就讨论过这件事；针对实习老师的强化训练课程，当时从刚刚建成的师范学院中出来一大批这样的人；当然也针对那些基本上“眼中只有数字和平均数”的人。在之后的一封信中，他严厉抨击了通常被称为“曼彻斯特学派”的政治经济学，因为“它其实就是将教条主义简化成了供求关系，真是粗俗至极的谬论”；而且还认为利己主义是影响人类决定的主要因素。“仿佛从创世以来，人类的恶习和激情从未和他们的利益背道而驰过！”人类的“恶习与激情”，这是狄更斯希望通过故事的不断发展去净化和揭示的。

1854年年初这段时间，狄更斯一直都在写作。后来谈起《艰难时世》时，他曾说“……构思这个故事牢牢抓住了我的注意力，让我心无旁骛”，当时他眼之所见只是创作一个故事的辛劳和艰难，而这个故事几乎边写边以每周一册的形式连载着。“简练和缩写”的要求给他带来了“没完没了的麻烦”，在给福斯特的一封信中他抱怨说：“篇幅是个大难题。没人能理解到底有多困难，除非他们曾经有过忍着性子和耐心写小说的经历，还得总是有自由的活动空间和恰当的可利用的篇幅才行。在这种形式下，无论就哪方面而言，手头这一期绝没有这种空间和篇幅。”事实上，他所选择的形式要比常见的月刊形式更为宽松，至少他是在给自己的杂志写作，并且可以随意增加每一期分给这个故事的篇幅，从这个意义上说的确更为自由宽松。而且，他在最后一期就这么做了。但一周接着一周一直不停的辛勤工作本来就会让人精疲力竭；他的医生敦促他进行为期一周的“新鲜空气治疗疗程”，而且在3月初完成了大约11000字的一期后，他确实急需休息。

4月初，第一期出版了：“《艰难时世》，查尔斯·狄更斯著”，封面上印着这几个大字，这是该杂志仅有的一

491 次刊登出文章的作者名，没有插画，只有一页接着一页的两栏印刷字体，看上去给人一种既可以是社论文章也可以是小说的感觉——这种混淆的效果对一个既渴望表现当下时代气氛又热衷于创造一个机器时代神话的小说家而言无疑是卓有成效的。从某种意义上说，这个时期算是十分不祥的，因为这个月英国正式对俄国宣战[3]，表面上是为了保卫土耳其，实际上是为了制约这个在沙皇尼古拉斯[4]领导下国力不断增强的国家。这场战争，用一位史学家的话说，是英国自由主义和侵略主义两相结合的产物，这种说法应该不会遭到狄更斯的批评；但他早期关于这一事件的评论只和其对书籍销售的影响有关（不过，之后有一段时间这场战争让狄更斯对支配英国的那个“体制”进行了最强烈的谴责）。但《艰难时世》出版的时间也不太吉利，当然这是小问题了：盖斯凯尔夫人（Mrs Gaskell）[5]当时已经在进行一本小说的创作，取名为《北方与南方》（*North and South*）[6]，抢先于狄更斯的定位和主题着手撰写。1月份，福斯特写信告诉她，“……请继续坚持创作这个故事，不管对狄更斯有利还是不利”。事实上，这部小说对狄更斯是有利的，它在《艰难时世》结束连载后立刻就登上了《家常话》。到了4月，能看出两个故事之间明显有不少相似之处，但福斯特还是写信鼓励她：“谈起狄更斯小说可能的发展趋向，很遗憾，我发现其中制造业工人不满的情节很可能跟您的部分计划发生冲突……我知道您在书中描写那场罢工的目的不同，这个点也作为一个次要情节用以展现完全不同的秉性和激情，而且如果有必要的话我可以为您作证，证明您在这个问题上的观点要先于也是独立于他形成的。”一直以来有观点认为，狄更斯涉嫌抄袭盖斯凯尔夫人的小说，但这种观点没有证据也没有正当的理由。狄更斯确实是在自己的故事有了很大进展之后才开始编辑她的手稿的。如果这还不够证明的话，他还花了不少工夫避免和《北与南》相冲突。这就是为什么在《艰难时世》中工会和管理这一主题像昙花一现般被提起又被抛弃了。无论如何，这两本小说在任何方面都没什么相似之处，狄更斯的想象力神秘无比，行文又接近于寓言性质，而盖斯凯尔夫人则更接近自然主义，更偏重于对家庭的描写，两者完全不同。

狄更斯觉得难以继续这本小说的创作。直到6月底，他才再次鼓足干劲，热情洋溢地继续动笔；一直到7月，他都保持着稳定的进度；他的目标是在7月19日之前完成。他现在称自己的状态是“忙得晕头转向”。他马上要写到下面这个情节了：人们在废弃的矿井里发现了史蒂芬·布拉克普尔（Stephen Blackpool），意味着这位纺织厂工人不得不死。狄更斯觉得自己的脑袋“阵阵发热”，不知什么原因，他很紧张。这个时候，他借着史蒂芬倒霉的朋友雷切尔大声说：“我现在处于一种疯狂、急躁的匆忙状态中，不管我有多累，都想要快步疾走，走上好几英里不停下来。”这种疯狂而急躁的匆忙状态，就是当时狄更斯写到结尾几章时的状态。史蒂芬死了，狄更斯在笔记中写着：“起风了——我们手中火把的灰烬变得又灰又冷。”他在这期间还写了一封信给卡莱尔，问能不能把这本书献给他。不出所料，他确实这么做了，虽然卡莱尔的回复并不像预期中的那么热情。难道他要用自己的声望去支持一部小说吗？

在那种疯狂急躁又匆忙的状态中，狄更斯比自己预想的完成时间提前了两天。但这时他非常疲倦，有种“心力交瘁”的感觉。事实上，他比自己所意识到的还要更加疲惫，还说自己因为“异常炎热、潮湿、气闷、难以忍受”的天气而苦不堪言。和往常一样，天气似乎也反映了他的心境。他正在准备一个小说合集版：给所有章节取了标题，还把小说分成了三“卷”。某种程度上，这也许是模仿萨克雷对《亨利·艾斯芒德的历史》（*The History of Henry Esmond*）的处理，但也说不准。无论什么原因，狄更斯很喜欢这种处理方式，之后所有完成连载的小说他都这么处理了。在这种炎热的天气中，他常常在塔维斯多克寓所和《家常话》的办公室之间往返。又有一位画家请他做肖像模特。而凯瑟琳的母亲因为某个莫名其妙的理由想要买人寿保险，为自己的晚年获取一份保障，这让他很气恼。然后又发生了一件或许可以归咎于狄更斯神经疲劳的怪事。一天早上，他正在街上走着，“突然（当时的气温其实非常高）发现身上窜起来一阵冰凉的寒意，而且感觉全身血液都凝固了，骨头一阵麻木，脑子晕乎乎的，隐约有种惊异的感觉。我当时还在走着路，四周打量一下，发现自己正走在伯灵顿饭店冰冷的荫凉里。然后我回想起自己之前就在这个地方有过同样的感觉。这真是件离奇的事”。这座饭店位于科克街19号（这幢建筑现在有一个画廊），在伯灵顿园林的拐角处，深入研究后并未发现任何导致他产生这种感觉的原因。这的确是件挺“离奇”的事，特别是狄更斯刚刚谴责过当时人们对“招魂术”的狂热，而且还总是喜欢调侃一下那些对超自然现象感兴趣的人。不管心中再怎么怀疑，他后来的确参加了降神会，也确实体会到了一种超自然的感觉。神经衰弱竟然让他这么敏感了，能够被这座狂热的城市中尚未消亡的能量影响到，还能有比这更自然的吗？毫无疑问，他能感觉到自己的疲倦，但向疲劳这种小事情屈服可不是他

495 的作风。他还十分急躁地试图抑制这种精疲力竭、神经紧张、空虚寂寥、“心力交瘁”的感觉。他在剧院里遇见了一位朋友——剧作家巴克斯通 (Buckstone)，就和他一起去喝甜味杜松子调混酒，一直喝到第二天黎明。这不是狄更斯平常会做的事情，但他一个人，而且最重要的是，他一心想要“抛开对自己作品的记忆”。

狄更斯来到布伦，终于开始了他迫切需要的“郊外度假”。他躺在草坪上读书，或是靠着干草堆睡觉；用他的话说，“看着看着就睡着了”，这是一种奢侈的享受，重新经历童年时那样的阅读和休息的方式。但在享受的同时也露出成年人的疲惫感——书从手中掉下，或是过了好久连一页都没翻。和去年一样，他也会去游乐园和集市游玩，也会去散步，而且每次都会走上十五六英里；但因为他有一阵子在雨中散步，导致耳朵发炎了好些天，还在脑袋上敷了罂粟敷布来缓解肿胀和疼痛。萨克雷当时也在布伦；他的女儿们和狄更斯的女儿们关系很好，而且很可能就是孩子们的友谊让两位小说家聚到了一起。他们至少一起吃过一次饭，之后还和男孩子们玩“罚物游戏”。当然，还有来家里暂住的客人和威尔基·柯林斯 (Wilkie Collins)，当时风湿性痛风发作痛苦不堪的威尔基和狄更斯一起住了几周。

布伦这座城市也变得异乎寻常地热闹。因为克里米亚战争（the Crimean War）[7]的爆发，布伦附近驻扎了一个大型军营，而且因为拿破仑三世和亲王的缘故，这地方整个都活跃起来（至少在狄更斯的描述中是这样的），到处是飘扬的旗帜、号角声和枪炮声，还有大火。如果说能有一样东西在艺术和现实生活这两个维度都能让狄更斯喜欢，那么必定是大火；所以，一听说布伦一家剧院被大火夷为平地，他就兴致盎然地尽快赶到火灾现场，感叹说："……整个建筑内部烧得像一个火红的洞穴，那场面真是太壮观了。太棒了，就算在白天看也是。"

此时，狄更斯已经人到中年，也已经取得了前所未有的成功，但他还是不满足，还是不开心。对他而言，这也许是最奇怪的事情了吧，取得了这么大的成就却还在寻求满足。除了忧虑和不安，他凝望未来的时候，还能看到什么呢？如果中年的他都没有找到自己一直在寻找的东西，又怎么可能期望在今后能找到呢？那种从童年开始就生发出的，对爱和赞美的需求到现在仍未满足；早年间的那道伤口也尚未愈合。也许这就是最可怕的事情；让他困惑，也激起了他心中强烈的不安和逃离的愿望——童年时在黑鞋油作坊中经历的混乱和贫困激励他奋发图强。但现在他取得了这样的成功，成功后反而没

497 有那么强烈的新奇感了，但是童年时期所有的痛苦和不幸却又以双倍的强度重回心头。他作为小说家，这些年的名利有效地抑制了早年间恐慌症和身心失调的所有症状，但现在随着步入中年，这些症状又一次显现出来。他从来无法逃避自己的过去——这一点他很清楚，其他人也清楚，他只能防止过去将自己吞噬。福斯特的传记中有一个奇特的片段，讲到了他这一时期的问题，能让我们了解狄更斯这一恐惧的本质："生命中有些时刻（真的只是时刻而已）……"却是一个可以持续一生的时刻！——"当他想象自己的人生被推翻，必须重头再来，也许还会过上流浪漂泊［是哥尔德斯密斯（Oliver Goldsmith）[8]笔下该词的意思］的日子。这对他来说简直是一个不可言状的悲惨境遇，不过这一天有可能来临。"如果他的生活完全推倒重来……他回到童年时那种不安定的生活状态，这是狄更斯害怕的；小的时候他就害怕这点，那时他就觉得自己很可能会像身边别的孩子一样过上流浪街头的生活；而现在，甚至在他事业的巅峰，小时候对流浪生活的恐惧又重新燃起。他无法摆脱自己的过去，无法摆脱对过去的忧虑。《艰难时世》的结尾就有这样一个画面：葛擂硬坐在马戏团圆形表演场中间的小丑椅上，他的儿子脸上和手上都涂了黑油，围着他蹦蹦跳跳。这一场景有一种幻象或是狄更斯所谓“化身”的特质。涂满了黑油的儿子会不会就是小狄更斯的“化身”呢？在噩梦里，落魄无比、年幼的狄更斯围着自己的父亲蹦蹦跳跳？又或者，这会不会是小狄更斯在中年狄更斯面前蹦来跳去，急切又口齿不清地说着话呢？终于，狄更斯让自己的过去吞噬了。

1 乌拉尼亚小屋，即狄更斯和好友库茨小姐一起开办的帮助妓女重新进入社会的风尘女子教育中心。

2 这里应该是因为乌拉尼亚小屋的姑娘们没受过什么教育，说话有口音。

3 英国正式对俄国宣战，1854年3月28日（农历二月三日），英法对俄国宣战，克里米亚战争爆发。克里米亚战争是1853年至1856年间在欧洲爆发的一场战争，作战的一方是俄罗斯，另一方是奥斯曼帝国、法国、英国，后来皮德蒙特-萨丁尼亚也加入了这一方。一开始它被称为第七次俄土战争，但因为其最长和最重要的战役在克里米亚半岛上爆发，后来被称为克里米亚战争。

4 沙皇尼古拉斯，即尼古拉一世·巴甫洛维奇（俄语：Николай I Павлович，1796年7月6日—1855年3月2日），史称尼古拉一世（英语：Nicholas I），是俄罗斯罗曼诺夫王朝第十五位沙皇，俄罗斯帝国第十一位皇帝（1825年12月1日—1855年3月2日在位），保罗一世的第三子。

5 盖斯凯尔夫人，即伊丽莎白·盖斯凯尔（Elizabeth Gaskell，1810年9月29日—1865年11月12日），英国小说家。原名伊丽莎白·克莱格雷恩·斯蒂文森。代表作品有《玛丽·巴顿》（1848）、《克兰福德》（1853）、《北方与南方》（1855）、《夏洛特·勃朗特传》（1857）、《希尔维亚的情人们》（1863）等。

6 《北方与南方》，欧洲早期的经典社会小说，记录了英国工业革命后期城市产业工人的真实生活，通过一系列典型的生活画卷，作者揭示了资本与劳工在生产关系方面和社会关系方面的激烈冲突，生动地再现了工业化进程的冷酷无情，而且细腻地刻画了一组身在其中的普通男女闪亮而美丽的人性。

7 克里米亚战争，在俄罗斯又称为东方战争（俄语：Восточная война），是1853年至1856年间在欧洲爆发的一场战争，是俄罗斯与英国、法国为争夺小亚细亚地区权利而开战，战场在黑海沿岸的克里米亚半岛。是拿破仑战争以后规模最大的一次国际战争，奥斯曼帝国、大英帝国、法兰西帝国、撒丁王国先后向俄罗斯帝国宣战。一开始它被称为“第九次俄土战争”，但因为其最长和最重要的战役在克里米亚半岛上爆发，后来被称为“克里米亚战争”。

8 哥尔德斯密斯：（1728—1774），生于爱尔兰的英国剧作家、小说家。作品包括《威克菲尔德的牧师》《屈身求爱》等。

第二十四章　盖茨山庄

再次回到英国时，他已经晒得黝黑了（这说明狄更斯的肤色其实不太白，有点暗，或是用老话说，有点“泥土色”）。他说他觉得自己“简直太老了”。显然，在法国的这阵子休养还没从实质上改善他忧虑的状态。他马上就投入工作中了，仿佛这能洗涤他的精神一般。他马上着手进行《家常话》的圣诞特刊创作，将几位作家所写的感人或有趣的故事都安排在罗切斯特的瓦特慈善招待所里。当然，其中有几个故事是出自狄更斯自己的手笔，而他对瓦特慈善招待所的描写激起了罗切斯特当地知名人士的愤怒；《梅德斯通和肯特郡杂志》（*Maidstone and Kentish Journal*）痛斥他所言不实、品位低劣，因为“他将慈善机构的女总管庸俗化，还误解了机构创始人的规定”。这提醒我们，狄更斯并不总是在乎那些他选为写作对象的真人会如何反应；在某种意义上，他在写作的时候眼前看不到这些真人，他看见的只是自己对这些人的印象和看法。除了这些事情，他还在准备新一轮的公共朗诵会。虽然这只是他同意举行公共朗诵的第二年，但他已经开始把它当作一个令人满意的惯常的活动了，可以把自己充沛的精力全部倾注进去。事实上，他太满意了，尽管福斯特表示反对而且他自己偶尔也会怀疑这样做对不对，但他还是很乐意一有机会就多加几次朗读会。 500

狄更斯准备给不同的慈善或者民间机构朗诵。事实

501 上，上一年在伯明翰取得的成功实在是太“惊人”了——用他最喜欢的一个词来说，他现在不得不拒绝向他投来的大多数橄榄枝。正是朗诵者这一新角色的热情，促使他在之后做了更多商业化的安排，但目前他还是一个慈善演讲家。12月19日，他来到雷丁（Reading）[1]的文学、科学和机械学协会，两天之后又在舍博恩（Sherborne）[2]的文学协会举办了朗读会。一到圣诞节，他又来到布拉福德以禁酒教育协会的名义进行朗诵。这几次活动中，他都选择朗读《圣诞颂歌》，这个故事显然非常适合这一节日，但他又在演讲风格中加入了新的元素。在开始朗诵之前，他首先宣布自己会营造出一种和观众围坐在圣诞节炉火边的气氛，紧接着说：“如果在故事发展的过程中，你想要抒发任何情绪，不论是严肃的还是欢乐的，你想做就做，不要有任何克制，也不要担心会打扰到我。”

要数布拉福德的观众最多，有3700来人挤在圣乔治礼堂里。前一晚他和威尔斯提前去检查朗诵会的布置情况，这已经是他的习惯了，结果这一次狄更斯惊愕地发现演讲台后面还放了两排座位。“我立刻撤走了这些椅子（委员会还非常引以为傲）：把旁边的人吓了一大跳，也惊奇不已……”狄更斯从来都不允许任何人坐在他身后，部分原因无疑来自他那半迷信半执念的恐惧，怕自己遭到袭击；另一部分原因是他朗诵的感染力主要在于他的眼神和动作。有人问他市长应该坐在哪里，他以其一贯的风格回答道："……市长可以去——任何地方——但绝不能靠近我。"朗读会又非常成功，观众的笑声、眼泪和欢呼声都是他所希望得到并且需要得到的。当时还发生了一件比较私人的戏剧性的小插曲，他似乎被下榻宾馆的女店主迷得神魂颠倒，再一次心神不宁起来。这种心神不宁主要表现在他半开玩笑的题外话中，好像这位迷恋对象一直让他魂牵梦萦一般。

布拉福德朗读会结束两天后，他在伦敦酒馆为旅行推销员学校做了一次演说。狄更斯要做演讲，那就预示着"快到晚餐时间了，酒馆售票处让报名者围得水泄不通"，从这就可以预料到狄更斯之后那些朗诵会异常火爆的场景。他演讲时，台下响起"响亮而经久不息的喝彩声"。不论评论家怎么说，赢家还是我们广受欢迎的小说家狄更斯。

本着同乐乐的精神，狄更斯也在严格地指导自己的孩子们为塔维斯多克寓所下一场主显节之夜表演做准备——这一次表演的是《佛邱尼欧和七个机灵仆人》（*Fortunio and His Seven Gifted Servants*）[3]，狄更斯在其中扮演性格暴躁的登诺夫男爵（一个困难时的贵族），乔治娜·贺加斯弹钢琴，而"威尔基尼·柯林尼"先生则扮演格蒙德。演出中大家唱了一首讽

503 刺沙皇的滑稽歌曲，之后还有舞蹈表演。又一年过去了，对查尔斯·狄更斯来说，这一年主要感受到的是辛劳工作之后的精神低迷，疲惫不堪之后难以忍受的心神不宁。

那么他这时候的口碑怎么样呢？纳撒尼尔·霍桑(Nathaniel Hawthorne)[4]1855年访问英国后，在自己的笔记本中记下了对他的评价："文学界同行们——那些他们当中最有名的人物，那些可能和他名声相仿的人——显然不喜欢狄更斯，对他的评价也不高。萨克雷更合他们的口味。"这评价相当精准。因为这些知识分子中、文学界里有话语权的领军人物对狄更斯的评价的确远没有中产阶级或工人阶级那么高。当然，他还有自己忠实的同盟——福斯特、柯林斯和《家常话》的固定撰稿人，但就连他们也有些不可靠。鲁斯金(Ruskin)在同一年写道，"他现在的发展方向不太对……但他还是一个好人(照一般说法来讲)，而且出发点是好的"。在鲁斯金发表上述言论的同一个月，《布莱克伍德杂志》发表评论说，狄更斯是"一个阶级作家，是我们整个社会的历史学家和代表……狄更斯先生的书中充满了中产阶级的神情和语气"。这话说得也算中肯，正是他的作品对中产阶级的吸引力才导致趣味高雅之士对他轻蔑鄙视，而特罗洛普(Trollope)[5]还给他取了个绰号，叫"大众情感先生"。事情还远远没完，《艰难时世》和之后在杂志专页上对工人阶级的致辞也让狄更斯有了麦考莱（Macaulay）[6]所谓“愠怒的社会主义”之嫌。马克思的看法也一致，他对恩格斯说，狄更斯“告诉了这个世界许多政治社会真理，所有职业政客、政论家和道德家加在一起都比不过一个他”。

狄更斯越来越烦躁不安了。新年才过了一两周，他就计划要和威尔基·柯林斯去巴黎待几天。狄更斯找柯林斯的频率越来越高，主要是想让自己日常工作的负担减轻点。当然了，这些工作压力一点没变小。而且从此时起，狄更斯的通信中频频出现为孩子前途命运痛苦焦急的思考之语。除了女儿，孩子们没一个“出落”得和他希望的一样。查理正努力在伦敦找一家公司工作；沃尔特马上就要去温布尔登的一所学校上学了，他会在那里接受专门训练，为之后去印度担任职务做准备。与此同时，他们的父亲在大白天四处漫步，踏着雪走上很久很久，思量着他们的未来，思量着自己的未来，也思量着自己计划好的一系列朗读会。他已经从《圣诞颂歌》的成功中走了出来，目前计划从自己某本小说中选取一些片段在朗读会上读；他也思量着新小说，这部新小说的“尘埃”萦绕在他脑海中好几个月了。事实上，小说的某些元素已经进入他的潜意识，在一篇写给《家常话》的、叫作《煤气灯小仙子》（*Gaslight Fairies*）的文章中就能找到（那时候还未诞生的）杜丽一家的许多特点。在有史以来最冷的一个冬天，当他在雪中吃力地跋涉时，从塔维斯托克广场走到海格特，再走到更远的地方，他的脑子里思量的就是这些事情。

就在这个时候，狄更斯听说了盖茨山庄挂牌出售的消息。这座位于罗切斯特外的房子，因为和福斯塔夫（Falstaff）[7]的联系而显得无比神圣，也因为和他父亲的联系而显得神圣无比。这就是约翰·狄更斯指给他年幼的儿子看的那幢房子，这就是他坚持作为自己有朝一日功成名就的时候犒劳自己的那幢房子。他立刻打听起购买事宜；“这个地方和这幢房子真是我童年的一个梦”，他告诉威尔斯。不可思议的是，在成名的这些年里他竟然一直记挂着这个梦。特别是因为盖茨山庄这座房子本身并不非常吸引人——显然没有塔维斯多克寓所那么宏伟，但童年对狄更斯的影响太大了，于是它成了一个让他魂牵梦绕的地方。或许，他是想通过买下这幢房子来慰藉父亲的在天之灵，了结他当年的心愿。他决定三天之后再去参观一下，但又突然改变了主意，因为一件更重要的事情发生了。非常偶然，他的另一段过去也回来找他了。就在他准备出发去罗切斯特的前一晚，他收到了一封信。

当时，他正在炉火边读书。接过了一沓信，他随意挑拣着看了看（他总是能收到、寄出许多信件，这让他常常把自己比作内政部），然后发现自己的思绪“离奇地焦虑不宁”，还“恍惚着走了神，回忆了许多过去的时光”。他不知道自己为什么会出现这种情绪变化，就再次拿起那一沓信然后仔细翻阅起来。这时候，他看到了一个二十多年没见过的字迹，而且一下子认了出来：是玛利亚·彼得奈尔！他还在下议院当速记记者的那段日子，被这个姑娘迷得神魂颠倒，是她！是他创作小说之前的那段日子，是他成名之前的那段日子。于是，她的信也让天旋地转的他回忆起了那段时光。至少他是这么对玛利亚·彼得奈尔描述自己的反应的，因为他需要一个充满戏剧性的序曲，重新开启一段曾经对自己十分重要的情谊。

第二天，他回了信，毫无疑问这就是他取消和威尔斯去参观盖茨山庄的原因；他给威尔斯的解释是因为雪太大了，但其实他几天前就从格雷夫森德（Gravesend）[8]走到了罗切斯特，走过了积雪几英尺深的河岸。他确实需要充足的时间和安静的环境来回复这封来自他昔日的象征的信。我们没有玛利亚·彼得奈尔（现在已经是玛利亚·温特夫人了）来信内容的记录，不过从狄更斯的回信中看，这只是写给一位出名的朋友的信，详细讲述了自己的婚姻、女儿们和家庭。后来有消息说，她喜欢在下午的时候小酌几杯，也许她就是在这样一个多愁善感且怀旧忘情的时候决定给狄更斯写信

507 的。狄更斯的回信也充满了同样的情感。“我从未忘记过那段时光”，他告诉她。确实是这样，他仍然可以回忆起那些对话和衣服的细节，仿佛年少之事就发生在昨天。当说起狄更斯的“恋旧情怀”时，一定要知道他这种情怀非常特别，所有的画面和声音仍是那么清晰。“它们就像定格了一样，如此清晰，仿佛我从未在尘世喧嚣和人群中听过我的名字。如果不是如此，那么我还有多大的价值，或者说努力和成功还有多大的意义！”他以夸夸其谈的演讲风格做了结束语，这表明在内心最深处的情感起作用的时候（这可不是第一次了），他在文体方面非常注意。“这个广阔的世界上充满了冲突和斗争。在其中，我们大多数人都以不可思议的方式失去了彼此，所以在谈及往昔岁月时心中不可能不泛起一丝柔情的涟漪。”

狄更斯又收到了玛利亚·彼得奈尔的一封来信，他立刻又给她洋洋洒洒地回了一封信，这一次的称呼是“我亲爱的玛利亚”。显然，这封信要么是寄到一个秘密地址，要么就是以别的方式私下送到她手里的，因为就在两天后，他又写了一封非常得体的信，寄给“我亲爱的温特夫人”。换言之，他写了一封可以光明正大地拿给她丈夫看的信。这听上去很像在重新玩年轻恋人之间的花招。第一封信，更私密的那封，是对玛利亚那封明显充满热情的来信做出的回应，她在那封信中试图为自己多年前的轻佻行为做出辩解。狄更斯有时候喜欢玩“本可以”的游戏，在回信中他用颤抖的语气倾诉自己受挫的爱意：“永远也不会有人知道我当时放弃你时心中有多么悲伤……我对你全部的爱恋和忠诚，连同在那些艰难岁月里付诸东流的柔情啊……一个人在世上能获得的名誉都是补偿他——就像我一样——在年轻时错失的红颜……”这就是他所惋惜的年轻时的红颜。这些给玛利亚的回信中不仅表露出他想去爱与被爱的意愿，近乎歇斯底里，也透露出他对回到年轻状态的热切渴望以及同等程度的悲伤之情——因为他知道自己是不可能回到过去的。当然，若不是狄更斯对当下生活感到深深不满，他绝不会写这些信，也不会有这样挫败苦恼的感觉。此时的他觉得伦敦沉闷阴郁，令人沮丧。大雪融化了。“万物都在哭泣”，他说。整个城市都湿漉漉、脏兮兮、潮乎乎的，教堂排钟的叮当声也吵得他心烦意乱。

终于，他们决定见面了。然而一见到她，他心中所有的渴望和热情就都消失得无影无踪了。据乔治娜之后的描述，她“已经胖得不行了！而且非常平庸……”。那个青春靓丽的、在狄更斯的幻想中那么美丽纤弱的玛利亚，已经不存在了。正如他几个月之后在《小杜丽》中写的那样——玛利亚肯定也读到了这段：“克莱南（Clennam）一看到他当年迷恋的对象，满腔热爱就颤抖着破碎了。”狄更斯继续往下写道：“……过去，弗罗拉（Flora）的话语和想法都很迷人，而现在却漫无边际且愚钝蠢笨……弗罗拉很多年前娇滴滴的而且很单纯，现在的她仍然拼命保持那种娇滴滴且很单纯的样子。”还有更残酷的。在给狄更斯的一封信中，玛利亚曾说过自己现在已经“牙齿掉光、肥胖、老态而且很丑陋”，但狄更斯没把这当一回事，还以为她是戏谑胡说罢了。但现在他记起来了，全都想起来了：“‘我很肯定，’弗罗拉咯咯娇笑着，还像个小姑娘似的晃着脑袋，就像一个哑剧演员在自己的葬礼上表演那样（如果她死于古典时代），‘来见克莱南先生会很丢脸，我现在只是个吓人的丑八怪，我知道他会觉得我变了，变得面目可憎了，现在我真是个老女人了，让人看见我这副模样太吓人了，真是太吓人了！’”

和玛利亚·彼得奈尔的这段转瞬即逝的插曲恰恰显示了他觉得将自己重重围住的痛苦与不幸。他为《家常话》写了一篇有关个人和公共痛苦与不幸的文章——《每况愈下》（*Gone to the Dogs*），他在文中再一次哀悼了自己纯洁初恋的幻灭并巨细无遗地论述了人们肮脏的俗气是如何发展起来的。这些主题他之前也讨论过，但在这篇文章里却明确和金融欺诈、不光彩行为以及整个国家的毁灭有关。《小杜丽》中也探讨了后两个主题，这是他正在构思的一部小说。所以，在这则短文中，纯真初恋的幻灭、金融不法行为的盛行和克里米亚战争的发展都被联系到了一起，其中所表达的愤怒和怨恨不久也将在其他地方以更大的规模爆发。他心中充满了愤怒，这一点是毋庸置疑的。在一封信中，他曾无意中透露自己“彻底厌倦了苏格兰口音的说话方式，不论是什么语气，不论什么时态”，这只能是指他妻子和她的娘家人。

所以，这时候他满怀热情地转向了新小说的创作。从《巴纳比·拉奇》以来，再也没有一部小说的酝酿期有这么长，尽管他在5月中旬完成了第一期的一半，但他暂时搁笔，带着他的业余演员去巡演了（事实上第一期直到12月才出版发行）。我们看到的间隔期只是表象，根源是他生活中更深的迷茫和困难。他的儿子查理后来谈起《小杜丽》时说，“父亲在慌乱之中开始了创作，唯恐自己失去了想象力”。这一来自家人的评价也让福斯特的描述和观点更可信了，他说自己这位朋友在创作初期“想象力缺乏活力”，而且“原本畅通无阻、无法抑制、犹如泉涌般的想象力暂时停滞了”。所有这些因素都可以用来解释福斯特所说的“创造力萎靡不振”。但后人并不这么认为，写作早期拖延和迷茫的不一定是因为创作技能的减弱，对狄更斯而言，他遇到了一个少见的难题：他找不到“指导思想”或是主旨大意来推动整个故事的发展，而且准备期间的所有备忘录都说明他花了很多时间在寻找指导思想，为了让自己所有的“概念”和一心想着的事情能形成逻辑关系清楚的整体。

他接着写不久前刚开了头的小说，直接从第一期写到了第二期。他比以往更迟疑不决，一直在笔记里寻找着合适的能扩展的话题，终于有了一个清楚的主意，即给名叫“杜丽”的小女孩一个更丰富的背景和一个家；这个家就是马夏尔西监狱——狄更斯自己的父亲曾经待过的地方。“小杜丽”——他决定这么叫她——现在要回到父亲和忘恩负义的哥哥姐姐身边。小说不断地发展变化。威尔基·柯林斯南下来到福克斯通和狄更斯一家住了一段时间，家里还多了一些亲戚，但他当时对故事主旨十分自信，并将新小说出版的安排告诉了自己的德国出版商陶赫尼茨。随着他写到第三期，所有静静地待在他想象世界底层未经加工的元素现在都能派上用场了。他写了一个章节讽刺“兜圈子部门”，这是“阿谀奉承”的冗余政府机构的典范。“我在发泄一些愤愤不平的怒气，”他告诉麦克雷迪，“不然的话我就要气炸了……”但这已经不再是一开始计划的讽刺性小说了。他正不断拓展主题，于是整个世界都充斥着一直重复的喋喋不休的噪声——旅行者的世界、虚伪的世界、监禁的世界。他此时也决定让杜丽一家摆脱贫困富裕起来，这一转变说明财富是毫无意义的。现在，这个故事“到处都是——在大海上随着海浪起伏，在空中和云朵一起飘浮，在风中四处飘荡”。

10月上旬，他刚刚完成第三期就进行了一场《圣诞颂歌》的朗诵会，为了声援福克斯通的机械学协会。朗诵会在一个木工车间里举行，而且据马克·雷蒙的女儿回忆，狄更斯当时“非常紧张”。不管怎样，据他自己说，他第二天就去爬山、游泳，基本上过着“战士”受训一般的生活。五天之后，他来到伦敦，为即将横跨大西洋去美国发展的萨克雷主持了一场晚宴，然后又回到福克斯通。他还准备旅行。这一回是去法国，他在那儿待的时间越来越多了——至少，一部分原因是为了写作时远离伦敦。他和乔治娜一起去了巴黎，刚开始找不到合心意的住处，后来几周在香榭丽舍大街上租了几间稍显怪异的房子住了下来。

很显然，他喜欢巴黎的原因是自己目前在这里的名气很大，走进每家店里，只要一出示名片人们就会惊呼：“啊！这就是那个著名的作家啊！”他受邀参加了许多盛大晚宴，其中一些他描述的语气堪比《一千零一夜》。而且，他还结识或经人介绍结识了大部分文学巨头，其中就有乔治·桑（George Sand）[9]、拉马丁（Alphonse de Lamartine）[10]和斯克利伯（Eugene Scribe）[11]。他还和演员海涅尔发展了一段特殊的友谊。为了保持友好关系，他一边恭喜海涅尔的《蒙娜丽莎》演出，一边在私底下却在给福斯特的一封信中谴责了这出戏。画家阿里·谢佛（Ary Scheffer）正在给他绘制肖像；《通报》正在连载《马丁·朱述尔维特》；著名的法国评论家伊波利特·丹纳（Hippolyte Taine）马上要在杂志《两个世界》上发表关于他的长篇评论；法国阿谢特出版公司也正在和他商讨要出版他的小说全集。换句话说，现在的巴黎就像之前的伦敦一样爱上了他，住在法国首都的乐趣之一就和这些有关——他早期在英国的名声在这里得到了重生。但要是就此认为狄更斯在巴黎就成了一个全新或是完全不同的人，那就大错特错了。就算在这里，他还是明显感到心神不宁和无比挫败。如果说他大加批评英国的狭隘和唯利是图，那么法国戏剧的荒谬僵化也让他不甚满意，他也注意到巴黎人对股票交易尤其着迷，外表做作虚伪、崇拜金钱、戏剧风格陈旧乏味、眼界狭隘。他似乎走到哪儿都能遇上这些问题。

11月初，他回伦敦待了一周，最后还是决定买下盖茨山庄。这时候他还是把它当成一项投资，没打算住进去，不过他回伦敦是为了监督购买的谈判工作。于是，他回到了这座并不友好的首都，它如同蒙上了《小杜丽》开篇描写中那种阴暗的色彩。“雨下个没完，”狄更斯在《家常话》的办公室里给妻子写信说道，“狂风暴雨。”屋外的街上有几个孤儿院的孩子迎着暴风急雨，要去河滨马路对面的欢乐剧院看“魔法师安德森”的日场演出。他感冒很严重，眼睛也感染了。他回到这里几天后就和阿尔伯特·史密斯去伦敦东区的街巷里散步，非常偶然地遇见了一群绝望无助的人，在一个“漆黑一片、泥泞无比”的夜晚遭到拒绝，不能被怀特查佩尔济贫院收留。“……五捆破布。”他这么形容这群人。狄更斯立即给济贫院院长打电话，但这并不是院长的过失，而是这家慈善机构的临时收容所已经住满了，实在是帮不了这五个可怜人。狄更斯便上前询问这几人，才发现她们都是女性。其中一个告诉他，自己已经一天一夜没吃过东西时，狄更斯似乎并不相信她。“哎呀，不信你自己看！”她说。“她露出了脖子，而我又将它遮起来。”他给了她1先令去吃晚饭并找个寄宿的地方（在伦敦那个地区，也只能住个简陋的地方了）。“她没有说谢谢也没看我，就以我见过的最奇怪的方式消失在这凄凉的夜色中。”她无声无息逃跑的样子很像之前一个晚上他在伦敦遇见的一个小伙子，那人对着他唠唠叨叨，还扭动着从自己的破布里钻了出来；仿佛就在这些衣衫褴褛、默默无闻的人身上，狄更斯目睹了伦敦这个城市的灵魂。

12月初，《小杜丽》的第一期发行了。布拉德伯里和埃文斯事先做了一个大型的宣传活动，发了4000多张海报和30多万张传单。用狄更斯的话说，小说第一期取得了“辉煌的胜利”，而且第二期的印刷订单增长到35000份。12月中旬，他回到伦敦来享受自己胜利的喜悦，然后赶去彼得伯勒为工人开办的成人学校办了一场《圣诞颂歌》的朗诵会。其中一位观众记得，“红色台面呢的演讲台上有一个高高的大脑门，以及一大片米考伯式的衬衫领子和前胸……”。然后他回到伦敦，在那里，“我在路上碰到去上班的人们真的都因感冒而抽泣、掉眼泪”。然后又出发前往谢菲尔德，在那里又朗读了《圣诞颂歌》。当他读到“……小蒂姆并没有死”时，观众席中突然响起一声响亮的叫声，他们仿佛在这复活的一幕中看到了自己的影子。当时有一篇报道说，“全场似乎都弥漫着一种喜悦之情，观众不由自主地起立，用异常热烈的欢呼声向这位著名作家致意”。那么这位作家——这位让全场观众充满喜悦之情，不知为什么像是拥有一身感天动地之魄力的作家——本人感觉如何呢？当晚，他无法入眠，他觉得自己像个“转得停不下来的巨型陀螺”。他在牛津街一家店里买了他每年必备的年鉴，然后就回到了巴黎。

现在他终于能动笔写《小杜丽》了。在新年来临前的最后几天里，狄更斯描写了女主人公穿过伦敦广袤无垠荒地的情节。随着创作的深入，故事似乎也在不断扩展；一开始，这个情节只是一个章节中的一部分，但他给章节重新编号，于是一整期就以这悲伤的夜行结尾了：脚步声和街灯，湍急的潮水和倒影，钟声，无家可归的人，醉汉。怀特查佩尔济贫院的形象在此处被扩大，带着一种在狄更斯笔下和这座城市相关的疲倦感、忧伤感：“摇曳的灯火……黑夜苍白地逝去。”那个女人俯身问小杜丽的奇怪情节：“我不会碰你的，但我刚才以为你是个孩子。”还有她转身时“奇怪而大声地叫喊”。在这年关将近的时候狄更斯自己怎么样？？他因为过度工作而疲劳不堪、精神消

517 沉。从中我们也许能看出评论家发现的贯穿整部小说的束缚感来源何处了。甚至在巴黎，狄更斯也觉得疲倦不堪，而又没有别的地方可以去。

1 雷丁，英格兰南部城市，位于肯尼特河畔。

2 舍博恩，英国多赛特郡（Dorset）西北部的一个镇子。

3 《佛邱尼欧和七个机灵仆人》，James Robinson Planche所写的一部两幕幻想剧。

4 纳撒尼尔·霍桑，1804年7月4日—1864年5月19日，是美国心理分析小说的开创者，也是美国文学史上首位写作短篇小说的作家，被称为美国19世纪最伟大的浪漫主义小说家。

5 特罗洛普，即安东尼·特罗洛普，英国小说家，著作有《养老院院长》《巴切斯特塔楼》等。

6 麦考莱，Macaulay Thomas Babington，1800年10月25日—1859年12月28日，英国历史学家、政治家，1847年在爱丁堡竞选失败，从而退出政界。

7 福斯塔夫，莎士比亚戏剧中的一个喜剧人物。

8 格雷夫森德，英国东南部的自治市，位于伦敦东部，离罗切斯特不远。

9 乔治·桑，法国著名小说家，是巴尔扎克时代最具风情、最另类的小说家。

10 拉马丁，法国浪漫派抒情诗人。

11 斯克利伯，法国剧作家。

第二十五章 《小杜丽》

1856年，他逝世前14年，是不安分的一年，四处奔波的一年。这一年，他的生活将发生不可逆转的改变。狄更斯计划在巴黎待到5月，然后去布伦过夏天。他的日常生活并没有发生改变，而是找到了一个更为绚丽的环境。他还是喜欢散步，没完没了地散步。他会沿着巴黎的旧城墙散步，到了晚上还常常漫步到所谓“最奇异陌生的地方”。他邀请比尔德之类的老朋友和撒拉（Sala，因为这个小伙子投给《家常话》的描写伦敦的文章给他的印象很好）这样的新朋友来巴黎和他与家人同住。但是，还是不太对劲，还有什么东西困扰着他……在新年头一个月来往的一封信中，他用布茨（Boots）——那个刚刚让他在圣诞故事中取得显著成功的仆人角色——的口吻跟自己说话。狄更斯一直很擅长模仿仆人，这也许和他的爷爷奶奶都做“侍奉人”的工作有关。这样一来，他能用这种口吻更好地表达自己的真情实感。“想一想，从你在摇篮中开始你就一直为一个什么目标而忙忙碌碌，看看你这家伙有多可怜，对你来说，这目标不是已经明日黄花，就是还在高不可攀之处，永远不可能在眼下，这就是你的问题所在。”三个月后，他在给福斯特的一封更加私密严肃的信中进一步阐述了这种心境：“虽然就是这样从来无法安心也无法得到满足，总是在追逐一个永远无法企及的目标，而且满脑子都是思绪、计划、忧虑和担心，但很明显事情就是这样，就像有一种无法抗拒的力量驱使着你一直走到人生旅程的尽头！一直奋斗带来的苦恼总是好过停滞不前带来的苦恼。至于休息嘛——对有些人来说，他们的人生中根本没有这种东西。”

他在2月初回到英国，为了带回刚刚完成的那期《小杜丽》，也是为了耗时良久、拖延至今的盖茨山庄购买事宜。不过，伦敦再也不是他最钟爱的城市了，他告诉凯瑟琳，“街道简直丑陋、恶劣到让人不忍直视，伦敦真是惊人得丑陋”。他一到伦敦就拔了一颗牙，然后又像往常一样开始了忙碌的行程，全都是他自愿要接的活动：“早上我在伦敦，忙活戏剧基金的事；然后去了谢泼兹布什；回来之后给贝尔林先生和贝茨先生留了请帖；穿过皮卡迪利街来到斯特拉顿街，在那里待了一小时，然后又急忙离开赶到这里。今天我坐了四趟出租马车，花了13先令。4点30分和马克和韦伯斯特约好一起吃饭，晚上会在阿德尔菲剧院度过。”他疾行穿过街道；他“急忙离开”；又匆匆忙忙地拦下出租马车。

他待在伦敦的那段时间，那里发生了一起惨重的破产事件：他才回来没几天，一位著名的金融家萨德里尔(Sadleir)就在汉普斯泰德公园里服毒自杀了。这是他厌恶伦敦的另一个方面，一个蓬勃发展但又腐败堕落的金融帝

521 国。他马上会在《小杜丽》中引入摩德尔（Merdle）这一角色，一个靠欺诈有了权又有了势的金融家。当然，商业投机行为不只发生在英国，同一时期的巴黎也有一股疯狂的投机热潮，狄更斯称之为“金钱危机”，只不过他故事里写的是英国。在回到法国巴黎的第一周，他便着手创作小说的新一期，并开始塑造摩德尔这一人物以及里面的上流社会——和马夏尔西监狱一样，既是牢房，又是犯罪的温床。

他一直往下写到小说的下一期，伦敦的印刷商一给他寄回校样他就在巴黎修改校对，然后他带着那一期的最后几章再一次回到伦敦。3月10日早上8点，他到了伦敦，回塔维斯多克寓所待了一会儿，然后就去了威灵顿街的办公室。接着，他又匆匆赶去查看柯芬园剧院的废墟，这座剧院四天前被烧毁了。他对大火颇感兴趣，这一点我们早就已经知道了，仅次于火的是大火之后黑漆漆的灰烬。“奇妙的是，”他说，“那个剧院竟然看起来比原来还要恢弘壮美，我从未见过这样奇特的景象。”什么都逃不过他的火眼金睛：铁门、吊灯，甚至是男演员戏服的衣料碎片——“我能认出那是《游吟诗人》（《图兰朵》）里面的戏服”。

他回伦敦还有一个特殊原因。经过了各种耽搁，经过了慢得像业余大法官法庭法律程序般旷日持久的谈判之后，他终于买下了盖茨山庄。这幢多年前他和父亲一起参观过的房子，最终成了他的。有些人似乎命中注定和某些房子有缘。这幢房子在盼着他，等着他。盖茨山庄对狄更斯就是有这种命中注定的吸引力。他父亲曾经跟他说，这幢房子就是他可获得的最高成就，而且，他也将在这幢房子里告别尘世的纷扰。他花了1790英镑买下了它。“写完支票后我转身把它递给威尔斯……然后说：‘这可真是太奇妙了——看看这日期——星期五！律师还没准备好的时候我都签了半打支票了，现在，正好轮上了一个星期五。’”这里的重点是，星期五已经成了他的一种迷信，他人生中许多重要的事情总是在这一天发生。这是他的“幸运”日。不幸的是，他还不能这么快就搬进自己买下的房子，里面还有房客呢，一个教区牧师和他的女儿，而狄更斯的计划是在当月出租出去之前把房子重新翻修好。如果没有人租，那就把它当作自家人的隐居地。签下合同后几天，他就带着儿子查理和马克·雷蒙、威尔基·柯林斯一起去那里看了看。“我们在外面尽可能仔细地查看了一下房子，”他儿子之后回忆道，“我父亲对自己的新身份十分自豪，他成了在肯特郡保有不动产的人，还拿自己开各种玩笑，而且不让我们进屋去，生怕打扰到住在里面的牧师和他的女儿——我们在对面的福斯塔夫客栈吃了中饭，还走到格雷夫森德去吃晚饭，对即将到来的郊外生活充满了期待，满心欢喜。”

既然问题解决了，事情都办好了，狄更斯觉得又可以回巴黎了。威尔基·柯林斯在巴黎和他做伴，上一次他住在离狄更斯一家不远的单身公寓里，这一次他们住到一起，天天一起吃饭。柯林斯总是犯病，不是痛风就是风湿热，这倒是并没有对他们的关系产生任何负面影响，因为狄更斯对生病习以为常。“我那位老患者。”他曾经这样称呼柯林斯，好像他既是医生又是朋友一样。事实上，他还扮演了另一个角色，或许也是最重要的一个角色，因为很明显，从某种意义上来说，这一段时间狄更斯正在将柯林斯培养成为一名作家。他们还会像往常一样散步，不论是晚上还是白天，而且其中一次柯林斯还意外地为自己最好的小说找到了素材。“当时我正和查尔斯·狄更斯在巴黎的街巷里漫无目的地到处闲逛，”他说，“参观街两旁的商店自娱自乐。我们来到一家旧书摊——既像书店又像储存书本的仓库，我发现了几本有关法国犯罪案件的书和审判记录，破破烂烂的——有点像法国版的纽盖特监狱纪实录。我对狄更斯说，‘这有好东西！结果还真找到宝了。我在里面找到了最棒的情节，可以用在我自己的小说里’。”当然，狄更斯在柯林斯成长为作家的过程中扮演的远不只是这样被动的角色，他还在出版事宜上给柯林斯提供意见，多次讨论“小说创作”这个话题（狄更斯很少在和自己联系如此紧密、和自己内心最隐秘的东西联系如此紧密的话题上向别人敞开心扉，这是有记录的事例之一）。他聆听柯林斯的故事，并指出错误或给予这个年轻人建议。“这些事都得保密，”柯林斯写信给自己的母亲说，“因为如果我那些好心的朋友知道我把自己的创意读给狄更斯听，书出版的时候他们肯定会说我书里的好东西都是从狄更斯那里学来的……正如我所期望的，他找出了故事中所有的缺点，给了我无价的建议……”换句话说，柯林斯有点像狄更斯的学徒，有些评论家认为是狄更斯从柯林斯那里学得东西（比方说，《埃德温·德鲁德之谜》被认为在某种程度上是仿照《月亮宝石》而创作的作品），他们真应该再好好看看这些可考证据。狄更斯可能确实从柯林斯那里学到了一些东西，但都不是文学创作方面的。

4月的第一周，他已经写完了《小杜丽》下一期的前两章。这时候，麦克雷迪来巴黎待了一阵子，他走之后狄更斯又投入创作，一口气完成了这一期。为了酝酿下一期，他在巴黎漫步了很久很久，但之后并没有动笔。还有晚宴，有别的访客。而他内心的焦躁不安总是会浮到面上，把他带到那些“最奇异的地方”。一天晚上，他来到一家廉价体育比赛场所，那里不仅有摔跤比赛，还有其他更为人们熟悉的夜间娱乐。他被一个年轻姑娘的面孔吸引了,“清秀美丽又漫不经心,思虑重重……”。他没有上前搭讪,但第二天晚上又去了同一个地方想去找她——“我迷上了一个人,”他告诉威尔基·柯林斯,原本柯林斯总陪他进行这种“朝圣之旅”,但他现在回伦敦去了,“我想多了解她。但我猜,可能永远都不可能了吧。”这是一个名人的渴望,渴望回到一家巴黎的廉价“夜总会”,去寻找一个不知名的姑娘。

他在5月初又一次回到英国,他本该住在伦敦的塔维斯多克寓所里,但妻子的娘家人——贺加斯一家——也在那里。狄更斯可烦这群人了,情愿住在多佛的轮船旅馆,一直待到他们走人。他在巴黎的时候就告诉威尔斯:“贺加斯一家人直到下个星期才离开塔维斯多克寓所,在此期间,我连想一想他们的愚蠢行为都觉得难以忍受(我觉得只要看一眼贺加斯家的早餐,我的身体简直就被伤到了)。”同一天,他又写信给马克·雷蒙:“我再也无法忍受想象那家人吃早餐的画面了……”然而,他曾经那么欣赏这个家庭,他也曾经那么喜欢乔治·贺加斯。哪里出了问题?一部分原因是贺加斯夫人的反常行为。这是一个性情极为反复无常的女人,但他对“那家人”的反感更多的是因为和凯瑟琳日益疏远。要彻底搞清楚两人的关系是如何渐行渐远的,也许不大可能。不过，在他已经引用过的给福斯特的信中，就是狄更斯以生动语言描述了自己如何心神不宁的那封信中，他还像为自己解释似的写道："我觉得我家里那不可告人的丑事正变得越来越明显……"所以说，这就是他对贺加斯一家厌恶之情的根源——是对一个妻子的日益厌恶，用典型的狄更斯风格来说，他妻子似乎遗传了她父母身上所有不讨人喜欢的特点。 526

这么多年以来，他一直都在抱怨她笨手笨脚、反应迟钝以及偶尔的心不在焉，这些对狄更斯这样一个反应快、爱整洁和果断的人来说尤其难以接受。正如我们之前所看到的，有些时候狄更斯所表现的就好像他自己对于孩子的降临不负有任何责任一样，对妻子容易怀孕这一点非常麻木不仁，更何况她还患有产后忧郁症，几乎到了精神紊乱的地步。关于他对妻子实际态度的说法也各不相同，还是传闻和想象多于真凭实据，在这种事情上一般都是这样。《家常话》的一位年轻撰稿者就注意到，"去塔维斯多克寓所做客的人都有目共睹，有一段时间，男女主人之间的关系有点紧张。但大家一般都默认，因为狄更斯从事文学创作，性情易怒在所难免，而狄更斯太太呢，有一点懒散和好安逸；但不管这些毛病有多让丈夫恼火，这在儿女众多的中年妇女中是很常见的"。

527 于是，狄更斯就住在多佛的轮船旅馆里。他本希望能写写《小杜丽》，但事与愿违。他没有写作，倒是按照自己的惯例去散步了，一走就是20英里。他越是心神不宁，就越是觉得被束缚被囚禁，走的路程就越长。多佛正值“淡季”，在给《家常话》供稿的一篇文章里，他描述了那些关闭的商店、空荡荡的剧院和废弃的海滩浴室。他伸头朝一家出售文学书籍的书店橱窗里望了望，看到了《浮士德》（*Dr Faustus*）、《金色空想家》（*The Golden Dreamer*）和《诺伍德的算命人》（*The Norwood Fortune Teller*），各售价6便士。他在唐斯锚地上散步，在那里遇到了“身着黑衣、流浪的一家人”。他给了他们“18便士，这钱产生了很大影响，但他的道德训诫却没有产生任何作用”。这里我们又可以看到那个最本质的狄更斯，一个闷闷不乐、站在唐斯锚地上给一家流浪汉进行“道德训诫”的人。贺加斯一家一离开塔维斯多克寓所，他就搬回了伦敦。妻子娘家人最惹他生气的一点就是他们都邋邋遢遢的，他这次回来后就在房子里扫地、清洗书房和客厅、“开窗通风、晾晒地毯，还把每个房间从地板到天花板都彻底清扫了个遍”。地毯立在角落里，“像一个巨大的卷形布丁，椅子都倒扣着，仿佛死去的鸟儿一样倒过来，头冲下爪子朝上……”，最后这幅景象可以拿用滥了的“狄更斯式”一词来形容。然后，他就回归到自己的伦敦生活之中——在《家常话》的办公室里办了一场聚会，去德鲁里巷剧院看了一场戏，和麦克雷迪共度一个晚上，参观了皮卡迪利街上的埃及展览厅[1]。他还获得许可登上了圣保罗大教堂的穹顶，观看庆祝克里米亚战争结束庆典上燃放的烟花和灯光秀。在那里，他看到了一个“灿烂辉煌的伦敦”，如同自己在《巴纳比·拉奇》里描绘的那个伦敦一样。

整个5月，他一直专注于创作《小杜丽》，现在他对整个故事的发展已经胸有成竹了，所以笔记和备忘录也都做得非常简短。这个春天，他仍然像往常一样忙碌地奔波于伦敦的大街小巷间，但同时也在描绘一个忧郁而荒凉的夏日伦敦，描写这个“灰暗、炎热、灰尘飞扬的晚上”，一个饱含“荒凉……”的城市。在这些章节里，他再一次将旅行者融入故事，描述他们驱车经过的陌生道路以及未知的前途，还有作为变革、遗忘和命运象征的泰晤士河的奇妙形象。“于是那些曾经在我们胸中、牵动着心弦的情感，就这样离开我们，漂向那永恒的大海。”这是否也是他在哀悼自己对凯瑟琳那逐渐消弭的爱意呢?

他在伦敦待了整整一个月。6月的第二周，他来到布伦，而他的家人早就已经在穆里诺庄园里安顿下来了，准备在那里过夏天。狄更斯又留了一副络腮胡，配上他原来就有的八字胡，还穿着蓝色衬衫、扎皮带、戴军帽，约翰·福斯特管这身行头叫“法国农民装束”。

他还有尚待完成的工作。“现在又要开始工作了——工作！我希望，故事就在我面前，清晰而有力。要写出来不容易，但据我所知，这种事情从来就不容易……”他正在写之前在伦敦动笔开了头的那一期的最后一章，加上整个下一期；就像他所承认的那样，写作过程中的确遇到了一些困难，但这主要是因为他现在要给第一卷收尾，为杜丽一家离开马夏尔西监狱，以及小杜丽一想到即将获得自由而晕倒的情节做准备。

狄更斯在解决《小杜丽》的难题时，还邀请了客人来布伦同他和家人一起住——其中有玛丽·博伊尔、马克·雷蒙、托马斯·比尔德和克拉克森·斯坦菲尔德。后来他意识到，这些人都太了解自己了，不会做出打断自己工作的事情。其他大多数的社交邀请他都拒绝了，甚至连约翰·罗素伯爵的晚宴也不例外，因为他知道这种活动会打断自己的工作。他可以说是“在家”款待客人，除了经常携带手稿穿越英吉利海峡往返伦敦，他一直在这种自我强加的安静生活中写作。渐渐地，他快写到第一卷的结尾了，看校样的时候才发现最后一章写得太少了。于是，他就加了一个场景，马夏尔西监狱中其他债务人目送杜丽一家离开："看得出来，这些笼中鸟见了这只即将获得自由而且如此庄严气派的鸟儿，有些胆怯，它们都不由自主地想缩回到牢笼里去，在它经过的时候也都有些忐忑不安。"待在布伦的这段时间，狄更斯自己也养了一只笼中鸟，是一只金丝雀，他为它取名"狄克"，这名字或许还挺贴切的。最后离开布伦时，他还说整个庭院像一个"可怕的鸟笼，有各种草木缠绕着从其中探出头来"。他在写这部小说时，周围到处都会出现牢笼的形象。这一期间，他还向威尔基·柯林斯简要地介绍了自己，补充说"我觉得自己像一只被关在篷车里的野兽，趁看守不在的时候描述一下自己"。也许，他觉得自己受到了监禁，但有没有可能他是觉得自己本该被监禁起来，从而才说觉得自己受到了监禁呢？

他把最后一章剩下的那几页带回了伦敦，三天之后又乘坐福克斯通号回到布伦；在那艘船上，他偶遇了自己的老朋友昌西·黑尔·汤森德（Chauncy Hare Townshend）[2]。车辆轮渡在1856年尚未出现，但无疑已经有了它的19世纪中期的类似版本，而汤森德就坐在他那辆被拖上甲板的私人马车里。"我没办法，只好爬上他的皇家马车，"狄更斯写道，"然后我发现马车上四面都挂满了橱柜，里面装着各种药方、陈年白兰地、东印度雪利酒、三明治、橘子、甜饮、报纸、手绢、披肩、法兰绒、望远镜、罗盘、打簧表（用于在黑暗中确认时间）以及贵重的戒指。”这里简直是表现狄更斯天生讽刺能力的例子：“他的目的地是洛桑，而且他还问了我一个非常奇怪的问题——那个美国女演员威廉姆斯夫人是怎么让她的假发一直不掉下来的？’这时我意识到，大家都以为他没戴假发，是都让他给蒙在鼓里了。”

狄更斯原本计划在穆里诺庄园至少再待上两个月，但布伦突然暴发霍乱，于是全家人不得不在8月底匆忙赶回英国。孩子们和他们的母亲先回国，然后是狄更斯，最后才是乔治娜。这样错开着离开是有必要的，都是因为郁郁寡欢的布库先生（Mr. Beaucourt）[3]，所有相关的安排都缩短了。横渡海峡的航程不算顺利，至少对狄更斯来说是这样，而且同船的一位旅行者观察到他随身带着“一瓶顺势疗法的小药丸”。事实上，狄更斯在这种情况下总是习惯喝一剂鸦片酒来缓解胃部的不适，当然还有自己紧张脆弱的神经。到了后来，鸦片酒（或是鸦片酊）成了他的一种必备的缓解药剂。

回到塔维斯多克寓所，他就再一次投入《小杜丽》的创作中，尽管他已经开始写第二卷，并且“全力以赴”了，但他现在的进度还是落后了，而且开始无法保证在出版前完成两个月的内容。他甚至还在最后加了一章，这说明尽管他对故事如何发展至结束心中有数，但他还是在局部范围内上遇到了一些困难。与此同时，他还发布了为下一轮《家常话》圣诞特刊征集故事的指示。其中有一则狄更斯本人撰写的故事，名叫《船难》，记述了轮船失事的旅行者所遭受的恐怖事件，探讨了一个探险者身陷困境的主题。这是他又一次详细描述绝境中的痛苦，而且他告诉威尔斯，“我从没像写这篇文章一样写得这么轻松自如，或者说，这么兴趣盎然且充满信心”。在11月创作的《小杜丽》的那几个章节里，也出现了船只的意象，但“船难”这一概念远远超过了他平时对大海以及与海洋相关的事物的兴趣。在这个故事中，一个金发孩童露西的死成了最重要的主题，不论是在思想上还是内容上它都和一个男孩之死有关——船失事了，船上的旅客带着这个孩子穿过了好望角。他好多年前读到过这个故事，最近还赋诗纪念过。还有人猜测，圣诞故事里的“金发露西”与露西·斯特洛格希尔（Lucy Stroughill）有关，这是他小时候住在欧德南斯街排屋时的一个邻居小姑娘。童年的记忆在一个关于痛苦和绝望的故事里重现了。这一年最后一个月，他还在《小杜丽》里写了有关婚姻的片段：“……（马车）在平整的路面上平稳地行驶了一会儿之后，便开始颠簸起来，穿过一片绝望的泥沼之渊[4]，通过一条满是残骸和废墟的漫长道路。据说，还有其他新婚之人的马车从这条路上驶过，不论是以前还是以后都有……”《金玛利的遗骸》(*The Wreck of the Golden Mary*)、《小杜丽》，这两本书中都有旅行者。突然停止的旅程，残骸，破裂的婚姻，消失的爱情，唯有死亡才能带来的解脱。狄更斯觉得异常不舒服；“消化问题，或是脑袋或是神经的问题，或是哪一类的奇怪障碍……”，他正生活在“和往常一样的混乱”之中，这是他小说的最后几个词，但就像他在结尾之前写的一封信中所说的那样，“在残骸之中很是平静；您上了年纪的朋友随着杜丽之流悠然离去，接连好几小时都忘记了身边的喧闹”。这里又出现了船只残骸的意象。他在“残骸”之中继续工作着，走向了他婚姻的尽头，走向了开启全然不同生活的一年。

1 埃及展览厅，一座埃及风格的展览厅，建于1812年，作为威廉·布洛克收藏品的博物馆，1905年被拆除。

2 昌西·黑尔·汤森德（1798—1868），英国19世纪诗人、牧师、催眠术师、收藏家。

3 布库先生，穆里诺庄园的房东先生。

4 绝望的泥沼之渊，Slough of Despond，约翰·班扬的《天路历程》中毁灭之城与主人公克里斯琴开始旅程的大门之间那一块沼泽地，之后常常用于形容绝望状态。

第二十六章　爱伦·特南

535 1857年1月，狄更斯和柯林斯一同南下到布莱顿待了几天。在那里，剧场经理兼演员本杰明·韦伯斯特（Benjamin Webster）给他读了一个剧本——《死亡之心》（*The Dead Heart*），讲述的是法国大革命时期自我牺牲、顶替他人上断头台的故事。狄更斯对这个故事印象深刻，两年之后将它用在《双城记》中。狄更斯一生都在利用这种外界的影响或巧合来增强自己的想象力，丰富自己的创意。例如在去布莱顿之前，他参观了伦敦动物园，目睹了蛇吞吃活豚鼠和活兔的景象。"从那之后，所有桌子脚和椅子脚在我眼中都成了蛇的样子，吃着所有可能和不可能的小生物……"因此，他在布莱顿创作《小杜丽》的时候这样描写里高先生的手："一根根手指柔软地扭曲着，像蛇一样一条缠着另一条。克莱南心里不禁直哆嗦，好像他正在看着一窝蛇似的。"狄更斯在动物园里就是这个感觉。

他开始了第二卷第二十八章的创作，同时还得准备最后一个合刊和整本小说的结尾。他非常细心地整理了笔记，而且为了方便自己回顾已经写过的内容，他用一系列备忘录总结了已经完成的故事情节。几天之后，他回到伦敦，但又南下来到格雷夫森德，一部分原因是为了想找个安静的环境完成这本书，另一部分原因是为了监督盖茨山庄的修缮工作。他在5月初就回到伦敦，就在塔维斯多克寓所的书房里完成了《小杜丽》。这段时间里，他一直在给一位名叫艾米莉·乔利（Emily Jolly）的小说家写信，恳请她在作品中“为高尚和真理而奋斗”；他自己也是本着这种精神创作《小杜丽》最后几页的。毫无疑问，这本小说中带着一种宗教。“将黑暗和复仇与《圣经新约》相比，”他在笔记中这样写着——而且在描写伦敦的一次日落时，他也引入了这种新的人生意义，“一道道巨大的光线从一个光芒四溢的中心散开，照亮了整个辽阔静谧的苍穹，倾泻在早早爬到天空的星星之间，如同神迹一般，预示着给人和平与希望的圣约，那将荆棘之冠变成光环的圣约。”

《小杜丽》的销量很好，这样的好销量一直保持到连载结束。最后一个合刊完成时，其发行量已经达到约29000份。狄更斯在前言中谈到了他的读者数量，并重复了他在《荒凉山庄》结尾使用过的那句话：“愿我们下次再见！”如果他费心去了解一下的话，就会发现评论界的反应并没有那么鼓舞人心。事实上，大多数评论家认为这本书非常失败，是一本糟糕的小说，标志着狄更斯文学才华的衰退。这种反应在一定程度上有利益斗争的原因，一方面是“学术性的知识分子圈子”对一个通俗作家的反应，另一方面也是为了摧毁一个偶像。《布莱克伍德杂志》评价这本书就是在“胡说八道”（狄更斯无意间看到了这则评论，他至少

537 烦恼了那么一小会儿）；早期的一名狄更斯传记作家写了一本卖6便士的小册子，在第二年出版了，此人在小册子中说《小杜丽》和《荒凉山庄》“在普通读者间的反响和评论家的评价差不多，并不怎么样”。就是在这个时期，一套精美的狄更斯小说图书馆保藏版本首次开始出版（这是他“开发运用”自己版权的又一种方式）。一位评论家在看过这一版本后说：“我们不知道他的书是否会成为不朽之作……”然而，狄更斯是怎么看待这些批评的呢？几周之后，他和汉斯·克里斯蒂安·安徒生一起散步，当时安徒生正因为自己新书的评论而伤心（事实上，有人看见他趴在盖茨山庄的草坪上哭得泪流满面）。“千万别为这些报纸的评论而心烦，”他告诉安徒生，“人们不出一周就把它们忘了，但你的书能经得起考验并且长久地留存下来。”他们在路上走着，狄更斯用脚在泥地上写字。“这就是评论文章，”他说，然后又用脚抹去了那些字，“就像这样，它就消失不见了。”

完成《小杜丽》便意味着他可以彻底专心处理盖茨山庄的事务了。为了监督自己吩咐的修复工作，他经常去肯特郡，但直到现在他才真正搬进这个新家。和往常一样，他忙着催促还留在山庄里的工人，这些人都想不到竟然还能让他“活生生挤出时间来”。他要求工人赶工的原因是想让凯瑟琳5月19日到这里来，那天是她的生日，届时还会有威尔斯、柯林斯和比尔德——都是家人一般的朋友——加入家庭聚会。但这只是个预热的“乔迁庆祝派对”，6月1号全家人都会南下来这里避暑。与此同时，塔维斯多克寓所交给了凯瑟琳的老女仆安妮·布朗照看，这样狄更斯回伦敦处理工作事务就可以随时住在那里。

此时，狄更斯还安排了一些《圣诞颂歌》的朗读会。6月底，他在莱斯特广场附近的圣马丁礼堂里朗读了自己的故事。演讲厅在他上台之前几个小时就挤满了人。《泰晤士报》报道，“因为场内人数过多，有很多人被拒之门外，甚至在观众还未散场之前，整栋楼的各个角落就贴满了海报……宣布本月24日星期五同一地点将再次举行朗诵会”。《街谈巷议》认为，许多人来只是“为了看一眼这个多年来熟悉无比却从未谋面的朋友……”——这也提醒我们，当时摄影技术尚处于发展早期（M.达盖尔的新摄影法直到1839年才得以完善），那些熟悉狄更斯作品的人并不一定也熟悉他的长相（不过同一年，1857年2月，他声称自己如果去了印度剧院，就会有遭“热烈追捧围攻”的危险）。《街谈巷议》给那些没见过他的人做了一个简单的肖像描写：一个46岁的男人，身材瘦削，棕色长发，留着八字胡和锥形的络腮胡。这位记者和其他人一样，也注意到他在发“s”音时，会稍微有些咬舌或发出嘶嘶声。狄更斯一出现，全场响起了经久不息的掌声，“差点让朗诵会延期”。这次活动很成功，特别引人注意的是狄更斯富有表现力的眼神、手部动作、控制良好的声音以及他戏剧化地演绎角色的能力。在朗诵结束的时候，“观众席中突然爆发出一阵欢呼声，久久不停，还有观众挥舞着帽子和手帕”。

在准备这些朗诵会的同时，狄更斯还在和他的业余演员们排练《冰渊》。这是一部以北极为背景的话剧，据称是柯林斯写的，但狄更斯对其做了大量修改。他还负责处理所有灯光和布景的细节（他在《冰渊》灯光方面颇有造诣，这也给我们认识他小说中相似效果提供了一个有趣的角度）。一位参与了这些活动的人士记得，他会在楼座上“一只胳膊放在手上，一边看着背景幕一边认真思考着第二天晚上演出时的效果，或是像个换景师一样在道具间踱来踱去”。但他在这些准备工作中担任的角色不仅限于此，有一次他还当起了售票员。一位希普金斯先生记得，狄更斯“跟我说一个约克郡人订了一张票，并告诉他（自然不知道他就是狄更斯）这次千里迢迢赶过来就是为了看他”。狄更斯没有将自己的真实身份告诉这位仰慕者，而希普金斯委婉地表示，事实上，这个约克郡人可能会失望而归，因为狄更斯不像平常那样看起来“轻松活泼的样子”，而是“看上去眉头紧蹙、憔悴忧愁”。

他一直两头跑，忙着朗诵会和话剧演出，其间只在南下南安普顿送别儿子沃尔特时短暂地离开过一次。沃尔特之前加入了东印度公司，做实习生，在英国适当培训后，16岁的他现在准备扬帆远航了。事实上，他这次远航驶向了他生命的终点。六年后，他离开了人世，而狄更斯再也没见过他，这是发生在他孩子们身上众多悲剧和失望之事中的一件；就仿佛，他的巨大成功必须在他的后代身上留下某种缺陷。就仿佛，这是某种血缘上的抵消补偿，所以他的孩子们必须失败。狄更斯总觉得沃尔特有一点“慢”，虽然有不错的“责任”感，却没有任何“非同一般的能力”；毫无疑问，狄更斯觉得儿子和他母亲比较像，而我们在这个孩子现存的照片中就能看出一丝“倦意”，和凯瑟琳的神情一样。此时此刻，在分别之际，狄更斯写道：“我到今天都不明白他怎么会是我的儿子，我又怎么会是他父亲……”不过，看着查理和沃尔特在自己面前登上通向轮船的跳板，狄更斯又从他们身上看到了年轻时的自己。他一直觉得道别是件很困难的事情，但现在，忧虑不安的他开始相信，“不管怎么样，‘人’的最佳定义可能并不是（为了他的罪孽）一种会道别和辞行的动物……”。不过，并没有证据表明狄更斯对沃尔特的离去感到特别难过是基于沃尔特自己的缘故；他的哀伤是一种泛化的，没有具体原因，而看到儿子离开时的反应也是因为想到了那个年龄的自己。对他来说，这种怜悯之情似乎是一种自怜，仿佛与儿子道别时他也在和自己的某一部分说再见。

紧接着，伊拉斯特来逊剧院（Gallery of Illustration）[1]里上演了两场《冰渊》，在其中一场表演结束后，大曼彻斯特画展的经理约翰·迪恩建议狄更斯去曼彻斯特的新自由贸易礼堂演出。狄更斯北上来到曼彻斯特举行《圣诞颂歌》的朗诵会，就顺便视察了这座礼堂。这地方对这个戏剧本身来说肯定很适合，但对乔治娜和她的女儿们来说显然是太大了；她们没有受过舞台表演的专门训练，在这样一个能容纳2000多人的地方肯定既听不到她们的声音也看不见她们的人影。在其他公演中她们表现得都非常出色，但现在是时候用职业演员了，于是他从曼彻斯特回来后的第二天就开始物色演员。

奥林匹克剧院的经理阿尔弗雷德·维根（Alfred Wigan）帮他一起找演员。他自己的剧院里已经雇了两位女演员：范妮·特南（Fanny Ternan）和玛利亚·特南（Maria Ternan）。在狄更斯的建议下，他问她们是否愿意出演《冰渊》。维根又向狄更斯推荐了她们的妹妹爱伦·劳乐思·特南（Ellen Lawless Ternan）和她们的母亲弗朗西丝·艾琳诺·特南（Frances Eleanor Ternan）。就这样，特南一家走上了历史的舞台。一个原本默默无闻的家庭、一大家子辛苦度日勉强糊口的女演员，现在进入查尔斯·狄更斯耀眼的光环中。不过，那家人中至少有一个人情愿待在光线柔和的阴影里。

关于特南家姑娘的消息在《冰渊》上演的那一年可有不少。大女儿范妮在谈到自己的一大家子人时说："我们表演的时候都容易紧张，但我们有自己的弥补方式……"大多数人都认为范妮是三个姐妹中最聪明的，她后来还写过小说和其他类型的文章；玛利亚性格最活泼最有趣；有家中至交好友称，年纪最小的爱伦"外柔内刚"。她是家中最没有天赋的演员，虽然她很早就开始演戏了，但是她扮演的角色似乎从来都没有给人留下很深的印象。换句话说，她不是因为有这方面的才华而当的演员，而是继承家里职业传统罢了。但由于她身上有一些东西深深地打动了查尔斯·狄更斯，或许我们能从通过全面分析她的性格来进一步了解小说家狄更斯本人。她演《冰渊》时只有18岁，和狄更斯的女儿凯特一般大。事实上，她出生在罗切斯特，叔叔是位驳船主，当时还住在那里。也许有人会说，处于狄更斯想象世界中心地位的城市，出生在这个城市是一个巧合，事实上——这位小说家本人也知道——世上并没有巧合这回事。"就像这样，日日夜夜……不可思议地来来往往，相互见面、相互影响，我们这些永不停息的旅行者就这样走在人生的朝圣之路上。"很显然，狄更

543 斯在曼彻斯特演出前就知道特南一家；父亲曾在罗切斯特的皇家剧院演出过，当时狄更斯还是个孩子，而且他也有可能在19世纪20年代晚期科文特花园的舞台上见过特南夫人。又或者，他也从麦克雷迪那里听说过特南一家，麦克雷迪和他们很熟，还和特南夫妇一起演出过。当狄更斯和她们见面时，他其实是在见一群熟人——他熟悉并且一直非常欣赏的人。甚至说不定他已经在台上见过爱伦·特南，因为4个月前她在秣市剧院里出演弗兰克·塔尔福德（Frank Talfourd）剧作《阿塔兰特》（*Atalanta*）里的希波墨涅斯（Hippomenes）[2]。据说，他曾在“幕后”安慰她，因为她担心自己女扮男装穿的戏服太露了。但这很显然属于那种围绕伟大作家的生活而杜撰出来的故事。他确实在《冰渊》上演期间安抚过玛利亚·特南，但就像人们说的那样，根本不是同一回事。

这段时间爱伦本人是什么样的呢？狄更斯的女儿凯特说她“娇小的个子、金黄的头发、非常漂亮……”。她还说她算不上一个特别好的演员，但“她很有头脑”。《纪元》周报说，《阿塔兰特》中的她“面容俊丽、身材匀称，是个舞台新秀”，但也注意到了她在台上明显缺乏信心，而她本人也说台上的自己“身子像橡树，脸像铜锅”。虽然别人都觉得她漂亮，但她自己并不这么认为，这可能和她有两个更活泼的姐姐有关系。她似乎偶尔还会犯偏头痛和“荨麻疹”——现在一般认为这是一种情绪紧张导致的皮肤病，所以完全可以把她想成一个有些紧张焦虑的年轻姑娘。在之后的人生中，她显得更加能干聪明。她一位密友的女儿海伦·威克姆（Helen Wickham）评价说，她是一个机智、热心、可爱、迷人、有教养且心地善良的人。或许这一长串赞美之词听上去有些太过恭维，那么这同一位评论者还补充说，她有时候也会“欺负”家人，她会把丈夫“当作门垫踩来踩去”。她在女儿们25岁之前一直都会读她们的信，而且当“她不能随心所欲时”就会吵闹大叫，难以控制。她有时还会“非常恶毒地取笑别人”，“性格强硬，脾气暴躁”。

正是这位年轻女士唤起狄更斯最危险、最强烈的情感。他第一次遇见她和她的母亲还有姐姐是在《冰渊》的彩排中。彩排紧锣密鼓地进行了三天，然后所有人乘坐火车北上来到曼彻斯特。从狄更斯的记述看，一开始他似乎对爱伦的二姐玛利亚印象最为深刻——至少是对她在评价他的演出时那种难以抑制的感情印象深刻。她已经看过这部戏，据狄更斯描述，她抵达彩排现场时说：“狄更斯先生，恐怕我永远也受不了这部戏；我之前看的时候太激动了，请原谅我一直在发抖，因为我害怕自己失控。”

她也许说了类似的话，但这实际记录下来的话明显带着狄更斯自己的特点。众所周知，“害怕自己失控”是他自己最喜欢的一种表达方式。而在同一段对话的另一次记述中，她说的是：“我看这出戏的时候一直掉眼泪，我都有些怕这戏了，都不知道该怎么办。”这听上去更像是她当时说的话。

这部剧于8月21日在新自由贸易礼堂上演。这一晚狄更斯大获全胜，出尽了风头。威尔基·柯林斯回忆说，“观众们都被震慑住了，”用狄更斯自己的话说“能让好几千人都惊愕莫名、目瞪口呆、一动不动地僵在那里，牢牢控制住他们的情绪……看见那些不易动情的木工一晚接着一晚颤抖着哭泣，这种感觉可真是棒啊。”要知道，哭的可不只是那些木工。

戏快到尾声的时候，玛利亚·特南得把奄奄一息的狄更斯放在自己大腿上，轻轻抱着他，“那天晚上演到那一幕时，她的眼泪滴在我的脸上，顺着我的胡子流淌下去……顺着我破破烂烂的戏服流下去——就像雨水一样把我打湿了，我只能如此形容”。

演出的最后一个晚上肯定得有庆祝派对。然而，狄更斯很早就上床了，原因就是爱伦·特南。不久之后，他写信给威尔基·柯林斯说：“自从《冰渊》演出的最后一晚以来，我再也没有一秒钟的宁静和满足。我真的感觉到，从来没有人像我一样被情绪控制得如此牢固，如此痛苦地折磨着。”他已经回到伦敦，但陷入一种极度心神不宁、阴郁沮丧且痛苦困扰的混乱状态中。最终，他长期以来通过辛勤工作、长途散步、生动的戏剧演出和繁忙的日程来抑制的情绪终于爆发了。他无法逃避这种情绪，它一直潜伏在他内心深处——这种疲倦、痛苦、空虚与他童年时代的感受如此相似。那种被忽视、绝望的感觉；自己生活中“痛苦的空虚感”；“我觉得我的心像是被撕裂一样”——所有这些话都源自他对童年记忆的回忆，但也完全可以用来描述他目前的生活阶段。所有这些以前的感受都因为遇到了一个年轻、迷人且无法触及的姑娘而被激发起来，而现在，由于他感到自己正在变老，生命即将走到尽头，这些感受变得更加恶化。福斯特在谈到他朋友的这段人生时期时说：“他没有一个‘理智之城’来抵挡外界问题或是寻求内心的安慰和庇护。”但这么说狄更斯就有点不公平了，他在自己的小说中确实有一个“理智之城”。然而，他不得不忍受自己的才华所带来的负面影响；正是那种表现为想象力的敏捷、兴奋和缺乏自制力的特征使得他如此焦虑、悲伤和绝望。他见过太多风景，经历过太多事情，也太容易幻想失败和痛苦的形象。也许在这样的时刻，他太容易产生悲伤和沉思的情感。所有这些特质让他成为一位伟大的作家，而现在，这些特质都对准了他自己。然而，在狄更斯的人生中总是能找到别人来责怪。随着苦恼不断加剧，他对妻子的不满也变得越来越强烈。“……对我们两个人来说，这些年过得并不好，我们已经受够了，”他告诉福斯特，“而且，为了她也是为了我自己好，我自然希望能有一些改变。但我心里很明白这是不可能的。这就是事实，我只能说这么多了。”几个月前，他曾在《家常话》中写道：“根据现行的离婚法规定，我们永远无法摆脱婚姻的束缚或从中获得任何宽恕……”

但他并不是一个任由命运安排的人。他密切关注着爱伦·特南，在小说《我们共同的朋友》(*Our Mutual Friend*) 中，一些与无法控制的强烈感情有关的话语在这个语境中可能显得意味深长：“是您将我吸引到您身边。即使我被关押在严密的监狱里，也会在您的吸引下逃脱。我会冲破高墙到达您身边。即使我躺在病床上，也会在您的吸引下爬起来——踉跄着走到您面前，然后倒在您脚下。”这些情感足以让人心生敬畏，狄更斯接下来在书中评述道：“这个人疯狂的精力现在彻底释放出来，真是太可怕了。”

10月初，爱伦·特南加入秣市街的皇家剧院，而且接下来的两年大部分时间都待在那里。这个工作地点的变换看似很寻常，但事实上狄更斯在促成这份工作方面发挥了重要作用。因为在那个月中旬，爱伦进入该公司后，狄更斯感谢了经理巴克斯通，感谢他帮忙顺利安排了这件事情。“无须多言，你也明白，我对那位年轻姑娘的兴趣并不会因为这个安排而停止……”与此同时还发生了一些事情，进一步导致狄更斯与妻子疏远。究竟发生了什么，无从得知。两人之间存在许多误解，从狄更斯本人对埃米尔·德拉茹（Emile de la Rue）的诉说中看，凯瑟琳经常因他和其他女人的关系而吃醋，并总是往最坏的情况想。最终，事情变得无法挽回，狄更斯对凯瑟琳感到彻底厌恶。10月11日，他让女仆安妮·布朗彻底改造了他和妻子的卧室。原本是一间合用的房间现在被分成两半，从此以后狄更斯一个人睡，和妻子隔着一个隔板。他开始远离她，真正将自己封闭起来，与她隔开。三天后，他与凯瑟琳吵了一架，然后离开了塔维斯多克寓所。他无法入睡，凌晨2点下床，一直走到盖茨山庄。这条路大约有30英里。“这条路在夜晚显得非常荒凉孤寂，”他之后写道，“我走着，自己单调的脚步声几乎令我睡着了。我以每小时4英里的速度前行，一点也不感到疲倦，只是不停地打瞌睡和做梦。”他走了七个多小时。在边走边做断断续续的梦中，他又写诗又说外语，还感觉自己会在一家“阿尔卑斯山上的修道院”里吃早饭。在这个神秘的夜晚旅行中，他还梦到了什么呢？几周后，他向沃森太太提起了这位神话故事中的公主：“你不知道，我对她爱得有多疯狂！”实际上，他不止一次含蓄地将爱伦形容为从故事书中走出来的“公主”。但让人奇怪的是，对他来说，她更像是他想象世界中的角色、他内心欲望中的虚构人物，而不是一个真实的存在。即使在狄更斯炽热的情感之中，我们或许也能找到“说故事者狄更斯”的影子。

但是，即使在这段时间里，狄更斯也继续工作，始终展现在公众面前。他忙着筹备《家常话》，忙着演讲和各种约定的事情，忙于为杂志准备下一个圣诞特刊。对于后者来说，至少他很快找到了一个相当充分的主题：早些时候印度爆发了叛乱，印度本地人对当地的英国人进行了大规模抗议，这似乎激起了狄更斯的强烈愤怒，其中也夹杂着他自己的不满情绪。他举办了两场《圣诞颂歌》的朗读会，一场是为考文垂的工人成人学校而办的，另一场是为罗切斯特的一个类似机构而办的。他在11月底发出很多邀请函，邀请朋友们来他的家中共进晚餐，所以狄更斯的家里至少在表面上看还是有一种正常家庭生活的感觉。然而，这一年塔维斯多克寓所里没有举办圣诞聚会。

新的一年里，不确定性依然困扰着他。他不确定是否应该开始一部新小说；他曾在笔记中记下了在《冰渊》期间想到的一些主意，但他还无法静下心来写这样一部长篇作品。他想要找些事情来分散自己焦虑的思绪，让自己心无旁骛，但他发现这是他一生中第一次完全无法控制自己。他仍然打算在夏天创作一部新小说，这样或许能在秋末出版；他甚至已经想好了一个标题，一个有一种不祥预感的标题，叫作《总有一天》；可是啊，可是…… 550

然而3月份，他开始认真计划要做一个扩大范围的“季度朗诵会”，时间长、范围广，从伦敦开始，然后扩展至其他省份。不过，他也很敏锐地意识到将自己（本质上）变成一个公众艺人所带来的潜在危险。然而，自从19世纪40年代早期以来，他一直在强调小说家这个职业的尊严和价值，现在他开始与朋友和出版商进行一系列对话，想要了解一下他的新角色是否会对这个职业造成任何贬低。他询问了布拉德伯里和埃文斯对他的小说可能产生的影响，当然还和福斯特谈了谈。福斯特似乎是朋友圈中唯一反对这个主意的人，他认为这会让狄更斯失去影响力和可信度。但狄更斯似乎在向朋友们征求意见之前就已经下定了决心，所以立刻忽略了福斯特的反对，认为他的反对“不合理”。实际上，月底他已经制定好了计划，他将在伦敦

551 以及其他省份朗读《圣诞颂歌》，并希望在巡演结束时能赚到“一大笔钱”。

伦敦的圣马丁礼堂聚集了一大批观众，他们来欣赏狄更斯的首场朗诵会。狄更斯上台时，纽扣孔上别着一朵花，手上戴着手套。尽管没有表现出紧张，但埃德蒙·叶慈称他走路时相当僵硬，右肩向前倾斜。然而，他立即收到了“震耳欲聋的欢呼声，说不定在查令十字街都能听得到”。狄更斯一直表现得很镇定，在开始朗读之前，他发表了一份声明。他表示决定“将朗诵作为我的正式职业，并愿意承担风险”。他接着说：“首先，我确信这不会损害文学作品的声誉和影响力。其次，我一直坚持并践行这样的观点，即在当今时代，任何让公众人物和公众面对面以互相信任和尊重的方式进行交流都是一件好事。”他还谈到自己与读者之间几近“私交”的关系：“我此时此刻来到这里，来到你们中间，理所当然。接下来我将读这本薄薄的书，就像我在写它或以其他形式出版它时那样从容。”有位听众记得狄更斯“讲话清晰，好像特别希望听众能仔细斟酌他的每一个字……”。事实上，狄更斯试图说明这是他职业发展的自然阶段，几乎是不可避免的，而在公众面前朗读并不罕见，这只会加强他与读者之间已有的联系。毫无疑问，他持有这种观点，但他当然也没有提到促使他决定举办朗诵会的两个最紧迫原因。他没有提及自己狂热的不安情绪，以及这种情绪如何摧毁了他的家庭幸福，并几乎驱使他从事这个新活动。他也没有提及自己想在比较短的时间内挣一大笔钱的愿望（尽管他向朋友们坦陈了这一点）。

当然，他承认自己遇到了问题，并且对朗读《钟声》表现出特别紧张。“说实话，”他告诉托马斯·比尔德，“当我朗读那些更感人的部分时，我仍然无法保持足够的镇定（虽然我已经练了整整一个上午了），无法以必要的力量和自制力来诠释它们。我必须像麦克白夫人那样使自己下定决心。”他意外地发现了这种工作的真正秘密：想要打动听众，自己不能过于情绪化。他决心培养完成这项工作所需的所有技能。他一生都在接受各种挑战，只为赢得胜利。现在，他知道自己必须这样做。“我必须做些什么，”他告诉福斯特，“否则我的精力就耗尽了。”这句话再次表明举办这些朗诵会最重要的一个原因：家庭生活的痛苦和对爱伦·特南的渴望无法得到满足，这个现实推动着他不断前进，并让他觉得“即使是朗诵会消耗了体力并带来了变化也挺好，至少也算是让自己可以忍受这种生活的另一种方式”。他甚至可能在特南夫人（或许还有爱伦）面前排练过朗诵，因为她精通朗诵发声技巧。于是，他就这样开始了被无法满足的对一个年轻姑娘的爱意改变了自己的一生。

1　伊拉斯特来逊剧院，位于伦敦摄政街14号的一个表演场地。

2　希波墨涅斯，希腊神话人物，希波墨涅斯与阿塔兰忒生了英雄帕耳忒诺派俄斯。

第二十七章　分居之乱

555 狄更斯曾经以他“急促、热切还略带一点口齿不清的方式”对一个女演员说：“啊！人年轻的时候总想快点变老，可年纪越来越大的时候又想变年轻……”正是在这种观念支配下，狄更斯酝酿着一系列将永远改变他人生的事情。珀西·菲兹杰拉德（Percy Fitzgerald）在之后写道：“谁能想到或预言到，在公元1858年，他人生的整个结构竟开始摇摇欲坠，一个不可思议的变化竟会突然发生。毫不夸张地说，这确实——我记得清清楚楚——让我们都惊讶得喘不过气来。”如果狄更斯能够准确预见未来会发生的事情，他会改变自己的做法吗？答案是否定的。没有任何事情能和他自己的意愿对抗。在这个看似重新经历了童年痛苦和遗弃感的时候，他再一次展现了早年激励自己的坚定意志、反对社会障碍的热情以及自我改造的信念。这是他的第二场战斗，即使本质上是自己与自己的战斗，他也绝不会临阵脱逃。在这种时候，他大部分的人生和奋斗对他来说都像是一场梦，那么现在他的梦又如何呢？他在3月中旬告诉麦克雷迪：“就在昨天晚上，我梦见自己一心一意要越过一片障碍，但双手双脚都被捆着。我觉得，我们醒着的时候差不多也都是这样的吧？”

1858年的前几个月里，他对凯瑟琳依旧很不满，但当提到这件事时，他的语气带着严肃的厌倦和忍耐。“必须忍受这令人沮丧的失败婚姻，”他对福斯特说，“总会有个尽头。”然而，5月初发生了一些事情，让他对自己不幸的婚姻状态产生了远远超过厌倦感的其他情绪。有一两个具体的插曲对接下来几个月的事情产生了影响，尽管插曲本身掩藏在流言和猜测中，并未广为人知。其中一件事与一小件首饰有关。在演出季结束时，奖励业余剧组一些“纪念品”，这在狄更斯看来很平常。例如，负责狄更斯话剧表演音乐部分的弗朗西斯科·伯杰（Francisco Berger）收到了一对衬衫袖链扣。他也送了爱伦·特南一件首饰。有些说法认为，狄更斯给了她一个装着他本人照片或刻有他名字首字母的胸针，还有一些说法认为他给了她一只手镯。不管具体是什么东西，总之，在1857年秋，这位年轻的女演员收到了一份礼物。关于凯瑟琳如何发现这件礼物，也有各种说法。有人说，这枚胸针需要送去修理，而负责修理的珠宝商看见查尔斯·狄更斯的照片或名字首字母后便将其寄回了塔维斯多克寓所。乔治娜把这事告诉了凯瑟琳，凯瑟琳便“拿着梳子和毛刷砸她的丈夫”。但也有人说，是那个珠宝商通知狄更斯太太“她的”手镯已经修好可取，这时她才发现了丈夫给那位年轻女演员的礼物。这两种说法又使另

557 一件事变得越发令人困惑——据说，在这起胸针事件中，乔治娜·贺加斯向凯瑟琳密告的原因是她嫉妒特南。爱伦·特南在人们口中也成了狄更斯的“教女”。换言之，你能想象到的道听途说和谣言传闻有多混乱，那么当时这些传播的说法就有多混乱。但不管真实情况如何，狄更斯决定在这个时候必须与妻子分居。

他希望分居的实际过程能够私下解决，尽可能谨慎地处理。作为一个拥有重要公共身份的人，他必须以这种方式行事。因此，他向妻子提议，两人应该分开生活，但在外表上维持夫妇的形象。起初，他建议她在塔维斯多克寓所独自住一间自己的房间，但仍然以女主人的身份参加各种聚会。对他自己来说，这是一个简洁利落又可接受的解决方案，但凯瑟琳很可能没有接受，因为这意味着她不得不过着伪装的生活。然后，狄更斯提议两人轮流住在镇上和郊外——当她住在塔维斯多克寓所时，他住在盖茨山庄，反之亦然。他似乎还考虑让凯瑟琳一个人去国外住，而他和孩子们留在英国。当然，凯瑟琳拒绝了所有类似的提议，她的娘家人也不同意。面对突如其来的丈夫想要切断所有婚姻和家庭关系的愿望，她无疑感到非常困惑，所以她向父母寻求建议和安慰。她的妹妹乔治娜似乎通过沉默支持了狄更斯的安排，一旦这个愿望实现了，她必然会扮演一个更重要的角色。然而，无论狄更斯家庭中的成员如何变化，她这个不寻常的身份都会变得非常尴尬（本来也是）。

在非正式分居的建议被拒绝几天后，狄更斯再次提议让凯瑟琳搬到别处生活，他会给她每年400英镑的补贴，还会送给她一辆布鲁厄姆车。后一个物品——这辆马车，表明狄更斯确信他可以通过这种方式“了结”所有事情。毫无疑问，他似乎下定决心要像他写小说一样安排一切。后来他声称离家出走的主意是凯瑟琳自己提出的，但这显然不是事实。无论作为一个母亲有多大的缺点（只有乔治娜和狄更斯委婉地表示她有缺点），她都从来没有想过要抛弃自己的孩子。是他想让她离开，但是贺加斯一家开始积极参与协商，狄更斯想要干净利落地解决这件事的愿望破灭了。渐渐地，他被卷入一场漫长而不可避免的争论中，随后他做出了一些与众不同、无法解释的行为，其中一部分原因或许是因为他对整个事情失去了控制——这在他的生活中是非常罕见的情况，他确实不知道如何应对。贺加斯夫人赶来塔维斯多克寓所和凯瑟琳住在一起，第二天狄更斯就离开家搬进了威灵顿北街的办公室。福斯特被委派代表狄更斯（他将负责直接与狄更斯不喜欢的贺加斯太太谈判），双方同意让共同的朋友马克·雷蒙作为凯

559 瑟琳的代理人。

于是，在5月的前两周半，福斯特、雷蒙和凯瑟琳与贺加斯太太一直试图制定一个恰当的分居协议，以满足双方意愿而且不用闹上法庭。但狄更斯原本希望保密的计划无法避免地落空了。关于即将发生的分居，传出了许多谣言，而这些谣言又引发了更多的谣言，事情往往就是这样。有人说他与一位女演员有一腿，而这个女演员是秣市剧院的成员。说是爱伦·特南，玛利亚·特南，或是特南夫人，似乎没有人能确定到底是谁。也有传言说狄更斯夫人给剧院写信，证明那个女演员是清白的。还有传言称他和这位女演员私奔到了布伦。然后更多破坏名誉的谣言传开，说他与自己的小姨子有染，乔治娜·贺加斯声称她生了他的孩子。令人吃惊的是，这些谣言实际上是贺加斯家族散布的——或者说——至少在一开始，他们并没有否认关于乔治娜的传闻。关键问题是，乔治娜选择与狄更斯及他的孩子待在一起，而凯瑟琳被迫离开他们。此外，她很可能早就知道狄更斯计划与妻子分居的事情。在这些事件发生前几个月，他写信给她时透露了所有秘密。结果，她的母亲和妹妹对她产生了不满；她仍然是这位伟大作家的支持者，而她们却被遗弃和鄙视。这些伤人的恶言恶语是否源自嫉妒？

即使是最好的家庭也会发生这种情况。“问题的关键不在 560
于我，而在于别人，”狄更斯后来写信给麦克雷迪，“其中最主要的一个是乔治娜！狄更斯太太的软弱以及她母亲和妹妹的恶毒都转移到了她身上，而且她还没有意识到自己受到了打击——尽管我已经尽力严厉地警告过她们了。”

事情变得越来越糟，越来越失控，而且在关键时刻贺加斯太太似乎还威胁要把狄更斯告上离婚法庭——这是非常严重的做法，因为根据去年颁布的《离婚法》，妻子只能以虐待、重婚或通奸为由与丈夫离婚。因此，这里暗示的意思很明显，那就是狄更斯和乔治娜“乱伦”了。在狄更斯的强烈要求下，福斯特给狄更斯的律师写了一封紧急的信函，希望他对这项新法律进行解释；同时，一位医生也对乔治娜进行了检查，发现她依然守身如玉。于是，贺加斯家族悄悄放弃了采取法律行动的威胁。但光凭这些事实还不能完全理解这个家庭陷入的困境—— 一个充满愤怒和怨恨的旋涡。从一开始，他试图让这件事像他生活中的其他事情一样干净有序，但现在情况急剧恶化，完全失控了。私下分居变成了一系列正式谈判，而且他还面临暴露家庭生活的危险。作为家庭和谐的倡导者，他现在甚至被指控与小姨子有不正当关

561 系。他对压力的应对方式一直很糟糕，在这段人生中最焦虑的日子里，他放弃了以完全理性的方式行事。

然而，不久之后，凯瑟琳给马克·雷蒙寄了一封信，让他转交给自己的丈夫。信中的内容不为人所知，但雷蒙表明他想退出这个越来越不愉快且困难的任务。第二天，也许是无视了她母亲的意愿，凯瑟琳同意接受分居协议，换句话说，她接受了丈夫的条件。双方还指定两位受托人来保护她的利益——雷蒙成为其中之一，另一个是狄更斯的出版商弗雷德里克·埃文斯。实际上，凯瑟琳还雇用了埃文斯的律师，并最终在离埃文斯家仅半英里的地方安顿下来。埃文斯显然觉得自己有必要保护她，就算是以惹得手下最赚钱的作家记恨自己为代价也得保护她。但此时，狄更斯只盼着尽快解决这件事。星期天，也就是凯瑟琳接受条款的第二天，她的律师与她的父亲商讨了一番。三天后，他们与狄更斯的律师乌弗里见面，正式开始准备分居协议文件。对于狄更斯来说，事情已经结束了，他还让威尔基·柯林斯来拜访他，好把整个故事的前因后果详细告诉他。

狄更斯此时从各个渠道听到了辱骂和诋毁，还在信件中提到了这些传得沸沸扬扬的关于自己的“谎言”。他听说，在协议谈判接近尾声时，贺加斯太太和海伦·贺加斯还在散播关于乔治娜的谣言。如果凯瑟琳是在没有听取母亲建议的情况下同意和解的话——很可能是这样，那么贺加斯太太会对站在狄更斯一边的女儿发起新一轮攻击。然而，凯瑟琳本人似乎对妹妹没有任何怨恨，对把孩子们留给她照看的安排似乎感到很放心。但是，狄更斯一听到这些新的谣言后，就写信给自己的律师要求他们从贺加斯一家那里获得停止散布谣言的保证。否则，他将不再继续谈判。凯瑟琳的律师回信称，他们认为贺加斯一家不会散布谣言。但狄更斯始终不满意，他还是听到了各种各样针对他和乔治娜的谎话和诽谤，于是他要求乌弗里在对待贺加斯太太时“毫不留情”。当天晚上，性情温和谦恭的乔治·贺加斯——定是让所有这些家庭纠纷和仇恨闹得极度痛苦——写信给他的律师，保证道“我、我的妻子或女儿从未说过或暗示过我女儿乔治娜和她姐夫查尔斯·狄更斯先生之间有任何不当行为发生，这种谣传完全毫无依据”。狄更斯当然没有指责贺加斯本人做过任何事情，而且无论如何，针对狄更斯的诽谤已经远远超过了对他和乔治娜的指控。不管怎样，针对狄更斯的诽谤已经远远超过了对他和乔治娜乱伦的指控。于是，狄更斯的律师回信说，“如果这些关于狄更斯先生的指控仍然四处传播，他就

563 绝不会签署任何协议，而这一点理应得到其妻子家某些成员的认可”。他还在信里附了一份声明，只要求贺加斯太太和海伦·贺加斯签署。与此同时，狄更斯正在圣马丁礼堂朗读《圣诞颂歌》和《钟声》，这是一部有关家庭纷争后重获和谐的故事。但没有任何有关他在这些场合中外貌神情和行为的记录。

贺加斯太太该做什么选择很明显：要不然她就签署这份由狄更斯的律师为她准备好的声明，要不然狄更斯就会拒绝签署协议契据；而这份协议会让凯瑟琳的年收入增长到600英镑，而不是之前提出的400英镑。可以说任何耽搁都只会延长凯瑟琳的痛苦，而且贺加斯太太这时候应该也已经很清楚，他这位女婿不会向任何哀求让步。然而，她坚持不签署这份相当于承认散布亲生女儿乔治娜谣言的文件——直到马克·雷蒙和狄更斯的大儿子都求她这么做，好快点结束他们此时这种充满不确定性的生活，她这才签了声明。很显然，无论是为了凯瑟琳还是其他任何人，这件事都该彻底解决了。因此，在5月29日，贺加斯太太和海伦·贺加斯不情不愿地在文件上签了字，声明中说：“近来有些说法流传甚广，认为该（家庭）纠纷是由对狄更斯先生人格品行造成严重影响并损害其他人名誉的事情所引起的。我们知道狄更斯太太并不相信这些说法，我们也保证在任何情形下都对这些谣言加以否认驳斥，因为它们毫无根据。”然后，凯瑟琳的律师建议用这份声明来交换分居协议，但狄更斯认为这相当于他们试图“讨价还价”，只是一种表面上的公平。凯瑟琳的律师立即妥协了，把声明交给了狄更斯。同一天，凯瑟琳和母亲一起离开了塔维斯多克寓所，去了布莱顿，并从此再也没有踏进这里一步。 564

两天后，狄更斯回到了塔维斯多克寓所。乔治娜、孩子们和他住在一起，而且他在给朋友的一封信中详细说明了这一分居的本质；查理和他母亲住，而他的大女儿凯特将成为“这个家的女主人”。换句话说，她在名义上负责管理仆人和家务事，而事实上乔治娜本人才是真正掌管这些事的人。这时候，乔治娜也给玛利亚·比德奈尔写了一封解释整件事情的信，不过信的主旨和用词都充分表明这其实是狄更斯的口述。信中的情感明显“更多的是悲伤而非愤恨”，而事情的责任也再一次被堆到了凯瑟琳头上。就算是狄更斯口述的，她妹妹写这样一封信也是件非常奇怪的事情，不过这也说明在狄更斯焦虑和忐忑不安的影响下，这个家庭中正常的忠诚瓦解得多么彻底。但仅是写这种私人信件对他来说还不够，于是第二天他咨询了律师，想了解是否能发表公开声明为自己所受的所有不实指控解释说明。乌弗里在私下所提的建议并没有记录在案，但不管怎样，好像什么事也不能让狄更斯停止采取这一惊人的举动——在报纸上发表有关自己“家庭问题”的声明。但他开始起草这一声明时，显然觉得非常局促不安，于是就在准备为“游乐场和公共娱乐协会”所做演讲的那一天出去散了个步（说来也怪，现在他的私人生活和公共生活之间的反差真是不小）。“当我走出家门时，最先映入眼帘的是一个藏在丁香树丛中的警察，他躺在那里明显是在埋伏等着某个盗贼或是杀人犯。满怀深深的恐惧和不安，我盯着他观察了一两分钟……我这才意识到这个警察是在执行一项不会造成什么人身伤害的任务。”但他为什么只是看见一个警察就会充满“深深的恐惧和不安”呢？难道他已经被内疚所困扰，无法安心了，还是说他对坐牢有一种莫名的恐惧？

到了6月初，双方律师就分居条款达成一致。根据该协议，凯瑟琳将获得600英镑的年收益；在狄更斯的主动要求下，她还获得了随意探视孩子的权利；并且双方都同意不去“打扰”对方或起诉对方。换句话说，狄更斯给了妻子在两人法定分居情形下可能得到的一切。反过来，凯瑟琳（当然也暗指她母亲）将不再暗示或威胁以新《离婚法》提起任何诉讼。凯瑟琳的律师将该文件的副本寄给在布莱顿落脚的她。与此同时，威尔斯带着狄更斯个人声明的副本南下去看望她；他在码头上找到了她，她正在读一本小说（书名不详）。狄更斯决心在报纸上和《家常话》中刊登自己的声明；他已经给包括约翰·福斯特和埃德蒙·叶慈（Edmund Yates）在内的几个朋友看过，但他俩都建议他不要发表这种关于家庭纷争的私人说明。不过狄更斯请教了《泰晤士报》的主编约翰·德莱恩（John Delane），他认为应该发表这一声明。狄更斯决定听取他的意见，不过他显然也没有考虑过别的打算。他给凯瑟琳寄了一封附有这份声明的信，请她读一下这篇“文章”，因为其中有一处提到了她（但从未请求她同意自己透露两人婚姻生活的细节），并补充道：“也许这个世上有些人，我这辈子都不会原谅他们，但我恳切地希望你我之间所有的不愉快都过去了。”凯瑟琳（也许是性格有些懦弱）说她不反对他在声明中提及自己，但又将此信的副本寄给了她的律师们。他们立即要求推迟该声明的发表，但是已经太迟了。第二天，它在《泰晤士报》上刊登出来了，然后又出现在下一期的《家常话》中。其中一部分是这么写的：“出于某些原因，不知是出于恶毒或是愚蠢或是不可思议的巧合，这一纠纷已经成了进行误传歪曲的最好时机。那些流言，无论是对我个人的，还是对

567 我所关心的无辜人士的，都错得离谱至极、残忍无情。它们的扩散范围之广简直令人难以置信，以至于我怀疑在千千万万的读者中是否有一个人能够细细品味这段文字，将这些谣言视作无关紧要的耳旁风，就如同不去呼吸有毒空气那样。”

就算在其他方面没有犯错，但他对自己的知名度也判断错了。当年晚些时候，一本关于狄更斯生平的小册子出版了。该书认为除了伦敦文学界，很少有人知道这件事情。尽管如此，“既然这位小说家要求公开含糊其辞地否认一件大家都不知道的事——真是史上头一遭，大多数报纸还是刊登了这则宣言”。最早给他写传记的一位作家在这则声明发表时还是个孩子，他说：“我记得很清楚，这篇文章在我们这些普通老百姓中引起了多大的惊讶和惋惜之情……当时，就我们所能了解的，大家都认为这位作家的外在形象和他本人之间并不存在太大的差异之处……”但这则标题为“私人信息”的声明打破了这种平衡状态。作为小说家的狄更斯和作为丈夫、父亲的狄更斯再不能对等了。珀西·菲茨杰拉德也回忆道：“读者们简直都糊涂了，而且也很震惊……基本上大家都完全不知道这则声明到底指的是什么事情……狄更斯误以为所有的读者都听说过一些关于他家庭纠纷的谣言，而事实上，很多人都完全不知道这些事情。”

当然，狄更斯本人很确信大家都在谈论他。《董贝父子》中有一段非常具有预示性的文字，揭示了董贝得知妻子私奔后心理上的困扰。“世人，世人会怎么看待他，怎么评判他，从他身上看到些什么，又会议论些什么——这是纠缠着他不放的心魔。他所到之处，它都在那里；而更糟糕的是，就算他不在的地方，它也在那里。”狄更斯真的无法容忍这一点。他是家庭和睦生活的拥护者，却遭受着背后议论的伤害，被指责为虚伪，被指责抛弃妻子，甚至还因“偏爱”小姨子而遭受非难。他无法控制自己的愤怒和委屈，他相信自己是一个受到冤枉的好人，并且他必须告诉读者这个事实。

那么，那些相对于读者而言和他关系更近、更熟悉他的人又是什么反应呢？应当指出，这种以夫妻生活不和为由的分居在当时十分少见，而且私通这件事本身（所传他的谣言的一部分）在当时算是一个非常严重的罪行。在那个时期主要的小说作品中，婚姻制度都是很神圣的，破坏这种制度会让丈夫在余生都背上无耻或者异教徒的骂名。当然，其中也有站在狄更斯这一边的人——有威尔斯、福斯特和麦克雷迪太太——很难不去怀疑，就算在他的亲友中也普遍存在对他行为的忧虑、担心。福斯特向兰西尔承认说："两个人都有理亏的地方……但我希望你能了解事情的全部——因为从整件事看来，狄更斯经受住了这一考验，至少比你想象的要好……"但其他人就没那么宽容仁慈了，或者说，没那么支持他。哈里特·马蒂诺(Harriet Martineau)[1]认识凯瑟琳的受托人埃文斯，她声称狄更斯在"矛盾的感情"方面十分"放荡"。盖斯凯尔夫人认为，此事让他变得"特别不受欢迎"，而詹姆斯·佩恩(James Payn)[2]则将其形容为"一起引起公愤的事件，是对一切正常行为规范的公然挑衅"。伊丽莎白·巴雷特·布朗宁谈到凯瑟琳时说："这可怜的女人！她一定受了许多痛苦的折磨——这一点简直是一定的。"

那么，这出戏中的其他主要演员过得又怎么样呢？爱伦·特南或特南夫人的反应都不得而知，可以假定，她们当时应该就保持沉默了。凯瑟琳搬到了格洛斯特新月街70号，她几乎没有对外界发表过任何有关自己不幸遭遇的言论。不过，在一封寄给姑母的信中她说："如果我告诉你，我还是深深爱着并想着孩子们的父亲，内心完全无法平静，你就会理解并同情我的……我希望能在上帝的帮助下将自己交付给主，听主的旨意，过上满足甚至快乐的生活，可我太不幸了。

时间也许只能减轻我心头一阵又一阵的剧痛，但我一定会努力和这痛苦的生活做抗争的。”分居约两个月后，如她所愿，大儿子前来跟着她一起生活，其他孩子有时也会来看望她。但她的确很不幸，一个在公众面前有名无实的妻子，在情感上遭自己那名声显赫的丈夫疏远，在之后的人生中也变得越来越孤独。丈夫在这之后很少给她写信，而且信也都非常简短；开头无比正式，都是“亲爱的凯瑟琳”，结尾也是他标志性的签名和花体字；这些收信人都是“查尔斯·狄更斯夫人”。但她长期艰难的生活中最令人同情的就是她一直密切关注着丈夫的事业。她很喜欢阅读他之后写的小说，而且经常去剧院看由他的小说改编的话剧。从某种意义上说，狄更斯及其作品和她的关系十分密切，其实他从未真正和她分开过。“她总是很亲切和蔼，”后来有人这么说，“很喜欢在自己房子里给孩子们办聚会，不过那些聚会的时刻，她自己的宝贝孩子们却从未出现过。”

孩子们都怎么样呢？沃尔特在印度，弗朗西斯在德国，阿尔弗雷德、哈里和西迪尼在布伦市吉布森先生开办的寄宿学校上学，查理在霸菱银行上班（一年之后调去了香港)。当时才6岁的爱德华则待在家里，由乔治娜照顾。狄更斯提起年纪大一点的那几个孩子时说，“我和他们之间，有一种绝对、完全的信任，就好像我们是同龄人似的”。这个评价真是无比稀奇！而他在一封提到自己孩子的信中也说，“我们之间非常坦诚，就像兄弟姐妹一样”——不论是从他隐晦地把自己的年龄往小里说这一点来看，还是从他本能地将兄弟姐妹之间的关系理想化来看，这都挺有意思的。不过，我们完全不清楚他的亲爱的孩子们是否会同意他的观点，也认为他们之间有这种和睦的关系。毕竟，他们大多都不在英国，根本没有参与到分居事件里。爱德华［或者普罗姆（Plom）[3]］还太小了，完全不明白发生了什么事情。

此时，狄更斯开始因为之前的所作所为吃苦头了。而且，当英国媒体报道了他抨击凯瑟琳的一封信后（他应该能预见到，这是迟早的事情），他受到越发猛烈的抨击，这些批评都有理有据。有些时候，他变得十分抑郁沮丧，简直到了彻底崩溃的地步。“有时候我真的快受不了了。”他告诉玛丽·博伊尔（Mary Boyle）。凄凉，一种迷失的感觉，困惑，愤怒，痛苦，这会不会就是他共情到《我们共同的朋友》中无赖赖德-胡德（Rogue Rider-hood）身上的那种感觉呢：“和我们大家每天醒着的时候一样——他本能地不愿自己恢复知觉，宁愿永远这样休眠下去，如果可以的话。”长年过度工作和急迫的焦虑最终把他击垮了。毫无疑问，他当时正受神经衰弱的折磨，而且时而有很反常的行为——觉得到处都有人密谋反对他，这明显说明他此时已接近于精神失常。早些年就有关于狄更斯“发疯”的说法——那通常都是他这种异于常人的精力和小说产量给人的感觉，就连他去世后还有评论家描述他的“偏执”和“幻觉”，但狄更斯根本没有“发疯”。在这段神经衰弱的时期，他平常那些特点似乎被放大到了不真实的地步。用“发疯”这类词语形容当然很方便，而且有些时候这种描述成了一种拒绝真正了解谈论对象的方式。但有一点是肯定的：在分居期间狄更斯的一举一动中，很容易就能发现所有他童年的恐惧和焦虑都死灰复燃了，那些隐藏在心中却又无法躲避的困惑——对自我的困惑——再次浮出水面。

1　哈里特·马蒂诺（1802—1876），女作家，主要撰写通俗政治和历史文章。

2　詹姆斯·佩恩（1830—1898），英国小说家。

3　普罗姆是爱德华的绰号。

第二十八章　《一年到头》

1858年的夏天热得出奇。泰晤士河静静散发着阵阵恶臭，300万人的生活污水都在太阳底下蒸腾着，整条河就如同一个露天下水道。河岸两旁的公共建筑里，人们用氯水刷洗百叶窗，还将成吨的石灰倾倒在水里。煮过的骨头、马肉、猫肠子、骨灰，所有这些东西都在炎热的天气中腐烂发酵。就在这种天气中，查尔斯·狄更斯于6月的第二周开始了他的伦敦朗诵会，结束之后又在8月进行了省外巡演。他调整了节目单，放弃了原来的圣诞图书系列，在圣马丁礼堂里以保罗·董贝（Paul Dombey）的故事开始了伦敦的演出季。一周之后，他又增加了两则圣诞故事，《可怜的旅行者》（*Poor Traveller*）和《冬青树客栈的杂役》（*Boots at the Holly Tree Inn*），还有一段名为《甘泼太太》（*Mrs Gamp*）的独白。狄更斯说，保罗·董贝的故事“异常成功”，惹得观众个个泣不成声，他的经纪人亚瑟·史密斯甚至都不确定该是否继续上这节目。但狄更斯更懂得里面的道道，在接下来那个月里他读了两次这个故事。

狄更斯也明白，他现在比以往任何时候都更需要听众的支持。由于整个秣市街的公司都将前往曼彻斯特皇家剧院进行演出，因而爱伦·特南也必须待在那里两个月。尽管偶尔有传言称狄更斯与她之间存在“不正当的男女关系”，但所有的证据都表明这并非事实。他仿佛还在第一

575 次见到她时的那种令人眩晕的迷恋状态中。毫无疑问，他在公开声明中坚称自己是清白无辜的，而这些话在当时给人一种非常诚挚、真实的印象。实际上，这是一种近乎天真幼稚的纯真无辜。他给玛丽·博伊尔写了许多信，并在其中一封充满深情的信中说自己内心到现在还“像个孩子”，就算跟很熟的人在一起也会紧张，不自信。但他和整个特南家的关系显然是越来越近了。这个夏天，狄更斯在继续举办朗诵会巡演的同时，还在花心思给爱伦的姐姐范妮找一位合适的歌唱老师。范妮想去意大利学习，所以狄更斯花了很多心思来助她一臂之力。他还被迫为范妮·特南洗清冤屈，反驳那些把她和他联系在一起的谣言，甚至还要感谢她的堂兄理查德·斯波福德（Richard Spofford），因为他相信自己没撒谎，相信范妮的清白。狄更斯甚至将范妮与自己的女儿相提并论，说明他对特南一家几乎像对亲人一样亲近，完全没有与自己家人之间的不和谐感。

毫无疑问，当时有关特南一家，尤其是爱伦的谣言四处流传。然而，我们需要记住，与有妇之夫有染的女性在人们心目中被视为道德败坏，甚至与“妓女”无异。此外，“女演员”这个词在道德层面上仍然带有一定程度的贬低含义。虽然爱伦——很有可能——仍然守身如玉，就像狄更斯一直坚称的那样，但这并不能阻止敌意和谣言的传播。正因为如此，狄更斯对所谓“伯纳斯街绯闻”感到极其愤怒。狄更斯成功地为范妮·特南在意大利找到了音乐老师，而且他很有可能资助了她和她的母亲（作为年长的女伴）去意大利的旅费；另外两个姑娘玛利亚和爱伦仍在伦敦工作，但根据狄更斯的建议，她们从卡农贝里搬到了伯纳斯街31号（这里离剧院区更近，就在牛津街之外）。就在她们住在这个地方期间，警察盘问了这两位姑娘。爱伦将此事告诉了狄更斯，他立即暴跳如雷，完全失去了理智。他告诉威尔斯，如果《泰晤士报》报道了此事，就一定会引起“众怒”，他还在这封充满激烈措辞的信中要求威尔斯去看望这两位姑娘，并向伦敦警察厅总部投诉那名警官。狄更斯似乎认为那名警官收受某些“高层人物”的贿赂，以获取有关特南家姑娘更多的消息，这种可能性很大，但他对此的反应也表明他感到了来自四面八方的威胁。让事情变得更复杂的是，他的家庭成员在此时还做出了一些非常不体面的行为。他的弟弟弗雷德里克抛弃了妻子，而安娜·维勒不得不向新成立没多久的离婚法庭以丈夫通奸为理由提出离婚申请。另一个弟弟奥古斯塔斯也抛弃了妻子，与另一个女人一起去了美国。了解这些婚姻纠纷以及查尔斯·狄更斯本人的婚姻问题的人，或许会认为这一大家子——用当时流行的词来说——“血统不咋好”，而约

577 翰·狄更斯的轻率和不负责任在某种程度上可能对孩子们产生了影响，尽管狄更斯坚决否认这一点。

撇开这一切家庭和感情方面的烦心事儿，可以说狄更斯遭遇了最坏的情况并战胜了它。当然，他除掉了一个给自己带来不安的源头。他和凯瑟琳分居了，摆脱了曾经以为自己想要的生活。而现在，他过上了一直以来自己真正想要的生活。所有证据（虽然没有得到证明）都表明他和那位自己小说中理想化的女性开始了一段奇异、神秘的关系，而且他对爱伦·特南的感情远远超出维多利亚时期普通地下情妇的模式。他也很喜欢用气势震慑住世人，而他构思的一个圣诞故事恰好说明了他当时的态度。这个故事会“告诉人们一个真理，那便是不能与世隔绝；你就身处其中，是它的一部分，一旦你试图切断和它的联系，就进入了一个虚幻的状态；你必须参与其中，充分利用并发挥自己的能力”。正是这种生命力让他一直关注着这个世界。有一次在火车上，他告诉乔治娜，“真是一个美好的早晨，尽管我很累了，但是还不想睡，我想多看看窗外的世界。”

实际上，他写的那个圣诞故事是截然不同的，这将是在《家常话》上发表的最后一个圣诞故事。自从和妻子分居以来，狄更斯对弗雷德里克·埃文斯的不满没有任何减轻的迹象，而且他还准备同这家长期合作着的对他无比忠诚的公司一刀两断。他尤其打算收回《家常话》的相关权益，因此11月份他委托福斯特代理他与出版商协商终止这份期刊的出版。同时，他还来到盖茨山庄，与威尔基·柯林斯一起筹备《家常话》的下一期，也是最后一期的圣诞特刊。狄更斯曾一度考虑将他在圣诞特刊中的文章作为新小说的开头——狄更斯从年初就开始不停地在笔记中记录灵感，然而最终，这篇文章与柯林斯和其他人的若干故事合并在一起，组成了《出租房》。狄更斯自己写的题为《进入上流社会》的文章是一则揭示“上流社会”危险的道德寓言，或许可以说，这个主题早已深深烙印在狄更斯的内心。所以说，在描述这个故事的“艺人”身上或许还能发现一些狄更斯的影子——这个人“生活流离失所，那些生活稳定的人早已将他抛之脑后，而那些以生活体面为荣的人都害怕承认认识他”。

就在狄更斯创作并发表这则警世故事的时候，同布拉德伯里和埃文斯的谈判也在进行之中。两位出版商拒绝终止出版《家常话》，他们还否认狄更斯这一行为的合法性。于是，狄更斯又请他们把这份期刊中属于自己的股份卖给他。两人回复说或许有兴趣出售自己的股份，但仅限于狄更斯买下他们在他所有作品中的股份。然后狄更斯又出价1000英镑，只用于购买《家常话》的股份，被又一次

579 拒绝了。这场争论复杂而激烈，因为在狄更斯的指示下，威尔斯和福斯特只能同意购买或终止这份期刊（至于对威尔斯来说，让他反对之前欣赏并敬仰有多么不容易，并没有任何记载，但这算是狄更斯决心达到自己目的而不惜与熟人撕破脸的又一个例子吧）。事情变得更复杂了，因为狄更斯已经往长远考虑了，他想办一份由自己全权掌控的新期刊。他还决定重新选择查普曼与豪尔的公司来出版自己的小说，尽管他多年前也曾这样勃然大怒、义愤填膺地离开了这家公司。但那都是很久以前的事了；豪尔已经去世了，查普曼也马上退休了，已经把公司的运营交到他侄子弗雷德里克手中。这是狄更斯又一次与他的“敌人”正面对抗——不论是真实还是假想的敌人，转换阵营，抛弃那些违背自己意愿的人，用霸道的方式达到自己的目的。

因此，那年年关将近时，狄更斯感同身受地在兰开夏郡和柴郡公共教育协会的颁奖礼上发表了演讲。这次的颁奖典礼是给那些克服各种困难完成学业的工人举办的，他们是一群战胜贫穷和困难刻苦学得技能的人。想要获得成功的决心帮他们跨过了一切障碍。这些人和处于这一人生阶段的狄更斯如此相似！有一对兄弟俩白天在煤矿工作，然后每周三晚上走上八英里的路去上大学。一个在铸铁厂干活儿的铸模工每天早上4点起床去学习工业制图。一名18岁的接头工从前一字不识，通过自学学会了读写和算术。狄更斯如此描写自己："他下定决心，一旦开始学习一门科目，就要坚持到底……"

在颁奖典礼的第二天，他离开了曼彻斯特前往考文垂。在那里，他被授予一枚价值75几尼的手表（这是狄更斯前一年为考文垂学会朗诵后该学会用捐款购买的）。如同预期，他的演讲十分令人愉快。结尾时，他即兴向在场的女性同胞们祝酒："我们知道美惠女神是女人（再一次响起笑声）；我们知道缪斯女神也是女人；而且生活也告诉我们，命运女神也是女人（哄堂大笑）。我认为，既然我们从她们那里得到了那么多，不论是幸福还是痛苦，我们至少都应该为她们的健康干杯吧。（'干杯！'）"了解狄更斯家庭问题的人应该能明白这些话的重要性，对他来说，这已经非常坦率了，"不论幸福还是痛苦"。那一年的最后一天，在阴冷潮湿的盖茨山庄里，狄更斯、画家W.P.弗里斯还有柯林斯一起边聊天边玩弹球游戏。

他根本没心情庆祝自己的47岁生日。"我一点也没有过生日的心情，"他写信给威尔基·柯林斯，"你也知道为什么。"但他不想让自己的消沉情绪影响到孩子们，于是计划带他们去布莱顿待几天。他还得了重感冒，一般这种情况在他来讲就是抑郁或过度劳累的信号。"——你也知道为什么……"很有可能原因就是那个"微不足道的原因”——爱伦·特南。范妮·特南和她的母亲马上就要从意大利回来了，狄更斯非常认真地考虑将塔维斯多克寓所租给这家人；后来福斯特劝他打消这个主意。这种行为无疑会激怒那些早已臆测了“最糟情况”的人。尽管如此，特南一家重聚的时候，她们还是从伯纳斯街上那套没有家具的出租房里搬了出来，而且两位女士居然租得起卡姆登镇安普希尔霍顿街2号的房子。据传是狄更斯出钱帮忙租的，但没有证据证实这一说法，纯属传闻，主要的证据只有一个：一个月前，狄更斯抛售了至少1500英镑的公债，几周后还以1000英镑的高价为《纽约莱杰报》（*The New York Ledger*）[1]写了一篇短篇故事。显然，他急需用钱，但也许只是为了“修葺”盖茨山庄吧。不管如何，特南一家（不包括范妮，她决定继续在意大利求学）在3月份搬进了新家。5个月后，爱伦最后一次登台表演，从那之后，她就一直以在霍顿街教演讲为生。这栋带露台的房子一共四层，位于伦敦某个宜居的中产阶级住宅区。弗朗西斯科·伯杰在为《冰渊》演出伴奏时认识了特南一家，他经常光顾这里。他还记得在那里见过狄更斯打牌，并在爱伦的钢琴伴奏下和她一起唱二重唱。似乎他们合唱了两首当时非常流行的歌，即门德尔松的《快乐的玫瑰易凋零，啊，易凋零》，还有约翰·巴内特的《我采玫瑰》。

1859年的头几个月里，狄更斯经常坐在弗里斯的画板前。福斯特委托别人为他的朋友画一幅肖像，而弗里斯很乐意接受这个任务。他后来说，狄更斯作为一个被画者非常讨人喜欢，总是准时到场，而且每次都能坐2个小时……他甚至额外安排人给自己拍了一张照片，摄影师是这门技术的著名代表人物——沃尔特金斯，他还把自己的桌子、椅子和天鹅绒外套带到了摄影棚——这样，当这位伟大的原型不在场时，弗里斯仍可以按照这张照片进行绘制。照片上是一个严肃而相当疲惫的男人，坐在自己的椅子上，头发从前额梳向脑后，姿势透露着某种无法言喻的谨慎或不安。他右手握着裁纸刀，或者是羽毛笔。虽然弗里斯并没有完全照着照片来画，但他保留了照片中的基本姿势。在他的画中，照片中的疲倦被一种得意扬扬的表情所取代，庄严感中混着一种强烈的警觉。每当狄更斯坐在那里两个小时不说话的时候，他就有时间思考事情了。

他想着举办更多的朗诵会，想着在美国举行朗诵巡演，但他后悔离开英国了，因为一些私人问题。他打算接替《家常话》杂志的出版工作，但最终还是决定停止该杂志的发行。关于新杂志的名字，他最初想到的是《家庭和睦》，考虑到现在的这种情况，这个选择还真有些令人吃惊。然而，当福斯特暗示这个期刊名可能不太合适时，他很生气："恐怕我们不能过于担心涉及私人生活的可能性，否则我就无法继续写作了。"但他还是同意了福斯特的建议，考虑了《查尔斯·狄更斯之刊》和《时与汐》等名称。最终，他骄傲地想出了以下名字：

"'我们生活的故事，一年又一年。'——莎士比亚

《一年到头》

由查尔斯·狄更斯主编的周刊'"

他已经物色好了新周刊的办公室，就在威灵顿北街，距离他之前《家常话》的总部只隔了几栋楼。但房间要简朴得多，珀西·菲茨杰拉德形容它们"更像一座工坊而不是办公室"。一位访客注意到了新办公室的简约，说那里没有地毯，地板和楼梯每天都有人擦洗，所以非常干净。整个房子里几乎没有家具，只有主编办公室里的一张长方形桌子和一对带灯芯草坐垫的扶手椅。尽管如此，狄更斯还是在这栋房子的顶楼安排了自己的住处；他计划把塔维斯多克寓所租出去，但是他经常需要从盖茨山庄过来待在伦敦，所以需要一个落脚的地方。

当然，在专注于新杂志之前，他迫切需要结束在《家常话》的工作。在这个过程中，他展现了一贯的果断和坚定。为了宣传新杂志《一年到头》，他下令印制了30万份传单和海报。这时，布拉德伯里和埃文斯提出了一项禁

令，要求停止发放宣布他“将离开《家常话》并发行新杂志”的宣传单。令人惊讶的是，这次大法官法庭迅速受理了这个案件，第二天就开庭了，并做出了对狄更斯有利的判决。案卷主理官下令将《家常话》拍卖，并平等分配所得收入。狄更斯一直想要把这本杂志买下来，机会终于来了。有传言称布拉德伯里和埃文斯希望收购《家常话》并聘请萨克雷担任新主编，这让狄更斯的决心更坚定了。因此，在亚瑟·史密斯的竞价和弗雷德里克·查普曼的声东击西分散注意力的战术下，狄更斯以3505英镑的价格在拍卖会上购买了该杂志的全部股份，然后将所有储备的印刷铅版卖给了查普曼和豪尔，一下回本。如同他一直坚信的那样，他胜利了！在《家常话》的最后一期中，他宣布真理属于自己。“他心里一直明白，明白自己的权利是什么，明白如何争取这些权利，他取得了胜利，所以如果他要让这个杂志停办，它就不得不停办。所以他在好几周前就已经宣布，杂志将在最后一期发行的那一天不再继续出版。公众读到了和这相反的报道，但他们会发现这根本不会影响到这一结果。”在一封私人信件中，狄更斯还嘲笑了他之前的出版商，说“他们可真是笨得不行！”。

《家常话》和《一年到头》两本杂志最终于1859年6月4日星期六那一期中合并了，那之前《一年到头》已经独立发行了五周。两份期刊在某些方面简直一模一样——一样大小、一样朴素的外型、一样的双栏页面、差不多一样的文章搭配以及一样的两便士定价。新期刊的第一期在头版刊登了他手中新小说《双城记》的开头。这也是另一种意义上的开端。他一直在思索这份新期刊的特点以及它之前杂志的缺点，最后决定《一年到头》将一直连载小说（事实上，有的时候两部小说会同时连载）。他记得，《老古玩店》曾经拯救了《汉普雷老爷的钟》，而《艰难时世》也在《家常话》中大放异彩。事实上，小说将成为这份新期刊的主要特色，其中就有《月亮宝石》和《白衣女人》，仿佛是向一种更加悠闲放松的阅读文化致敬。

《一年到头》第一期出版的时候，狄更斯已经至少写完了《双城记》的前三期（每周一期）；事实上，在长时间的酝酿期后他的创作速度很快，而且他打算继续保持下去。但可以说，他想象世界中迸发出的构思还没有完全成熟。他一直非常欣赏卡莱尔的《法国革命史》，于是便请卡莱尔推荐一些适合他研究那段历史的书籍。卡莱尔回复了他，并给他寄了一“大车”从伦敦图书馆借的书。狄更斯显然读了这些书或者至少翻阅所有书。在这段创作期间，他的目标就是要读书，而且他对这个故事的兴致极高，简直到了“着魔”的地步。在5月中旬之前，他一直是这个故事的“奴隶”，并于10月初完成了他的创作。卡莱尔22年前对法国大革命这段历史的精彩描写加强了狄更斯对它的了解，但他似乎一直都对这个话题非常着迷。事实上，他对这件事的看法从未真正改变过，因为他的基本观点是，法国的旧制度本身创造了革命的条件。“这是人民争取社会认可和存在的斗争”，狄更斯曾在《考察家报》中如是写道。当时正是激动人心的19世纪40年代，宪章运动见证了英国的一场类似性质的大革命。“这是推翻压迫制度的斗争，这一制度蔑视一切人性、正直和自然权利，彻底侮辱损害人民利益，但正因为如此，人民积累了惊人的力量，揭竿而起，彻底推翻了它。”他在自己所有的文章中都强调这一社会哲学，或者说是社会执念。

不过，《双城记》对狄更斯来说意义非凡，因为他把它看作一部注重情节和各种小插曲的小说，而不是强调角色或对话的小说。夏天的时候，他一边创作这本小说，一边在读丁尼生《国王的叙事诗》的前四首，有可能这就是他把这本小说也称为“一个风景如画的故事”的原因。他总是很容易受到这种偶然出现的事物影响，不过这又不禁让人们对影响他小说创作的文献资料产生了一种不安、一种疑问。所谓“不安”，是指他现在受到剽窃的直接指控——不是剽窃卡莱尔而是《死亡之心》，瓦茨·菲利普的一部剧作，两者的历史背景一样、故事也差不多，就连高潮也很相像。不过也有人认为，狄更斯还抄袭了许多其他作品，其中有布威·利顿（Edward Bulwer Lytton）[2]的《扎罗尼》、马修·刘易斯（Matthew Lewis）[3]的《城堡幽灵》、亚瑟·杨格（Arthur Young）[4]的《法国之旅》、路易斯·塞巴斯蒂安·梅尔西埃（Luois Sébastien Mercier）[5]的《巴黎一瞥》以及博马舍（Pierre Augustin Caron de Beaumarchais）[6]对其在法国恐怖统治时期被监禁的经历的记述（最后三部很明显是卡莱尔推荐的，他自己也参考了这几本书）。但其中对他影响最大的或许还是卡莱尔。小说的语言明显能让人联想起卡莱尔——“他们的确是在海上，船和船员都有遇到风暴的危险”明显是对法国现状的卡莱尔式比喻，但这些在狄更斯这一面完全是无意识的。就像他总是通过文字来感知自己最强烈的情感一样，其他人的文字也同样会对他产生巨大的影响。据卡莱尔的传记作家弗鲁德说，1837年《法国革命史》出版时，狄更斯不论走到哪儿都会带着一本；他晚些年的一张照片也可以用来证明他参考了此书：照片上，他站在盖茨山庄的草坪上看书，手里拿着《法国革命史》。狄更斯在这本小说的前言中称其为一本“精妙绝伦的书”。毫无疑问，《双城记》中的某些片段建立在卡莱尔的历史记述上，尤其参考了他对革命群众以及9月大屠杀的描写。卡莱尔对历史的叙述或许还让狄更斯借鉴了一些不为人知的记录，在他的情节设计中起到很大的作用。但很难就此认为，通过这些借鉴，狄更斯从卡莱尔身上得到了一种好像“历史哲学观”的东西，他只是从卡莱尔身上汲取了自己当下所需要的，仅此而已。而且很有可能，不论狄更斯在早年从卡莱尔那里获得了什么样笼统的灵感，现在差不多也都已经烟消云散了。

其间一个有趣的逸事很好地表现了两人关系的本质，也许比任何专题论文都更能说明问题。卡莱尔去听狄更斯朗诵《匹克威克外传》中审判的情节，当狄更斯走上演讲台时，两个人互相点头示意。两人当时交情极佳，而且对幽默的理解也很相似。当时有人仔细观察了这个场景，“我以为卡莱尔会开小差，狄更斯也好不到哪儿去。卡莱尔坐在第一排，毫不克制地不停哈哈大笑，笑了一次又一次，直到笑得筋疲力竭。狄更斯读着读着，还会停下来好让卡莱尔有机会收敛一下自己的笑声……”。在幕间休息的时候，卡莱尔去后台喝一杯稀释的白兰地。“卡莱尔拿下眼镜，朝狄更斯点点头说道，‘查理，你那帽子下面真是藏了一大群演员呐’。”这当然是一句恭维话，但毫无疑问，卡莱尔其实只会把他当作一个艺人，他对小说的偏见导致他忽视了这一职业中更为严肃的方面。狄更斯的观察力那么敏锐，他当然发现了这一点，但还是以钦佩和友善的态度对待卡莱尔，中间还掺杂着一丝拘谨。无论如何，全盘接受卡莱尔或是卡莱尔作品中所阐释的主题都完全违背狄更斯独立自负的性格；尤其是狄更斯并不赞同他对过去的热爱和对权力的崇拜。而且，还有值得注意的一点，卡莱尔历史叙述中的这两个方面都没有出现在狄更斯的小说中。

但如何看待狄更斯广泛的借用呢？人们普遍认为，狄更斯借用了哥尔德斯密斯、斯莫利特、斯特恩、马利雅特、阿狄森（Joseph Addiso）[7]、斯科特（Sir Walter Scott）[8]、菲尔丁、霍加斯等人的艺术效果、人物和情节。例如，霍加斯相当于给狄更斯提供了一个类似神话集合的东西让他能按需取用。总的说来，狄更斯所谓“抄袭”或借用的素材根本没有他将其转变成自己独特艺术组成时所依据的原则标准重要。事实上，他的作品中存在两种借用形式。一种完全是无意识、出自本能的，而且我们完全可以说，如果狄更斯知道传闻中自己从之前的小说家那里借用的片段或人物的数量之多和种类之广，他一定会大吃一惊。斯莫利特、斯特恩、笛福或阿狄森的作品只是他整个创作世界中的一小部分，与其说他有意抄袭了他早年喜欢的作家，还不如说他从真实的纽盖特监狱中偷取了纽盖特这一形象。第二种借用类型要更为有意。例如卡莱尔的《法国革命史》，狄更斯从中选取了一些他觉得意义重大的片段或事件，然后在自己的小说里重新利用。对他来说，这些片段是灵感的来源。他缩写、扩充、改编这些片段，但在任何情况下所有原始素材都只是因为狄更斯对其全新搭配组合后才具有意义。如果说它们是“偷”或“借”或“抄袭”而来，就等于说狄更斯用的词是从英语这门语言中“偷”来或“借”来的。正是如此，狄更斯在《双城记》中向卡莱尔借用了他所需要的素材，然后根据自己那极其独特癖好或者根据当下最关注的话题——监禁、重生，尤其是对自我牺牲和放弃爱情的关注——加以改造。

1 《纽约莱杰报》，1855年由罗伯特·E.邦纳创立的一份文学周报，在纽约发行。

2 布威·利顿（1803—1873），是英国政治家、诗人、小说家和文学批评家。

3 马修·刘易斯（1775—1818），是一位英国作家。

4 亚瑟·杨格（1741—1820），是英国农业经济学家，货币数量论的拥护者。

5 路易斯·塞巴斯蒂安·梅尔西埃（1740—1814），法国剧作家、戏剧理论家。

6 博马舍：加隆·德·博马舍（1732.1.24—1799.5.18），原名彼埃尔·奥古斯旦·加隆，法国思想家。

7 阿狄森（1672—1719），英格兰散文家、诗人、剧作家和辉格党政治家，其散文风格朴实无华。

8 斯科特（1771—1832），苏格兰小说家、诗人，他确立了英国历史小说的普遍形式。

第二十九章 《双城记》

他计划1859年一整个夏天都待在盖茨山庄，创作每周一期的《双城记》。他现在的生活和之前完全不一样了。这是他和妻子分居的第一年，或许同样重要的是，也是和马克·雷蒙之类的老朋友疏远的第一年。这段时间，朋友们越来越不容易听到他的消息，见他面的机会就更少了，就好像他故意要谴责惩罚那些对凯瑟琳流露出哪怕一丁点同情心的人一样。而且，他还得了重感冒，病了很久都没康复，还伴有喉咙痛和胸闷，让他一度好几周疲惫不堪、衰弱无力。

1859年春夏这几个月也是他第一批公众朗诵会结束后的时期。和往常一样，紧跟着巡演中的掌声喝彩及光辉万丈之后，是一个阴郁沮丧的阶段。他需要找新鲜的兴奋之源、某种新的刺激之物——这也让他更有理由对现在创作的这部新小说“完全着魔”。对他来说，在呈现悉尼·卡顿（Sydney Carton）以及那个恐怖统治的世界时所倾注的兴奋之情仅次于他在表演中投注的兴奋和激动。他计划在郊外待到10月份，这段日子足够他完成《双城记》，之后也到了他也准备出发去第二轮外省朗诵巡演的时间。作为一直以来最为井然有序且有条不紊的人，他很快就有了一套规律的行程：周一下午去伦敦，周三上午待在威灵顿街上的办公室，周四回盖茨山庄写小说，一直写到下周

593 一。其中有一小段时间他开了小差，将注意力转移到承诺为《纽约莱杰报》撰写的故事上，这个故事价值1000英镑——故事名叫《追猎》(*Hunted Down*)，而且这个故事在某种程度上展现了狄更斯对凶手这一概念的着迷以及他对托马斯·维恩莱特(Thomas Wainewright)这一案件的极大兴趣［奥斯卡·王尔德（Oscar Wild）后来在《笔杆子、画笔和毒药》(*Pen, Pencil and Poison*）中更有趣的描写让这位投毒者“永垂不朽”］。如果不是这些原因，它本身其实不算是篇值得注意的小说。马上我们就会讲到他在盖茨山庄的日常生活。这时候，对狄更斯而言，这里是一个相当安静隐蔽的地方，能让他静心创作而不受任何打扰。当然，家里还会有客人——其中有托马斯·比尔德、W.H.威尔斯和埃德蒙·叶慈，不过现在乔治娜非常能干(能妥善处理这些问题)。生活中唯一的小插曲大概就是19世纪这个时期很出色的乡村生活：路对面的福斯塔夫客栈会举行各式各样的农村庆祝活动；乡间散步，身边跟着在一条叫“淘气鬼”的猎犬和一条叫“琳达”的圣伯纳德。这个夏天天气非常炎热，特别是到了晚上更是让狄更斯觉得难以忍受；不过他还是坚持继续工作，因为连载小说和《一年到头》杂志的成功让他精神大振。

这阵子，他写信叫威尔斯把《双城记》现在一期的校样寄给爱伦·特南(他想让她看到自己是如何塑造露西·马内特的，这完全可以理解)，但他和他的新灵魂伴侣也并不一定就永不分离了。毕竟，他还有想去美国的念头。这是一个能给他带来财富的国度。一家美国期刊为一个短篇故事就付给他1000英镑，如果他再答应在大城市里做一轮长期巡演朗诵的话，有可能赚得更多。詹姆斯·菲尔兹（James Fields）的到来让他对这个讨论了很久的计划又死灰复燃了。詹姆斯是一位年轻的出版商，也是波士顿提克诺—瑞德—詹姆斯公司的合伙人，他对狄更斯的作品非常感兴趣，专门南下来到盖茨山庄再次劝他去美国。但是不久之后竟然爆发了南北战争，这对他个人而言也算是一件不幸的事。狄更斯五年之内没有访问过美国，而这期间他自己的身体每况愈下，越来越无法承受艰苦的旅途了。

因为长期身体虚弱，他决定南下去布罗德斯泰斯，试一试海边的空气和海水能否对自己身体好一些，是否有助于康复。他和威尔基·柯林斯的弟弟查尔斯住在一起，还尽可能给自己多安排消遣娱乐。有一天晚上，他就在礼堂里观赏了一个特别蹩脚的魔术师的表演。但他的身体还是很不舒服，又不能下海游泳，还觉得自己脑袋"糊涂"，不好使。其实这几个月里，他整个人一直给人一种又虚弱又疲惫的感觉。就在出发去布罗德斯泰斯之前，他写了一封信给福斯特，信的结尾还提到了撒手人寰的话题。"我

595 真是可怜，自己成了自己前进路上的障碍（可能是指自己的身体不争气），而且这是一条不断继续下去的道路。每条道上都立着同样的指路牌，在路的最前方，在每一个转弯处。”他正在创作的《双城记》中也弥漫着这种情感基调，书中某个角色也有这种情绪。这个角色曾道，“我的人生就像是在绕着一个圈移动，越来越靠近终点的时候，我也越来越靠近起点”。这和他自己的人生多么相似啊，他现在又和小时候在大家面前表演那样开朗诵会，当众朗读，而父亲被关在马夏尔西监狱时自己对入狱的担心、害怕又一次找上了他。他是不是觉得自己也快走完自己的一个轮回，又重回到童年时候的忧虑和困惑了呢？

离开布罗德斯泰斯不久，他又去伦敦待了几天，然后才回到盖茨山庄。10月初的时候——刚好来得及准备一周之后的公众朗诵会，他完成了这部小说。11月，查普曼与豪尔公司出版了这部小说的单行本，不过它好像更需要一个剧院而不是一本书作为载体。因为从某种意义上来说，这是他所有小说中最具戏剧性的一部。所谓“戏剧性”，几乎可以按字面上的意思来理解，他曾声明自己想要演戏般地描绘悉尼·卡顿的一生，因此小说中采用了极富戏剧风格和浮夸的语言。显而易见，狄更斯从他的公共朗诵会和业余戏剧演出中学到了一些东西，这个风格非常显眼，一直重复出现，简直都有些做作了。同样非常重要的是，他一完成这部小说就开始计划将其搬上巴黎和伦敦的大舞台。最终法国的计划未能成行，因为有政府审查的可能性，但汤姆·泰勒（Tom Taylor）将其改编成话剧在莱森戏院里上演了（当时的经理是瑟莱斯特夫人）。事实上，狄更斯非常希望这部小说有一个令人满意的话剧版本，因此在排练中扮演了非常重要的角色——有证据表明，几乎是他导演了整出戏，甚至为了戏剧效果修改了著名的结尾部分："这件事比我做过的任何事都要好，好得多；我将去安息的地方也比我所知道的要好，好得多。"在舞台版中又加上了一句："再见了，露西，再见了，生命！"莱森剧院离他的办公室只有100码远，方便他参与这出戏的排练；我们可以想象他沿着威灵顿街轻快地走着，周围擦身而过的人都能认出他来，他走到街对面到了河滨马路。那座昔日的剧院还在那儿，阴森，满是污垢，紧紧挨着一条毫无特色的大街。

这到底是个什么样的故事呢？从某些方面讲，这是一个黑暗的故事，充满了恐怖和毁灭、污垢和疾病、监禁和死亡的意象。其中最重要的是死而复生的意象，不过这种复活包括从坟墓中偷盗尸体，也包括悉尼·卡顿渴望的那种宗教意味更强的再生。这是一个笼罩在巨大阴影下的世界——一个落日下的世界、一个黑暗的世界；唯一的光亮就是来自法国大革命的那束强光，仿佛除了绝望的黑暗之外就剩下革命的暴怒和毁灭，再无其他选择。（相对于他的报刊文章而言）他的小说从不会单纯采取一种态度而拒绝接受其反面，而且他其实并不能化解所有互相矛盾的念头和模糊不明的态度，尤其是他现在的人生阶段，而这正是他天赋中一个重要组成部分。这部小说对黑暗和死亡的探究赋予了强大的感染力，而它的美则来自狄更斯对超然性的领悟。“这两个宇宙母亲的孩子，虽然在其他方面如此不同，但此时却眼对眼、手拉手、心连心，你一言我一语，在这条黑暗的大道上相聚，要一起回家，安息在母亲怀里。”福斯特说，狄更斯心中没有一座“理智之城”或是精神上的对策来应对、抵抗外部世界的变化，这其实并不对。他对神有一种既敬畏又向往的感情，他也能敏锐地意识到那超越一切社会分工、超越一切日常斗争的人类共同命运。在他开始新生活后的这一年中，这部最短小精悍的小说将这一点表现得淋漓尽致。

短期外省巡演从10月10日伊普斯维奇[1]的朗诵会开始，到20日在切尔滕纳姆[2]结束（从脚注可以看到朗诵会横跨的地理位置）。这期间，狄更斯总共演了14场，其间还不时回到盖茨山庄和塔维斯多克寓所。关于这趟巡演，除了观众一如既往的惊人热情和狄更斯本人充沛的精力，其他一切照旧，没什么可提的。巡演结束的时候他回到了盖茨山庄，为了给凯蒂庆祝20岁的生日（福斯特和威尔·柯林斯也一起为她庆生），然后11月初回到了伦敦的塔维斯多克寓所。他决定在那里一直待到复活节，并在这期间将盖茨山庄租出去。既然已经回来并且准备长期待在伦敦，他立刻开始工作，处理大量未回复的信件，同时也专心于期刊的日常事务。《双城记》在当月底就要结束连载了，他想在这之前决定接档小说的长度和类型，并且已经着手准备等自己的小说完结之后在《一年到头》上连载威尔基·柯林斯的《白衣女人》。从另一方面看，他还很忙，因为在朗诵巡演和小说创作的间隙他还重拾了一个公众性的工作。他参观了平纳的一所旅行推销员学校，第二天又在旅行推销员协会做了一场演讲。在这种场合，他也谈到了目前自己生活中的主旋律："先生们，今晚我们应当记住，我们都是旅行者，而且我们走过的每个圈都汇于一点，都会离我们的出发点越来越近；要记住所有的旅程都会将我们大家带到同一个终点——死亡。"演讲结束之后，主办方安排遇难旅行推销员的孤儿们绕餐厅走了一圈，这"引起了最深切的关注"；他们唱了几首歌，随后举杯为狄更斯祝酒，而狄更斯本人"似乎让大家祝他身体健康的方式弄得手足无措”。之后就到了一年一度在圣马丁礼堂的圣诞朗诵会的时间（这是他在这儿的最后几场演出，8个月后这座礼堂毁于一场大火）。圣诞节后四天，他来到威尔士考察并报道了“皇家宪章号”在拉纳尔戈附近海面失事的悲剧事件。在寻回遇难者尸体的行动中，当地牧师帮了大忙。在当地的一间小教堂里，狄更斯“一次又一次地谈到了这一恐怖的死亡场景，这个他不得不如此详细了解的死亡场景……”，又是“死亡”。他在威尔士待了四天。回到伦敦时，他又病发了，从那年年初就得了这个病。为遵医嘱，他被迫留在城里。三周前给旅行推销员做演讲时他忽然有了一个想法：新年的头一个月里，困在伦敦的他以一个“不赚钱的行者”的口吻，为《一年到头》写了一系列文章。在接下来几个月的文章中，他又一次唤起了对已逝往事、已逝童年的恐惧感。这一时期，他曾在一封信中说，“旧时光对我来说从来没有变旧或是变新”。它就跟原来一样，总是在那儿，总是会涌上心头。就跟在1860年1月到10月这16篇文章一样，如关于巴黎的太平间和尸体、关于断断续续的睡眠、关于他在夜晚的伦敦街道上独来独往、关于阴郁沉闷的大都会区、关于沃平的自杀事件和贫民、关于那个“非常古怪的小男孩”——有他自己童年时的气质、关于伦敦四大律师学院里不见人影的出庭律师事务所、关于伦敦金融城里废弃的教堂——圣詹姆斯港教堂、圣迈克尔主祷文街教堂、圣马丁酒窖教堂、圣迈克尔皇后港教堂、关于他的童年故地之行——他回来后重新记起了早年的想象，觉得自己“那么疲倦那么痛苦，变得聪明了那么多也变得糟糕了那么多”，还有关于小时候保姆讲的那些恐怖故事。这些详细地记录了他时而孤独凄凉、时而闷闷不乐的思绪，恍恍惚惚，充满了对往事的怀念、孤独、疲倦和忧郁之情（就连他这一时期的信件也都要安静朴实得多，少了许多充满创意的生机感）。这个人心中时常萦绕着过去和死亡的意象，他的思绪飘忽又迷离。这也让我们再次回想起《双城记》中的话，“因为我的人生就像是在绕着一个圈移动，越来越靠近终点的时候，我也在越来越靠近起点”。尽管他在那一系列“不赚钱的”文章中重现的那个伦敦是一个衰败的或者说衰落的城市，完全不是60年迅速发展起来的那种繁华拥挤而且甚至有些“现代”的生活，但狄更斯还是注意到身处的这个世界仍然是其中不可分割的一部分。他在创作这些文章时忆起早年的一段时光，心中充满了无限的期盼和惋惜，促使他忍不住要在创作《双城记》和《远大前程》之间的这段时间里倾诉这些想法。

4月，他先是来到盖茨山庄，然后又回到塔维斯多克寓所，想在那里一直住到6月。但这幢房子再也不是他心头所好了，它承载了太多记忆。他想要摆脱它，卖掉它。一周后，他左侧肋部犯了风湿病，疼痛不已，而这又让他不自觉地想起了一段童年记忆。于是，他决定提前离开伦敦，到乡间休养。上个月他的面部神经痛也发作了。所有这些事实上都是健康严重恶化的前兆，但他选择了不在意这些迹象，或者说忽视也行，而且此时他过去生活中的另一个部分也将离他而去。他的女儿凯特就要出嫁了——这是在言谈举止和脾气秉性上最像他的女儿，和他一样性情温和，但有时候脾气也很火爆，和他一样总是紧张且机智敏捷。她一直是父亲心头最爱的一个，总是让别的人推到前头求情的那个。她决定嫁给查尔斯·柯林斯，威尔基的弟弟——不是因为她爱上了他，她之后解释说，而仅是因为想逃离“一个不愉快的家庭”。狄更斯强烈反对这桩婚事，因为他对柯林斯本人很没把握。他雇柯林斯给《家常话》和《一年到头》写过文章，而且十个月前还带柯林斯一起去了布罗德斯泰斯，这说明他还是很看重柯林斯的，但出于某种原因他就是不让凯特嫁给柯林斯。据说，因为柯林斯是同性恋。凯特本人似乎就告诉过父亲，说她丈夫不举。当然，他俩没有孩子，而且柯林斯从结婚以来一直患有某种神秘且让人消瘦的病。他非常胆小忧郁，后来似乎还在狄更斯的怒目而视下变得更加萎靡不振。

当时家里人还出了其他问题。凯特结婚后没几天，狄更斯的弟弟阿尔弗雷德因胸膜炎去世了。他生前在曼彻斯特工作，是一名工程师，也是狄更斯所有弟弟中唯一有出息的——狄更斯已经不对弗雷德里克抱任何希望了，并彻底拒绝与奥古斯塔斯有任何来往。这两人都挥霍无度，两人的人生似乎都断断续续地影射出他们父亲的一生。现在阿尔弗雷德去世了，留下了妻子海伦一个人带着五个孩子。狄更斯立即北上来到曼彻斯特，带着弟弟的家人回到伦敦。葬礼在海格特墓地举行，那里还埋着约翰·狄更斯，然后狄更斯又和刚刚失去亲人的一家人一起回到了盖茨山庄。他在附近找了一间农舍让海伦和孩子们暂住，又帮他们在伦敦物色了一幢房子，所有这些奔波忙碌都说明他这几周满脑子想的都是他们的事情。这五个孩子甚至可能出现在《远大前程》中——他马上就要开始创作这部小说，譬如库林墓地里五座菱形的墓碑（事实上那里的确有一排菱形墓碑，总共六块）。这并不是说明他希望他们死掉，不是的，而是表明生活中的事件可以突然侵入他的小说中，就算是最严酷的现实也会转变成他自己的忧惧和执念。他过去的另一部分也将被抛弃；在塔维斯多克寓所里住了大约五年后，他现在决定卖掉它了。他计划在盖茨山庄里过夏天和秋天，然后在2月到3月间在伦敦租一幢带家具的房子。

603 这就是1860年夏末。他最喜爱的女儿嫁为人妇，他的弟弟去世了，他的老房子卖掉了。他的母亲现在也奄奄一息。所有这一切都是分离的象征，而受情绪低落折磨的他现在总是无法入睡。在状态最差的这个时候，8月初，他开始“构思一本新书”，仿佛治疗精神消沉的唯一疗法是回到自己的想象世界中。“但我们万万不可把过去的时光当作忧伤的时光，”他在9月对沃森太太解释道，“或是不把它们当作孕育当下时光的父母源泉。我们必要坚定不移地往山上爬，追寻会学人说话的鸟儿、会唱歌的树木以及金黄的水，我们必须谨记，那些被吓得回头看的攀登者都变成了漆黑的岩石。”不要回头看——这就是他要表达的观点，也可以看作《远大前程》的前兆。三周后，他就要动笔了。在这部小说中，他专注于通过改写自己的过去从而驱除过去的影响。学人说话的鸟儿和会唱歌的树，听上去就像是他小说的标志，但如果想见到这些，就只能不断往前攀爬，忽略途经的山径，万万不要回头看。

就在说出这段警示的当月，他烧掉了所有信件。出售塔维斯多克寓所前必须进行全面“清扫”，这就是清扫的一部分。当然，这还有更深远的意义，他想要抵制过去、忘记过去、重写过去，他想将自己同妻子的分居和他新生活的开始变得更加真实可感。他在盖茨山庄后面的田里处理这些信件。玛米和她的两个弟弟从屋里搬出一筐又一筐装得满当当的信，其中有卡莱尔、萨克雷、丁尼生、柯林斯和乔治·艾略特等许多人的来信……过去20年的通信。玛米请他留下一些，但他拒绝了。不，全都得烧毁。而且在他熄灭这一献祭般的柴堆后，天上下起雨来，很大的雨；“我都怀疑，是不是我的信让老天都变脸了”。

9月底，他开始写《远大前程》，或者不如说他又伪装成“不赚钱的行者”写了一篇文章。福斯特建议他再次尝试幽默的风格，那是他早年写作中不可分割的一部分（福斯特强烈反对《双城记》中缺乏幽默感），然而当他以原来的方式写作时，脑海中突然冒出“一个非常新鲜、荒诞的好主意”。“我想，”他继续说道，“我是不是应该把这篇短文删掉，然后把这个想法留着写一部新书……我可以预见一整部连载小说以一种极为独特且荒诞的方式围绕这个主题展开……”福斯特说这个“荒诞”主意里包含了皮普和马格维奇关系的原发，正是《远大前程》的核心。事实上，跟狄更斯一定要实现自己的创意相比较，《远大前程》到底采取什么形式和目前困难重重的《一年到头》关系更大。他几乎一想到这个“主意”就立马动笔了，而且显然仍和往常一样打算写20期内容，但是出于某种商业上的考虑他改变了计划。问题出在查尔斯·里维尔的小说《一日行：传奇的一生》，当时正在《一年到头》中连载，但结果证明这是一个大累赘，致使期刊销量下滑。必须马上采取措施，否则《一年到头》的发行或许会遭受无法挽回的损害。于是，10月2日，狄更斯刚开始动笔没几天，就决定把它变成一个每周一期的连载小说在杂志上发表，且长度和《双城记》差不多——尽管他之前抱怨过这种形式的缺点一大堆。于是，《远大前程》诞生了。到10月4日，他已经选定了书名，并开始以这一新形式进行创作。第一期将在12月初发布，他希望能在那天之前至少完成连载两个月的内容。至少，总的主题已经定下来了。这个故事将讲述一个“像大卫一样的小男孩”的冒险经历，但为了避免出现任何无意识的重复，“我前几天又把《大卫·科波菲尔》重读了一遍，你肯定不知道我看完后有多么受触动……”。所以，之前的小说中包含着他的过去，而那段过去仍然纠缠着他，就算现在正在创作皮普——一个急切且充满负罪感的小男孩，内心敏感至极，非常古怪——的生活，那段过去仍然纠缠着他。

前四章在那个月中旬就完成了，他本能地省掉了工作笔记，非常自然，也几乎没有用笔记中的任何内容，虽然他依旧在记着（只用了备忘录里的几个名字）。然后，为了能在工作时不受打扰，他去了盖茨山庄，到10月底的时候已经完成了七章；他又重拾原先的日常惯例，拼命工作、拼命锻炼，至少有那么一阵子他看上去开心多了。不过，他的身体再也没法那么快恢复了，也不能再维持之前的创作速度。他觉得自己在过度工作，左侧肋部的疼痛再次发作，好像是夏天风湿病留下的病根子，还失眠。他左侧肋部的疼痛持续了很久，那是中风的初期症状，最终，也是中风夺走了他的性命。但是，他在12月初说，“我必须继续写作”。他现在已经年过五十，开始有点秃顶，身体也病痛不断，虽然经济上不窘迫，但无论如何还是有什么东西驱使着他。“我必须继续写作。”他觉得身子太难受了，于是回到盖茨山庄，并在那儿继续着自己强加给自己的日常工作。“我必须继续写作”是他在这个乡间“隐居处”写的一封信中的用词，而他在这段身体不适、努力工作且精疲力竭的时期所写的这几章风格奇异，如同幻觉又极端暴力。奥力克（Orlick）失去理性般地袭击了乔·葛吉瑞太太（Mrs Joe Gargery），仿佛他替皮普发泄出了心中压抑的愤怒和痛苦之情。文章间接提到了学徒乔治·巴恩威（George Barnwell）[3]，那个有众多歌曲传唱、有故事性的著名谋杀犯；皮普向比迪坦白了“自己心中的狂怒”；奇怪的贾格思先生出现了；皮普在离开并进入自己的远大前程之前最后一次拜访了赫薇香小姐。其中的幽默可以和狄更斯早期任何一部小说相媲美，但这部小说更为黑暗，而且不知为何也更为残酷。这时候的盖茨山庄冰冷刺骨，他还是觉得很不舒服。温度计显示的数字远远低于零度，水管冻住了，卧室水壶里的水也结了冰，陶壶都冻破了。

他和家人一起过了圣诞节（因为天气太冷，他们几乎不能在餐桌前用餐），第二天回到了伦敦，主要是为了离他的医生弗兰克·比尔德（托马斯·比尔德的兄弟）近一些。伦敦的天气要暖和一些，而且比尔德还建议他不要继续在盖茨山庄和威灵顿街上新安置的单身公寓之间来回往返了。所以，他就留在办公室楼上的住处继续写作。让他高兴的是，小说刚开始连载就大获成功，因为重拾“幽默”风格而立马受到热烈欢迎。家中其他人仍然待在盖茨山庄里，而他在伦敦一直待到了1月中旬——每天工作、吃药，每晚去剧院看戏。毫无疑问，这期间他见了爱伦·特南（不过他并没有不经意地在信件中提到她）。在这伦敦冬日里，他主要的男性同伴还是威尔基·柯林斯，而且狄更斯现在面对他不正常的感情生活时也更加坦然了。事实上，他经常去柯林斯在哈利街上的寓所拜访，柯林斯在那儿和卡罗琳·格雷夫斯还有她女儿哈里特住在一起；狄更斯甚至还给她们取了充满爱意的绰号。

在伦敦期间，狄更斯创作《远大前程》的进度很快。

“每周都按计划完成任务，”他之后告诉福斯特，“没有试过的人无法想象有多困难。但是，一旦克服困难，那种喜悦之感难以想象，事情都是这个理儿。”他决定像《双城记》一样把这部小说也分成三卷。之前《双城记》不但每月一期合订发布，还每周一期在杂志上发行，但这一尝试不太成功，于是狄更斯也没有再次尝试。因此，《远大前程》只在《一年到头》中连载了36期。不过，他天生喜欢整洁有序，因此这三卷（或是“阶段”，他这么称呼）的长度几乎一样，尽管每周的内容有时长短不一。而且他也没忘记自己原本的计划——通常的20期，每月一期；仍然按月计划着这一系列，并在每月手稿的开头重新标记页码。1月中旬，他的身体好了许多，足以让他回到盖茨山庄，在接下来的几周里又像往常一样两头来回跑；不过一开始他在伦敦的大部分时间都花在物色房子上，而不是写作。他计划在伦敦租一个地方，待上5个月——主要是为了玛米，因为她很喜欢“上流社会的社交活动时节”。没多久他就在汉诺威排屋3号找到了一幢“相当迷人的房子”，面朝摄政公园。在这儿住的时候，他的生活就是写作、去办公室、请客、见朋友，当然也会从这儿去伦敦的大街小巷散步。他这个散步的习惯从小时候就有了，而且从未厌倦过。事实上，搬到汉诺威排屋的前四天，他就从威灵顿街上的办公室出发开始散步了。他沿着穿过威灵顿街的河滨马路，再顺着怀特霍尔街走到威斯敏斯特区，穿过威斯敏斯特区后再沿着泰晤士河走到米尔班克区。“天真是又明亮又温暖，”他在第二天的一封信中告诉德赛加，“于是我决定沿着米尔班克继续往前走，去河边看看。我径直往前走，在泰晤士河旁一片宽敞的大道上走了3英里，大道旁高耸林立着巨大的工厂、铁路工程之类的东西，街头巷尾通向泰晤士河。以前我在河上泛舟而过，这片地方还是凹凸不平的泥地和沟壕，零星有一两间酒吧，还有一座老磨坊和一根高高的烟囱。尽管我以为自己和在这座大城市中生活的每一个人一样了解它，但我从来没有目睹过它的变迁……”。《大卫·科波菲尔》里的妓女玛莎就被追到了这个地方——而此时，1861年1月的最后一天，狄更斯沿着她的路线来到了这个地区，这里在他笔下曾是“一到晚上就变得死气沉沉、阴郁冷清，和伦敦周围其他地方一样。那儿有座巨大的空监狱，监狱附近有一条荒凉的路，路两旁既没有码头也没有住家”。

一条缓慢流淌的沟渠把淤泥都堆在监狱墙边，附近的烂泥地里长满了杂草。其中一块地有烂尾的房屋架子，都腐朽了。另外一些地方堆着生了锈的蒸汽锅炉、机轮、曲柄、管子、熔炉、桨、锚、潜水钟、风车轮叶，还有一堆叫不出名的奇怪东西……但现在这块曾经满是木头、破烂建筑和废弃机器的地方改头换面，成了狄更斯脚下这片宽阔的河滨大道。

这十年间伦敦的变化太大了。原先这个地方只是18世纪一座破败城市的郊区，而现在却是19世纪晚期的一座现代首都——更干净、更宏伟、更井然有序。泰晤士河南北两端已经修建了主干下水道，泰晤士河再不是之前的露天污水坑了。街道修缮过后，那个17世纪、18世纪的伦敦城已经彻底改头换面；铁路入侵城市，把整个区域划分成一块一块的，还挖得到处都是坑；伦敦金融城商业区的重建工程也让许多地方夷为平地。就连19世纪早期纳什（John Nash）[4]风格的伦敦也在巨大变迁中被毁了。维多利亚女王街横穿整个城市，从黑衣修士桥通到英国中央银行。坎农街拓宽了。法灵顿街、加里克街、克勒肯维尔路、南华克街，这些地方都正在以“露天修建”或“挖掘后覆盖”的方式进行修建，逐渐将伦敦的一部分地区变成了一个大建筑工地，满是灰尘和木制脚手架。威斯敏斯特桥和黑衣修士桥重建了。亨格福德吊桥拆了。坎农街上建起了铁路终点站、维多利亚火车站、圣潘卡斯火车站、布罗德街火车站、从肖迪奇区到利物浦街的铁路线。最壮观的要数从帕丁顿区到法灵顿街的地下铁路线，于1836年

611 开通——这一浩大的铁路线建设工程意味着《奥利弗·特威斯特》中所描写的那个老克勒肯维尔区已经基本上不复存在了。对狄更斯这样从三四十年代就熟悉伦敦的居民来说，很可能，这座旧城就如同已经灭绝，然后在原地重新拔地而起建了一座新城。只有在那些于三四十年代拍摄的伦敦最早期相片中，还可能看到斯莫利特(Tobias Smollett)[5]居住过、笛福(Daniel Defoe)[6]工作过的那座城市的轮廓。这些早期照片中传递的寂静和安宁让人感觉这真是一座在逝去的光阴中存活下来的城市。然而后来在六七十年代的照片中展现的却是一个截然不同的首都：广告牌、公共汽车、车上戴着高筒窄边丝绒帽的男人、出租马车、急速而模糊的车流，所有这些都让人想起一个和现代生活更为接近的城市，和我们的生活更为接近的城市。只有在那么一段时间里，新时代与旧时代同时存在，并充满了动荡。在这段时间里，狄更斯大踏步走在两个时代之间。

所以说，当查尔斯·狄更斯沿着新修的岸堤大道漫步时，伦敦正经历着翻天巨变。这再也不是他童年和青年时代熟悉的那座城市了。现在的伦敦正逐渐成为一座遍布宽敞街道和地下铁路的城市，乔治王时代伦敦那种整齐和对称性完全被维多利亚中期公共建筑的帝国主义新哥特式风格所代替。原先那种简洁紧凑的感觉彻底消失了，与之一起消失的还有18世纪独有的优雅和情调，取代它的是一座规模更大、管理更严、组织更有序的城市。大都会更大了，但也更空荡了，因为周边的郊区吸纳了一部分流浪人口；同时，这座大都会也更加平淡无奇了；变得更公共化，成了帝国和商业中心，但也越来越没有人情味儿。在19世纪60年代新修的大道和广场上可看不见埃比尼泽·斯克鲁奇（Ebenezer Scrooge）[7]、赫薇香小姐（Miss Havisham）[8]、费金[9]或是小扒手道奇（The Artful Dodger）[10]。这不再是狄更斯想象世界中那个荒无人烟、了无生气的地方了，也不再是荒谬怪异、供他的角色见面和活动的场所了，但狄更斯一直活在那座旧城里。就在他沿着泰晤士河岸堤散步的时候，他也在和皮普一起穿过40年前的那座城市。狄更斯观察这座新城时，自己的想象力正停留在《远大前程》中那个更古老的伦敦城里，眼前所呈现的，还是那个逝去的伦敦。那座旧城才是他一直生活着的地方，是那座城造就了他，是那座城摧毁了他，也是那座城又让他重生。对他来说，那是一座梦想之城和想象之城。在他的作品中，那是一座永生之城。随着身边发生的种种变化，他是否觉得自己也是那荡然无存的天命中的一部分呢——在这座新城里，慢慢作古?

1 伊普斯威奇，位于英格兰东部城市。

2 切尔滕纳姆，位于英格兰西南部。

3 乔治·里洛（George Lillo）创作的17世纪民谣《伦敦商人》（亦称作《乔治·巴恩威尔的历史》）中的一个人物。

4 约翰·纳什，英国建筑师，曾在摄政时期负责伦敦的城市设计。

5 英国作家托拜厄斯·斯莫利特，于1721年出生在苏格兰格林诺克（Greenock），是一位非常重要的小说家和旅行作家。

6 Defoe，全名丹尼尔·笛福，是17世纪英国著名的作家和记者。

7 埃比尼泽·斯克鲁奇是狄更斯著名的小说《圣诞颂歌》中的主角。斯克鲁奇是一个自私、吝啬的商人，过着孤独而悲惨的生活。然而，在一个圣诞夜里，他接连遭遇到三位幽灵，从而改变了他的人生观，最终变得慷慨和仁慈。

8 赫薇香小姐是狄更斯的小说《远大前程》中的重要人物之一。赫薇香小姐是一个富有而神秘的老太太，她由于被未婚夫抛弃而变得痛苦和封闭，生活在一个永远停滞在过去的婚礼场景中的废弃宅邸里，对爱情和男性抱有深深的恶感。

9 《雾都孤儿》里的犹太老人费金，是伦敦街头流浪小混混的总教习，那些可怜的孩子，经过他的调教，彻底沦落，变为混迹于伦敦街头的小偷，扒手和毛贼。

10 小扒手道奇是狄更斯小说《雾都孤儿》中的一个关键角色。道奇是一个机智而狡猾的年轻小偷，他带领一伙小扒手在伦敦的街头行窃。费金和道奇成为朋友，并经历了一系列冒险和困境。

第三十章　扑朔迷离的私情

615 或许是想送给自己做礼物，下一个生日的时候，狄更斯买了玛丽·格林（Mary Green）的《英格兰公主的生活》（*Lives of the Princesses of England*）和艾格尼丝·史翠克兰（Agnes Strickland）的《英格兰女王的生活》（*Lives of the Queens of England*）[1]这两本书。同一天，他在汉诺威排屋3号为自己办了一场晚宴；客人中有他的老朋友比尔德，他的大部分家人也在场。查理已经从中国回来了，现在正在伦敦金融城里工作——事实上他父亲的《远大前程》里面也有他造成的一定影响。小说中年轻的赫伯特·鄱凯特本来是一个“去中国做茶叶生意”的“商人”。但狄更斯在校稿的时候把这些和儿子隐约相关的部分都删掉了。不过，其中一处关于赫伯特的描写他没有删去，那语句简直就是在描写他儿子，“他整个人的神态举止就带着一种急切渴望成功的感觉，然而那种感觉又在我耳边窃窃私语，告诉我他永远不可能多么成功或是多么富有”。还有一件事值得一提，狄更斯因为儿子坚持要娶贝茜·埃文斯而愤怒伤心，因为贝茜的父亲是他从分居以来就彻底冷落疏远的那位出版商。有这般因由的话，在小说里用文字表述对狄更斯来说是不是一种发泄内心不满情绪（不能在正常生活中表露出来的那些情绪）的一种方式呢？弗兰克也在家，狄更斯对他做生意的本事已经绝望了，就安排他在《一年到头》的办公室里做事务总管。玛米当然也在，还有乔治娜，她在1861年的人口普查中被描述成“仆人——管家”，这真是太直白、太不好听了。凯特和查尔斯·柯林斯住在克拉伦斯排屋她婆婆的公寓里。狄更斯还是很不看好这俩人的婚事。狄更斯同时还得资助在国外的其他孩子。沃尔特在印度已经负债累累，上个月狄更斯就给他寄了115.14英镑。还有他弟弟阿尔弗雷德的遗孀海伦和五个孩子，还有他年迈的老母亲。难怪他在下个月的一封信中提到，“我让生活压弯了腰，简直要压垮了，还被拴得牢牢的”——写这封信时他刚刚在《远大前程》中描写过那些“双手铐在一起，脚上还戴着镣铐”的囚犯。故事中，皮普正在靠想象力理解那些戴着锁链的罪犯的悲惨处境。但毫无疑问，这些文字的暗含之意就是，狄更斯已经把自己和囚犯甚至遭驱逐的人画上等号了。

他自己的事情也是一大堆。他想尽快写完《远大前程》——他自己设想在6月初的一个日子写完，但3月和4月即将在圣詹姆斯礼堂举行的六场朗诵会打断了他的创作进度。到了举办朗诵会的时候，前排的一些观众“清清楚楚地看见，狄更斯一踏上舞台，就被观众的热烈欢迎感动到眼里泛起了泪花”。圣詹姆斯礼堂中有一位观众就是托马斯·比尔德，但他坐在最后排，还非常腼腆，不愿意去“后台”和狄更斯一起喝掺了水的白兰地。他不想影响自己的老朋友。他真是太忠诚可靠了，但是也太羞怯扭捏了，所以不可能这么做。而且相对于狄更斯身边那些感情更加外露的人来说，他或许是一个更好的朋友。就像萨克雷在这时候曾说过的那样，“要是出了什么事儿，没有人会告诉他。狄更斯就是苏丹王，而威尔斯就是他的大首相”。朗诵会结束的时候，狄更斯很高兴，因为付清所有费用之后他还赚了500英镑，当然更让他欣慰的是自己又能专心继续创作皮普和马格维奇的故事了。为了清静，他好像在新十字区五铃酒吧附近租了几间屋子（他之前也曾在这里租房住过），4月底他已经在创作皮普“远大前程”的第三“阶段”了，而且皮普也已得知自己所有的财富和“绅士”地位都来自囚犯马格维奇的口袋。

他继续埋头写作，但是疼痛一直折磨着他。他的“面部神经痛”又发作了。5月20日那天，他身体非常不适，无法去主持一年一度的报纸经销商慈善协会晚宴（威尔基·柯林斯很不情愿地代替他去了）。两天之后，他租了一艘泰晤士河汽船，以便能更准确地描绘在泰晤士河上追捕抓获马格维奇的情节。福斯特和其他几位朋友也加入了这趟旅行。福斯特注意到“他似乎没有什么操心的事……朋友们很开心，这让他也很开心，而且他还用自己源源不断的突发奇想逗他们乐；但他一直都不曾合眼，一直在观察，河两岸没有任何东西能逃出他的火眼金睛。回来后，狄更斯记下了所有潮汐及涨落时间，列了整整一张单子。第二天，他南下去多佛住了一周，主要是为了能不受打扰，专心创作小说的最后一章，当然也希望海边的空气能治愈他的神经痛。他还是坚持散步（一天，他竟从多佛走到福克斯通，然后又走了回来，来回大约有14英里）。当然，他的注意力还是在小说上，为了能在下个月中旬完工。“我在这里工作起来像台蒸汽机，走起路来像巴克利船长”，这位船长是个有名的步行者，他曾经在1000个小时里走了1000英里。等回到伦敦的时候，小说确实快要完成了。为了合理安排小说的最后几个情节，他把已经出现过的日期和角色都记在备忘录上。他希望能在6月12号写完，他计划得太有条理了，竟然提前一天完成了。更不可思议的是，小说一写完他的神经也不痛了。

这时候，狄更斯回到了盖茨山庄，准备在那里避暑过夏天。他习惯于每周三北上伦敦，安排《一年到头》下一期的“内容排版”，但其他大部分时间都是在肯特度过的。年纪小点的几个男孩也从学校回家过暑假了，现在终于有机会打板球、去郊外探险、散步或是仅仅在草坪上待上几小时。然而，对狄更斯而言这也是工作的机会。他这一生从没有真正休息过，就算是在这几个月的宁静夏日里，他也在勤奋认真地准备即将在秋天开始的朗诵会。长期以来，他都想要设计一场《大卫·科波菲尔》的朗诵会，现在离巡演开始还有四个月，他终于找到了实现这一愿望的绝佳机会。同时，他还准备了朗诵讲稿，暂时取名为“约克郡学校里的尼古拉斯·尼克尔贝”“侏儒乔普斯先生”“鲍勃·索亚先生的聚会”“巴士底监狱”以及“远大前程”。最后两个节目没上演过，其他几个都让他搬上了演讲台，《大卫·科波菲尔》的朗诵版时长约为2小时，《尼古拉斯·尼克尔贝》大约是1小时15分钟。

然而，在准备朗诵会巡演的时候，一则噩耗传来，很可能意味着巡演尚未开始就可能泡汤。这让他焦虑不安：他的经纪人亚瑟·史密斯病了，而且病情很危急；狄更斯很担心但也手足无措。史密斯卧病在床的时候他确定不了任何计划，另一方面，他也不想雇别人；直到狄更斯意识到史密斯无法康复了，才决定雇一个名叫亚瑟·海德兰的人顶替他。随后，史密斯病逝了——狄更斯一直称他为自己的“右手”。狄更斯参加完葬礼的第二天，他的妹夫亨利·奥斯丁也去世了，这是狄更斯经常寻求帮助和建议的一个亲近的人。更多死亡的消息如潮水般涌来。但是，他宣布朗诵会“必须战胜重重困难继续推进，就像生活中的其他一切事情一样”。狄更斯在面对朋友和亲人的逝去时一直都是这个反应——与其（悲伤和离别）斗争。在这个世界上，我们“都要经受苦难、奋力拼搏然后奔赴死亡”。但对狄更斯而言，重点在“奋力拼搏”上。事实上，亚瑟·史密斯的离去远比亨利·奥斯丁的去世更触动他。一切都不一样了，离了他，狄更斯觉得非常迷茫无助。之前史密斯一直一手操办一切事务，处理票务、观众、交通和宾馆等。现在他不在了，狄更斯不禁怀念“自己身边那种高效和舒适”的感觉。对他来说，这种感觉在整个英伦帝国长途艰苦的巡演中至关重要。

那年秋天，他就这样动身开始了第二轮朗诵会，一路上都在担心没有亚瑟·史密斯朗诵会会变得无聊乏味。此次巡演将于1月底结束，将包括远至布莱顿、爱丁堡、黑斯廷斯和普雷斯顿等几个地区。但第一站并不顺利。据他说，第一站诺威奇的观众“没有磁场”（not magnetic），他的意思是，他和听众之间没有互动；有时候他会用伦理学上的术语把这称作一种“公共联结”（common bond），但大多数情况下这是一种更实在、可感知的联系。同样重要的是，在第二轮巡演中他竟能隐约辨别出各种观众的不同反应，反过来也说明，他的表演在很大程度上依赖于他和每场观众之间“特有的私人关系”。这对他来说几乎是一种身体上的充电，能量的激增给他带来动力，让他得以在每晚朗诵时扮演各种角色。但这种能量现在也开始对他的身体产生不利影响。11月初，科尔切斯特的朗诵会结束后，一个小孩子获得允许去狄更斯的更衣室见他；多年后，这个孩子还记得狄更斯“只穿着一件衬衫，紧张地来来回回地踱步，想让自己镇定下来……”；后来他还吃了一顿丰盛的晚餐，但“不论是心理上还是身体上，还是完全没有平静下来……”。

11月中旬，他回到了肯特。在紧张的朗诵会行程中，他还安排了一个为期十天的假期，这样他就可以准备《一年到头》的圣诞特刊了，然后又再次启程继续巡演。不过，正是从这个时候开始，他之前预见亚瑟·史密斯不在时可能产生的问题都开始显现了。11月第三周，朗诵会开始出岔子，先是泰恩河畔纽卡斯尔发生了一起事故。那里的观众“都对斯迈克的遭遇非常平静”，突然，狄更斯头顶照明的煤气设备掉了下来；一个女人尖叫着跑向他，人群中出现“一阵惊慌”。还好这种时候狄更斯总能冷静自持，他对那位女士大声说：“没事，请相信我；别慌，请您回去坐好。”慌乱的观众们平静了下来，设备也重新装好了，朗诵会继续进行。但当时那一刻真的很吓人；挤满了人的礼堂、激动的人群（好像每每都会变得歇斯底里），退场的困难、汽油设备的不稳定，所有这些都意味着这种场合很可能着火或发生踩踏事件。而且这个时候，狄更斯也更惋惜亚瑟·史密斯的离去。宣传朗诵会的传单丢了；朗诵会宣传有错误；印刷的节目单有细节上的错误……狄更斯作为一个在工作安排方面一直要求极尽可能精确和严谨的人，这时无疑既担心又愤怒。

1862年1月，巡回朗诵会结束了，而他又失眠了，还“让汽油味和高温弄得头晕眼花、疲惫无比”。他又一次回到盖茨山庄休养。2月，他突然决定带着全家跑到伦敦的一幢房子里住一季（这次不是租的，是和盖茨山庄交换居住）——海德公园南大门16号，离肯辛顿花园只有几码远。但他一点都不喜欢这个地方——“这幢令人恶心的小房子”，他管这座房子叫“伦敦小棚屋”，而且他的工作也没有结束。他之前答应在伦敦的汉诺威广场礼堂里再举办几场朗诵会，而这几场朗诵会开下来就要到1月底了；换句话说，他还是一贯地让自己忙个不停。很显然，他没有想过要休息或是娱乐——也许是为了钱，也许是为了他已经习以为常的喝彩声和光环，更有可能是以上所有原因。他也计划再写一部新小说，已经想好角色和主题了。他在查塔姆见过一对古怪的父子，之后又在伦敦码头贴的布告上“发现他们淹死了”，但事实证明，他根本没办法在肯辛顿的这幢小房子里工作。于是，每天早上吃完早饭后，他都会去办公室，当然还是习惯性地走上4英里来到威灵顿街，而且每天晚上都和叶慈、威尔斯和柯林斯这些朋友一起度过。这阵子他还结识了另外两个人，这两人从此以后几乎成了他生活中的“固定存在”。他对他们的感情极不寻常，而他们之间的友谊也将帮助我们从另一个角度了解狄更斯的性格。

其中最有趣的要数查尔斯·费希特，一位来自法国的演员，他浓重的口音成为他在伦敦舞台上大放异彩的绊脚石。他的一举成名之作是1861年在公主剧院扮演的哈姆雷特一角，当时剧院里一位雇员的评价至今仍然值得一提：“先生，太精彩了。我们都知道基恩先生，基恩先生也很棒，但他演的《哈姆雷特》就是一个悲剧。而费希特先生就不一样了，他把这出戏拔高了，成了情节剧。”事实上，情节剧并不是费希特的长项。他在当时话剧界非常与众不同的原因是他能克制当时非常常见的那种夸夸其谈且故作姿态的表演艺术，并用一种更加自然主义、更加浪漫主义也更加生动独特的表演方法来替代。

这些正是狄更斯在自己的业余戏剧表演中所追求的品质。他第一次发觉费希特的天赋是在欣赏他扮演的一个恋爱之人的时候，考虑到狄更斯自己当时情感上的情况，这或许并不奇怪。他在巴黎就曾见过他。“当时他在向一位姑娘示爱，”狄更斯告诉一个朋友，“他那浓烈的情感不仅振奋了那个姑娘，也振奋了自己，两个人像是脱离现实世界进入了一种更加纯洁的宇宙之中，像是进入了另一个空间。‘我的上帝啊！’我自言自语道，‘一个能做到这一点的人什么事做不了啊！我从没见过两个人能那么迅速、那么纯粹地因爱的力量而如此欢欣鼓舞。”狄更斯如此喜爱这样一个人——这个人能扮演精神崇高的浪漫恋人，能将爱情带入一个超越俗世欲望、更加纯洁的空间——这很难不让人联想到这一时期狄更斯自己本身的情况。 624

另外一个经常来盖茨山庄的客人是亨利·乔利，一位音乐评论家，偶尔还写写小说。他和狄更斯的关系极好，是为数不多的几个能不请自来去肯特郡过周末的人。但相比费希特，他和狄更斯成为至交的过程要更不可思议——乔利是个性情温和、体弱多病、郁郁寡欢的中年单身汉（比狄更斯大5岁）。他的嗓音柔细，走路拖着步子，郁郁寡欢，不管喝多少酒都解不了他心中的愁。但狄更斯懂他，也很喜欢他，总会安慰支持他。大家都说，乔利是个非常沮丧的人，觉得自己的人生很失败，而这种性格最能赢得狄更斯本能的关注和同情；从狄更斯的小说中就能看出他有多么“同情”那些在“人生的斗争”中被打败的人。当然，他自己从来没被打败过，但他半生的时间都处于极度恐慌中，生怕发生这种可能，这意味着对那些发生此种不测事件的人，他非常善良慷慨。但两个命运如此不同的人之间还有另外一种联系。乔利基本上也算是个完全自学成才的人，早年的职业生涯也受到了母亲的阻挠，母亲在他还是个小男孩时就把他送到一个商船办公室打工。在这早年经历的相似性中，我们也能看到狄更斯同情心的根源——没有什么故事能像受母亲虐待的故事那样触动他，而且确实有时候他对待乔利的态度就像是对待自己个性中悲伤的一面，就像对待一个失败版的查尔斯·狄更斯。这年春天住在伦敦的这段时间里，他会和乔利一起长途远足——有一次，两人听完亚瑟·沙利文（Arthur Sullivan）[2]为《暴风雨》（*The Tempest*）[3]的作曲后，一起从克里斯托剧院走回了乔利在奈特桥的住处。

房屋交换期一结束，他便赶紧逃离了肯辛顿那个讨厌的“小棚屋”，搬回盖茨山庄避暑。这个夏天又是如此安排，下午运动（在屋后的田地里玩板球或是在屋前的草坪上玩槌球），晚上打惠斯特牌、猜字谜或谜语。但悠闲的快乐时光并不长久，因为乔治娜·贺加斯在6月生病了。据狄更斯描述，她得的是“心脏衰竭”或“主动脉瘤”，而且病情恶化得非常严重，他都开始怀疑她能不能挺过来了。她情绪低落、神志不清，胸口疼痛难忍。狄更斯自己看到这个曾经在他分居时站在他这边的女人身体状况迅速恶化，急得像没头苍蝇一样乱转。6月底，她身体有点好转，但还是很重，7月底有再度恶化的趋势。他对乔治娜病情的焦虑不安会不会在一定程度上因为内疚而放大了呢？一直有观点认为，乔治娜的“心”痛得这么突然，因为她听说了或是知道了她姐夫生活中一些让她焦虑不安的事情。要不是事实上在乔治娜生病这段时间狄更斯确实行踪不定、十分奇怪甚至有些神秘，这可能就只是臆想出来的了。

6月的第三周，乔治娜的病情依然告急，而狄更斯却跑去法国待了一周，然后又为了6月27号伦敦最后一场朗诵会回来了，朗诵会结束后又立刻动身前往法国——这两趟旅行只是个开端，之后3个月间还有许多短期但很有规律的法国之行。他毫无目的地在两个国家之间来回往返，又担心乔治娜的病情，表明他在这期间无法安心做任何事。很明显，他想要开始已经酝酿了几个月的新小说，但没有足够的时间或足够平静的心态来做这件事，而且这种状态持续了两年半。往常他描述自己旅行时十分丰富，注重细节，而这一时期的通信却没什么信息价值。“我一直待在法国……我马上就要去法国了……立即回那里……去远方做客……我不在这件事只有你知我知……星期天我要消失一两天……”

“做客”这个词可真是意味深长，或许还是无意识的——他去谁家做客？还有，他去了哪个“远方”？第二个问题回答起来至少还有一点把握：狄更斯横渡英吉利海峡来到布伦，然后又往南行几英里来到了一座叫孔代特的村子。孔代特市当时的市长曾作如下记录：“著名作家查尔斯·狄更斯于1864年住在布库·穆图艾尔先生的房子里，他在那里度过了一段极其愉快的时光，总共待了八天。他还给一些当地人留下了些许回忆……”布库·穆图艾尔先生在孔代特市住的是幢朴素的小木屋，至少跟之前他在布伦拥有的那些房产还有狄更斯住过的地方相比非常朴素。但故事的亮点就在这里：布库·穆图艾尔在布伦“房产”上的花费太大，破产了，于是1860年不得不变卖财产，而后在布伦郊外十余英里的地方买了一幢朴素的小平房，就是狄更斯住的那幢朴素的“小木屋”。房子墙上挂着的牌匾显示，他1860年到1864

年之间住在这里，而孔代特市长将1864年作为他初访的时间。事实上，狄更斯信件中所有的暗示和间接证据都表明，他从1862年开始定期来孔代特，一直到1865年夏才结束。所以这样一个地方到底有什么吸引狄更斯的呢？这是一个安静甚至有些与世隔绝的村庄。要不是当地还有一些稀稀拉拉的房产，这座自带院子和花园的小木屋和整座村庄还真是格格不入。不过，倒是可以猜到狄更斯很喜欢这个地区和这幢房子的这份清静。

那么他“做客”的时候到底去见谁了呢？至少，他不断跨越英吉利海峡不可能是为了去拜访布库·穆图艾尔家。回答这个问题涉及的话题很可能让人比较尴尬难堪，多亏了1865年1月的一场火车撞车事故，否则这一答案或许永远也不会被揭开——斯泰普赫斯特发生可怕的事故时，查尔斯·狄更斯正和爱伦·特南以及特南夫人坐在头等车厢里。他们都是从布伦回来的。这件事并不算确凿无疑，但有极大的可能性：从1862年起，爱伦·特南和特南夫人一直寄宿在布库·穆图艾尔家（此时这家人急需额外收入）的小木屋里，狄更斯不断去法国只有一个目的，那就是去这个与世隔绝的地方看望她们。或许同样值得注意的是，1862年这一年狄更斯连续不断的法国之行还和另一个标识性的时期重合了，用狄更斯告诉他心腹挚交的话来说，这段时间他内心充满了“苦恼”。9月，他跟威尔基·柯林斯说：“有些焦虑的事情让我无比痛苦，这段时间我必须说出来……”3个月前，他写信给福斯特讲述“这段时间这个永远无法忘怀的苦恼之事”，还将其与自己童年的痛苦相比（他觉得自己遭到遗弃的那种痛苦）。12月，他也告诉莱提西娅，他“对自己的闹心的事情十分厌烦”。

那么是什么让他如此焦虑痛苦呢？无论如何，这和他频繁地去孔代特见爱伦·特南和她的母亲有些关系。因此，有许多关于狄更斯和爱伦之间关系性质的猜测，说他们是一对命运多舛的恋人，说爱伦生下了一个孩子还在孔代特偷偷抚养，说她流产还是堕胎了，说孩子夭折了。当然，并没有任何证据来证明这些戏剧化的猜测，而从狄更斯在10月给妹妹莱提西娅（还处于丧夫之痛中）的一封信中，或许能离狄更斯苦闷的真相更近一些。“但在这个世界上，”他对她说，“我们都是匆匆过客，只能期望有一个更好的归宿，而且除了上帝的仁慈和善良之外没有别的依靠。对一颗饱受摧残的心灵来说，这两种美好的事物便是安全的港湾……”“饱受摧残的心灵”——用这话来形容一个寡妇真是奇怪却也能说得通，狄更斯打起比方真是信手拈来。这显然也反映了他自己的忧虑，因为他继续说道，“不安的思绪和情感就像波涛汹涌的大海，很少风平浪静，没有一丝烦恼”。狄更斯似乎又在说自己的事情了；众所周知，他惯常用风暴和大海之类的比喻来描写这段人生时期，就像他本能地提到“饱受摧残的心灵”以及对上帝的根本信仰——只有这信仰才能拯救心灵。

但这不像一个奸夫或是让一个年轻女子产下一子并蒙羞生活在法国的男人能说出的话。而且，布库·穆图艾尔夫人或特南夫人也不可能允许在她们屋檐下有任何此类不得体、不光彩的举动。但这样一来就只剩下那个一直没解决或许也永远无法解决的问题：爱伦·特南和查尔斯·狄更斯到底是什么关系？毫无疑问，他对她百般着迷；同样无可辩驳的是直到生命最后一刻他都和她保持着联系。毋庸置疑，他对她的爱慕之情从未淡去。也许一个“普通”的男人在这种情况下会成为她的姘头，但只要将本书回过头翻几页就能立即意识到狄更斯绝不是个“普通”人。他在许多方面都有着无可辩驳的古怪之处。他在玛丽·贺加斯去世时那歇斯底里的反应——留着她的衣物，时不时地拿出来看一看，还想要和她合葬——就足以说明问题了。鉴于他的行为总是异于常人，就别期待他对待爱伦·特南时能循规蹈矩了。

631 但是，人们普遍认为他俩的确发生过关系，爱伦·特南还成了他的情妇。19世纪30年代有个名叫托马斯·赖特（Thomas Wright）的人把某位坎农·贝纳姆（Canon Benham）的话告诉了别人，从此谣言才广为流传——似乎爱伦后来对这位贝纳姆先生很全面地“吐露了内心”。但是只要有情妇，就会有私生子，所以最近这些年一直有人在玩“找私生子”的游戏，包括学术争执、家族秘密、生平八卦、“机密”信件中的题外话、对纳税登记册、教堂记事簿以及铁路时刻表的详细调查等做派——最终都一无所获。不过这种探寻的举动完全可以理解；人们对合法婚生的孩子甚少有那么大的兴趣，因为他们和声名显赫的父母之间的关系显而易见。但认为狄更斯有一个生于19世纪晚期，说不定还活到了20世纪的私生子这一猜测有其更为深刻的意义；不知什么原因，私生子似乎能遗传到更多的天赋，仿佛作为一个社会弃儿，其才华和自己的天才父亲更相像。私生子这个身份普遍认为至少有两位候选人，但这种猜测是毫无依据的。诚然，一位伺候过爱伦·特南的仆人曾声称“两人生过孩子”，但每一个委婉暗示两人私通的声明都有一个同样权威的人否认。从1866年就开始给爱伦·特南当女仆的简·惠勒，给爱伦的女儿留了一段话：“……要是你问了的话，她没准早就跟你说实话了，你亲爱的母亲，从来就不是查尔斯·狄更斯的情妇。”

这是一个不可能有确凿答案的问题。但是如果回忆一下爱伦·特南女儿的话，至少还是很恰当的：“我母亲经常提起狄更斯。提他的时候总是充满了爱意，还说他是一个非常好的人。提起他时，她从未透露出一丝悲伤、遗憾或是烦恼。她只是说他是个了不起的人，作为朋友也非常讨人喜欢……”这样的描述或许太无足轻重、太无所谓了，当然有可能其中某处就包含了事实真相。尽管如此，这绝不是一个“了不起的人”和一个年轻女子之间的寻常友谊。这种关系非常与众不同，比私通更与众不同，且又几乎古怪得令人困惑。想象这样一个狄更斯：一个中年人，因为一位成了自己心中妹妹、女儿、童贞母亲、孩子的年轻姑娘而痛苦；一个男人，直到生命最后都对一位女子痴心一片却又为这一片痴心而苦恼烦闷；一个作家，在自己的生活拥有了小说里让人反复描述的关系；一个天才，即使生命中困难重重也一直坚持理想，同时最终也算让理想给毁了。毕竟，他已经有了一颗“饱受摧残的心灵”；会不会就是因为爱伦不愿扮演这样一个角色才使他的痛苦在去孔代特的这一年越积越多呢？

乔治娜这时候慢慢开始康复了，10月初狄更斯把她带到多佛，想让她试试自己最喜欢的海风加海水疗法。接着，他又神秘地消失了几天。不过回来后，他决定和她一起住在盖茨山庄，因为自从他走后，乔治娜一直一个人住在那里；凯特和查尔斯·柯林斯在苏格兰；玛米和朋友们在一起。10月中旬，他又来到法国，玛米和乔治娜计划四天后也会来法国。那四天他大概待在孔代特，因为他计划去布伦见两位亲人；但风大浪急，最终海峡渡船停泊在加来。狄更斯在那里接上她们，然后三人一起乘坐火车来到巴黎，来到位于法布尔—圣欧诺和路27号的一套公寓，非常昂贵但“漂亮、宽敞、明亮”。他此时对巴黎已经了如指掌，而且他在法国的这种“回家”的感觉（确实，这里也成了他的第二个家）也更强烈了，因为“我在法国大大小小各个火车站都能看到自己的书在出售”。为了商定下一期圣诞特刊的内容，威尔斯来巴黎待了几天。很显然，圣诞特刊已经不仅仅是期刊中普通的一部分了——每期圣诞特刊在当地都有20万份的销量，占狄更斯收入的很大一部分。威尔斯回国后对妻子说，“狄克”看上去“非常愉快”。

他从巴黎来到孔代特，来“感受一下布伦的海”，他在一封信中这么含糊其辞地对女儿凯特说道。从这封信中可以很明显看出，至少凯特还不知道爱伦·特南或是那幢小木屋的事情。他去了整整十天，并在这趟“旅行”中去了亚眠和阿拉斯，然后2月中旬一过就动身回到伦敦，去工作，去参加活动。他按计划完成了几场朗诵会，一开始是一周两场，最终缩减到每周五朗诵一场。然后他因为某件“急事”又回到了法国，还因此“情绪低落”。回到伦敦后，在4月初的一场演讲中他断言，“我敢说，我们当中最出色的人通常都很难与别人相处（我知道我自己就是这样……）”，然后他被某位“生病的朋友”再次召回法国。有一些传记作家认为，那所谓的病要么是爱伦·特南流产了，要么就是她怀孕了，这才能解释为什么这个“生病的朋友”一病就是一年。我们都知道，他过去心目中理想化的那些年轻女子似乎总是注定红颜薄命——就好像她们身上都被打上了玛丽·贺加斯的轮廓。爱伦缠绵病榻这件事——如果真的是这样（而且值得一提的是她后半生确实病弱缠身）——只会让狄更斯更爱她，让他更加绝望地将她理想化。见过这位生病的朋友之后，他回来时听说了奥古斯塔斯·艾格去世的消息。“我们必须让队伍靠得再紧一些，然后继续向前行进……”他对威尔基·柯林斯这么说，并且在两周之后代表皇家免费医院（The Royal Free Hospital）[4]做的演讲中再次提到了这句话。他的身边充斥着死亡和终将一死的消息。在这些不加修饰的传记性记述中，1863年的头四个月就只有工作和生病、连续不断的旅行和连续不断的焦虑。焦虑可以让时间失真，一瞬间或许就像一辈子那么久。这样的话，传记中描述的这4个月对狄更斯来说是多久的感觉呢？

幸亏还有愉快的事情可以记录，因为他待在伦敦的时候终于和萨克雷重修旧好了。狄更斯声称是自己迈出的第一步：当时他正在雅典娜俱乐部挂帽子，一抬头便看见了萨克雷那憔悴的容颜。“萨克雷，”他说，“你还好吗？”于是，按狄更斯的说法，他俩就这样和好了。西奥多·马丁（Theodore Martin）的说法更让人信服一些。那天晚上，狄更斯进俱乐部的时候，他正在和萨克雷说话。狄更斯和萨克雷擦肩而过，却“没有任何认出他的迹象”。萨克雷突然结束了对话，在狄更斯的脚刚刚踏上台阶的时候伸手拉住了他。“狄更斯转向他，我看见萨克雷开口说了些话，然后立马向他伸出手。他们握了握手，说了几句话，然后萨克雷马上回来跟我说，‘我很高兴我这么做了’。”相比狄更斯自己给自己打圆场的说法，这听起来更像是真的，特别是鉴于狄更斯在这种情况下是出了名的不善于主动“讲和”。他曾经说过，“吵架是件很好的事，但和好的过程就太讨厌了”，而且这在很大程度上都是因为他在这种事上相当羞怯敏感。他无法忍受遭到别人断然拒绝，连想都不敢想，所以他一般会保持沉默。

回国后，他不是待在肯特郡，就是待在伦敦的办公室（因为他不得不经常去法国，所以就没在伦敦租房子）。但就算是在这里，他更为熟悉的环境中，他也会梦到爱伦·特南；梦到她披着红色披肩，背对着他。他身体又不舒服了。他总是以精力旺盛和恢复力强为傲，现在竟那么容易得病，得各种病，这可真是让人惊讶。他也越来越厌倦伦敦了；就在这期间，他以“不赚钱的行者”的口吻描写了这座城市让人绝望的破旧，他现在也尽可能多地待在盖茨山庄。过去他曾和福斯特讨论过要把它租出去，甚至卖掉这幢房子，现在它却成了他的大本营。

1 艾格尼丝·史翠克兰所著的《英格兰女王的生活》是一部详细描述英格兰历史上各位女王的传记集。这部作品涵盖了从玛丽一世（Mary I）到维多利亚女王（Queen Victoria）时期的历代女王。它通过深入的研究和史料搜集，以生动的笔触描绘了这些女王的生平、政治活动和对英国历史的影响。

2 亚瑟·沙利文是一位英国作曲家，他与作家威廉·萨默塞特·毛姆合作创作了歌剧《暴风雨》

3 《暴风雨》是基于莎士比亚同名戏剧改编而成的歌剧，于1880年在伦敦首演。这部作品在当时备受赞赏，被视为沙利文音乐创作中的一大亮点。该歌剧以华丽的管弦乐和精彩的配器闻名，展现了沙利文才华横溢的作曲风格。

4 皇家免费医院是位于英国伦敦的一所知名医院。成立于1828年，是伦敦最古老的医院之一，也是英国的一所大型教学医院，隶属于伦敦大学（University College London），其初衷是为没钱的人提供免费医疗。

第三十一章　《我们共同的朋友》

1863年的夏天，宛如春日的躁动。狄更斯曾于8月再度踏足法国之地，然而月末他又回到了盖茨山庄，心怀着两个明确的计划：一是《一年到头》圣诞特刊，如今已成为他固定工作之一；另一个则是酝酿已久、深思熟虑的小说。如今，他终于觉得时机已经成熟，可以拿起笔来沉浸其中。他写信给查普曼与豪尔公司，希望为自己写作7年后的首部长篇小说争取适当的条件；他想出售一半版权，标价6000英镑，幸运的是他如愿以偿。他此刻渴望动笔，充满着无人能阻挡的劲头。他曾述说人的中年生活就像穿越墓地，而事实上，在这一年的后半段，他确实感受到了那番境况。他十分厌恶的岳母贺加斯太太在8月离世，然而狄更斯对此事漠不关心。他给凯瑟琳寄去一封短而简洁的信，告知她岳母有权埋葬在玛丽·贺加斯的坟墓中。9月，他自己的母亲离世了，狄更斯似乎并不觉得此事来临得突然，因为她的身心健康逐渐衰退已经有段时间。她一直与儿媳海伦住在格拉芙顿排屋（由狄更斯支付房费），他偶尔会前来看望憔悴不堪的母亲。“状态令人担忧。”狄更斯对于母亲的去世并未展现出任何悲痛或痛苦的痕迹，毫无疑问，与父亲去世后的心灰意冷形成鲜明对比。然而，与此同时，尽管狄更斯本人没有明显甚至是刻意的悲伤，但在他正在笔耕不辍的作品中却呈现出类似的情绪。狄更斯的

639 母亲葬于海格特公墓，紧靠着她的丈夫长眠之地。就在三天前，狄更斯刚开始着手撰写今年的圣诞故事，并从其开篇即塑造了一个多话唠的女性角色利日普太太，与他即将下葬的母亲有着惊人相似之处。然而，现在有所不同；利日普太太远非他小说中极具典型特征的愚笨之徒，她虽爱啰唆，却是一位和善、敏感的老人。这正是狄更斯创作时母亲刚辞世后为她构建的人物。我们可以从中看出作者对母亲的赞美之词，这些话语在她生前无法说出口。或许，他与母亲的关系太过亲密，而她也曾深深伤害过他，以至于在现实生活中他永远无法坦诚表达这份情感。但在他的作品中，在她去世后，她再度以温柔得体的女士形象存在。在这个故事中，她有一个男性房客杰米 · 杰克曼少校，说起话来和狄更斯很像："我认为，颂扬这个历史上最出色的男孩真是一桩令人自豪的荣耀……"或许这正是约翰 · 狄更斯在谈论着自己的儿子查尔斯，但在故事中，那个"出色的男孩"却是一个被利日普太太与杰克曼少校共同收养的年轻孤儿。这三人—— 一个不是母亲的母亲，一个不是父亲的父亲，还有一个无父无母的孤儿，构成了近乎神圣的家庭；然而话说回来，只是狄更斯想象中的神圣家庭罢了。

这一年对狄更斯来说是很痛苦的，在这一年的最后一个夜晚，狄更斯与客人们一起玩着猜字游戏。游戏中的题目迷离而多变，包括他表演的“可怜的小斯维普的悲惨人生”以及寓意快活的英格兰。他把一个小道具放在卧室墙上，而当他发现它有些类似“葬礼上可怕的东西”的时候，立刻剪下了遮在周围的黑色棉布。当晚，当他上床睡觉时，仍能看见那个道具在灯光下投下长矛般的影子。凌晨5点15分，他的儿子沃尔特殒命加尔各答。更多亲人渐行渐远。沃尔特未留下任何物品，只有一个旅行箱，装着几件亚麻衣物、几本祈祷书和一张照片，上面是“一个女人，可能是家人”。难道照片上的那个人就是居住在格洛斯特新月街的母亲凯瑟琳？一位友人回忆道，凯瑟琳对儿子的离世“悲痛不已”。与她分居的丈夫给儿子写下了墓志铭，并发往印度，然而对凯瑟琳本人，他没有送上一句哀悼或安慰之词。他的身边充斥着死亡、失望与疏离。

那么，他正在创作的小说进展如何呢？他决定将其命名为《我们共同的朋友》。他从11月开始动笔，并明确了故事的“主线”。他为写这部小说做了两年多的准备，因此迫切地希望能继续下去，以免失去动力或出于其他原因而心神不宁。许多角色和主题早已历经漫长的时光。早在1855年，他就匆匆记下有关波茨纳普的笔记，而书名本身也是在他脑中不经意间闪现的短语，像护身符一般陪伴着他。在《小杜丽》中至少出现过三次，虽然是删减版的形式——“共同朋友是一个非常适宜的表达方式”，弗洛拉·芬沁（Flora Finching）如此说道。然而，更重要的是，这本书的主题和寓意可以追溯到更久远的过去。因为在《我们共同的朋友》中，他童年时代的歌谣仿佛又重现了——装有木腿的赛拉斯·韦格（Silas Wegg）念诵着一首抒情民谣《小吉他》的歌词，而这首歌早在狄更斯小时候就曾学过，30年前他发表的第一篇文章中也引用过。

“如果我的故事（希望鲍芬先生能原谅我）会让你叹息，

那就让我拨动这把小吉他。”

现在，他开始认真而坚定地写作，故事的“主线”在他心中十分清晰。每一期工作笔记中的创作建议都紧密跟随上一期，备忘录中也清晰地展现着他持续有序且统一的构思：“仔细打好基础……这要贯穿全书……扫清障碍，前前后后都不能落……谨慎地往前进……”有时候，在写作过程中，他的笔记上只有一个名字或者一个地方，仿佛只要有一丝线索，他的脑海中就能展开广阔的画卷。然而，他的写作速度变得比从前慢很多，故事风格也要精巧复杂得多，人物对话读起来有些像程式化的戏剧；他的字迹现在也变小了，向右下倾斜，有许多补充和修改。他甚至向威尔基·柯林斯透露，在连载完《一年到头》之后，他一直努力想回到月刊的大规模状态，这让他“昏头转向”。

他以一种全新的风格展开了创作，而插画家的更换（从哈博罗特·布朗换成了马库斯·斯通）也使这种新颖感更加明显。他突然放弃了布朗，这位纯真、害羞且缺乏世故经验的插画家从未真正明白狄更斯做出这一决定的原因：“最近（作家和画家有时候也会吵架）我和他的关系不是很好……”在两人合作结束之前，他曾这样说过，但之后又告诉自己的合作伙伴：“我和你一样不知道到底发生了什么……也许狄更斯觉得换个新手能给他那些木偶带来新鲜感……我必须说，这让所有作家和出版商都困惑不解；无法取悦或满足任何人。多么希望我与这个家伙没有任何关联。”

马库斯·斯通刚刚看过两期就为月刊设计了封面，狄更斯对此大致感到满意，虽然还有一些具体修改的建议。他告诉年轻的斯通要造成一个模糊的印象，越模糊越好。狄更斯自己对此也感到模糊不清。比如，当斯通问他赛拉斯·韦格的哪条腿是木腿时，他说不上来，“我认为我并没有确定哪一条”。对于这个问题，狄更斯甚至说：“都无关紧要——随你喜欢。”这表明狄更斯对自己作品中的插图变得越来越不感兴趣，或许他意识到插图不再是他整体构思中必不可少的一部分了。事实上，在过去几个月里，他与斯通合作的故事表明他对创作的热情和关注程度有所降低。起初，他还给斯通具体的指示，但很快他就批准斯通自行选择那些精彩的“瞬间”。在连载即将结束之际，狄更斯几乎不再反对斯通任意选择进行插图。这加快了《我们共同的朋友》的整个创作进程。1864年1月的第三周，他刚刚完成前两期的写作，就立即开始了第三期的创作。他如此孜孜不倦主要是因为他希望在出版之前至少有五期的稿子。这或许是一个庞大的数量，但他意识到自己的进度比以前慢得多，不能像以前那样依靠旺盛的创造力，在截止日期前得到足够的素材。此外，他还计划在伦敦再租一间房子度过这一“季”，这将带来更多的麻烦和琐事。

2月初，他正在找房子的时候，收到了沃尔特在印度去世的消息。他没有直接告诉乔治娜儿子突然死去的原因，因为他和乔治娜都患有“主动脉瘤”。他感到很悲伤，但并没有陷入无尽的悲痛，他毫不动摇地继续租下海德公园北边的格洛斯特街57号。他一直住在那里，直到6月份。2月份，他在那里创作了《我们共同的朋友》的第三期。上一期的最后一章太长，无法使用，狄更斯正在思考如何填补这个空缺，这时马库斯·斯通带来了一个改变整个故事面貌的消息。斯通之前一直在寻找一只狗的标本作为模特，偶然间他遇到了威利斯，一个做动物标本剥制的技师，他的店就位于圣安德鲁街附近的七面晷。斯通早先听狄更斯说他需要为《我们共同的朋友》找一个古怪的职业。“必须引人注目且非同寻常”——有一天晚上，当他们一起去剧院看戏时，狄更斯对他说。所以，当斯通发现这位标本剥制技师时，他立即回到格洛斯特街告诉狄更斯他找到了一个非常引人注目的职业。狄更斯立刻和他一起回到那家商店，尽管威利斯不在，但狄更斯仍然留意观察了一切。在这个揭示社会和人类身份困惑的小说中，这个给动物尸体骨架维持联结并填充内部的人正是狄更斯构思所需要的。于是，维纳斯先生诞生了。

时光来到1864年6月，狄更斯正在写作《我们共同的朋友》的第七期，并离开喧嚣的伦敦，来到了宁静的盖茨山庄。在这里，他继续着小说的创作，同时计划着一次横跨英吉利海峡的旅行。他迫不及待地要写下詹尼·雷恩从圣玛丽斧街的账房楼顶高声呼喊“上来死呀！上来死呀！”的情节了。此时，他已经意识到自己故事的长处，也许是他有生以来第一次不再过于担心销量下滑而失眠焦虑（从第一期到第二期，销量减少了大约5000本，最后一个合期的销量跌至19000册，而最初的销量是35000册）。他对任何灾难性的经济损失再也不需要担忧了。首先，他现在可以完全依赖于朗诵会、《一年到头》的股份以及之前小说各种版本中对版权的“开发”来

645 维持生计。而且，他的年收入正在稳步增加，这种经济上的安全感可能极大地增强了他在艺术方面的自信，或许他不再被外界因素所困扰。他只是持续地安心写作，在6月的最后一周准时完成了第七期。关于他离国的目的，有人说他去了法国，另有人说他去了比利时，也有可能是与爱伦·特南和她母亲一起度假旅游，以至于他自己也不太清楚要去何方；或者他故意保持悬而不决，以掩盖自己的行踪。没错，在一封写给威尔斯的信中，他开玩笑地提到过另一次“神秘的失踪”。然而，7月的第一周，他就回到盖茨山庄，并立即开始校对小说的样张。短暂的假期意味着他损失了本想提前完成的五期刊物中的一期，而威尔斯突然生病的消息更使情况雪上加霜，狄更斯不得不承担比平常更多的编辑工作。

然而，他最常抱怨的问题似乎对他来说还真是个新问题：他告诉福斯特自己现在“缺乏想象力，而且跟不上小说的创作了”。这一直是他最害怕发生的一件事——失去创造力、写到一半写不下去，所以他觉得“身体非常不舒服”也在情理之中。他喉咙痛了一阵子，现在又患上了某种更严重但不知名的疾病，让他整个人虚弱抑郁。8月初的天气十分炎热，所以他还是没办法好好工作。但到8月中旬，他的身体和精神状况都好转了许多，于是又开始

“努力工作”，而且为了专心写作、避免打扰并赶上进度，他拒绝了所有邀请。 646

时至10月初，实际上他已经完成了第九期，这样算来他也终于完成了小说的一半。然而，他还有这一年的圣诞故事要写。如今这个圣诞故事对他的财务状况来说具有极其重要的意义，而且时间紧迫。于是，他搬进威灵顿街上的办公室，坚持不懈地创作《利日普太太的遗产》。这是《利日普太太的出租房》的续篇，他希望能够获得同样的成功。一天晚上，为了让沸腾的大脑得以冷静，他去公主剧院观看了《伦敦的街道》，然后在几天后完成了这篇圣诞季故事。事实上，他非常关心这个故事的成败，并且非常担心会出现盗版或伪造情况，因此要求印刷商将铅字版锁起来，在没有他的书面指示之前不能印制任何试样。这个故事异常欢快，以一个善良而多嘴的女主角为中心展开，即使在这样的喜剧形式中，狄更斯再次向读者传递了一则道德寓意——这次并非他原先那种宣扬同情和欢乐气氛的圣诞故事，而是更加严肃阴沉的主题，也是他当前创作的这部小说的核心：“永恒之爱和真理，将帮助我们战胜一切！”

11月，他再次踏上法国的土地——毫无疑问，他是为了与爱伦·特南重逢而来，她的存在使得他的文字笼罩上一层神秘的阴影。实际上，危险就隐藏在她的影子之中。比如，在《我们共同的朋友》中，那个出身卑微却温柔贤淑的莉齐·赫克萨姆背后，难道不是爱伦·特南吗？是她促使狄更斯描绘了布拉德利·海德斯通对莉齐的炽热感情：“是的！是您毁了我，彻底毁了我——我束手无策，我失去了自信，我完全失去了自制力。现在我的思绪里充满了您。自从第一次见到您，我就无法忘怀。噢，那是一个不幸的日子啊！那是一个充满痛苦的日子！”还有查理·赫克萨姆对她的厌恶：“但是你不能让我丢脸……我已经下定决心，等我从泥潭中挣扎出来，你不能再拖我入水。”这两个人物的反应形成鲜明的对比，我们能否从他们投射出的矛盾心理中感受到狄更斯复杂的态度呢？或许，在同一部小说中的贝拉·威尔弗身上，我们也能看到爱伦·特南的影子吗？这位姑娘曾经说过：“我坚信自己没有人们所谓的情感，我觉得那都是胡扯。”与此同时，《远大前程》中的爱斯特拉也宣称——“你得明白，”爱斯特拉像一位聪明美丽的女人俯视着我，“我是个没有情感的人……我这里没有一丝柔情，没有任何同情心，感情对我毫无价值。”这些话是否也来自现实生活中的某个女性之口呢？

也许是，也许不是。作为一个以惊人而丰富的想象力著称的作家，狄更斯不可能仅仅依靠爱伦·特南来塑造小说中的年轻女性形象。但毫无疑问，在他最后两部小说《远大前程》和《我们共同的朋友》中，他首次认真思考了单恋这一主题。在之前的作品中，这种单恋或许是未公开或时机不对，但总是存在着一种平衡。在这种平衡状态中，双方似乎都认为彼此喜欢，或者可以接受对方的爱；而当他们最终表白时，也不会遭到对方的拒绝。然而，在这最后两部小说和他未完成的最后一部小说中，我们见证了由于爱而带来的折磨、绝望和疯狂。而且，爱情与死亡之间似乎存在着某种必然的联系，因此在这些作品中，狄更斯的性情发生了奇怪的转变，他开始探索艺术甚至自己生活中的极限。

那年圣诞节的聚会上，参与其中的有查尔斯·柯林斯、凯特·柯林斯、费希特一家、马库斯·斯通和亨利·乔利。《盖茨山庄公报》[1]报道说："从1864年12月24日到1865年1月5日，不时有客人来。"然而，这个聚会并不是一个非常愉快的场合。尤其是狄更斯，他似乎对女婿查尔斯·柯林斯长期不愈的疾病感到担忧，最终发现是胃癌。"我有强烈的预感，"他说，"他永远也不会恢复健康，而她却会年轻寡居。"他对自己最心爱的女儿抱有复杂的情感，也说明了这种想法源于对女儿的期望。那么，

649 其他人在这个欢乐的节日里又是怎样的呢？“其他所有人都和往常一样。玛丽既没有结婚，也没有打算结婚；乔治娜则是全家的支柱……”然而，仍然有一些供人消遣的和激动人心的事情发生。作为圣诞礼物，费希特送给狄更斯一座瑞士小木屋，真正的小木屋被拆成了各个部件。由于天气太冷不适合户外活动，狄更斯提议“单身男客人”（指的是健壮的斯通而不是虚弱的柯林斯）一起取出这些部件——总共94块，分装在58只箱子中——并帮助组装起来。然而，这个项目过于复杂、困难，他们几个人根本无法完成，于是从伦敦的莱森剧院请来费希特的法国木匠果旦先生帮忙。这座小木屋实际上比所有人（也许除了费希特以外）想象的还要大，它是一座两层小木屋，一楼有一个房间，二楼有六扇窗户。于是，狄更斯决定将它建在自己名下的罗切斯特大街对面的土地上；在那里，小木屋隐藏在一片雪松之中，狄更斯可以从那里看到地下的玉米田、远处的泰晤士河以及河上的帆船和汽船。最后，他还让人在道路下方挖了一条地道，这样他就可以从家里走到小木屋，而不会受到任何干扰；就像建造和装饰小木屋一样，修建地道也让他充满了近乎孩童般的兴致和乐趣。他的一个孩子记得，他满怀期待地看着工人们从地道两端接近彼此，还记得他在工人们打通地道、完成工程后，自发地举行了一个庆祝仪式。而这座小木屋本身，这个隐藏在大树间的秘密之地，就像是童年时代一个幻想般的场所。这成为他在春夏季节除了盖茨山庄书房之外的工作场所，而且这个地方采光更好，更有生机。他在这里安装了一台望远镜，这样他就可以观察周围和上方的世界；但更重要的是，他还在墙上安装了一排镜子，这样他在桌子前写作时整个房间会被阳光照耀得闪闪发光。

在1865年的前几个月里，他沉浸在创作《我们共同的朋友》下卷的世界中，日复一日地往返于盖茨山庄和《一年到头》办公室之间，宛如一位孤独的航海家穿梭在惊涛骇浪之中。1月的某一天，为了描绘清洁工鲍芬先生正在阅读的书，狄更斯又特意获取了梅里威瑟的《守财奴的生活》："嗨，亲爱的，请认真看看周围，是否有《一个守财奴的生活》或类似的书……我要创作鲍芬先生败落的情节；透过办公室的窗户，观看滑铁卢桥上络绎不绝的人群；赛拉斯·韦格轻声唱着'美好的昔日'；而萨里剧院那次火灾也发生了。因此，他的生活，无论是内心还是外部，都在继续着。"随后，2月初，他又跨越海峡到法国进行了一周的旅行；虽然他一直强调只是为了缓解常发的神经痛才频繁往返于孔代特。然而，这并不能完全消除他内心的疼痛。直到第三周，他的左脚再次肿胀，给他带来

651 了极大的困扰。但这只是痛苦的前奏，接下来还有更加严重的病痛将袭击他；正如福斯特所说，这标志着“他过去的生活和剩余的生命之间划下了一道宽广的界限”。迹象不断增多，牢房的铁栅渐渐将他紧紧包围。狄更斯一直相信决心和勇气能战胜一切疾病，于是他声称自己只是因为在盖茨山庄附近的雪地里行走太过频繁而导致脚部受伤。无论如何，这是他疾病突然恶化的第一个瞬间——当时他正带着“琳达”和“淘气鬼”两只狗散步，突然间他摔倒在地，脚部也遭受了伤害。他费尽力气站起身，并一瘸一拐地走了3英里回家，而两只狗一直默默地陪伴在他身边，从未在他艰难缓慢行进的时候离开过。事实上，他被自己宠物的反应所感动，更加坚信它们具备与众不同的智慧和个性（尽管这种观念并不被广泛接受）。“‘淘气鬼’抬头看着他脸时的表情既同情又害怕，”福斯特说道，“而‘琳达’完全吓呆了。”

他的疾病一直持续到春天，直到4月最后一周才最终康复。这一天，他首次外出参加晚宴，然后立马就动身前往法国，在5月的第一周一直停留在那里。然而，他的神经衰竭无法轻易痊愈，脚部肿胀只是其中一种症状，之前的“创作力不足”显然也是另一种表现。他为报纸经销人慈善协会发表演讲，在那个场合中，他替埃德蒙·叶慈在失去思路时“解围”（“我认为，先生，当时我救了您！”他对叶慈说道，“您太过自信了，这真是自作自受。”）。接着他又消失了三天左右，然后在那个月的20号发表了一篇演讲，回忆起自己当报纸记者的岁月。那已经是很多年前的事情了。那时，为了报道公共演讲，他可以在暴雨中站上几个小时，可以驾驶驿马车匆忙穿越静谧黑夜，可以与他人一同坐在拥挤不堪的下议院；在场的一位记者报道，观众们都“沉醉于这次演讲非凡的魅力中”。然而，对狄更斯来说，当他述说着那些充满活力、精神焕发的日子时，内心却有着怎样的感受呢？那已经成为遥远的过去。显然，在这次演讲期间，他心情并不好。出于某种原因，在演讲结束后的几天里，他给奥斯丁·莱亚德写了两封完全相同的信，竟然忘记了自己已经写过第一封。他需要离开这个地方。“工作和忧虑，”他在再次前往法国之前告诉福斯特，“会很快让我丧命。如果我不立即离开，我将彻底崩溃。现在已经没有人像我这样清楚地了解死亡离我有多近……”他告诉玛米，“显然，是我自己让自己陷入了如此危险的境地”。于是，在5月底，他启程去了法国，并且突然感觉好多了；或许是爱伦·特南的陪伴缓解了他在工作时的紧张情绪。然而，接下来发生了一些事情，一些将对他的余生产生影响的事情。 652

在待在法国的时光里，他挥洒着创作的热情，仿佛流淌着一股灵感的涓涓细流。他正沉浸在创作《我们共同的朋友》的第十六期第二章中，已经接近尾声。手稿小心地放在大衣口袋里，他心里明白，那个旅行提包虽然伴随着他外出，却不曾承载过自己的作品。归国之际，他与特南夫人、爱伦·特南一同登上穿梭布伦与福克斯通的渡船。也许是在这艘船上，同行的一位乘客注意到了他："和他一起的女士不是他的妻子，也不是小姨子，不过他在甲板上趾高气扬地走来走去，那种神情活像一个自命不凡的人，脸上的每一根线条以及手脚的每一个动作看上去都像是在傲慢地说：'看着我；好好珍惜你们的机会。我就是那个伟大的、独一无二的查尔斯·狄更斯；就因为这，不管我做什么都有理。'"他们三人预订了头等车厢的座位，然后乘坐定点于2点30分、依据潮汐涨落而定班次的火车驶向伦敦。短短的33分钟，他们经过了海德科恩，以每小时50英里的速度沿着铁路下坡前往斯泰普赫斯特，穿越博易特河高架桥。而就在那个时刻，高架桥上的工人正在进行维修工作，两条铁轨被移开放置于一旁。火车急速驶来，负责维修的工头却错误地查看了铁路时间表，误以为火车还要再过两小时才到。警示迎面而来的火车、提示障碍物的信号手却违背规定，距离施工现场只有550码。事态发展得太过突然，司机发现红旗后紧急刹车，却来不及停下。他急忙吹响汽笛，希望列车长能及时关闸（当时尚未有连续制动系统），但一切都已经为时已晚。火车以每小时20至30英里的速度驶向被拆卸的铁轨，飞跃过那42英尺长的间隙，突然脱离了轨道，中、后部车厢坠落桥下，砸进了水底的河床中。七节头等车厢都纵身跌落，只有一节车厢因为与前面的二等车厢相连而幸免于难，正有查尔斯·狄更斯和特南母女乘坐其中。这节车厢在断桥上如钩悬挂着，他们三人被抛进车厢角落里。

狄更斯用木板充当临时替代物，将特南母女安全带出颠倒的车厢。这一切只在瞬息之间，他看见其他车厢躺在河床上。他保持着平静从容，再一次爬回车厢，取出一个装满白兰地的旅行酒瓶和他的大礼帽。他将帽子里的水泼洒到脸上，努力爬到河岸边，在奄奄一息或已经失去生命的人群中忙碌着。一个裂开颅骨的男人，狄更斯喂了他一些白兰地，在他脸上洒了些水，然后将他放在河边的草地上。那个人只说了一句“我不行了”，便断气而去。一个女人被困在一棵树上，满脸鲜血；他也从酒瓶里给了她一些白兰地，但等他再次经过时，她已经离世。到处都是濒临死亡或已经失去生命的人。“没有人能想象得出那种灾难场面……”他在一封信中写道，这个画面对他来说似乎太过真实。一位年轻的乘客回忆道，正是狄更斯的鼓

655 励和帮助让他得以从扭曲的碎片中获救。另一位乘客记得狄更斯手持装满水的大礼帽，“四处奔跑，竭尽全力挽救和安抚每一个重伤者”。再举一个例子足以说明问题，一个人寻找自己的新婚妻子，狄更斯带领他到了另一节车厢，并缓慢地准备他观看的景象。那人看到妻子的尸体后便头晕目眩，双手高举过头，然后无力地倒在地上。正当他准备离开这个死亡之地时，狄更斯忽然做了一件非同寻常的事情。想起自己的手稿还留在大衣口袋里，“他突然变得焦急不安起来”，艰难地爬回正在空中摇晃的车厢，取出手稿。他说手稿只是有些脏了，但现在已经无法辨认出这起事故的痕迹。然后，他与其他幸存者一起乘坐救援火车返回伦敦，威尔斯在查令十字街火车站迎接他。此刻，他的镇定从容消失无踪，他回到了伦敦，回到了安全之地，却感到“筋疲力尽，痛苦不堪”。那天晚上，他在办公室住宿，而威尔斯则住在旁边，因为他可能会需要威尔斯的帮助。

几天过去了，狄更斯仍深陷在这段经历中，感到身心俱虚。虚弱的不是他的身体，而是内心的一种病态感觉，脉搏微弱，紧张情绪无端涌现。在乘坐火车时，他甚至产生了幻觉，以为车厢从左边翻覆。尽管事实上火车并没有从左边翻覆，但或许我们能回忆起，今年早些时候他的左脚发病，身体左侧也发生了肾绞痛。换言之，这场事故对狄更斯本来就健康不佳的那一侧身体产生了巨大影响，而他在斯泰普赫斯特事件后的莫名紧张又加重了既有的血管损伤。这次意外不仅对他的健康状况造成了影响，也对他的写作带来了冲击，超越了身体上的层面。那些从事故中挽救出来的《我们共同的朋友》尚未完成的部分显得异常枯燥无味，而且太过短暂。于是，他不得不在校对阶段进行拓展。

然而，这起事故的永久性后果同样严重。狄更斯在1867年评价说，斯泰普赫斯特事故的影响越来越大。一年后，他承认自己经常突然感到莫名的恐惧，即使坐在双座马车上也会如此，尽管这种感觉极为荒唐。突然的恐惧一直是最明显的后果。作为一个有着强大视觉记忆和想象力的人，他时常重温那场事故，时常预见自己可能再次卷入撞车事故，怎能不恐惧呢？他的儿子亨利回忆说：“我曾目睹父亲坐在车厢里当火车轻微摇晃时他的反应。他几乎陷入恐慌，紧紧抓住座位。”而玛米也记得父亲的神经紧张从未好过。我们经常看到他从伦敦坐火车回家时陷入恐慌中，浑身发抖、汗如豆粒，痛苦不堪。这时候，我们不敢与他交谈，但偶尔会轻轻触摸他的手。然而，他显然对我们的存在一无所知。在那段时间里，他眼中只有那个可怕的场景。因此，查尔斯·狄更斯强大的想象力变成了一个周期性、自觉的噩梦媒介。以往，他眼前是斯莫利特和菲尔丁创造的人物，而如今，眼前只有死者和将死之人。有时，他不得不在下一个火车站下车，步行完成剩余的旅程。这起事故像一堆燃烧的大火在他的意识中留下深刻的印记，其中肯定还有更深层次的原因。在他的许多小说中，火车都是一种令人恐惧且具有破坏力的力量，尤其是当火车将伦敦的风景撕碎，从《董贝父子》中充满内疚感的卡克尔身上驶过时更是如此。这是否意味着他自己创造的世界中的某些恐惧又复活了，就像他在写一部关于死亡的小说时，斯泰普赫斯特的死者和将死之人将他紧紧包围一样？这起撞车事故不仅可能使爱伦·特南受伤，而且毋庸置疑地将他自己和她“另一个人生”暴露在危险之中。最害怕的噩梦当时肯定已经隐约可见，而那种愧疚感和惩罚感是否也犹如那辆追逐卡克尔的火车一直萦绕着他？正如他的儿子所说，我们只知道狄更斯“有可能永远也不会完全康复”，而他却在斯泰普赫斯特灾难的第五个周年去世。

7月初，他回到了办公室，但每次离开盖茨山庄的时间都不超过一两天。这个夏天和往常并无大异，孩子们放假回家，朋友们来做客，周末一整天的相聚。《盖茨山庄公报》甚至报道了一场板球比赛，但他的一个儿子因缺席而十分引人注目；5月初，阿尔弗雷德终于启程前往澳大利亚，他渴望成为一名牧羊农民。而狄更斯一直为需要赡养家人的负担而感到烦恼，对于这个儿子终于开始自食其力，他无疑是欣慰的。狄更斯仍有很多工作要做。此时，他已经草拟了《我们共同的朋友》的整体计划，并希望在5月底之前完成草稿。为了实现这一目标，他写得非常勤奋，从这段时间的笔记中也可见他在为小说画上精心的收尾。“回到故事的第一章……呼应小说的第一章。”背面的最后一个合期的笔记中，他对错综复杂的情节进行了解释，为大结局做好准备。事实上，虽然斯泰普赫斯特事故之后写的那一期相对无聊，但此时似乎已经完全消除；当他开始下一期时，他寻常的创造力和幽默又回来了，这从他对高贵而阴郁的威尔弗太太的描绘中可见，“一副极其高兴的样子，却又无可奈何地颤抖了一下”。 658

他在盖茨山庄继续写作。8月的时候，他正在写最后一个合期。9月一到来，他就完成了这一期的工作。接着，他撰写了人生中第一篇“跋”，而不是往常的序言。在这篇跋里，他阐述了自己叙事手法的合理性，并简要描述了斯泰普赫斯特事故的经历。“我满怀感激之情，因为我知道那将是我与读者永别的时刻，除非有一天，今日我用来结束这本书的这个词也用来描述我的人生：终。”这将是他最后一次使用这个词语。在这篇跋中，他对自己的“方式”进行了详细阐述，同时也深入说明了每月连载的困难之处。这表明他在某种程度上非常关心评论界对这本小说的评价。仆人们常说，评价“毁誉参半”，其中最严厉的评价来自年轻的亨利·詹姆斯——“狄更斯先生作品中最差的一部；而且它差就差在持续的枯竭感，而非片刻的难堪……”不过，《泰晤士报》的E.S.达拉斯却认为，《我们共同的朋友》“在一部小说所应具有的高级品质上绝对优于《匹克威克外传》……”。至于狄更斯是否读到了詹姆斯在《民族报》上的评论，我们无从得知，但他肯定看到了《泰晤士报》上的新书评论。这在一定程度上说明了他对赞赏的渴望，特别是对后期作品的赞赏。与亨利·詹姆斯所谓“持续的枯竭感”相比，他更喜欢后期作品。事实上，他甚至给达拉斯看了《我们共同的朋友》的手稿。这正是他最希望听到的话语：他从未停止进步，仍然处于他创作巅峰的状态，早期的声望并未被亨利·詹姆斯所说的“持续的枯竭感”所取代。尽管斯泰普赫斯特事故对他产生了影响，但他并不觉得自己失去了创作灵感。这一点从他在结束

《我们共同的朋友》之际就计划着下一部小说，甚至向一位美国出版商征求出版意见时就可以明显看出。

他完成手稿后就有了再次逃离的冲动，其中一部分原因是为了治疗一直以来严重困扰他的神经痛。为了尽快处理紧急事务，他在伦敦的办公室里会见了威尔斯，然后前往法国。我们可以想象，他按照斯泰普赫斯特事故中那辆火车的路线前往法国，因此他希望一旦完成小说就离开的愿望，在某种程度上也与他需要解决并克服乘火车时的恐惧有关。他在布伦逗留了几天；由于爱伦·特南和她母亲从那时起一直住在英国，因而他很可能在孔代特帮助她们处理一些遗留事务。不管怎样，他告诉福斯特："我感到非常疲惫，一直在海边漫步。"他还提到他的脚又肿了，但这似乎并没有阻止他继续漫步——这展示了狄更斯拒绝向身体的衰弱"屈服"的坚定态度。他从布伦回到巴黎，逗留了几天，然后再次横渡海峡回到英国。回来后，他一直在盖茨山庄和威灵顿街的办公室之间奔波，很有可能，至少在这年，年轻的托马斯·哈代(Thomas Hardy)[2]与这位伟大的英国小说家相遇。这应该是19世纪文学史上最重要的会面之一，但像大多数情况一样，事实并非如此。当时正在伦敦学习建筑学的哈代在一个幸运的日子走进了查令十字街附近的一家咖啡店，然后看见了狄更斯。“我走上前去站在他旁边。我已经吃过午饭了，但我愿意再吃一顿，只要能与狄更斯交谈。我希望他抬起头看看我，注视着身旁这个陌生的年轻男子，并说出一句话——即使只是与天气有关的话语也可以。但他没有这样做。他忙着算账单，所以我从未与他对话。”

在伦敦的那段时间里，狄更斯突然涌现出一个关于圣诞故事的创意，尽管它是一个自编自演的故事，但对主角的描写却非常引人注目。狄更斯曾描述自己是如何得到这个创意的：“我坐下来寻找灵感时，觉得非常疲惫和沮丧。突然间，我眼前出现了一个小角色和与他相关的一切，这让我精神为之一振，然后我只需要静静地观察并开始写作……”这个角色是一个“卖廉价货物的小贩”，一个四处推销商品的旅行商人，可能正是狄更斯在肯特郡见过的那种人。令人惊讶的是，狄更斯在这个流动推销员的角色中投入了许多自己的情感，仿佛在他现阶段的人生中没有比巡回推销员更能代表他的人了。小贩的妻子离开了他，孩子也去世了；而他对一个年轻女孩有着绝对父亲般的关怀，这位姑娘“脸蛋很漂亮”，有一头“亮丽的黑发”，但同时又是聋哑的（无疑为了营造圣诞节氛围）。他们两个人一起在全国各地流浪。作为“廉价货物小贩之王”，他的职业使命感意味着他必须隐藏自己真实的情感。“我这个人天性敏感细腻，工作之后常常感到非常孤独。但当我卖东西的时候，我会克制这种情绪，必须保持声誉（更不用说还得养活自己），但是当我一个人的时候，这种情绪就会让我失去精神，反而折磨我。看到我们坐在马车里的样子，你也许会羡慕不已，恨不得用自己的一切来交换，想成为我们。但是当看到我们下了马车的样子，你又会努力想方设法取消这笔交易。”这与狄更斯自己在同一时期的感叹多么相似，与他演说艺人的身份多么相似，因此我们很难不认为他在某种程度上描绘了自己的痛苦，或者说，是在他人的生活中寻找到了自己的痛苦。因此，当狄更斯在现实生活的朗诵会上朗诵这个故事时取得了巨大的成功，这是可以预料到的。《泰晤士报》报道说：“这也许是这位伟大的小说家表现最出色的角色。”

他在9月的第三周完成了这个故事，不过这并不能说明他的健康状况已经恢复。这次旅行也许帮助他重新建立起对火车的信任，但也有证据显示，在此期间他曾经遭受过轻微或短暂的中风。他向一位朋友坦言，自己只是“中暑”了，并按医生的建议躺了一天。事实上，早在1871年，他的一位早期传记作家就记录说，狄更斯

663 在前一年的夏天“在巴黎旅行时”曾经遭受过一次中风，他描述道：“狄更斯先生突然晕倒，他的朋友们感到非常震惊。几个小时内，他完全失去了知觉，但最终醒过来，并很快回到了家中。”听起来像是同样的事情，只是这位传记作家记错了时间，而且证据也很明显；他之前收到了会发生严重中风或大出血的警告。尽管如此，他选择忽视这些局部和具体的症状，继续忙碌地工作。例如，他在9月下旬卷入了更多的作家协会和《一年到头》杂志的事务，还在莱森剧院帮助费希特改编《雷文斯伍德少爷》。特南夫人也参与了演出（这也证明她和女儿已经离开了孔代特），所以狄更斯作为非官方且未公开的“剧本修改人”所做的努力无疑加倍了。

在1866年的新年初，他不顾朋友的劝告，决定在英格兰和苏格兰开始一场新的朗诵之旅。然而，他吸取了4年前亚瑟·海德兰的教训，决定将后勤和运营事务交给一家专业公司处理。1月中旬，他来到伦敦与查普尔公司进行谈判，由威尔斯代表自己（因为福斯特强烈反对他举办朗诵会，所以不适合担任这个角色），最终达成了一个满意的协议。然而，问题的关键是，狄更斯根本不应该辛苦工作，更不用说完成一场长时间而艰苦的全国巡演了。福斯特在传记中说，“这件事情非常令人震惊”。事实上，狄更斯本人也觉得整个

1月和2月都很不舒服，那场火车事故的影响无疑依然存在，还有更常见一些的动脉硬化所造成的身体虚弱。这些都缠着他。医生诊断他的心脏肌肉缺乏动力，狄更斯自己也感到身体上的虚弱。尽管医生建议他多休息，但他却无法停下来。他劝说自己相信朗诵可能对他有好处，并且医生们也鼓励他偶尔朗诵一下。他必须继续前进，面对他的观众，在明亮的煤气灯下与他们对话，创造一个新的大家庭。他还必须证明自己小说的力量和优点。

3月，他与查普尔公司就巡演的性质和范围达成一致。他计划举办30场朗诵会，并获得1500英镑的报酬。尽管最初他期望更高的价格，但他毫不犹豫地接受了较低的报价。事实上，他似乎一直在表达一种观点；后来他告诉这家公司："我给你们出的价是每晚50英镑，共30场朗诵会，因为我早就清楚你们这个行业中没有一个人对这些朗诵会的真正价值有一丁点的了解，而我希望证明给你们看。"他们答应负责所有生意和后勤事宜，并支付他的个人和旅行费用。他们还指派乔治·多尔比负责安排所有事务。狄更斯之前见过多尔比几次，但现在才真正开始了解他。多尔比个子高大，秃顶，身材粗壮，笑声洪亮，有一肚子的笑话。他恰好是狄更斯喜欢的那种人。他后来还"代理"了马克·吐温，而吐温说他

"块头大且面色红润；充满生机、精力充沛；爱说话，说起来话永远不嫌累，永远活力四射；而且脾气总是很好，还会突然高兴得闹腾起来"。有时候他会有一点聒噪，而且有一个熟人说他"不是非常细致"，但他也有更为安静且忧伤的一面。据狄更斯的观察，这一面就表现在他的结巴中，而当他模仿别人的时候口吃就会消失。这几年，狄更斯和多尔比因为工作的关系逐渐接近，并没有破坏他们发展起来的真正友谊。他们都是"专业人士"，又都很风趣并善于观察。此外，对狄更斯来说最重要的是，多尔比一直非常可靠。多尔比记录了他和狄更斯之间的友谊，所展现出来的狄更斯比大多数后期传记作家所描绘的更加幽默轻松。然而，无疑是多尔比让他展现出自己最好的一面。首先，他常常逗得狄更斯大笑，总会准备新的奇闻逸事讲给"头儿"（他对狄更斯的称呼）听。而且多尔比有一大堆动物本能——他可以头支着椅子倒立，狄更斯曾想尝试这个绝活，另外他的词汇量也很大。

因此，在多尔比的陪同下，狄更斯开始了新一轮的朗诵会。这是他四年以来第一次进行如此长时间的巡演，毫无疑问，他做了周密的准备。他还费尽心思将去年取得成功的圣诞故事《廉价货小贩的故事》改编成朗诵稿，并私下里排练了200多次。尽管对这个演出还不完全有把握，但他还是安排了一场私人朗诵会，邀请朋友们前来听，福斯特、勃朗宁、柯林斯、费希特等都在观众之列。多尔比说，“大家的意见都一致地赞许”，连最亲密的朋友都被狄更斯的朗诵技巧惊呆了。狄更斯因此备受鼓舞，朗诵会正式开始了。由多尔比担任经纪人，威尔斯作为旅伴，他于1866年3月23日开始了他的第一场巡演，在切尔滕纳姆的礼堂举行。在当天表演结束后，他见到了麦克雷迪，并告诉一个共同的朋友说，他看上去“整个人苍老了许多”。他认为原因是麦克雷迪退出了戏剧界。这样做好像是在安慰和鼓励自己，向自己证明他应该继续忙碌下去，而隐退后衰老的麦克雷迪更加坚定了他的决心。狄更斯一行人从切尔滕纳姆返回伦敦，然后前往利物浦、曼彻斯特、格拉斯哥、爱丁堡、布里斯托、伯明翰、阿伯丁、朴次茅斯等地，在6月份结束了伦敦的巡演。这位伟大的小说家此时已经成了伟大的表演家。

1 狄更斯的儿子亨利和爱德华在盖茨山庄创办的一份家庭报纸，用威尔斯送给他们的一台小型印刷机来印制报纸。

2 托马斯·哈代（1840—1928）是一位英国著名的小说家和诗人，被广泛视为维多利亚时代最重要的作家之一。他以其对社会问题的揭示、深刻的人物刻画和对自然环境的描写而闻名。

第三十二章　公共朗诵会巡演

公共朗诵会再次成了他生活中的重头戏，透过这些艺术盛宴，我们或许能揭示出他天赋的真正本质。他像是年轻时精通速记法一般，只有依靠巨大的努力和决心才能驾驭得了朗诵的技巧。第一步至关重要，那就是准备工作——不仅仅是闲散地排练一两个小时，而是孜孜不倦、井然有序的改编和记忆过程。他反复排练廉价货物小贩的故事超过200遍，直到觉得自己可以登台表演为止。实际上，大多数的朗诵会都是他用至少两个月的辛勤努力换来的成果；他在表情、姿势、语调和其他方方面面下足了功夫。他还在根据自己的故事和小说改编而成的“读本”空白处加上了一些笔记，这些笔记成了他演讲风格的关键；《圣诞颂歌》中有“开心的”“严肃的伤感”“神秘”“加快速度”等提示，而在《炉边蟋蟀》中则可以看到一些“有力结尾”的提醒。但我们并不清楚这些准备工作是否完全由他一个人完成；许多人都注意到他的演讲风格不断进步，并且从他对其他演讲者的建议中也可以看出，他对演说艺术有非常专业的理解。所有这些都说明，或至少提出了这样一种可能性，那就是他可能得到过爱伦·特南或者特南夫人的指导。当然，有人认为这也是他与她们家保持亲密友谊的原因之一，而这个观点也有一些可信性。当他背诵自己的台词时，在盖茨山庄附近的小巷里高声呼喊，或者在自己的书房里滔滔不绝地说着话，一边排练一边修改自己的故事，他感受到的是小说的重生，还有他自己身份的再次确立。他在1869年的一次演讲中提到："巴贝奇先生曾在《布里奇沃特第九论》中说，仅仅一个说出来的词、一个抛到空中的音节，都可能在无限的空间里永远回响，因为它没有可以触碰到的边缘：没有它可能到达的边界。"或许，在狄更斯的想象中，他自己的声音就是这样，随着山姆·韦勒或甘普太太的话语升腾于空中，然后穿越浩瀚的宇宙。

在这个过程中，这些故事变成了崭新的艺术作品。有人评论说，狄更斯并不喜欢有些观众将他的朗读与他的书进行对照，他有一个合理而具体的理由，因为他朗诵的故事与书中所写的基本上是不同的，一些人也会抱怨他偏离了原文。在准备这些朗诵会时，他已经精心压缩和修改了许多段落，删去了姿势和外貌的描写，改编了笑话，等等。他还会根据现场观众的反应来调整片段，并且在现场不止一次地进行着巧妙的插科打诨或即兴表演。他之所以能够如此自如地做到这一点，是因为经过上百次的排练，这些故事已经深深地铭刻在他的心中。有时候，他甚至在宣布完朗诵的标题后，大胆地合上提词本，凭着记忆开始背诵。但有时候，他只是举着提词本做个样子，或是机械地翻过一页，眼睛却从不看上面的内容。

1866年的春天，演出巡礼依旧在进行着。多尔比忙着应对各种事务，与狄更斯的相处时间减少了许多。威尔斯一直陪伴在他身旁，然而让狄更斯感到不安的是，在前往利物浦的路上，威尔斯居然开始盘问多尔比，试图评估他是否适合这份工作。狄更斯自己也曾担心多尔比可能不是一个足智多谋的人。然而，多尔比成功地通过了所有的考验，很快他不仅能够与狄更斯一起坐头等车厢，还总是在每家旅馆里预订休息室与狄更斯共享。正是多尔比在这次首次同行的旅程中记录下了狄更斯的兴奋和激情。只要有时间，狄更斯都会去马戏团，伴随着威尔斯和多尔比吹口哨，他在火车车厢里跳舞，欢快如角笛舞者。他总是准备鸡蛋凤尾鱼三明治，并调制冰镇的杜松子潘趣酒。还曾经一次在火车站的小食店中，因为自由加奶和糖而被女经理责备。在自己的故乡，他像童话剧中的小丑一样躺在房子台阶上。正如多尔比所言，狄更斯展现出了惊人的魔鬼般的意志和天使般的温柔同情。他穿着厚呢外套和多耳赛斗篷，轻松而生动地戴着宽檐软毡帽。铁丝般的胡子和灰白的络腮胡子勾勒出一个晒得黝黑的北欧海盗的面庞。在利物浦，3000人被拒之门外无法听到他的朗诵会。在格拉斯哥，两队警察在市政厅门口阻止观众的涌入。在曼彻斯

671 特，观众们的掌声与欢呼声激动得让狄更斯无法收拾内心的激情。这些充满欢乐与感激的场面轻易地令他重新焕发活力，然而其间的间隔时间令人疲倦不已。乘坐火车如今使他心神不宁且疲惫不堪。多尔比曾经记录，他时常需要喝一大口白兰地来振奋精神（更不用说一次火车车厢着火，这更加加剧了他对乘坐快车的恐惧）。这样的生活艰辛不堪：清晨6点30分起床，继续赶往下一个目的地，躺在旅馆的床上却无法入眠，进食非常有限，日复一日如此。福斯特说："劳累终将击败这位最强壮的男人……"然而，当时55岁的狄更斯并不是那么强壮。甚至在巡演中，他仍与自己的所谓"心脏过敏"抗争，焦躁不安和失眠使得病情恶化。似乎只有这些表演能够帮助他，而在短暂的休息间隙，他总是会搭配香槟品尝一打牡蛎以恢复精神。除此之外，他几乎不进食。在曼彻斯特时，因感冒而喉咙沙哑，他不得不用嘶哑的声音朗读。一位伯明翰演出的观众注意到，与1857年访问时相比，他显得疲态毕露。5月份，威尔斯告诉妻子，狄更斯患上了头痛和他所说的"前额神经痛"。狄更斯本人也表示感到沮丧和迟钝无力，但他仍试图将这一面隐藏在旅行伙伴面前。对于他们来说，他依旧是那个乐观的狄更斯，威尔斯称其为"勇敢"——而多尔比对狄更斯的描绘总是充满生机，很难从中看出他刚经历过一次重大精神打击并受到短暂中风的影响。然而，无论如何，这些影响确实存在。在巡演接近结束时，他的左眼开始剧痛起来，而左手也突发“神经痛”。他每天都以沮丧的心情继续巡演，只是期待着有一天能够恢复精神。他继续着巡演，然而在6月巡演结束时，他自称“非常疲惫而精神不振”。然而出人意料的是，尽管巡演还没有结束，他已开始与查普尔公司商谈第二年冬季的另一场巡演。现在，没有什么可以阻止他了。

离开家已经是3个多月前的事了，他最终南下来到盖茨山庄，这里是他“休养身心、聆听鸟儿歌唱”的地方。这是他自从3月份以来第一次回家。巡演的总收入超过5000英镑，这个成果无疑令他欣喜不已。他与查普尔公司签订的协议完美履行，他们也因此得到丰厚的回报。然后，他回到了伦敦，一方面是为了出席各种晚宴和社交活动，以“供人消费”(尽管他每周只参加三四个晚宴)，另一方面是为了处理积压的办公室事务和信件。他还必须着手发行自己作品的新版本“狄更斯版”：每月发行一册单卷，定价3先令6便士，重新排版，并由狄更斯本人重新作序，每本小说都会以这种形式问世。根据简介中的说明，“每一页的右侧将附有一个解释性的小标题”。实际上，这套书是他有生之年最受欢迎的版本。书背上有烫金字体，红色封

673 面上仿佛还有狄更斯亲笔签名。或许可以说，这套书包含并准确地标志着他一生的成就。

7月的大部分时间，他都在盖茨山庄度过，因为有许多客人要款待。有些客人是他和家人邀请来的，也有一些是自发前来。尽管如此，他仍会前往办公室，每周至少两天，并始终心系着之后要处理的工作。不久之后，他与查普尔公司达成了下一轮朗诵会的协议：他将获得每晚60英镑的报酬（比上一次巡演提高了20%），并表演42个晚上。而查普尔公司依旧负责支付他的所有旅行和业务费用。新一轮的巡演将在新年开始，于是他料定，剩下的6个月里，不仅可以创作《一年到头》的下一个圣诞故事，还可以酝酿他希望在次年春天在杂志上连载的小说。他内心深处再次感受到灵感的浮现和创意的涌动，然而他还没有找到将这些点点滴滴联系起来的牢固线索。

整个夏天，狄更斯的身体一直备受折磨，各种不适让他痛苦不堪。他的胃肠饱胀和撕心裂肺的胃痛让他煎熬不已，而且他还曾两次感到明显的心脏不适。身体发出了更多的警告，然而狄更斯选择无视这些警告的严重性，将其归结为“空气”引起的问题。当然，尽管如此，他仍然继续忙碌于自己的工作，其中包括与费希特在莱森剧院愉快而漫长的合作。费希特即将上演迪恩·布什科的轰动一时的戏剧《大罢工》，而狄更斯在该剧的筹备过程中担任顾问。然而，除此之外，他也在坚持做自己必须完成的事情。他已经开始着手写作那年的圣诞故事，并以自己尴尬的经历为创作灵感——上一次朗诵巡演时，他在一个车站的餐馆里受到了女经理的训斥。通过在《马格比的男孩》中滑稽地模仿那位橱窗后的老女人，虽然有点晚了，但他终于在文字上报了这一箭之仇。然而，这只是他在那期《一年到头》圣诞特刊所写的故事之一；他还附上了许多其他的作品，其中包括著名的鬼故事《信号兵》。这不禁让我们想起福斯特曾赞美过狄更斯特别喜欢讲述和听取鬼故事。事实上，在那年的圣诞特刊中，几乎一半的文章都出自他的笔下，而且整个9月和10月初，他的心思都专注于此。毫无疑问，在他生命的最后阶段，他的创造力并未减退；一个故事中有着失意男子感伤叙事的描写，接下来是一个鬼故事，这两篇文章之间又是一个厌世的中年男子和一个小女孩成为朋友并相互保护的故事。当然，这个故事中并没有暗示性关系，而是表现出那种忧郁的幼稚行为（狄更斯擅长描写“成人模仿儿语”），而且在他所有与人类爱情有关的作品中都可以找到这种幼稚病状。

在那场令人激动而兴奋的朗诵会之后，这个夏天和秋天平静而安详，却也不乏戏剧化的瞬间。他不得不射死了

675 珀西·菲茨杰拉德送给他的那只名叫“苏丹王”的狗，因为它对除了狄更斯以外的任何人都会展现出极度的敌意(狄更斯庄重地带着它走进田野，然后开枪结束了它的性命)。他还与凯夫先生陷入诉讼纠纷，后者指控狄更斯醉醺醺地出现在一场《黑医生》的演出中(实际并非如此)。被他抛弃的妻子的弟弟奥古斯塔斯，在芝加哥去世了。接着，他的女儿凯特突然患上了一种被称为“神经热病”[1]的严重病症(听起来似乎和莱曼在年初观察到的现象有关)——他说她“恐怕不仅烧得精神涣散，身体也日益虚弱……”。最后，这一年即将结束：圣诞节时家里满满当当的客人，而狄更斯向大家朗诵了他改编的《马格比的男孩》；圣诞节后的第一个工作日还举行了一场运动会，由狄更斯担任裁判和仲裁人(“全场赛跑。赛程全长——绕场一圈。第一名，10秒……”)。而当时爱伦·特南就在附近，她住在罗切斯特和她的叔叔那里。

1867年，新的一年，狄更斯将开始第二轮朗诵会巡演，其中间或有些小插曲打破了单调无聊的巡演生活。比方说，在火车车厢里，狄更斯即兴表演歌舞节目，突然间，他的海豹皮帽子被风吹出了车窗；而当他们前往爱尔兰时，正逢芬尼亚运动[2]的高潮，这场政治运动给他们的旅行注入了生动的刺激。当然，仿佛跟往常一样，狄更斯仍能从观众们的反应中感受到片刻的喜悦和振奋。他在信件中一再提及人山人海的人群，他们不可思议的掌声，眼泪和笑声。然而，随着巡回演出的结束，他对这一切也开始感到厌倦：无聊而闷热的屋子、刺眼的灯光、疲惫的身体。1867年5月13日，在日记中，他简要地记录了自己在圣詹姆斯礼堂朗诵了《董贝与鲍勃》这一节目，而在“最后”这个词底下，他画了条下画线。一切都结束了。然而，在这个愉快的句号之前，他还在盘算着另一场艰苦且费力的巡演，而这一次将是最艰难的。他已经收到了很长时间以来美国各方的信件和邀请，邀请他去美国办朗诵会。而此时，这些提议成了他和多尔比热烈讨论的“主要话题”。他是否应该去美国，去那块富有吸引力的“磁力礁”？他相信自己可以在那里大获成功，但是他无法想象没有爱伦·特南的陪伴他将如何度过日子。他渴望在美国取得与在英国一样巨大的成功，希望在美国也留下自己的传世之作，但他明白实现这一愿望是在让自己的精神与身体健康冒险。然而，如今狄更斯的思绪被美国所占据，它已经成了“怀疑和优柔寡断的幽灵，与我同吃同睡，让我寝食难安”。尽管如此，那个诱人的奖品看上去实在是太丰厚了！

他决定在没有获得第一手关于发财可能性的报告之前不做出任何重大决定。因此，在6月份一个充满希望和渴望的上午，狄更斯和多尔比步行穿过海德公园，从帕丁顿车站前往办公室。两人商定，多尔比将在8月初去一趟美国，评估长期巡演的经济前景，并考察适合作为会场的礼堂（他还将携带狄更斯为美国杂志写的《乔治·希尔弗曼的解释》手稿和另外一个故事）。与此同时，狄更斯下定决心以一种更加直接的方式改变自己的生活。自3月底以来，他时常在伦敦郊区的佩卡姆物色房子，有可能是打算为爱伦·特南和她母亲租下。佩卡姆是一个毫无特色的地方，仍然保留着一种远离繁华都市生活的原始韵味。更重要的是，这个地方距离新十字街的五铃客栈只有20分钟的路程，而且狄更斯似乎曾在那里断断续续地租过房间。然而，他还是花了相当长的时间才找到一处合适的房子。就在6日这天，他给威尔斯寄去了一封信，信纸上凸印着“ET（Ellen Ternan）”[3]图案，他在信中坦言那位“病人”（爱伦）是妨碍他前往美国的“最大困扰”。此外，在6月份，爱伦的姐姐范妮无疑在从意大利回国期间住在那里（她当时与丈夫特罗洛普居住在意大利）。狄更斯的日记清楚地表明，21日这一天，他和爱伦找到了一幢合适的房子，并且第二天他还在那里等候她，想要一同查看这个物业。这座房子位于林登格罗夫路16号，是一座宜居的两层小楼，周围环绕着宽敞的花园，坐落在一片乡村之中。相比之前的房子，这处房子更加充满活力和气派。然而，首先需要对房子进行翻修。因此，在翻修完成之前，特南母女一直住在临时住所。直到7月18日，她们才正式搬进新居。而这时，狄更斯仿佛回到了盖茨山庄。一般认为，不论是暂时的还是长期性的住处，狄更斯与特南母女一起居住，但没有直接证据可以证实这一点。他的日记记录过于简略，无法提供真正的线索。事实上，狄更斯有可能在那段时间里一直住在五铃客栈附近的出租房里，除此之外，还有什么更好的理由让他在此附近选一个房子呢？他以化名查尔斯·特林汉姆支付了林登格罗夫路房子的费用，但至少有可能他只是定期拜访特南母女，而非与她们住在一起。有时候，他会从新十字车站（离五铃客栈很近）返回盖茨山庄，这无疑表明即使特南母女住在附近，他依然保留着原来的住处。

8月2日，他陪同多尔比一起去了利物浦，欣喜地为多尔比送行。尽管他的左脚再次肿胀且疼痛难忍，几乎无法行走，但他仍坚持陪伴着多尔比上船。所有人都认出了他，男女老少都纷纷让座。然而，这似乎无法减弱他内心探索世界的好奇心。多尔比记录道：“他仔细检查了每一样东西，甚至连豪华包房里那狭窄的铺位也毫不放过，仿佛它是一张世外桃源的床铺，他要确保能够躺得舒适。”第二天，狄更斯回到了伦敦，晚上在雅典娜俱乐部用餐。

679 然而，由于他的腿痛得厉害，无法步行前往火车站，他只能叫了一辆双座小马车前往佩卡姆。周日到来了，但他仍然前往伦敦，特意去咨询著名的外科医生亨利·汤普森爵士的意见。汤普森诊断他患上了“丹毒”，一种与行走有关的急性感染性皮肤病。这或许可以被视为医生对患者最渴望听到的话之一。然而，丹毒本身是一种非常严重的疾病，有时也被称作“圣安东尼之火”[4]，因为丹毒与神经系统的剧烈不适息息相关。狄更斯立即返回佩卡姆，但第二天他又回到伦敦，希望能再次求助医生的治疗。他左脚的情况变得更加糟糕，以至于不得不在威灵顿街的办公室里卧床休息了四天。

在“卧床”这个漫长的一周走到尾声时，狄更斯似乎感到了身体的康复，仿佛能够坐着马车出门，徜徉于奥林匹克剧院之中，享受一场戏剧的艺术盛宴。从那时起，他频繁地往返于威灵顿街和佩卡姆之间，当然也要保证定期回到自己钟爱的盖茨山庄。在这段时间里，他焦急地等待着多尔比的来信，等待着他从遥远的美国传来的消息。毫无疑问，在这段日子里，他注定不能闲下心来。因此，他决定开始创作属于那个圣诞特刊的故事——这已经成为他的固定节目，但狄更斯是一位卓越的艺术家，即使是在细微或仓促创作的文章中，他也总会融入一些自己的元素。

这篇新故事更确切地说应该是一部连载小说，它的题目叫作《禁止通行》(*No Thoroughfare*)，而且这是狄更斯和威尔基·柯林斯合作的杰作。总的来说，这是一部充满怪诞气息的小说，将谋杀、逃亡和财务欺诈等元素发挥到了极致，故事背景设定在狄更斯魂牵梦绕的阿尔卑斯山地区。同样特别的是，狄更斯再次将自己的想象力聚焦在一个狡诈而虚伪的凶手心理和意识上，这个角色之前曾在《追捕》和《埃德温·德鲁德之谜》中出场过。他在佩卡姆创作这个故事，真是灵感迸发。在8月底的时候，他在办公室里向威尔基·柯林斯朗读了第一部分。他希望能尽快完成这部作品，因为此刻他满脑子都是美国，其他事情似乎都黯然失色了。

9月下旬，多尔比背负着沉甸甸的任务从美国归来。他细致入微地完成了头儿交给他的所有任务。在华盛顿、纽约和波士顿，他仔细考察了许多礼堂，精确计算了项目可能带来的收益，并根据最新的美元汇率进行了换算。他见了美国最有声望和影响力的人物，其中包括传奇人物P.T.巴纳姆(Barnum)[5]。多尔比随后匆匆南下到达盖茨山庄，在那里他被迎面而来的开饭的锣声所欢迎，狄更斯将这场景形容为“真正的演艺事业”。正是在这里，他向头儿宣布了他全面看好的结论：狄更斯应该去美国。

681 然而，许多事情需要安排，但没有比爱伦的问题更加敏感和重要的了。她一直是他美国之行中最棘手的问题。离开她那么长时间，他无法忍受，甚至不敢想象。因此，在这些个月的计划和协商中，他一直在构思如何让她与自己同行。当然，她不能以任何危及她名声的身份与这位公众人物一起旅行。开始时，他曾想让她以自己女儿玛米的身份公开陪同他，但玛米告诉他，父亲曾邀请她陪同去美国，最后因为这次行程只是“出差”而放弃了这个念头。然而，在他的袖珍日记中记录着关于横渡大西洋的高级女士包房，其中重点在于两张卧铺。如果爱伦加入，她不会一个人去。然而，玛米没有同行，尽管这个“出差”的借口听起来并不十分可信。很明显，她对乘船很害怕，而且很可能她对作为爱伦身份掩饰的安排感到厌恶。无论原因是什么，这个计划不得不被放弃。但狄更斯还没有完全放弃。多尔比将比他的老板更早抵达美国，以确保演讲会的一切准备工作都妥善安排。在出发前的三天，他还与狄更斯和爱伦·特南一起共进晚餐。然而，又出现了一个新的方案。从现有的通信中可以明显看出，多尔比与狄更斯的出版商詹姆斯·菲尔兹及其夫人进行了磋商，他想知道是否能在不引起过多闲话或攻击的情况下让爱伦一同前往美国。由于爱伦有一个表兄弟理查德·史密斯·斯波福德（Richard Smith Spofford）住在波士顿的北边，因此至少她有可能以探亲为借口与狄更斯分开去美国。无论如何，多尔比将会从大西洋彼岸发回一份电报，告诉狄更斯这个计划可行与否。但狄更斯对前景并不十分乐观，他也意识到多尔比详尽询问后得到否定答复的可能性。

与此同时，在10月初的几天里，他正在忙着准备一次旅行。然而，现在他将不再有爱伦陪伴在身边，因为多尔比发来了一封电报，上面写着“不行”。尽管如此，令人注目的是，在繁忙的事务中，有一件事引起了他的注意：他离开之前的七天，朋友和周围的人为他举办了一场盛大的饯行宴会。这场宴会非常奢华，即使按照维多利亚时期的标准来看，也是如此。大约有450位宾客参加了宴会，按照惯例，还有100位女士坐在楼上的座位。穿堂和走廊装饰着雕塑和奇花异草，英国和美国的国旗交错摆放，礼堂的墙上挂着20块装饰板，上面用金色的字体写着代表这位作家作品的标题。一位在场的宾客感叹道：“这个雄伟壮观的屋子就像一座神殿，专门用来纪念和赞美英国最受欢迎的作家。”就在这时，大门猛地打开，狄更斯走了进来。“整个屋子响起了欢呼声，宴会席和楼座上挥舞着手帕……乐队奏响了一支进行曲。”

在晚宴期间，皇家近卫军乐队演奏了莫扎特、梅耶贝尔、威尔第（Giusepp Verdi）[6]、施特劳斯和奥芬巴赫（Jacques Offenbach）[7]的音乐。大家做完饭前祷告后，各色人等（其中包括兰西尔、特罗洛普和布尔沃·李顿）发表了讲话。最后，查尔斯·狄更斯终于站起来。然而，他说的话没人能听见，因为在场的客人全体起立，欢呼声此起彼伏。有些人挤满了过道，紧紧包围住他，有些人甚至直接跳上了椅子。狄更斯很难控制自己的情感，他想要说话，但激动得说不出一句话来。根据在场的一位宾客的描述，“他的脸上留下了两行热泪”。最终，他还是继续说下去，谈到了美国，然后借机与一些人进行了交流。他引用了自己一篇圣诞故事中的话语，打动了众多听众：“我心里很清楚，不论我明亮的眼睛在他们身上看到了什么样的瑕疵和缺点，他们都是一群善良、慷慨、宽容和伟大的人。”这番话引发了一阵欢呼声。在经历了多次的欢呼和掌声之后，他以这样的方式结束了讲话：“所以，借用小蒂姆的话来说，‘愿上帝保佑我们每个人！’”他坐下来，而欢呼声久久不息。

就在出发前四天，他再次踏进办公室，为即将离开做最后的准备。珀西·菲茨杰拉德来看望他，注意到这个疲惫而紧张的男人刚刚还在专注地阅读一封匆匆送来的信件，现在又投入商务洽谈中。办公室的氛围里弥漫着紧迫感和离别的情绪。在这个寂静的空间里，他写下了一封简短而略带敷衍的信件给凯瑟琳，因为她之前明显地对他表示了美好的祝愿。他的文字里蕴含着真挚的感激之情："非常高兴收到你的来信和美好的祝福，我也愿意回报你的善意。虽然我面临着许多艰巨的任务，但对我而言这已经不是新鲜事，能够按照自己的意愿去完成这些工作，我感到无比满足。"就在11月8日，他登上了一节特殊的火车车厢，被称为"皇家特等客车"，驶离伦敦前往利物浦，威尔斯也与他同行。威尔斯好奇地留意到，狄更斯在午餐后竟然拿出一把大衣刷，仔细清除着座位和地板上的面包屑。11月9日，狄更斯登上了名为"古巴号"的船，驶向美国的方向，迎接新的旅程。

1 Nervous fever，即伤寒（typhoid fever）。

2 芬尼亚组织，即爱尔兰共和兄弟会，是19世纪爱尔兰人在美国和爱尔兰的革命民族主义组织，1867年在爱尔兰发动起义失败。

3 ET，爱伦·特楠名字的首字母。

4 丹毒引起皮肤和淋巴系统的急性炎症，皮肤表面炙热灼痛，伴随高烧、寒战和头痛等症状。丹毒炎症主要发生在浅表真皮和淋巴管道，这些区域是触觉敏感的地方，成片神经末梢的刺激导致剧烈的疼痛。

5 P.T.巴纳姆（1810—1891），美国巡回演出团老板和马戏团老板，被视为世界最伟大的巡回演出团老板。

6 朱塞佩·威尔第（1813—1901），意大利歌剧作曲家。

7 雅克·奥芬巴赫（1819—1890），德国作曲家，代表作有《地狱中的奥菲士》和《霍夫曼的故事》。

第三十三章　美国巡回朗诵会

他得到照顾，住进了甲板上二副的舱房，这意味着只要他打开窗户和门，便可以自由地呼吸新鲜的空气。然而，他对这些大西洋渡轮的颠簸和摇晃感到不太适应，因此他带着一个药箱，里面装满了治晕船的鸦片酊、乙醚以及嗅盐。但他发现，在预防晕船方面，烤苹果是最好的方法。与他同行的是他新雇的贴身男仆斯科特、新来的广告员朗兹，还有一个名叫凯利的事务总管。然而，凯利身体状况不佳，似乎让他的雇主非常不满。狄更斯还带着很多书，其中包括加里克的新传记校样。就像他对女儿所说的那样，在船上，他总是“如饥似渴地读书”。从他自己的描述来看，这次航海中有很多快乐欢笑的时刻，这都多亏了狄更斯快乐活泼的个性。他也目睹了极其恐怖的大风。也许有人会说，对于这位作家来说，在任何一次旅行中，这些事情都是意料之中的。他兴致盎然地描绘了一次在大风暴中的礼拜仪式，牧师和教众们一同摇晃颠簸，这个场景让狄更斯感到“极其搞笑”。在这种情况下，他总是忍不住想大声笑出来，这一次也不例外：“……我不得不在礼拜开始之前离开现场。”但毫无疑问，在所有这些诙谐趣事之间，他还抽出时间思考即将再度访问的某个地方，并且必须指出，在过去的25年里，他对这个地方的看法从 686

未有过任何实质性的变化。尽管他有许多美国朋友，但他还是对这个地方持怀疑态度，认为那里的人要么信奉“小聪明”，要么推崇金融不法行为。

多尔比提前抵达波士顿，犹如一阵清风拂过这座城市，带来了一个令人振奋的消息——狄更斯即将到来。一份报纸的报道详细描述了他乘坐的船靠岸前的盛况：“整个城市立刻变得井然有序，街道在短短24小时内被清扫了两次。州议会大厦和老南教堂被不假思索地涂成了柔和的淡粉红色。”书店的橱窗摆满了他的小说，而市场上也出现了“小内尔香烟”“匹克威克鼻烟”“曼塔里尼口嚼烟草块”。如同狄更斯巡演时的传统，多尔比已经安排好他在逗留期间入住一家宾馆；而在波士顿这个“第一站”，他将下榻于帕克酒店。多尔比决定，狄更斯绝不应该免费供人参观，他请求酒店为他的雇主提供绝对的私密空间。因此，酒店经理派遣了一名私人服务生进入狄更斯的个人休息室，为他送餐，还派遣一个仆人守护在他的房门前，以防有人闯入。早在他抵达波士顿前数日，购买朗诵会门票的队伍就已经排成了一条长龙；人们被吸引之处不仅在于狄更斯本人的名气和才华，更在于这件事情本身的新奇，因为在美国，从未有人目睹过即将举办的狄更斯朗诵会。门票开售的第一天上午，买票队伍的长度就已经超过半英里，而且许多人甚至在前一天晚上就带着垫子、食物和烟草来排队等候。

抵达美国后的第三天，狄更斯与他的出版商詹姆斯·菲尔兹及其夫人安妮·亚当斯·菲尔兹共进晚餐。在狄更斯访问期间，他与安妮成了亲密的朋友，她可真是一个令人倾心的女士。她已经33岁了，而她的丈夫则已经是五旬之人。安妮在她的日记中写下了一些对狄更斯的赞赏之词，尽管有时过于浪漫。第一次晚宴进展顺利，菲尔兹太太寥寥几笔："他真是个风趣幽默的人。"然而，他心神不宁，当天同样写信给威尔斯，计划通过他向爱伦·特南传递情意（"我亲爱的姑娘……"）。第二天，他在自己的休息室里享用早餐，随后便开始排练每天的朗诵会。房间里挂着一面装饰着黑胡桃木的大镜子，这块镜子可能是他练习面部表情的地方。用完简单的午餐后，他进行了自己在美国的第一次长途徒步，之后还有多次，每次徒步的距离在7到10英里之间。一位记者注意到了他首次徒步时的着装："浅色裤子，两侧各有一条通向下方的宽条纹；一件棕色外套，用一条深色宽穗带系着，带有天鹅绒装饰；一件花卉图案的背心……打着一条镶有珠宝的领结；款式宽松的夹大衣，有点像和服，袖子宽大，翻领上绣有精美的花纹；还有一顶大礼帽和一副浅黄色的手套……”对于波士顿的本地人来说，他们通常穿着黑西装和黑外套，所以这套华丽的装扮可谓引人注目，甚至一个名叫小约翰·莫尔斯的男孩“清晰地记得狄更斯是他所见过的街头行人中穿着最华丽的一个”。无论身在何处，都会有一群人围着他。然而总的来说，波士顿人并不愿打扰他。尽管如此，他前往当地一家剧院时仍然必须隐藏自己的真实身份，以免引起任何麻烦。

12月2日，他的第一场朗诵会在特里蒙特礼堂举行。那天早晨，暴风雪肆虐着大地，但到了晚上，天空却不知不觉地放晴了。《纽约论坛报》报道说：“街道上的马车排成了长队，一直延伸到远郊……那些兴高采烈、挤进去的人争相进入礼堂，而没有票的人们只能拉长脸默默地站在门口，垂涎于其中……”在观众中间，有著名的朗费罗、詹姆斯·鲁塞尔·洛威尔（James Russell Lowell）[1]、奥利佛·温德尔·霍姆斯（Oliver Wendell Holmes）[2]、R.H.戴纳（R. H. Dana）[3]和查尔斯·艾略特·诺顿（Charles Eliot Norton）[4]。观众们花了相当长的时间才找到座位。然后，在一片响亮的欢呼声、掌声和挥舞的手帕中，狄更斯轻盈地登上讲台。他身穿一套带缎面翻领的燕尾服，纽扣洞中别着红白两朵小花。“舞台布景”仍然是褐紫色的背景幕，依旧是那一块褐紫色的地毯，还有同样的桌子和煤气管。他并没有以任何方式对掌声表示感激，而是毫不拖延地开始了《圣诞颂歌》的朗读。根据大家（不仅仅是狄更斯本人）所说，观众的反应异常热烈，无论是鼓掌的时间长度还是欢呼的声音强度。

他在波士顿的三场朗诵会落下帷幕，随后踏上了纽约的土地，入住威斯敏斯特大酒店——坐落于欧文广场。酒店经理精心安排，为他提供了一条私人楼梯，通往他的房门，只供他独自使用。与在波士顿时一样，酒店还派了一名仆人守在他房间门外，以防有闲杂人等私自踏入。第二天上午，他和多尔比一同参观了斯坦威音乐厅，准备在那里举行一场朗诵会。而余下的日子，他则漫步于纽约城中。在斯坦威音乐厅，他相继举办了六场激情澎湃的朗诵会，引来长时间的热烈掌声。他如梦似幻地记录下酒店门房给他的赞誉：“狄更斯先生，您真是太了不起了！您的创意层出不穷啊！越来越好！接下来又会有何妙计呢？”回想起那些话语时，他愉快地重现了门房的声音，我们也能感受到他昔日的敏锐机智和洞察力。然而，不能因此认为他在这次访问期间深度游览了这个城市。在最初的几周里，他只是在波士顿和纽约之间来回奔波。对于观察城市美景，他没有丝毫兴趣。他已不再是那个1842年的年轻人，曾经满怀好奇眼巴巴地想要了解一切。现在，他只关注自己的表演，只关心从美国观众那里赚取的金钱。多尔比刚一获得“营业所得”，狄更斯便将他那份寄回了英国。这段时期，他的通信内容几乎乏味不堪，一直在强调赚到的钱和预计能赚到的金钱。

在1868年的1月，他在纽约、波士顿、费城、巴尔的摩和布鲁克林举办了一场场震撼人心的朗诵会。这不仅对于他来说，是艰苦的工作，对于手下的工作人员们也同样如此。因此也不得不新招募一些美国人，他们忙碌地为费城朗诵会的6000张门票编号并盖印，布鲁克林达到8000张；回复业务信件，安排广告事宜，准备账单，组织好一切行程安排。而这一切都是为了回应着美国人民的激动与兴奋。“人们转身朝向我，再次转过身子，紧紧地注视着我……或者他们会对旁边的人说，‘快看！狄更斯来了’！当他坐在火车车厢里时，人们就会围拢过来，直至他被包围。在那火车车厢里，如果我发现有人明显想要和我交谈，我常常会主动开口。”然而，他的健康状况一直不佳，“流感”恶化成了感冒和黏膜炎，在整个访美期间都没有好转。这使他备感沮丧，每晚只能睡上三四个小时，还告诉乔治娜自己的头发“哗哗地脱落”。岁月的沉淀无情地在他身上留下了痕迹，他一天天一周周衰老得很明显。但是，在这个与众不同的巡演中，最引人注目的是他一上讲台，仿佛所有的疲惫都被抛到脑后，焕发出一种令人难以置信的活力；他拥有一种奇妙的力量，无论之前看起来多么疲惫不堪、精神萎靡，他都能够在表演时“恢复神采”，并且往往越是事先虚弱，他的表演就越具感染力。那种紧张带来的充沛精力似乎一瞬间消除了不健康的迹象，就像一股电流贯穿全身。然而，接下来却是虚弱不堪、恶心和沮丧：它们并没有被彻底驱散，仅仅是被暂时压制住了而已。狄更斯自己也深刻地意识到，“一个能够精神抖擞地表演两个小时的人，可能同样会感受到抑郁和疲劳的强烈感觉”。

时光来到2月1日，他踏上南下的旅程，抵达华盛顿，准备在这座城市举办朗诵会。在那里，他拜访了约翰逊总统，（“我们两人都牢牢注视着对方……”）并参加了一场盛大的晚宴，其中一位宾客不禁留意到他紧张得不得了，动作迅速而面容变幻莫测。在这个场合，他听闻了许多关于亚伯拉罕·林肯遇刺当天的故事，尤其是那个梦境的怪异预兆。随后，他结束了华盛顿的巡演，前往巴尔的摩、费城、哈特福德和普罗维登斯。在普罗维登斯，当他被两名警察护送，并被一大群人包围着走上酒店的台阶时，狄更斯对多尔比说："这就像在弓街坐着警车穿越一般，不是吗？"然而，不管他身处何地，都无法避免感冒的困扰。暴风雪肆虐，大风呼啸。他身心俱疲，决定取消原本计划好的芝加哥、美国西部和加拿大的朗诵会，提前一个月回家。在这段时间里，他一直在给爱伦·特南写信，2月份就写了四封。3月初的几天，他终于有机会稍事休息，因为那周恰逢总统遭到弹劾，原本计划的朗诵会不得不取消。然而此后他又再次出发，尽管短暂的休息无法缓解他内心的低落和疲惫，但他依然前往锡拉丘兹、布法罗、奥尔巴尼、纽黑文和哈特福德。或许唯一能够给他一点慰藉的事情就是所赚取的收入——他估计自己能够赚取20000英镑——以及看到热情的观众时内心的激动与兴奋。"他们习惯于在欢笑或者哭泣时鼓掌，"他这样评价波士顿人，"而且这种刺激真是令人振奋。"有一晚，他特别留意到"一个戴着丧服的可怜小女孩因为小蒂姆的悲伤哭泣起来，结果被请出了场"。这段时间里，他一直在依赖鸦片酊，只为了能入睡（虽然这种药剂会让他第二天感到特别萎靡），同时他的脚肿胀得厉害，令他痛不欲生。事实上，他疼痛得非常严重，不得不依靠拐杖跛行，踉跄地走在美国城市的积雪和融化的雪泥中。而多尔比则始终与他形影不离，甚至在朗诵会上都会坐在讲台旁，紧密关注着狄更斯的情况。

很快，就只剩下纽约最后几场朗诵会了。想到即将离开美国，他内心充满了兴奋，在纽约的第一场朗诵会结束后，情绪又高涨起来。他在朋友们面前展示了他滑稽歌曲和顺口溜的即兴表演。第二天晚上，他又办了一场，然而菲尔兹夫人却注意到他过度疲劳的表现，他的脸颊和手突然变得通红。隔了四天，4月18日纽约为他举办了一场盛大的欢送晚宴。然而，他的腿疼得厉害，结果迟到了好久。他一整天都在剧痛中挣扎，甚至连穿靴子都成了问题。最终，多尔比只好驾着马车四处奔波，寻找一种叫作痛风长袜的物品。最后，他终于在约定时间后一个小时抵达晚宴场地。在《纽约论坛报》主编贺瑞斯·格里利的搀扶下，他蹒跚地进入宴会厅，一只脚上还缠着类似毛毡的东西。晚宴期间，乐队演奏着美国民族小调。最后，他终于站起来发表讲话。“当人们的掌声和欢呼声像暴风雨般热烈之后安静下来，”一位客人回忆道，“狄更斯试图开口，但却哽咽了；泪水顺着他的面颊流淌。他静静地站在那里，脸色时红时白，整个大厅里的人都感受到了深深的同情和共鸣。不久之后，他终于开始说话了，声音依旧颤抖着，而我们都为他欢呼……”

几天之后，他无法下床，整个人疲惫不堪。黄昏时分，菲尔兹传来消息，人们将为他立一尊雕像，以表彰他的英勇与无畏。“不，别这样。”他依旧以他一贯的率真回答道，“还是拆毁一座旧雕像吧！”第二天，他登上了返航英伦的轮船。在他离开旅店的那一刻，无数人围绕着他，窗户里也有人向他抛掷鲜花。阳光明媚的春天，他沿着春光大街来到港口，准备登上私人拖船，前往停泊在斯塔顿岛的“俄罗斯号”。当望见海洋的那一刻，狄更斯喃喃自语：“回家了！”菲尔兹和其他朋友陪同他来到最终的启程之地。随着拖船的汽笛声响起，除菲尔兹外，所有人纷纷离去……他们互相紧握住手，狄更斯那条架在栏杆上的瘸腿缓缓放下，菲尔兹迅速从一侧下了船，解开了缆绳。狄更斯对多尔比轻拍了一下肩膀，满怀赞许地说：“干得好！”顿时，欢呼声响彻云霄，朝着多尔比扑面而来。众人又为狄更斯欢呼了一阵，然后拖船带着蒸汽喷射离开了码头。岸上的人们大声呼喊着“再见”，而狄更斯则将帽子放在手杖上，挥舞着手杖回应着“再见”和“愿上帝保佑你们每一个人”。当安东尼·特罗洛普（Anthony Trollope）[5]在同一天抵达纽约时，狄更斯已经身处“俄罗斯号”的舱室里，他们见了面；特罗洛普发现，尽管狄更斯的脚踝被裹着绷带，但他的脸上显露出无比的喜悦。

那么，狄更斯本人呢？这次足迹踏遍美国的旅程对他又产生了怎样的影响？他的两个儿子都认为，这次访美之行对他的身体造成了不可挽回的伤害。亨利断言，这实际上缩短了他父亲的寿命，而查理则笔锋锐利地写道：“在美国的辛勤工作对他的身体造成了极其恶劣的影响。左脚问题越发严重，身体也日渐不佳。”然而，在关于这5个月的记录中，还有更多的细节能够揭示。当卡莱尔阅读福斯特在传记中对此时期的记述时，他敏感地察觉到，“对于有着思考能力的读者来说，这两次美国之行所蕴含的悲剧意味远超过他的大部分作品所展现的”。换言之，我们完全可以说狄更斯几乎以牺牲性命的代价追逐更多金钱；为了追求更多的“安全感”，他不惜冒一切险。诚然，从小男孩时期起，寻求安全感就是他那个充满痛苦、焦虑和不安的生活中一贯存在的一部分。也许，正是从这个角度才能真正理解他的美国之行所承载的深刻意义——在成年狄更斯走在异国他乡的画面中，我们仿佛可以时不时看见小狄更斯漫步在伦敦街头的身影。

如同童年经历的一样，他对于安全感的渴望依然强烈，生活的”凄凉”感也油然而生；就像那年圣诞节，他静静地坐在从波士顿驶往纽约的火车上，透过车窗默默注视着外面的景色，仿佛回到了小时候乘火车从罗切斯特去伦敦的那段旅程。在那趟列车上，他发现生活比自己预期的更加令人伤感，长大后的他依旧承受焦虑的痛苦。福斯特曾说，当狄更斯不断遭受疾病的折磨时，他童年时那种“病怏怏的生活”似乎又回来了。然而，与过去一样，他选择不将自己的痛苦告诉他人，默默地忍受着。在其他方面，他也试图隐藏自己的生活。就像他曾向鲍勃·费金和工作室里的其他工友隐瞒他父亲被囚禁在马夏尔西监狱的事实一样，现在他也向大多数人隐瞒与爱伦·特南的私情。他依然渴望表演的需求，就像在黑鞋油作坊里那样，他以前读过的故事能够逗乐他的小伙伴们。小时候，大人们觉得他是个天才，而现如今，大家仍然把他视为天才。小时候，他觉得自己需要工作得非常熟练和刻苦，并且在工作时尽可能多地攒钱，这一点从未改变。他的身体病痛缠绵，感到凄凉和孤寂，保持着秘密的生活，渴望逗乐他人，对于工作的强烈欲望以及对金钱的兴趣：这些在他生命最后几年中都与他的童年如此相似。当然，还有许多事情已经改变了。他再也不用在监狱里吃早餐了，他再也不恨自己的母亲和姐姐了，他再也不觉得自己“永远无法企及或赶超所有这样的成就”了，他再也不感到被忽视和羞辱，没有人再能从钱多斯街的窗户里看见他给黑鞋油瓶贴标签。然而，你难道不觉得所有这些压力在他之后的一生中仍在驱使着他向前迈进吗？这并非如卡莱尔所想的那般可悲，更确切地说，这是生活中不可避免的一段旅程——尽管查尔斯·狄更斯拥有才华和所有的声誉，但他仍回到了童年时的状态。似乎发生在他身上的任何事情都无法驱散那个小男孩的存在。最终，除了他在童年时对世界的初次认知之外，没有任何东西是重要的。

1 詹姆斯·鲁塞尔·洛威尔（1819—1891），美国诗人、文艺评论家。

2 奥利弗·涅德尔·霍姆斯（1809—1894），一般称老奥利佛·温德尔·霍姆斯，美国诗人、内科医生、散文作家。

3 R. H.戴纳，应该是指理查德·亨利·达纳（1787—1879），美国诗人、文学评论家、律师。

4 查尔斯·艾略特·诺顿（1827—1908），美国作家、社会批评家、哈佛艺术史教授。

5 安东尼·特罗洛普，英国作家，活跃于19世纪。他以长篇小说《巴尔斯和小唐杜》（*The Barsetshire Chronicles*）系列而闻名，该系列描写了维多利亚时代英国社会的底层生活和中产阶级人物的故事。

第三十四章　时间与死亡

1868年4月30日，“俄罗斯号”停靠昆斯顿港，然而狄更斯和多尔比并未随即踏上回家的路。第二天，他们在利物浦停留了一日，并于第三天乘坐清晨的火车，于中午时分抵达伦敦。狄更斯并没有匆忙赶往盖茨山庄，而是选择前往佩卡姆，在那里与特南母女团聚，爱伦和她母亲刚刚从意大利归来。这次温馨的重逢，让狄更斯陶醉其中。他在佩卡姆逗留了一周，偶尔回到伦敦办事。

他全心全意投入《一年到头》的工作，为自己规划了夏季的行程，并且很少有不按其行事的时候；周一到周四，他在伦敦忙碌奔波，然后周末便回到盖茨山庄，款待那些陆续来访的客人（包括朗费罗和弗里斯）。诚然，他在这本杂志上的工作重担在最后得到了天意般的减轻，虽然狄更斯宁可没有出现这个原因。他的儿子查理破产了，查理投资的造纸厂亏损殆尽，还欠下了近1000英镑的债务。这对于他来说简直如同天塌地陷，因为他还要供养妻子和五个孩子——狄更斯犹豫不决地思索着，不知道该为此采取何种行动。最终，他决定将查理召唤至威灵顿街，与自己共同努力。于是，查理负责每天报告“邮报”信件的收发情况，并回复大部分的信函。此外，还有其他家庭琐事，他的女婿查尔斯·柯林斯身体日益衰弱，狄更斯曾断言：“我敢肯定他——活不了多久了。”事实上，柯林斯确诊患

701 上了胃癌，并于1873年辞世，但对于狄更斯而言，柯林斯的去世未免有点儿太晚。部分原因是他对女儿与柯林斯的婚姻本就不满（狄更斯去世后，乔治娜向安妮·菲尔兹透露，他曾长时间为凯特的“沉闷不幸的命运”而忧心忡忡），也因为他对于任何形式的身体虚弱都深感厌倦。

在这个时期，狄更斯的问题变得更加私密而富有个人色彩。特南母女似乎离开了佩卡姆林登格罗夫的房子——10月时，特南夫人住在哈灵顿32号，而在12月到1月之间，她（很有可能）与爱伦住在沃辛的巴斯街10号。后来，她们搬到沃克斯豪尔桥路305号的一套公寓房里。这些证据虽然细节充分，但不能被证实且并不完整，但至少可以说明从那时起，狄更斯和爱伦再也没有住在一起或者住得很近。狄更斯自己似乎继续租用了一段时间佩卡姆的房子，还请人帮他收拾屋子。尽管如此，并没有证据表明两人的关系有任何疏远。后来我们会看到，在他的下一轮朗诵巡演的整个或部分期间，爱伦明显陪着他，甚至在她母亲搬走之后，她偶尔还可能偷偷待在佩卡姆。如果是这种情况，那她到底以什么身份留下来，我们就不得而知了。但或许我们能从狄更斯即将开始写的那部小说里找到一些离题的句子，并转述罗莎·巴德（Rosa Bud）对“情人”埃德温·德鲁德（Edwin Drood）说的话：“‘这才对啊，小伙子。艾迪，我们要勇敢一点。从今天起，我们就做兄妹吧。’‘永远也不结为夫妻？’‘永远不！’”

朗费罗来到盖茨山庄拜访狄更斯时，他也注意到狄更斯“伤心欲绝”。

现在，狄更斯除了继续努力工作之外，还能做些什么呢？7月底，他试图开始那一年《一年到头》圣诞特刊的故事，但他只写了个开头就放弃了。对他而言，这只是一系列乏味且程式化的故事，围绕着一个主题展开，没有其他的。其中一篇草稿的一部分是在佩卡姆写成的。这是一个很短的片段，以一位傲慢的拍卖商的口吻叙述，为《埃德温·德鲁德之谜》中的一些部分埋下了伏笔。这可能实际上就是狄更斯向威尔斯描述的那篇有可能发展成一本新书而非圣诞故事的那个，即便如此，也只是一个片段。最终，他完全放弃了写这一年圣诞特刊，尽管这种传统方式明显在经济上是有利的。他似乎无法以原先的速度工作了，或者说他没有以前那样旺盛的精力了。而且非常关键的是，福斯特在这个夏天竟觉察到“他那种天生的活力明显减弱了，也不如以前开朗通融，明亮的眼睛有时也会暗淡下来”。甚至还有更加不祥的预兆，福斯特补充说，有一次“他看着自己右手边的店铺门却只能看清上面一半的字”。狄更斯认为这是他正在服用的脚伤药产生了副作用，

703 但是福斯特认为，没有人真正明白“事实上这种情况十分紧迫危险”。

当他的儿子爱德华（小名“普洛恩”）迁居澳大利亚时，他心中涌起了一阵难以言喻的悲痛。尽管他亲自推动了年仅17岁的普洛恩去澳大利亚内陆寻找出路，但这突如其来的悲伤反而更加凸显了狄更斯内心的不安。他发现普洛恩和其他孩子都有一样的缺陷——缺乏决断力和好逸恶劳，他将这归咎于孩子的母亲，但不可否认，这也可能是他自己的家族遗传。为了帮助普洛恩适应新生活，狄更斯将他送至赛伦塞斯特农业学院学习了8个月，他认为这段时间足够长了。之后，他安排普洛恩和哥哥阿尔弗雷德一起在新南威尔士州工作，但普洛恩一直是一个容易受影响、敏感脆弱的孩子。狄更斯对澳大利亚内陆的了解只限于书籍和口述，这样轻率地将儿子送往那个地方似乎有些不负责任（当然，狄更斯总是相信书上对现实生活的真实描写，这是典型的狄更斯的做法）。然而，在帕丁顿火车站与普洛恩告别的那一刻，“悲痛欲绝的场景”出现了。亨利，狄更斯的儿子这样形容道：“在众人面前，父亲无法控制自己的悲伤，痛哭不止，完全不顾及周围的人。”在另一个场合他还说：“我从未见过一个人如此悲伤，如此失控。”这表明当时狄更斯内心的悲痛爆发得异常强烈。普洛恩本人当然不习惯看到父亲如此情绪激动，除了公开朗诵时，他一直扭过头不敢正视父亲，直到火车离开车站。然而，他带走了一整套父亲的书。对于这个年轻人来说，这是与父亲的别离，他携带着让查尔斯·狄更斯名留千古的小说，这令人倍感动容。

亨利·狄更斯此刻将部分时间都花在陪伴母亲上。在家的时候，亨利就是父亲的一大重担，而且狄更斯仍然经常抱怨这一点。亨利表达过希望上剑桥大学而非直接工作的愿望，虽然狄更斯同意了他上大学，但内心仍然充满忧虑。实际上，在普洛恩坐船离开前的一个星期，亨利已经进入三一学院。狄更斯竭尽全力确保儿子的生活费恰好够用，他一再强调绝不借债、必须自食其力的重要性，他的警告也总是如此：不要浪费你父亲辛辛苦苦挣来的钱，记住你父亲在你这个年纪过的是什么日子。然而，他内心深处还是对儿子的成就感到骄傲。第二年，亨利在三一学院赢得了奖学金，每年能获得50英镑的津贴，这让他无比高兴。亨利坐着火车从剑桥到达海厄姆站，在坐上父亲的马车时将这个喜讯告诉了他。一开始，狄更斯只是低声自语着“太好了！太好了！”，但在回家的半路上，他“情不自禁地泪如泉涌。他转过身来对着我，眼中充满了泪水，紧紧握住我的手说：‘为你祝福啊，我的孩子；为你祝福！’亨利是他所有孩子中唯一取得一些成就的人。狄更斯或许有时候觉得自己是以其他人的幸福为代价获得了自己的声誉，但现在，他从亨利身上找到了一丝证据，证明自己卓越的才华至少能在他离去后流传下去”。

在其他领域，正如他所言，这个世界如同一片墓地。就在普洛恩与他分别的几周后，他的弟弟弗雷德里克因肺部脓肿爆裂而窒息死亡——弗雷德里克，那个在狄更斯年轻时做记者工作期间陪伴他进出议院的年幼伙伴，他的教育和前途始终是狄更斯最为牵挂的事情，他也是狄更斯最亲近的弟弟。后来，他沦为一个游手好闲的人，成了一个废物（不过他一直继承着哥哥的那种辛辣幽默和喜剧感），而近年来他的挥霍浪费和不负责任成了狄更斯肩上的又一重负。然而，弟弟去世的消息让狄更斯忘却了他们之间所有的争吵，他只记得那个自己像“父亲一样”照顾的聪明活泼的小男孩。弗雷德里克碰巧也是狄更斯最后一个尚在人世的兄弟。“他虚度了自己的时光，”狄更斯写信告诉福斯特说，“但愿无人因此而苛责他，或是苛责世间任何并非出于故意和冷漠的过错之人……”这番话中透露出一种无奈却又宽容的语气，很可能与狄更斯渐渐脆弱的状态有关；而且时隔12年冷漠和怀疑的日子之后，他如今以一种前所未有的亲切语气给马克·雷蒙写了一封信。走近生命尽头之际，他开始从更长远的角度看待事物，甚至包括那些曾经让他心生怒火的事情。

是多尔比告诉狄更斯弟弟去世的消息，他通过一个在弗雷德里克居住的小镇上的朋友得知了这个噩耗。当他把消息告诉狄更斯的时候，对狄更斯产生了“重大的影响”——他“内心的悲伤”达到了一种严重的程度，以至于晚上参加在伦敦的朗诵会时没有任何精神状态。然而，他一看到那个礼堂和斜面讲桌，就神奇般焕发了活力；它们“扫除了他内心所有的忧伤，并在朗诵的激情中，他忘记了自己，也忘记了自己的痛苦”。对于他来说，这无疑是公开朗诵会带来的巨大好处。即使他身体不适、老态龙钟、意志消沉（他总是这样自嘲），也能在朗诵中精神振奋，并在扮演他所创造的角色时达到真正的超越自我的境界。他可以忘却自己只是一个注定终将离世的凡人。在最疲惫不堪、过度劳累的时候，他清楚地知道一旦“告别”演出季，他将极其怀念那些公开表演。

然而，那些与狄更斯最为亲密的人仍对这些朗诵产生了深深的不安。他们痛苦地目睹着狄更斯站在舞台上，深知这些朗诵会对他自己造成何种影响。这个男人的表演彻底毁灭了他自身，这幅景象中甚至还隐藏着一些过于危险、扰乱人心、奇异古怪的元素。然而，现在没有任何力

707 量能够阻止狄更斯的决心。至少，他的两位朋友——查尔斯·肯特和威尔基·柯林斯——对于朗诵中赛克斯把狗拖出去发生谋杀案的房间并锁门的情节感到不满。或许，他们认为应该展示赛克斯的逃跑并在雅各布岛的屋顶上失足摔下身亡。起初，狄更斯坚决反对这一建议，他对肯特说："听到小女孩的死，没有任何一个观众能忍受10分钟。"他对自己的判断有着坚定的信心。他告诉肯特："相信我是对的。我站在那儿，我心里清楚。"然而，这只不过是他惯常自信的表述而已。实际上，他为这起谋杀案添上了一段简要的描写。他将《奥利弗·特威斯特》中赛克斯逃亡和死亡的情节浓缩成了3页手稿，并将整个演讲会变成了我们现在所见的样子。考虑到这场演讲会的独特性，狄更斯还为熟悉的布景添加了一些元素：两个巨大的紫褐色屏风就像两扇展开的翅膀一般摆放在原有背景幕布的两侧，同色调的帷幕也被挂起来，覆盖住台上的任何空隙。换句话说，狄更斯创造了一个封闭的空间，将他作为演员和朗读者完全隔离开来——每个姿势都清晰可见，每个动作都在煤气灯的照耀下映在深色幕布上。整个舞台变成了一座"恐怖剧院"。

《赛克斯与南希》的首场公开演出于1869年1月5日在圣詹姆士礼堂举行，他为此彩排了好几天。据多尔比说，演出结束时他“彻底筋疲力尽”。当他快步离开讲台后，观众们才恢复了镇定，并意识到刚才在舞台上到底发生了什么——“他们所听到的一切恐怖只是故事而非现实。”媒体普遍评价良好，这足以使狄更斯坚信不疑，将这个节目视作自己定期演出的必不可少的甚至是最重要的一部分。他大约每周朗诵这个故事四次左右，似乎没有任何东西能阻止他这样做，即使以自己的健康和生命为代价也在所不惜。对他而言，这个故事呈现出一种幻觉般的真实感。这几乎变成了一种偏执的狂热。多尔比说，这是“我们必须与之战斗的最危险因素之一”，然而狄更斯仍固执己见。

在第一场伦敦朗诵会结束后，他匆忙赶往爱尔兰，踏上火车的前夕，珀西·菲茨杰拉德瞥见了他，留意到他疲惫不堪，面容布满皱纹，焦虑不安，被阳光晒得黝黑发亮，脸上流露着忧郁之情……难道爱伦·特南也来为他送行？或者说，她甚至和他一同前往爱尔兰了吗？珀西·菲茨杰拉德的叙述中有一句含蓄的旁白似乎暗示了这种可能，因为他趁机告诉狄更斯自己即将结婚。“我记得他说，我必须让他把这个消息告诉与他同行的某人。”与他同行的某人……菲茨杰拉德没有详细描述这位未透露姓名的伴侣，但很明显，这个人不大可能是多尔比、乔治娜或其他经常被提及的狄更斯身边的人或家庭成员。而且从狄更斯自己罕见的坦诚中也可以明显看出，至少在英国北部的一次朗诵会上，爱伦·特南陪伴在他身旁；所以她依然是他的情人，而且——令人意外地由他亲口提及——她是唯一能对关乎他健康的“逆耳之言”如实相告的人，而其他人，如多尔比等人则不会。

然而，有时他身体的不健康症状变得如此明显让他无法忽视。在2月中旬，他的左脚情况恶化，医生们坚持要求他取消下一场伦敦朗诵会，并推迟即将到来的苏格兰巡演。狄更斯在伦敦逗留了几天——从他的信件中可以看出，他显然非常不耐烦，心烦意乱，但仍决心要战胜病痛，重振雄风。脚上的肿胀最终消退了，而且仅过了5天，弗兰克·比尔德，用福斯特的话来说，不顾狄更斯家人和朋友的“急切恳求”，允许狄更斯继续出行。多尔比注意到，“头儿”抵达苏格兰时，脚痛得非常严重，但他努力用自己平日里“活泼的举止”来“掩盖”自己身体状况不佳的事实。在那次巡演中，他在爱丁堡朗诵了《赛克斯和南希》，朗诵结束后，感觉精疲力竭，不得不躺在沙发上恢复体力，并使自己镇定下来。喝了一杯香槟之后，他又回到舞台上朗诵第二个节目，“那欢乐轻松的样子就像刚刚开始这一晚的工作一样”。尽管如此，多尔比还惊恐地注意到，“这些突然的神经紧张，并不像当时看到的那么容易消除，而总是在当晚的晚些时候重新发作，表现为极度的愉悦或者希望再次登台表演的渴望”。这种对重新上台并再次表演的渴望，在所有表现中显得最为奇特。 710

他的脚康复了，但身体和精神上缓慢而持续的损耗却加剧了；他的老朋友埃默生·坦南特突然离世，他必须前往参加葬礼，这意味着他不得不竭尽全力应付克郡那场朗诵会。为了赶上当晚去伦敦的火车，整个朗诵会期间他没有休息，只是走到幕后抿了口香槟，然后就回到舞台继续朗诵，从《布茨》到《赛克斯和南希》，再到《甘普太太》。在回伦敦的火车上，福斯特发现他的朋友看上去“茫然而疲倦”。这种不断努力、不停奔波以及相同的疲惫几近狂乱——在这个关键时刻，他竟然花了整个上午的时间清理威尔斯的办公室，扔掉一切能扔的东西，整理抽屉和角落，把自己弄得灰头土脸，但还是锲而不舍，决心将一切变得“井然有序”。

狄更斯回到盖茨山庄，情绪纷乱心烦。医生比尔德和专科医生沃森一同发表声明，指出他的病部分原因是“长期而频繁的铁路之旅”。狄更斯自己也认同这一诊断，他称自己的不适主要是因为火车晃动，不能再忍受乘坐快车。可以说，斯泰普赫斯特事故的阴影仍然影响着他。他的饮食和作息正常，但常常感到头晕疲倦。他已经避免任何种类的兴奋剂，并且现在以顺势疗法饮用可替代原来爱喝的茶或咖啡。他必须至少安心静养一个月，但取消朗诵会以及由此造成的收入损失让他非常失望。然而几天后，他宣布“已康复得很好”，准备回到伦敦继续生活，这在一定程度上体现了他超凡的意志力和表面上的恢复能力。但此时他也有些意识到生命将走到尽头，甚至可能在初次瘫痪时感受到死亡的味道。两天后，他给律师乌弗里写信，请求起草遗嘱。工作进展迅速，在5月12日起草完毕并在《一年到头》办公室签字生效。这一季，他没有在伦敦租房，不想待在办公室时便入住皮卡迪利大街的圣詹姆士酒店。在伦敦期间，他会去剧院观剧，用餐则在华利餐馆或科克街的蓝桩酒馆。他热衷于其他小酒馆，如科克酒馆、舰队街的柴郡奶酪店，以及德鲁里巷剧院对面的阿尔比恩酒馆。与他形影不离的伙伴之一是多尔比，而在被迫离开普雷斯顿并滞留伦敦的日子里，多尔比注意到，“他开始变得与以往不同。我惦念他曾经的朝气活力和开朗豁达……”

但狄更斯对自己的身体状况装出一副若无其事的姿态，特别是因为他的美国友人菲尔兹夫妇来到英国，他决定要热情款待他们。狄更斯选择住在圣詹姆士酒店，原因之一是为了离他们在汉诺威下榻的酒店更近一些。无疑，他觉得让菲尔兹夫妇放心对待他的健康状况是非常重要的。在与他们见面之前，他在一封信中解释说自己的身体一直受火车长时间旅行的影响，但现在已经“恢复正常”了。他们第一天见面时，似乎是为了证明自己的健康，他带着詹姆斯·菲尔兹沿着泰晤士河漫步了很长时间。菲尔兹夫妇留下了与狄更斯一同享受光明时刻的记录。他带着他们参观了开始创作《匹克威克外传》时居住的福尼瓦尔客栈的房间。他带领他们参观了律师协会的俱乐部以及《远大前程》中的皮普曾经住过的房间，马格维奇摔了一跤的黑漆漆的楼梯以及皮普为他不受欢迎的恩人找的窄街上的出租房间。然而，这样的场景多么奇特啊，狄更斯指着这些住所仿佛他笔下的角色真实存在一般，就好像他的小说是伦敦城中每一块石头、每一片瓦片的一部分，就好像这座城市到处都充满了他的创造物。在一个春日的夜晚，狄更斯走在伦敦的街道上，“一个天色已晚却仍在忙碌的身影从我们身边匆匆经过而后消失不见，或者在转弯的时候踌躇片刻，‘好好看看’查尔斯·狄更斯”。这不仅让人回想起他小说中的情节。

在第二个月到来时，詹姆斯·菲尔兹和安妮·菲尔兹夫妇再次踏上盖茨山庄，与狄更斯重新相聚。这个地方依旧充满了诗意，伴随着更多的远足探险、长途散步、聚会和晚宴。他们驾着四匹马拉的大马车前往坎特伯雷，那辆马车上有一位身着红外套和长筒靴的御马者。恰巧在此处，狄更斯找到了即将创作的小说的又一个线索。他在这座壮丽的大教堂中，被一场看似崇拜的宗教仪式所压抑，而这个仪式将在他的《埃德温·德鲁德之谜》中得以呈现。同时，在坎特伯雷，狄更斯也透露了自己创作的一些线索。当被问及哪座房子是《大卫·科波菲尔》中斯特朗博士的学校时，他笑了笑回答道："可以算是好几幢吧。"狄更斯深感庆幸没有被人认出来。一群人圈在马车周围，其中一个男子指着詹姆斯·菲尔兹大声叫喊："那就是狄更斯！"此时，狄更斯将一个小包裹递给菲尔兹，并以足够让围观者都能听到的音量说："给您，狄更斯，请帮我保管好这个。"

这是狄更斯生命中最后一个完整的夏天——正如凯特·柯林斯和乔治娜·贺加斯所说，这是一个非常愉快的夏季。与往常一样，他依然周末待在盖茨山庄，而周四总是待在伦敦办公室处理杂志事务。威尔斯此时几乎不再工作，而狄更斯的儿子查理则似乎在避免破产的耻辱后接手了威尔斯的大部分职责。在休养期间，狄更斯只写了几篇短文给杂志。但他也写了一篇关于费希特的文章，准备在

《大西洋月刊》上发表，为即将在美国巡演的这位演员提升一些知名度。然而，这篇文章并不仅仅是赞美，因为狄更斯再次触及了一个无法忽视的话题。他描述费希特是一个浪漫的演员，尤其还提及被爱之人因为爱人的关怀和热情而得到拯救，变得更加快乐美好。“就像一个孩子可能会说的那样，我对自己说，‘一个坏女人是不会有人以如此美好的柔情对待她的，也不会让追求者的心如此投入，更不会让这样的小伙子流下这样的泪水’。”在对爱情的描绘中，狄更斯再次把自己置于一个孩子的角色中，用儿时的洞察力描绘出一种真挚的近乎神圣般的感情。

在1869年夏天，狄更斯的身体伤势刚刚开始康复，便急不可待地开始了一部新小说的创作。去年夏天，他已经考虑过这个可能性，甚至写下了一个片段，但直到现在，他才感觉到自己可以全身心地投入其中。或许与他手头上的“空闲时间”有关（去年也是如此），更可能是与他身体的衰弱和死亡的提醒有关，这刺激了他再次渴望表达情感、写一部揭示生命背后死亡意象和未被响应的激情的小说。

就像以往一样，在他下定决心开始写作后，灵感接踵而至。8月，他告诉福斯特自己想到了一种非常奇妙且独特的主意供新小说使用。8月20日，他已经在考虑新小

715 说的书名；他在一张纸上写下了17个候选名字，从《詹姆斯·韦克菲尔德的忧伤》到《是死亦是生》不等。同一天，他写信给弗雷德里克·查普曼，建议出版这本售价12先令一期的新小说；这表明狄更斯意识到自己的创作力可能像朗诵会戛然结束一样迅速耗尽，因此不再急于使用连续20个月刊的旧模式。市场情况也发生了变化，四五十年代受人欢迎的做法在六七十年代已经不一定适用，因为出现了穆迪租赁图书馆和铁路书报摊。习惯于紧跟时代潮流的狄更斯毫不畏惧，这是他持续取得更大成功的秘诀之一。合同很快起草完成，但在他的坚持下，还添加了一项条款规定，若作者去世或残疾，仲裁人将评估需要偿还给查普曼与豪尔公司的款项。他不愿以欺骗手段签署任何合同，同时也非常关心终止朗诵会对查普曼公司造成的经济损失，这表明他对待自己的出版商非常谨慎。合同直到那年冬天才最终敲定，结果狄更斯将获得7500英镑的酬劳，并通过自己的版权分得这部小说一半的利润。

9月中旬，狄更斯开始真正构思这部小说。或许是在这个月或者上个月的某个时候，他向福斯特详细讲述了自己想到的那个“非常奇妙且新颖”的主意。故事中，一个年轻人被他的叔叔谋杀，这起家庭内部的凶杀案直到凶手身陷死刑牢房反省自己满是鲜血的职业生涯时才揭开。这个情节非常吸引人，并且使用鸦片作为揭示真相的催化剂，与威尔基·柯林斯的《月亮宝石》有一些相似之处。然而，这与狄更斯在8月20日构思出的那串书名和主题不太相符，当时他构思的主旨是主角消失后再在结尾处重现。很有可能是在草拟故事主线的分期计划中，他开始考虑谋杀和让埃德温·德鲁德永远消失的想法。这或许可以解释为什么他在处理罗伯特·利顿的《约翰·阿克兰失踪案》时显得如此奇怪。那是一个短篇小说，讲述一个年轻男子的失踪事件，后来才发现实际上是被人谋杀了。他原本打算在《一年到头》杂志上发表这个故事，但当他决定自己失踪的角色也是遭到谋杀后，就突然以非常简短的借口停止了罗伯特·利顿的故事的连载。换句话说，他不想让别人抢占先机，所以《约翰·阿克兰失踪案》成了《埃德温·德鲁德之谜》的牺牲品。

狄更斯对计划犯罪和侦查行动的兴趣不仅仅局限于此，他将这个犯罪故事建立在激烈而受挫的爱情之上，并通过揭示凶手约翰·贾斯珀的心理来展开故事。这并不是一个新构思，在处理布拉德利·海德斯通（Bradley Headstone）（《我们共同的朋友》）和欧本·赖泽（Obenreizer）（《死胡同》）时，他就采用了类似的手法。然而，尽管贾斯珀身上有这两个人物的影子，但狄更斯更多地关注描述攻击行为和性迷恋的本质。当他向福斯特口述小说情节和主题时，无法轻易地将自己不可见人的取向说出来。因此，《埃德温·德鲁德之谜》在本质上成为谋杀侄子的叔叔贾斯珀之谜，而这部小说的真正主题并不在于复杂的情节，而正如狄更斯的女儿所说，关于狄更斯“对人物的精彩观察，以及对人类内心悲惨秘密的奇异洞察力……”。这又有什么奇怪呢？那时，他的公众生活主要围绕着《赛克斯和南希》的朗诵，而他的私人生活则受到越来越悲伤的爱伦·特南的控制。这样发展的小说主题完全符合情理。

然而，一些关键主题从一开始便显露无疑。第一个分期计划以“吸食鸦片”为开端，紧接着带领我们进入了莱姆豪斯和布鲁盖特·菲尔兹(Bluegate Fields)[1]的世界。上个月狄更斯曾带他的美国出版商参观过，但也是在这个计划中，还出现了另外一个地点——“大教堂镇贯穿始终”。在小说里，这座镇子叫克洛伊斯特汉姆，而所有可考细节都说明它和狄更斯童年生活过的那座城市——罗切斯特及其近郊——密切相关。于是，伦敦就和罗切斯特重叠在了一起。在生命的最后一段时光，他又回到了自己创造力的两大源泉。不仅是回到了这两个地方，还把它们合二为一了。因为这部小说探讨的是分裂生活和双重人格的本质，所以其中莱姆豪斯和罗切斯特聚在一起并在某种意义上互相叠加形成一个混合的想象风景，这并不怎么奇怪；这种重合甚至体现在地形的细节上，布鲁盖特·菲尔兹的鸦片烟馆背后隐约耸现奇异且富丽浓艳的东部圣乔治教堂（St George in the East）[2]和罗切斯特大教堂十分相似。他童年时的所见所感以及成年后的经历交织在了一起。

9月底，当他开始认真创作这个新故事时，这些元素都清晰地浮现在他的脑海之中。从他现有的分期计划中可以看出，他已经对小说开头的情节发展有了明确的思路。而且，他还邀请查尔斯·柯林斯为这部新的连载小说设计插画。我们并不清楚这是柯林斯的提议还是狄更斯的要求，但他似乎非常愿意将这个任务交给柯林斯，因为这不仅可以让他的女婿忙碌起来，还能为他带来一些收入。无论如何，狄更斯心知肚明，柯林斯的名声比马库斯·斯通为他的上部小说所设计的插图更响亮。为了让柯林斯有充分准备，狄更斯还让弗雷德里克·查普曼寄来了哈勃雷特·布朗以前设计的绿色封面，这样柯林斯在已获认可的模型基础上进行创作。而现在，他也准备好动笔了。秋天和冬天，他经常去办公室位于威灵顿街的地方，但他不再住在那里，他只是到那里工作。其他时间，他要么待在盖茨山庄，要么在佩卡姆度过。

719 正是在佩卡姆的隐居期间，他完成了最后一部作品的构思和创作。

在10月的第三周，他完成了小说的第一部分，立即“兴致勃勃”地走进福斯特家，将其朗读给大家听。石头、尘土、老教堂和往昔的阴影，这些元素构成了狄更斯向读者展示的幻象。这是他塑造过的最微小却也最极端的世界，从布鲁盖特·菲尔兹馆的奇怪梦境开始，再转到那个被称为克洛伊斯特汉姆（或许更应该称之为罗切斯特）的古老大教堂镇。在这个令人感到压抑、回声不断的地方，狄更斯仿佛在自己的头脑和童年故土的风景中探寻人性最奇异古怪的一面，寻找那种能够永远提醒我们有死亡存在的东西。古老的传说，英国历史的故事，这对于狄更斯来说并不是一个新主题。早在19年前他就在一篇为《家常话》所写的文章中提到了“一座古老的大教堂镇”，那里弥漫着庄严、神秘、衰败和宁静的氛围，只可惜这种氛围在“没有感情、无力而单调地唱着乏味定式曲调的声音中”表现出来。几个月前，当他参观坎特伯雷大教堂时，却因为那种“无力而单调”的声音感到失望，真是古怪而意味深长。狄更斯生命中总有一些时刻，某种感觉突然涌上心头，强烈如初。

然而，在《埃德温·德鲁德之谜》中，所有过去的感觉都被狄更斯对时间和必将死亡的沉重思考所笼罩，变得更加深刻。这些思考反过来又激发了他最精练的文字。“旧时光从坟墓、拱门和穹顶中发出带着霉味的叹息；阴影开始在角落间加深；石板上的青苔冒出湿气；夕阳透过彩色玻璃窗，在教堂中殿的地面上投下宝石般的光影也逐渐消失……大教堂里一切都变得阴暗、可怖，那嘶哑而单调的低语像垂死之人的声音般持续不断，直到风琴和唱诗班的声音突然响起，才将原先的声音淹没于一片音乐之海。然后，海浪稍微平息了一些，那垂死的声音又艰难地挣扎了一次，接着海浪再次涨起，覆盖了那声音，甚至拍打着教堂屋顶，在拱门之间翻腾，直冲向教堂塔楼的顶端。然后，海水退去了，一切恢复了平静。”这是狄更斯作品中最接近哥特式小说的一部作品，源自他的童年记忆，是融合了他艰苦经历和奇怪内心声音的小说。“如果活着的人能够看见死去的人……”，打破生死界限是哥特式小说的核心特点，但无疑也是狄更斯自己幻想世界的核心元素。《大卫·科波菲尔》开篇处描述孩子们对死去父亲从坟墓里爬出来的恐惧，这只是狄更斯受到影响之深的一个例证。然而现在，在生命最后的时光里，他怀着多重矛盾的心境接近已故之人，并思考死亡这个问题，这实在令人不安。

721 多尔比说，狄更斯在创作这部小说时面临着前所未有的巨大困难。他沉浸在创作中，感到忧虑不安，内心充满对过去的怀念。然而，从手稿中可以看出，他写作时相对轻松，因为修改的工作较之前的小说要少得多。他主要进行的修改是补充和扩充，在这部小说中进一步突显他语言简练且谨慎的天赋。《我们共同的朋友》在某种程度上建立在迂回曲折的辞藻和夸张滑稽的语言之上，而《埃德温·德鲁德之谜》则更为朴素。所有的修正和补充只是为了使文笔更加准确具体。这可能部分源于狄更斯想要保存自己的精力，因为当时他并不确定这些能量能够持续多久或产生多大的影响。然而，更重要的是，他人生最后一个构思的能量和重要意义并没有像之前那样激发他进行任何随心所欲的创作。当然，在他最近的作品中，他也探索了“秘密”生活、双重身份以及人格面具的主题，并分析了在一个看重外表的社会中佩戴面具和伪装的必要性。毫无疑问，所有这些问题似乎都与他的人生息息相关，即使在他创作这部小说时也不得不经历。然而，在《埃德温·德鲁德之谜》中，这些话题被纳入一个更宏大的构思中，并且予以加强，这个构思描绘了教堂地下室黑暗柱子之间的“光道”，反思着“潜伏在万事万物中的神秘之火”，甚至隐藏在古老教堂冰冷石墙背后。

11月降临，尽管他身染重感冒，但仍然坚持着创作第二期。匆匆而过的月底，他终于将这一期完成。他努力加快进度，特别是因为他知道自己必须准备那场短暂的告别季巡演（他已得到医生的允许）。然而，当他完成这两期时，惊恐地发现自己写少了，每一期都缺少约六页的内容。他必须立即补上这些空白。他增加了全新的情节，将第二期的一章移到第一期，并在第二期中增加了一章。所有这些都意味着他过早耗尽了自己的素材，而他的插画师也让他头疼不已。查尔斯·柯林斯已经画好了一张封面的草图，但他发现继续画下去只会让自己更加虚弱。因此，他必须立即换一位画家。于是，狄更斯来到伦敦和弗雷德里克·查普曼商讨此事。结果，他找到了一位年轻的画家卢克·菲尔兹。或者更准确地说，是约翰·埃弗雷特·米莱帮助狄更斯找到了他——这位画家当时住在盖茨山庄，某个上午他走进狄更斯的书房，向狄更斯展示了《图画报》第一期。“我找到他了！”狄更斯欣喜地大喊一声，然后指着一张插画给他的客人看。所指之处正是由菲尔兹所绘制的《无家可归、食不果腹》。这种对社会苦难的现实主义细致观察正好符合狄更斯的口味。于是，狄更斯给这位年轻画家写信，希望能看看他其他作品的样本。在看过之后，狄更斯非常满意，于是将这个任务交给了他。对于这位年轻的画家来说，这是一个非同寻常的荣誉和机会。就这样，问题得到了解决。在圣诞节前的三天，狄更斯完成了所有必要的重写工作。

然而，在距离最后一场朗诵会演出季只有一周左右的时候，他的身体却再次受到疾病的困扰。多尔比留意到他身上发生了一种缓慢而持续的变化……而在圣诞节那天，他的脚肿得厉害，不得不待在自己的房间里。因为疼痛和身体的不适，他无法行走，但是到了晚上，他还是一瘸一拐地下楼来到客厅，参加家人的平常晚餐和庆祝活动。这是他生命中的最后一个圣诞节；他总是在作品中庆祝和赞美这个节日的神圣，但此刻，他只能以一个患病者的身份庆祝这个节日。他躺在沙发上看着其他人玩游戏。此刻，他在想些什么呢？至少有一个线索可以让我们猜测他当时的心情。家人们在玩“记忆游戏”——这是狄更斯从来无法抵挡的游戏。经过观察其他人一会儿后，他决定加入其中。亨利对他做出的贡献记忆犹新。“经过几轮之后，我父亲成功地记住了一长串词语，其中最后一个是他自己贡献的——‘河滨马路30号沃伦黑鞋油店’。当他说出这个词语时，眼中闪过一道奇异的亮光，嗓音也发生了奇怪的变化。这一切突然吸引了我的注意，给我留下了深刻的印象，一时间我都记不住其他的。”河滨马路30号沃伦黑鞋油店——那个黑鞋油作坊，那是他童年时期辛苦劳作和承受耻辱的地方。那里承载着他所有痛苦的源头。对于他的家人来说，这个名字没有任何意义，没有人知道他的过去，它只是一个圣诞游戏中的一个词语而已；但对于狄更斯来说，这个词语有着深刻的意义，代表着他整个人生的秘密。然而，这仍然是一个谜，即使对那些最了解他、最爱他的人来说也是如此。这是他第一次公开提及那段可怕的时期，他的家人在阅读福斯特所写的传记之前都不知道他早年生活的秘密。

第二天下午，在按照惯例举办的节礼日运动会之后，狄更斯对在场的客人和参赛者发表了一个简短的演讲，在结尾处他说：“希望明年我们再举办一次。”然而，这个愿望没有实现。在新年前夕，他参加了福斯特家举办的一个聚会，并在聚会上朗诵了自己新书的第二期。当午夜钟声敲响时，宾客们举起酒杯，站起来祝福这个辞旧迎新的时刻。后来有一位客人说：“之后我再也没见过他。”

1 布鲁盖特·菲尔兹，是维多利亚时期伦敦旧城北部最差的贫民窟地区之一。

2 东部圣乔治教堂，伦敦的一座国教教堂，建于1714—1729年。

第三十五章 辞世之年

新的一年到来了，对于狄更斯来说，这也是他生命中最后的一年。他打破了一直以来恪守的原则：小说创作和公共朗诵会同时进行。尽管他试图不让朗诵会影响到自己的写作，但他仍然每周出现在圣詹姆士礼堂，大约两次，还需要花时间再次“记熟”朗诵内容。尽管没有证据表明他愿意放弃这12场表演的“告别”季，他需要这些钱（或者至少他认为自己需要），但同时也感到对其他人负有责任。他对查普尔公司在他身体虚弱时对他的体谅非常感激。福斯特说，单单这份责任感“就给了他坚决完成这些朗诵会的动力”。

实际上，狄更斯怀着极大的期待等待着与观众们下一次的相约。多尔比透露，当托马斯·沃森爵士允许他进行最后一批朗诵会时，这个消息“点燃了他的新希望，并帮助他（我们希望如此）完全康复”。所以，他充满喜悦地在1月11日开演了，福斯特注意到，尽管狄更斯在从美国回来后说话变得有些沙哑刺耳，但现在又找回了“之前的细腻柔和”，声音变得温和而轻柔，带着一丝淡淡的伤感。他还在三个不同的上午举办了朗诵会，方便“戏剧界的同行们”，因为他们晚上都有演出，无法观看狄更斯的表演。这自然对他的体力产生了很大的影响，此时，毫无疑问，是在他家人的坚决要求下，弗兰克·比尔德陪伴着他，并在每场朗诵会前后检测他的脉搏。记录显示，狄更斯的脉

727 搏随着每一个故事接近结尾而加快。第一晚，他的正常脉搏为每分钟72次，但很快就超过了82次，并在最后几晚升至每分钟100多次；在每场朗诵会期间，脉搏也不断升高，达到的最高纪录是在他最后一场演出《大卫·科波菲尔》时，脉搏达到124次，这实际上是在所有《赛克斯和南希》之后达到的最高纪录。因此，他的身体对这项工作做出了反应，显示出缓慢但持续恶化的迹象。他的儿子查理甚至认为这最后一批朗诵会差点夺去了他的性命。查理记得弗兰克·比尔德曾对他说了一些非常令人担忧的话："查理，我在舞台旁边摆了一些梯凳。每晚你必须坐在那里，如果看见你父亲有一丝踉跄，你必须立刻和我一起冲上去接住他，然后把他扶下台，否则，天哪，他可能就在所有观众面前突然离世了。"

在这段时间里，狄更斯租下了海德公园路5号的一幢房子。他选择在伦敦期间居住在这里，以避免乘坐颠簸不定的火车在盖茨山庄和伦敦之间来回奔波。他再次回到"泰伯尼亚"(Tyburnia)[1]。在伦敦的最后一幢房子就能直接俯瞰海德公园，窗外是现在的贝斯沃特路。狄更斯的卧室和书房位于二楼，正好在马路上方，但他似乎并没有被车辆来往的喧嚣和混乱所打扰；他告诉多尔比，甚至在黎明时分，他也喜欢听到运货马车从帕丁顿车站运送货物到市区各个市场的声音，因为这让他意识到世界在他熟睡时仍然活跃忙碌。为什么他现在会在意伦敦的噪声呢？毕竟，这些都是他一生都很熟悉的声音。当然，他还保留了佩卡姆的隐居之地的秘密，那里的女佣还记得当时“特林汉姆先生”在那里写着一本疑案小说。因此，我们可以推测《埃德温·德鲁德之谜》这本书的一部分可能是在林登格罗夫完成的。

有时候，他会谈论到死亡，特别是对于突然死亡的渴望。据说他曾说过：“让闪电劈死与以诺（Enoch）[2]肉身升天最相像。”虽然这句话听起来似乎不太像是狄更斯所说的，但其中的意思还是很明显的。尽管如此，他仍然下定决心努力保持愉悦的心情，至少在别人面前如此。他的左手也肿了，被固定在腕带上，因此他不得不取消了与格莱斯顿在1月底举行的晚宴。但毫无疑问，他仍然继续着在阴郁而沉闷的冬天里创作他的小说第三册。在某种程度上，狄更斯很尊敬格莱斯顿，但不能因此认为狄更斯在这个阶段对他的信任超过对其他立法委员或议员的信任。而他在政治生活方面最后一次评论的意思再清楚不过了。在他去世前4个月的2月，他对布尔沃·李顿说：“我们的政治体制不管用。”他一生都在为这个结论做准备，现在，在某种意义上，他重拾了自己年轻时所谓“激进主义”，并对议会充满了厌恶和轻视之情。

光阴匆匆，在他生命的尽头，那个最后的日子，于3月1日的夜晚，他举行了自己人生中最后一场《大卫·科波菲尔》的朗诵会。两天后，他与威尔斯为伴，踏进了摄政街的布兰查德饭店，参加爱伦·特南的生日宴会。就在那个月的8日，他进行了自己最后一次《赛克斯和南希》的朗诵。穿过通往舞台的路途，即将再次扮演凶手和受害者，他低声对查尔斯·肯特耳语道："我会把自己弄成碎片的。"几周前，他向多尔比坦白，在这样四处巡演的情况下，频繁演绎"谋杀"情节实在是件疯狂而令人厌倦的事情。然而，即使他看到了自己的疯狂也无法停止。最终，他选择了继续前行。

在这场朗诵会之后，狄更斯收到女王的邀请，前往白金汉宫与女王会面。尽管他双腿酸痛，但按照礼仪规定，在整个过程中他始终站着，而维多利亚女王则斜靠在沙发扶手上。他觉得女王"难以置信地羞涩"，他如此告诉乔治娜，说她的"举止宛如一个小姑娘"。女王在自己的日记中形容他为"非常容易相处，声音和举止都令人喜爱"。那么，这两位维多利亚时代最伟大的代表人物究竟谈论了些什么呢？或许是仆人问题，或许是林肯遇刺前的梦境(狄更斯永远都不会对此感到厌烦)，或许是狄更斯自己的公共朗诵会，还可能涉及13年前她亲临观看《冰渊》演出的经历，美

国人对芬尼亚组织的态度，国民教育，以及肉价，等等。 730
因此，这两位维多利亚时代最杰出的代表人物就这样互相交谈着，仿佛对于自己所处时代的历史毫无所知。后来，有关狄更斯获得爵士头衔甚至贵族爵位的谣言甚嚣尘上，但实际上并没有发生这样的事情。无论如何，他决定永远做自己，那个独一无二的查尔斯·狄更斯。

日子如流水般逝去，最终的日子已经来临。于是，在准备进行人生最后一次登台之前的两天晚上，他为所有参与朗诵巡演生意的相关人士举办了一场盛大的晚宴。接着，就在3月15日这个日子，他开始为当晚最后一场朗诵会做准备。然而，他的嗓子不好，不得不在上面敷上一帖膏药。他还会晤了卢克·菲尔德斯，商谈关于《埃德温·德鲁德之谜》第四期插图的事情。晚上，他来到圣詹姆士礼堂，准备朗诵《圣诞颂歌》和《匹克威克外传中的审判》；观众将在此最后一次聆听埃比尼泽·斯克鲁奇、鲍勃·克拉奇蒂和山姆·韦勒的声音。

礼堂内座无虚席。朗诵会开始前几个小时，人们就已经围拢在摄政街的两个入口外等待着。正当晚上8点整，狄更斯准时手持书登上舞台，看起来明显激动不已，正如多尔比所说，这毕竟是他最后的一次演出。观众们起身欢呼鼓掌，时间长达几分钟之久，他都无法继续进行下去。

大家目不转睛地注视着他，而他则站在讲台后微笑，那瘦削的身子穿着无可挑剔的晚礼服。在煤气灯的照耀下，他那熟悉又略带红晕的面容上的每条线条都清晰可见。然后，他终于开始了。查理说：“我从未听过他以如此精彩和轻松的方式朗诵。”而查尔斯·肯特认为：“他的表现可以说是登峰造极。”当他朗诵完第二个节目，即《匹克威克外传》中的审判情节时，观众席中再次爆发出热烈的欢呼声和掌声，持续了好几分钟。他下台了，但由于观众的热情——几乎有些歇斯底里，他不得不多次回到舞台上。直到最后，这片喧闹与轰动才逐渐平息。而狄更斯最后一次站在观众面前，发表了一段专为这个场合准备的简短讲话。他说：“女士们，先生们，如果我试图掩盖我结束这一段生活时内心的强烈痛苦，那将是虚伪和无情的。”接着，他提到了自己15年来举办朗诵会的演出生涯，谈及他对公众的责任以及他们对他的支持，也提到了即将出版的《埃德温·德鲁德之谜》。然后，在讲话接近尾声的时候，他的声音突然颤抖起来——“……但我现在将永远从这耀眼的灯光中消失，带着一颗诚挚、感激、恭敬和深情的心向你们说再见。”观众席上一片寂静，片刻之后，众人似乎异口同声地叹了一口气。随后，“我听到了我这辈子所见过的最响亮、最热烈的欢呼声”。他下台时低下了头，泪水顺着脸颊流淌下来。然而，欢呼声和掌声持续不断。过了几分钟，他再次回到台上，面对观众，举起双手轻轻地献了一个吻，然后永远离开了舞台。“那个晚上，他深受感动，”他的儿子说，“但同时也极为伤感和沮丧……”这一切到此结束了啊，而他眼前几乎已经一片空白。对于一个永远无法忍受告别的人来说，对于一个将自己与观众和读者直接联系在一起的人来说，这真是一个悲不自胜的时刻。

3月的第三周过去了，最后一场公共朗诵会结束之后，狄更斯给福斯特读了《埃德温·德鲁德之谜》的第四期。福斯特再次成为他的知己，而与威尔基·柯林斯之间的距离也在某种程度上增大，这表明狄更斯在生命走向尽头时回归到最初的阵营。他还告诉福斯特，他的视力再次出现问题，看不清店面上后半部分的店名。几天后，他还遭受了一次严重痔疮大出血。所有这些迹象都指向同样的结论。然而，还有一些让他欣慰的事情。4月初，《艾德温·德鲁德之谜》的第一期以熟悉的绿色封面问世，并立即取得了巨大的成功。销量超过5万册，评论界对此也集体庆祝，认为这位小说家终于回归了自己“旧有”的风格。然而，真正令人匪夷所思的是，评论家们并没有多加关注小说的真正特色，反而赞扬其中一些角色展示出的幽默，比如石匠兜得儿和保守党“傻子”撒泼西先生。这就是为什么《观察者报》认为狄更斯回到了“早期几部作品的水准”，然而，这部小说与那些作品所处的世界是多么不同啊。在《尼古拉斯·尼克尔贝》中附带的“广告附录”中，有类似穷人用的药物和男孩穿的轻骑兵套装之类的广告。而现在，在《埃德温·德鲁德之谜》里登的广告都是洗衣机和自发面粉的了。

视力和痔疮的持续恶化意味着他每周至少要见弗兰克·比尔德一次，通常是在《一年到头》办公室处理“编排”事务的前一天。尽管如此，在4月5日他对报刊经销人慈善协会发表演讲时，有一位观众评论道：“他整个人兴高采烈，言语流畅。”第二天，他在白金汉宫参加了午后的接见会，这个特别的场合迫使他穿上宫廷礼服，包括一顶三角帽，然而由于不确定帽子的角度应该朝向哪一边，他只好夹在胳膊下。第二天晚上，他在海德公园路上举办了一个盛大的招待会，宴会上不仅有约阿希姆弹奏舒曼和塔尔蒂尼的曲子，还有伦敦合唱团和无乐器合唱俱乐部一起演唱。每个“有名有姓”的人都出席了，可以说这是他与“上流社会”的最后一次约会。然而，多尔比注意到，尽管狄更斯本人和以往一样欢乐、生机勃勃，却“非常痛苦”并且看上去“疲惫不堪”。

这个月过得颇为繁忙，仿佛是一幅精彩的文学画卷。

在一个夜晚，他来到马戏团，眼前展现出一幕惊人的景象——一头巨大的象倒立在那里，令他不禁发出疑问的声音："他们怎么会让犀牛表演如此奇妙的绝技呢？"他还走进剧院观赏戏剧，在私人晚宴上与朋友共度美好时光。而在所有送给他的尊敬之物中，他似乎最喜欢一位名叫乔治·候姆的利物浦木材商所赠送的银质桌饰品。乔治娜在信中对安妮·菲尔兹说，这一刻是狄更斯职业生涯中最"满足"和最"开心"的时刻。这个礼物的一部分是一件银质装饰品，上面雕刻着代表季节的图案——只有春、夏、秋，也许这样的设计会让狄更斯想起一年中更舒适、更充满希望的时刻。然而，他曾对福斯特说出一句透露他内心状态的话："我从来不去看它，所以最少想到的就是冬天。"尽管他再也无法迎来真正的冬天了。

玛米说，在这些忙碌的活动中，他"很快也很容易就会感到疲倦"，实际上他也同样很快对外出就餐和社交感到厌倦。他变得越来越焦躁不安，于是在4月中旬下定决心，接下来的大半年将不再参加任何公共活动。他还对伦敦的生活感到厌倦，渴望回归乡下。他在正创作的小说中也表达了这种情绪："在那些布满沙砾的街道上，人们聚集在拐角处避暑，有些人拖着脚步在滚烫的铺路石上漫步，发出令人心烦的单调声音。总之，一切都显得粗陋不堪。”然而，小说的进展却十分缓慢，他谨慎地调整章节的位置，以达到自己理想中的戏剧效果，同时焦虑不安，担心过快地用尽了素材。

然而，他原本专注于小说创作的心神又因丹尼尔·麦克利斯离世的消息而不安起来。这位年迈的朋友是他最早结交的知己之一，年轻时他与福斯特、安斯沃斯组成了狄更斯生命中第一个真正的友谊圈子。而如今，古怪孤僻的麦克利斯只能让狄更斯回忆起他们曾一同经历过多少事情，见证了多少变化。他无法真正从这位画家的逝去中完全平静下来——在一封信中，他对福斯特说，他总是“在某种奇怪的方式下，习惯性地将自己联结到这个事件上，然后又刻意不去思考它”。仿佛在麦克利斯去世这个令人震惊的事件中，他也看到了自己生命的终点。

不久前，他答应了三天后在皇家艺术院的年度晚宴上发表演讲。他利用这个机会，以他的才华和自信，不仅向他的老友表达悼念，还深深遗憾在这个领域失去了一位伟大的艺术家。就在演讲接近尾声之际，他补充道：“我开始有些像威尔基提到的那个西班牙僧侣，开始逐渐相信只有我所钟爱的绘画才是唯一真实的存在［掌声］，而所见或曾经见过的所有多变生活只不过是幻影、梦境罢了［掌声］。”

其中一位宾客评价那晚的狄更斯说：“他看起来就像一个注定能活到80岁并继续工作到80岁的人。他眼中闪烁着的光芒和生机给我留下了深刻印象。”实际上，这是狄更斯的最后一次公开演讲。

在那个月的一个晚上，年轻作家康斯坦斯·克劳斯经由布尔沃·李顿的推荐来到海德公园路拜访狄更斯。两人聊了大约一个小时，其间他告诉她自己计划去德国待上两年，并希望能够“与女儿共同前往”。他还向她谈起盖茨山庄：“我深爱着那个温馨的地方，我希望能在那里度过余生。”接着，他提到自己的夜晚“大多数时候都是在一个我深爱的女儿的社交圈中度过的，而且总是充满爱意地提到这个女儿”。也许，他口中所说的“女儿”实际上指的是爱伦·特南。康斯坦斯·克劳斯最后问他，如果他在完成小说之前离世会怎样。“我曾考虑过这个问题——偶尔会想一想。”然后，他以更加乐观的语气继续说道，“你也知道，我们只能继续往下写——有一天就写一天。”

狄更斯此刻正沉浸在他即将创作的绝笔之章中，心中既为自己消耗了过多的准备素材而烦恼，又忧虑不经意中泄露了整个构思的许多内容。然而，他仍坚持继续写下去——罗莎·巴德抵达伦敦，泰晤士河上荡舟，“然后，刹那间，这座巨城的黑影便在河面上投下，沉寂的桥梁像死亡跨越生命一般横跨水流；常绿的花园仿佛被永远遗弃，再也回不去，遥不可及”。随后，他只写了几千字而未完成的这部小说，却引发了人们所谓的“德鲁德争议”：德鲁德到底是否真的死了？贾斯珀是不是真凶？德鲁德是如何死去的？那个神秘的戴吉利先生究竟是谁？是女人还是男人？然而，在某种意义上，所有这些问题都没有触及最核心的问题；狄更斯并不真正关心情节，至少没有像这些猜测那样对细枝末节的情节问题感兴趣。当然，这使得那些喜欢游戏和解谜的人获得了一些无伤大雅的快乐，然而却忘记了考虑狄更斯创作艺术真正本质的重要性，而这一本质与约翰·贾斯珀那与众不同、令人难以忘怀的塑造息息相关——或许他是个杀人犯，无疑是个鸦片瘾君子，一个艺术家，一个深陷单相思之中的恋人。甚至在演奏音乐时，他也会让“突然升起的野心、抱负、心神不宁和失望之情——叫它什么好呢？——弄得他焦虑不安”。也许我们可以称之为查尔斯·狄更斯自己的人生状态：过着一种奋斗、努力工作却充满焦虑的生活，生活于闪耀名望的光环下。关于贾斯珀，狄更斯还写道，尽管他“始终生活在伪装之中，与他人保持表面的和谐……”，但他却拥有一个“与周遭世界的道德毫无共鸣或交集的灵魂”。也许就在那个下午，狄更斯续写了上午的小说之后，在雅典娜俱乐部附近坐着，“花白的发丝、憔悴的面容，心不在焉地沉浸在自己朦胧的思绪之中……”

那个夜晚，狄更斯回到盖茨山庄，在那里度过了他生命中最后的时光。周末来临时，他漫步于庄园，或是以写信为伴。在一个阳光明媚的周六上午，他走过一小段相对短暂的路程后，突然感到疲惫不堪，他的女儿凯特惊恐地发现他“变了很多”。然而，晚餐时他似乎好转了，与往常一样，在花园里与两个女儿一同散步后，他点燃了一支雪茄，沉浸在紫丁香的甜美香气中。然后，在饭厅里，他专注地凝视着自己的新温室。这是饭厅的延伸部分，刚刚建成。玛米在客厅弹奏钢琴，而狄更斯静静地坐在那里，倾听着她幽静的琴声，享受着花园的美景。

凯特提到她有一个决定想和父亲谈一谈——她想要上台表演，为自己和病重的丈夫谋些钱财。于是，在晚上11点，当乔治娜和玛米都已经上床睡觉，温室的灯也已经熄灭时，父女二人开始促膝长谈。他们共同探讨了凯特的计划，然而狄更斯并不赞成，因为他认为演艺界有些人会“让你毛骨悚然”。尽管如此，他们认真地讨论了一阵子。当凯特即将离开时，狄更斯留下她，因为他还有些话要对她说。他提到了自己对《埃德温·德鲁德之谜》的期望。“如果老天保佑，我能够在有生之年完成这本书，”他继续说道，“我是说如果，因为你也知道，我的好孩子，我最近的身体状况并不太好。”他接着谈起过去的事情，但并未碰及未来。在凯特看来，他说话的样子就像是自己的生命已经走到了终点，眼前一片空白。接着，他表达了对自己没有致力于成为“一个更好的父亲、一个更好的人”的抱歉和遗憾。凯特在一篇未发表的记述中提到，他还提到了爱伦·特南。父女俩一直交谈到凌晨3点才各自回房。

第二天清晨7点30分，狄更斯便早早地起床了。那是一个紧凑的星期，他对准备早餐的客厅侍女说“务必快一点”，因为他有一大堆工作要处理。他匆匆赶往对面的小木屋，继续着小说的创作。凯特和玛米在动身前往伦敦之前来看望他。凯特知道父亲不喜欢告别，所以本来只是让乔治娜代为转达问候，然而当她在门廊上等待着马车来接她们去火车站时，她突然无法抑制自己渴望再见父亲一面的强烈愿望。于是，她急忙跑到路对面的小木屋，爬上木楼梯，来到父亲工作的房间里。“他的头深埋在书纸堆里。当我进屋的时候，他转过头来看着我，脸上满是热切激动的情感。平常的话，他或许会抬起脸让我亲吻一下脸颊，或者用小时候他常说的逗趣话来和我交谈几句。但那天上午，当他看见我时，他往后一拉椅子，张开双臂将我拥入怀中……”这成了父女之间最后一次的对话。那个下午，他带着狗步行到罗切斯特，在镇上购买了一份《每日邮报》。有些人看见他倚靠在复辟公馆[3]对面的木栏杆上，而且“当时就有人开始议论，说这座建筑物可能会出现在他的故事里……”。

第二天，他依然像往常一样写作，然后与乔治娜一同乘坐马车前往科巴姆森林。抵达目的地后，他们下了马车，在公园周围漫步了一圈，然后回到了盖茨山庄。此刻，我们不得不再次引用他第一部小说的描写，几乎是与此时场景一模一样。“他们愉快地漫步着，整个路程都非常惬意。因为那是6月的一个舒适下午，他们穿越一片幽深的林荫小道。微风轻轻吹过茂密的树叶，发出沙沙声，然后吹拂在他们的脸上，带来阵阵凉意。栖息在树枝上的鸟儿清脆地歌唱，给他们带来轻松愉悦的心情。古老的树上爬满了茂密的常青藤和厚实的苔藓，柔软翠绿的草坪就像一块丝绸地毯铺展在他们脚下。”6月里的一天，那时，也是现在。我们在开头重逢了结尾。这是他最后一次漫步，而在34年前，他已经完美地预见了这一天的来临。那个夜晚，他在温室里挂上了一些纸灯笼，坐在饭厅中，全神贯注地注视着它们在暮色中的效果。

第二天清晨，6月8日，星期三，他一觉醒来，精神焕发。和乔治娜一起聊了一会儿这部小说，然后吃完早餐，便直奔小木屋，继续他的创作。下午1点，他回家吃了午饭，在温室里点燃一支雪茄，随后又回到小木屋，全身心地沉浸在写作之中。这样的情景对他来说并非常见，可见他脑海中想的都是这本小说。最后几页相对轻松，修改比以往少得多。故事的最后一段以对光明的赞美开头——“早晨明媚的阳光照耀着古城”，与他的第一部小说《匹克威克外传》的开篇呼应。两缕光线相互辉映，而介于两束光芒之间的，则是狄更斯佝偻的身影。阳光甚至穿透了冰冷的教堂石墙，减弱了石块所散发的泥土气息，这也让人想起他的第一部小说中金格尔提到的同一个地方——“那古老的教堂，泥土的气息……”生命之圈也即将完成。他的第一部小说和最后一部小说，一个以光明和罗切斯特开头，一个以光明和罗切斯特收尾，宛如镜像，形成生命的圆圈。“因为我就像在一个圈里行走一样，”《双城记》中曾这样描述，“随着越来越靠近终点，我也在越来越靠近起点。”此时，查尔斯·狄更斯正走向自己的终点，在这个自幼留给他深刻印象的房子里踏出最后的脚步。他写完《埃德温·德鲁德之谜》的最后几个字——“然后坐下来，津津有味地大吃起来”；接着画了一个简短的螺旋图案，通常意味着一章的结束。在晚饭前的一个小时，他回到书房写了两封信。在给查尔斯·肯特的信中约定第二天下午3点去伦敦见他："如果我不能去……哎，那我就是再也去不了了。"另一封信给一位牧师，作为对一些批评的回应，他宣称："我在自己的写作中一直力求表达对生命的敬意并传递救世主的训诫……"

此时，唯一陪伴他的家人乔治娜正准备和他一起进餐，却发现他的脸色和表情都有些不对劲。她问他是否不舒服，他回答说："是的，我感觉很不舒服；刚刚过去的一个小时一直都很不舒服。"她立刻想要叫医生，但他坚决阻止，说自己吃饭后打算去伦敦。然而，接下来出现了问题。他突然发病了，虽然努力试图压制住症状——他停顿了一会儿，然后开始说话，说得快速而语无伦次，其中还提到了福斯特。乔治娜惊慌失措地站起来，呼喊他"躺下来"。

"好的，"他说，"就躺在地上吧。"

然而，就在她扶着他的时候，他从她的手中滑落，重重地摔倒在地上。他失去了知觉。一名年轻的仆人立刻骑马飞奔去召唤当地医生斯蒂尔先生。斯蒂尔先生于傍晚6点30分抵达盖茨山庄。"我看到狄更斯昏倒在餐厅的地板上，他完全失去意识，一动不动。我们用灌肠和其他治疗方法，但都没有效果。"他身上裹着几条毯子，头下垫着几个枕头。

给弗兰克和狄更斯的女儿们的电报已经发出了。当他们到达盖茨山庄时，凯特说她听到父亲沉重的呼吸声。

743 “我们看见他毫无意识地躺在餐厅的长沙发上，而我们曾在那里交谈过；突然之间，那个地方变得阴沉起来，一切都变了；只有天气依旧温暖，没有风，还有从新建温室敞开的门里飘来的花香，他曾经如此喜欢那些花。”整个晚上，他们守在他身边，轮流为他换热水袋，放在他冰凉的脚下。他没有丝毫动静，但他们还是忍不住想，也许他会突然苏醒过来，一切恢复正常。他们无法相信眼前这个神智不清的人就是查尔斯·狄更斯。然而，他仍旧一动不动。

“躺在地上。”这成了他最后的一句话。也许他迷迷糊糊中重复了《艰难时世》中路易莎对自己放肆出格的父亲的激烈抗议：“如果你这样搂着我，我就会死掉！让我摔倒在地上！”当他昏迷不醒的时候，是否有其他角色围绕着他，陪伴他度过那最后的夜晚呢？他曾经常回忆起沃尔特·斯科特爵士临终的景象——虚弱晕眩、面色苍白，他的精神和肉体因为那崇高的奋斗而崩溃，他想象着自己世界中的幽灵一直在他身边徘徊，然后渐渐消失在遥远朦胧的地方。他年轻时，在他名声鼎盛之时，曾经说过这些话。那么现在，我们是否能看见狄更斯想象中的幽灵在他奄奄一息之时环绕着他呢？奥利弗·特威斯特，埃比尼泽·斯克鲁奇，保罗·唐伯，小内尔，小杜丽，小扒手道奇，鲍勃·索亚，山姆·韦勒，费金，史蒂芬·布莱克普尔，尼古拉斯·尼格比，尼格比太太，邦伯，乔，马丁·朱特尔维特，鲍勃·克拉奇蒂，费金，克朗姆斯一家，埃德温·德鲁德，佩克提，狄克先生，芬琴太太，甘普太太，尤赖亚·希普，佩克斯尼夫，米考伯，神童，杰里比一家，斯莫尔维德一家，曼塔里尼一家，马修西监狱之父，巴纳比·拉奇，无赖赖德·胡德，赫薇香小姐，比尔·赛克斯，南希，斯迈克——这些角色此刻都环绕在即将离开人世的创造者身边。

然而，他周围还流转着他看不见的幻影，未来的幻影，那些现实生活中此刻离他而去的人们的未来。当他躺在棺材里时，约翰·福斯特亲吻了朋友的面颊，之后写道："生命仍在，生活的责任也依然存在，但对我而言，生活的快乐已经不复存在。"爱伦·特南在接下来的几年里拜访过玛米和乔治娜，并嫁给了一位教师，自己成为小学生的法语和朗诵老师。玛米和乔治娜与亨利住在同一屋檐下，亨利的孩子们常常吵闹不休。凯特画画，一直照顾着生病的丈夫直到他去世，然后她再婚了。乔治娜和凯瑟琳最终和解了，经历了12年的分离后，凯瑟琳最终成为名副其实的寡妇。西德尼两年后葬身于大海中。普洛恩破产了。阿尔弗雷德致力于研究他父亲，并在讲座中分享了关于他的经历。查理举办了父亲小说的朗诵会，并设立了一个名为"查尔斯·狄更斯后代"的圣诞基金。两个月后，他的所有物品被拍卖，他最爱的渡鸦格里普的标本以120英镑的价格卖出。一切都将一一发生。

他们整夜守在他身旁——弗兰克·比尔德，乔治娜，他的女儿们——但他从昏迷中并未醒来。第二天早上，斯蒂尔医生再次赶来，发现“症状依然没有改变，之前开始的鼾声和呼吸依然持续着”。他和弗兰克·比尔德建议再请一位医生来会诊，于是查理赶紧给伦敦发去了一封电报：“狄更斯先生病情危急，请速来。”但现在一切都无济于事。罗素·雷诺兹（Russell Reynolds）应这紧急请求赶到了盖茨山庄，他一见到狄更斯就立刻说：“他已经撑不住了。”爱伦·特南也被乔治娜请来了。那天下午她到达山庄后，出现在奄奄一息的狄更斯的床边。那一天，他一直在勉力支撑着，但呼吸声越来越微弱。晚上5点55分的时候，他的呼吸突然变得微弱起来，随后开始抽噎。15分钟后，他深深地叹了一口气，右眼中流下了一滴眼泪，沿着脸颊滑落下来。然后，他的气息彻底停止了。查尔斯·狄更斯离开了这个世界。

1 泰伯尼亚，这个地方位于艾奇韦尔路和贝斯沃特路交界处，得名于伦敦流失河泰伯恩，以及伦敦著名的刑场泰伯恩树。

2 以诺，《圣经》中该隐的哥哥。以诺和该隐是《圣经》中亚当和夏娃的两个儿子。以诺是他们的长子，该隐是次子。《创世记》记载，以诺是一个善良的人，而该隐则因为心怀嫉妒杀害了他的哥哥。这个故事表达了善恶对立的概念。

3 Restoration House是一座位于罗切斯特的典型伊丽莎白时代的公馆，因为查理二世在他王政复辟当晚来此处借宿过而得名。

后记

那天围在他身边那么多人，没有一个真的希望他苏醒过来。他已经受了太多的苦，被折磨得不成人形，可怜至极。凯特说："就算父亲活了下来，他也会发疯的。"

他活得怎么样呢？那个世纪尚有30年才走到尽头。查尔斯·狄更斯在"维多利亚时代"鼎盛之时撒手人寰，随着他的故去，时代的精神领袖随风而逝，也带走了那个时代灵魂的一部分。让我们回过头看看他跌宕起伏的人生记录，是否能从中看到他所生活的那个时代的发展与进步呢？他出生于世纪初，且从未甘心于在他成年时期发生的变革。维多利亚女王退位时他已经荣登英国最著名小说家的宝座。究其一生，毫无疑问狄更斯一直是一位早期维多利亚人；五六十年代任何与他相熟的人都会本能地反应过来，他的性情和眼光都来自一个已经消失了的纪元。正如我们在自己所处的时代中，也能辨别出在20世纪30或40年代成年的男男女女的显著特征。他是一个早期维多利亚人，更确切地说，是一个前维多利亚时代的人；他能纵声大笑、欣喜若狂，果敢激进，对社会改革充满热情与希望，所以他成了那个世纪头30年赢得声望、白手起家的人之一。乐于发现、笃信进步、胸怀博大，都是无数和狄更斯一起成长起来的人身上的共同特征。从他的激情四射，从他张扬的行事风格，甚至从他的粗鄙庸俗中我们都可以看出他属于世纪之初那个年代。他去世的时候，这些特质在大部分英国人身上已经消磨殆尽。或者更确切地说，这些特征已经被无限弱化，取而代之的是务实、沉着。就像那个时代的整体发展潮流一样，集中化、统一化，所以早期维多利亚时代人的那种不屈不挠、专心致志甚至独树一帜的古怪特质也被取代了。

毫无疑问，这样的变化是必然的。但或许，这种必然的变化只有发生在狄更斯这样的生命进程中才最清晰可见。在他的小说里也能发觉同样的变化，在其戏剧性和情绪观感之中，也在其阴郁的诗意之中，还在其将现实世界与虚构神话转换自如的能力之中。在狄更斯的作品中——在他的生活里——有这样一股显而易见的强烈欲望，想要包含一切、领会一切、控制一切。这种欲望说明他是那个时代不可或缺的一部分，他用自己对世界完整构想的不懈追求体现了所处时代的不朽精神。他笔下故事的错综复杂——发展势头、起承转合、作品篇幅本身就足以说明一切，整个故事都被幽默所浸侵（从没有任何一个时期能像那个时代一样如此善于自嘲），如此关注整个世界中人类的进步，却又如此渴望超然一切而存在。查尔斯·狄更斯是19世纪最后一位伟大的小说家，也是第一位伟大的象征主义小说家，而他的艺术创作真正的力量所在，就是这两种力量此消彼长

749 互相作用之后的平衡均势。他去世后新闻社论评价说，他完整详细地记录下了自己的时代，然而他的功劳绝不止于此；他还让那个时代变得比当人们自己所能想象的极致都要更辉煌、更灿烂、更广阔。也许可以说，他以自己的形象创造或者再现了自己的时代，但正如历史所言，他一幕幕亲身经历了所处时代最真实的变化和发展。初时家境优渥，而后境况一落千丈，黑鞋油作坊里挥汗如雨，自己的勃勃雄心，永无止境的辛苦创作，永不熄灭的充沛精力，和现实的奋勇斗争，靠着坚忍意志取得的胜利；再到随之而来的疲劳和疾病；最后在悲恸和死神面前撒手人寰。所有时代、所有人都将如此，最终消弭无踪，堕入黑暗。

因此，在某些方面可以说他代表了维多利亚时期的时代性格。这不仅体现在他的热切诚挚中，也体现在他的多愁善感中，在他的热情洋溢中也在他的责任感中，在他的乐观主义中也在他的怀疑之中，在他对勤勉工作的信念中也在他无与伦比的戏剧天分之中，在他的激情狂热中也在他的活力之中。于他而言，生活就是冲突和斗争，永远都是“战斗”，但是其中充斥着鲜艳夺目的色彩和壮观华美的幻象。这场“战斗”的本质显而易见。这不仅仅是他个人对抗整个世界、对抗自己分裂人格不同需求的战斗，也是一场时代的斗争，那个时代所有的力量都同他站在同一阵营，因为这场斗争是为了维系世界的凝聚性，维系人类的延续性。在这种意义上，这也是一场对抗掩藏在他表层性格下的自我怀疑、焦虑以及分裂的斗争，就如同对抗掩藏在19世纪不断进步的政治构想之下的自我怀疑、焦虑和分裂一样。

当然，这些都是泛泛空谈，和当时生活的真实现状或那个时代的实际发展进程相去甚远。“生活是由琐事构成”，大卫·科波菲尔的话在这段历史中不无道理，因为我们无疑是在狄更斯的生活“琐事”中窥到他作品的灵感源泉和创作手法，而正是这些作品成就了他的伟大。如此说来，这些不是“琐事”，而是一切的来龙去脉（来源）。狄更斯的小说告诉我们，仅仅一个稍纵即逝的举手投足、一个瞬间的意象，抑或是一种外露的情绪，都蕴含着铺天盖地的深刻含义。偶然之事、不经意之语、不期而遇，这些都能改变一个人的一生。一生奋斗拼搏的重要意义可以因为突然的混乱之事而满盘皆输。这不仅仅是小说的表现手法，是对社会本质的洞察，也是传记文学本身必须倾尽全力表述出来的东西。看着狄更斯一天天获得成功，看着他生活中的一个个小插曲塑造了他小说的发展方向，而小说又反过来改变了他的生活，文字、小说和对话中呈现的是同样的情绪和意象模式、同样的势头、同样的控制欲——于是，要了解狄更斯，就要将传记变成一种获得真知的媒介工具，当然我们仍要时刻牢记这一点：其小说的伟大之处或许就在于小说中展现了与生活截然不同的一面。我们一旦跨越了从作者到作品的这一步，也就能开始勾勒出他自身和他所处时代之间那难以想象的内在联系了。在他的一举一动、一言一行中，在他的叙述、衣着、情绪中，甚至在他辨识不清和自我欺骗的那些时刻中，我们都能看见那个时代本身的轮廓——一个存在于他之中并通过他存在的时代，但也是一个高于一切、存在于他之外的时代。这个时代也可以看作人类呼出的气息。那个时代的灵魂，那个时代的气息，那些有名无名的人，他们之中就有狄更斯，那个我们逐渐了解的狄更斯。

他去世后几周内家产的拍卖事宜就已准备妥当。乔治娜、玛米和凯特在盖茨山庄里，“走进每一间屋子，和每一个亲切的角落道别”。玛米写道，“我们三个这辈子最好的朋友，最好的伙伴，一起踏出了我们亲爱的家”。三年后，凯瑟琳·狄更斯出席了伦敦环球剧场《董贝父子》的第一场话剧表演。看剧时，她突然悲从中来，泣不成声……

致谢

《荒凉山庄》初版和校样以及狄更斯（Dickens）、凯瑟琳（Catherine）和玛丽·霍加斯（Mary Hogarth）的画像由维多利亚和阿尔伯特博物馆董事会提供，威尔基·柯林斯（Wilkie Collins）的画像由玛丽·埃文斯图库（Mary Evans Picture Library）提供，塞缪尔·劳伦斯（Samuel Laurence）的狄更斯画像由伦敦国家肖像画廊授权提供。所有剩余图片均经狄更斯故居博物馆许可转载。

图书在版编目 (CIP) 数据

狄更斯传 / (英) 彼得 · 阿克罗伊德著 ; 黄晓丽译
. -- 北京 : 中央编译出版社 , 2024.9
书名原文 : Dickens
ISBN 978-7-5117-4776-1

Ⅰ . ①狄… Ⅱ . ①彼… ②黄… Ⅲ . ①狄更斯 (
Dickens, Charles 1812-1870)- 传记 Ⅳ . ① K835.615.6

中国国家版本馆 CIP 数据核字 (2024) 第 109112 号

版权登记号：图字：01-2024-3142

狄更斯传

DIGENGSI ZHUAN

总 策 划	李 娟
责任编辑	李媛媛 王 岗
执行策划	邓佩佩
装帧设计	潘振宇
责任印制	李 颖
出版发行	中央编译出版社
地 址	北京市海淀区北四环西路 69 号（100080）
电 话	（010）55627391（总编室） （010）55627362（编辑室）
	（010）55627320（发行部） （010）55627377（新技术部）
经 销	全国新华书店
印 刷	北京盛通印刷股份有限公司
开 本	787 毫米 ×1092 毫米 1/32
字 数	378 千字
印 张	23.625
版 次	2024 年 9 月第 1 版
印 次	2024 年 9 月第 1 次印刷
定 价	129.00 元

新浪微博： @ 中央编译出版社 **微 信：** 中央编译出版社（ID：cctphome）
淘宝店铺： 中央编译出版社直销店（http://shop108367160.taobao.com）（010）55627331

本社常年法律顾问：北京市吴栾赵阎律师事务所律师 闫军 梁勤
凡有印装质量问题，本社负责调换，电话：（010）55626985

人啊，认识你自己！